普通高校“十二五”规划教材·管理学系列

现代人力资源培训与开发

（第2版）

王淑珍　王铜安◎编　著

清华大学出版社
北　京

内容简介

本书通过整合人力资源培训与开发及相关领域比较成熟的新近研究成果，阐述了人力资本理论是人力资源培训与开发的动力源泉，解决了培训产生的机制问题；介绍了人力资源培训与开发的学习范式与绩效范式，以及两个范式下相应的学习理论与绩效理论；在基本理论的基础上，对培训需求分析、培训设计、培训实施及培训评估4个流程进行了充分的分析，并对员工辅导与咨询、职业开发与组织发展的基本概念、理论与技术等进行了介绍、分析与综合。本书丰富并强化了现代人力资源培训与开发的理论基础；突出并强调了中国人力资源培训与开发的实践；重视读者的人力资源培训与开发实践操作能力的提升；在体例上突破了以往的框架结构，形成了一个内在逻辑缜密的现代人力资源培训与开发的框架体系。

本书适合人力资源管理专业的本科生、硕士生及该领域的从业人员学习使用，还可作为企业相关管理人员的在职学习用书和培训用书。

图书在版编目(CIP)数据

现代人力资源培训与开发/王淑珍，王铜安编著. —2版. —北京：清华大学出版社，2015(2021.9重印)
(普通高校"十二五"规划教材·管理学系列)
ISBN 978-7-302-39168-5

Ⅰ. ①现… Ⅱ. ①王… ②王… Ⅲ. ①劳动力资源—资源管理—高等学校—教材 Ⅳ. ①F241

中国版本图书馆CIP数据核字(2015)第017995号

责任编辑：彭　欣
封面设计：王新征
责任校对：宋玉莲
责任印制：丛怀宇

出版发行：清华大学出版社
网　　址：http://www.tup.com.cn，http://www.wqbook.com
地　　址：北京清华大学学研大厦A座　　邮　　编：100084
社 总 机：010-62770175　　邮　　购：010-62786544
投稿与读者服务：010-62776969，c-service@tup.tsinghua.edu.cn
质 量 反 馈：010-62772015，zhiliang@tup.tsinghua.edu.cn
课 件 下 载：http://www.tup.com.cn，010-83470158
印 装 者：北京嘉实印刷有限公司
经　　销：全国新华书店
开　　本：185mm×260mm　　印　　张：19.75　　字　　数：449千字
版　　次：2010年4月第1版　2015年6月第2版　　印　　次：2021年9月第5次印刷
定　　价：49.00元

产品编号：054379-02

前言

经济的发展，需要人才的优先发展。现代人才概念认为，现代人才是和学习能力联系在一起的。企业人力资本状况决定了它的核心竞争力，企业要拥有持久的竞争优势，就必须通过学习提升其人力资本，而对现有人力资源的培训与开发是企业提高人力资本的重要途径，特别是在知识经济条件下，人力资源培训与开发在人力资源管理中可能成为最具活力的前沿性学科之一。正如管理大师彼得·德鲁克所指出的："企业只有一种真正的资源——人。管理就是充分开发人力资源以做好工作。"目前，随着竞争环境越来越激烈，一方面，对人力资源培训与开发存在巨大的需求，而培训与开发领域的理论基础却比较薄弱，很少吸收其他学科的相关研究成果；另一方面，国内同类教科书的框架体系已明显滞后于人力资源培训与开发的实践发展，理论对实践指导的局限性已开始显现。因此，本书在借鉴已有著作和教材的基础上，参阅其他与人力资源培训与开发相关领域的新近研究成果，专门为人力资源管理专业的本科生与硕士研究生，以及培训与开发领域的实践者而撰写。

一、本书的组织结构

本书在框架上共分五部分，第一部分为第一章导论；第二部分为理论篇，包括第二章至第四章；第三部分为培训篇，包括第五～八章；第四部分为辅导与咨询篇，即第九章；第五部分为开发篇，包括第十章与第十一章。

二、本书的主要内容

第一部分——导论，对人力资源培训与开发的相关问题进行介绍。例如，什么是人力资源培训与开发？人力资源培训与开发活动如何分类？人力资源培训与开发的研究范式有哪些？人力资源培训开发与组织核心竞争力之间的关系如何？人力资源培训与开发专业人员应该具备什么素质？第一章导论对这些问题一一做了解答。

第二部分阐述人力资源培训与开发的理论基础。第二章——培训经济学及其发展，主要讨论培训与开发活动为什么会发生，即企业培训产生的机制是什么。第三章——学习理论，主要分析员工个体参加学习与培训的动机、个体的学习过程以及个体的学习迁移等问题。第四章——绩效理论，探讨培训与开发在绩效范式下的基础理论，介绍该领域前沿性的、比较成熟的研究成果，分析绩效理论对培训与开发的指导与影响。

第三部分解决企业应该如何组织培训活动的问题。第五章——培训需求分析，介绍企业进行培训需求分析的三个主要层面及其技术与方法，以及基于胜任力模型的现代培训需求分析方法与技术。第六章——培训设计，讨论培训需求分析的成果体现为培训计划与目标的形成,介绍基于培训目标之上的培训设计等。第七章——培训实施技术,介绍培训实施过程中的方法与技术及其选择原则。由于目前在培训实施过程中常常综合利用多种培训方法与技术,加之远程教育的发展与应用,本书放弃了传统与新兴培训技术的概念与框架,从新的视角提出培训技术可分为J-Learning(在职培训)、C-Learning(课堂培训)与远程教育3种培训技术,即D-Learning(远程学习)、E-Learning(电子培训)与M-Learning(移动学习)。J-Learning与C-Learning为传统的培训技术,D-Learning、E-Learning与M-Learning为新兴培训技术,并按照新的分类介绍培训实施技术。第八章——培训评估,介绍多种培训评估模型以及基于循证人力资源管理的培训评估的新趋势,并对应用广泛的柯克帕特里克的培训评估模型进行深入的分析。同时,本章在介绍评估方案设计与数据的收集时,为各种培训评估方案专门设计了案例分析。

第四部分介绍员工辅导与咨询服务。第九章——员工辅导与咨询,基于提高员工及组织绩效的考虑,在参考、吸收国外同类教科书、专著与相关文献资料的基础上,将员工辅导与咨询服务纳入本书的分析框架,并将员工辅导与咨询定位于培训与开发两者之间的过渡职能。本章首先介绍基于绩效管理但又超越具体绩效管理技术的员工辅导分析与员工辅导讨论两个截然不同的活动。其次由于员工的一些个人问题常常成为影响绩效的原因,因此,员工咨询也构成了人力资源培训与开发活动的一种,员工咨询服务覆盖员工援助方案、压力管理干预以及员工健康促进方案等问题。与同类国内教材相比,增加这一章的内容丰富发展了国内编著的同类教材的体系框架;与同类国外专著或译著相比,本章增加了员工咨询的常用技术部分,既体现了本书的基础性,又增加了本书的实用性。

第五部分介绍员工的职业开发与组织发展。第十章——职业开发,从人生发展阶段与职业生涯发展阶段两个方面介绍职业开发的理论与模型,从个人导向与组织导向两个层面介绍职业生涯的规划,并从职业生涯不同阶段的主要矛盾分阶段介绍职业生涯的管理。第十一章——组织发展,在明确组织发展是组织变革有效实现途径的基础上,主要介绍基于组织发展假设的三个层面的干预方式,包括员工层面的干预、群体层面的干预以及组织层面的干预。本章的最后介绍了组织发展与人力资源开发的关系,以及组织发展与人力资源开发的未来发展趋势。

三、本书的特点与创新

1. 理论内容的充实,理论组织的创新

本书丰富了培训与开发的基础理论,并创新性地对人力资源培训与开发的理论按照它的逻辑主线和研究范式进行有机整合,使人力资源开发的基础理论在逻辑上更具有缜密性。本书首先从培训发生的机制切入,主要阐述人力资本理论;其次主要介绍与员工个体学习动机相关的激励理论,以及关于学习成果转化的学习迁移理论;最后主要讨论人力资源培训与开发绩效观的基本绩效模型和理论。

书中将培训与开发的理论划分为三个模块,第一个理论模块——培训经济学,分析人力资源培训与开发的发生机制,解决培训与开发活动的动力源泉问题;第二个理论模块——学习范式下的培训理论,分析人力资源培训与开发活动的学习机制,解决培训与开发活动中个体学习及培训项目设计与实施的理论基础问题;第三个理论模块——绩效范式下的培训理论，分析培训与开发绩效观的相关理论模型，解决培训与开发活动的需求评估、培训有效性评估、员工辅导与咨询中的绩效导向问题。

2. 体例的创新

本书反映了不同学科中有关培训与开发领域的新近研究成果，并对不同学科的研究进行整合，将人力资源培训与开发的框架划分为相互联系的五个部分，第一部分为导论，对现代人力资源培训与开发的概念、研究范式、内容及角色职能等进行综述；第二部分的理论篇对现代人力资源培训与开发的理论基础进行阐述，体现出现代人力资源培训与开发理论的丰富性与跨学科性；第三部分的培训篇对现代人力资源培训与开发的流程进行介绍与分析，从新的视角对培训技术进行分类，提出了培训方式可分为：J-Learning、C-Learning 与远程教育(D-Learning、E-Learning 与 M-Learning)三大类，在培训评估部分，对不同的培训评估方案设计了具有针对性的案例；第四部分的员工辅导与咨询篇立足于提高员工与组织的绩效，对员工辅导与员工咨询服务进行介绍，并提出员工辅导与咨询是连接培训与开发的过渡职能；第五部分的开发篇对职业开发与组织发展进行介绍，体现了现代人力资源培训与开发在关注个体层面开发的同时，也要关注组织层面的开发，使人力资源培训与开发的职能从员工个体扩展到整个组织。

3. 实践操作的强化

本书在丰富基础理论的同时，强调实践操作技能的重要性。在每一章之后都设计有思考与操作训练，期望通过实践操作活动，强化学习者对人力资源培训与开发技术的掌握，提高学习者在实践中应用相关技术的能力，凸显了人力资源培训与开发的实践特征。通过这一环节的教学设计与实践活动，可以使人力资源培训与开发的相关理论与实践操作更好地结合起来，体现理论对实践的指导作用。

4. 突出中国人力资源培训与开发的实践

本书每一章的案例分为开篇案例和中国人力资源开发实践两部分，开篇案例均为国外企业的经典案例，中国人力资源开发实践环节呈现我国人力资源培训与开发的实际情况。这一设计目的是为了强化对中国人力资源开发的关注，同时，突出对中外人力资源开发的比较，使学习者在比较中学习与分析，并思考我国人力资源开发的进一步发展。

四、第 2 版中的修订情况

人力资源培训与开发与其他学科关系密切，相关学科领域的发展必然对人力资源培训与开发的实践领域产生影响。第 2 版的主要变化如下：

1. 人力资源培训与开发的实践操作性

人力资源培训与开发是一门实践应用性很强的课程，在本书第 1 版理论篇中，第 4 章学习的信息加工理论的内容比较偏向学习与记忆的认知加工机制，需要一定的心理学实验作为基础，教学内容属于基础研究领域。考虑到该课程的实践操作性，在第 2 版中，我们删除了这一章。

2. 培训实施技术的进展

随着信息技术的发展，远程教育细分出 D-Learning(远程学习)、E-Learning(电子学习)与 M-Learning(移动学习)等不同的领域，特别是近年来的 E-Learning 与 M-Learning

得到更多研究者和实践者的关注。2012年,悄然兴起的一种E-Learning模式——MOOC(Massive Open Online Course),不仅对世界高等教育带来了极大的冲击,而且它对企业培训领域也产生了相当大的影响。同时,在这个人人都有手机的时代,随着3G/4G技术和Wi-Fi的大面积覆盖,移动互联网对培训技术产生了变革式的影响,而移动互联网终端作为新的培训方式其能量尚未充分显示,如何将移动互联网平台纳入组织的培训工作之中将是一个崭新的课题。第2版中结合培训技术实践领域的发展,增加了MOOC和M-Learning两方面的内容。

3. 培训评估的新趋势

尽管以往的培训评估模型也关注培训在组织层面的产出,但在实践操作层面却难以实现。随着循证管理趋势的兴起,循证人力资源管理将是一场从思维到实践的重大变革。目前包括培训与开发在内的组织人力资源管理实践领域尚未开展以证据为基础的循证式人力资源管理的变革,对培训效果的评估仍不能充分显示培训对组织效益的贡献。第2版增加了循证变革对培训评估领域产生的影响,期望基于循证式变革,培训对组织的价值能被科学、客观地进行评估,使培训的投入产出在循证式变革五大原则的框架内得到最好的体现。

4. 组织发展框架与内容的调整

组织发展领域的研究十分活跃,研究成果颇丰。基于成熟的研究成果,第2版对组织发展一章从结构框架到具体内容上进行了较大的修订,主要体现为组织发展的干预方式是基于组织发展假设的三个层面而展开的,即员工层面的干预、群体层面的干预和组织层面的干预。

5. 对第1版中个别错误的更正

由于作者个人的原因(例如,时间和精力的限制),在第1版中存在个别的编辑错误,经过认真研读,第2版中已经对这些错误信息进行了更正。

从上述介绍可以看出,本书作者将书中内容定位于现代人力资源培训与开发的基础课程,在借鉴吸收相关学科最新研究成果的基础上,从全新的视角重新审视该课程应该涵盖的基本原理与技术,并致力于将本书打造成国内人力资源培训与开发领域的精品之作。由于作者的知识、经验有限,错误之处,敬请各位专家、同行与读者批评指正。

本书是作者教学实践与教学研究的成果体现。本书的框架由两位作者共同讨论确定,具体分工是:第一章、第四章至第五章、第八章至第九章由王淑珍(西北大学)撰写;第二章至第三章、第六章、第十章至第十一章由王铜安(浙江工商大学)撰写;第七章由两位作者共同撰写。全书的统稿工作由王淑珍完成。

本书写作过程中,得到薛冰教授的鼓励与指导;得到曹蓉教授、席恒教授、靳连冬副教授的支持与指导;得到家人的关心和支持;同时,本书参考和引用了多位作者的相关论著与文献资料;书稿后期的编辑过程中,出版社的徐学军先生、彭欣女士等多位老师为此付出了耐心细致的工作,在此一并表示感谢。

编 者

目 录

培　训　篇

辅导与咨询篇

开　发　篇

表 目 录

图 目 录

第一章

导 论

本章导读

- 人力资源培训与开发的内涵
- 人力资源培训与开发的范式
- 人力资源培训与开发的角色职能
- 培训开发与组织核心竞争力的关系
- 培训开发专业人员的素质要求

人力资源培训与开发是人力资源管理的核心活动。对于人的管理从人事管理转向人力资源管理后，大量学者从不同的视角对人力资源培训与开发进行了研究。现代人才概念认为，现代人才是和学习能力联系在一起的，学习能力是现代人才的第一特质，企业的人力资源培训与开发活动是提升这一特质的有效途径。人力资源培训与开发活动围绕学习、并基于绩效提升而展开，以解决组织中与培训开发相关的问题：企业的培训与开发是一项投资活动吗？人为什么学习？怎样学习？……这些问题已成为人力资源培训与开发的研究主题。在当代，特别是在知识经济环境下，人力资源培训与开发在人力资源管理中可能成为最具活力的前沿性学科之一。

GE 金字塔式的领导者开发系统

“领导开发研究所”是 GE 公司最重要的“领导者培养基地”，其培育对象与课程大致可以分成两大类：一类是以尚未走上管理岗位但具有领导潜能者为对象的初级课程；另一类则是以经理以上现任企业管理人员为对象的高级课程。前者分为 2 个等级，后者分为 4 个等级。

第一级：在这个类似于金字塔形的人才培育系统中，最基本的是《领导基础》(*Leadership Essential*)课程，参加学习的对象主要是在 GE 公司工作了 6 个月至 3 年、有培养前途的 20 多岁的年轻职员。这个课程每年要举办 16 次，有 820 人参加，在一个星期内打好进一步深造的基础。具体内容有答辩技巧、与不同国籍的学员组成小组顺利开展教学活动的方法、财务分析方法等。

第二级：是以未来经理为培养对象的《新经理成长》(*New Manager Development*)课程。参加这个课程的人都是具有较高潜在能力，在公司内达到“A”级的30岁左右的职员。在这里主要学习经营决策的方法、成功案例分析、评价下属的方法、财务知识等。

第三级：则是进入了首席执行官杰克·韦尔奇亲自参与执教的现任经理培训队伍。这个课程每年举办7次，由六七十人组成一个班，进修期为3个星期。在这里学习的都是在GE公司工作8年至10年，持有本公司股份购股权资格的职员。参加者有30%是来自美国以外的员工。其学习内容包括经营战略制定方法、如何管理国际性集团、为解决目前GE公司面临的问题提供思路等。

第四级：是以来自世界各地的GE公司下属企业负责人为对象的名为《全球经营管理》(*Global Business Management*)课程，每年举办3次，每届3个星期，一个班级40人，学员要求至少在GE公司有8年的工作年限，生产、销售、市场和保障部门差不多以相等的比例派员进修。

第五级：是《在实践中学习》(*Action Learning*)课程，此课程的学习对企业发展战略的影响是相当大的，是GE公司在领导者培养中最重视的。这种学习差不多就是一种共同探究GE公司所面临问题的解决方法的智囊活动。学员们同奋战海外一线市场的企业经营者对话，他们虽然也是GE公司的一员，却像公司外的智囊顾问一样发挥自己的聪明才智。具体的学习有：企业领导方法、GE所处的竞争环境、组织的变革、企业伦理学、财务分析、战略合作方式等。其最后一道培训环节，是在以首席执行官韦尔奇为首的GE公司30位最高领导者面前汇报成果、回答提问。

第六级：是以高级企业负责人为对象的《经营者发展》(*Executive Development*)课程。一年举办一次，一个班级40人，历时3周。学员都是GE有10年以上工龄的高级经营管理者。其特别之处在于其活动的独立性，由GE公司所属集团的CEO提出援助资金，将自己行业发展的某个设想提交这个班级进行研讨，提出实施方案，就像出钱请管理顾问公司帮助解决实际问题一样。当然，除此之外，还要学习了解一个跨国企业领导者必须把握的政治、经济、社会的发展趋势，以及参加GE公司所面临的各种经营课题的探讨等。

韦尔奇强调，GE需要并着力培养的企业领导者至少具备以下4个方面的素质。首先他必须充满活力；其次他须具有能够以自己的活力去鼓舞、调动他人的能力；再次他须具有当机立断的能力，不少领导者鼓动人心的能力十分强，但在关键时刻却缺乏果断精神，因此一个卓越的领导者，决断能力是一个重要素质；最后是实践能力，领导者除了必须是一个优秀的管理者之外，还得是一个会筹划并高效实施计划的实践者。

资料来源：李宝元. 人力资源管理案例教程[M]. 北京：人民邮电出版社，2002：299-303.

第一节　人力资源培训与开发的内涵

人力资源培训与开发也称为人力资源开发(以下简称HRD)①。从那德勒提出“人力资源开发”的概念至今，人力资源开发仅有40多年的历史。目前，对这一学科的边界还没

① 本书中为了表述上的简便，大量的表述采用“HRD”这一简称代表人力资源培训与开发。

有取得一致性的认识。美国培训与开发协会(ASTD)资助的派特·麦克莱甘 1989 年的研究结果表明：人力资源开发是综合运用培训与开发、职业开发和组织发展来提高个人、团队以及整个组织绩效的活动。ASTD 新近资助的另一项研究开发的“新学习与绩效轮”表明，现代人力资源培训与开发的研究应当涵盖工作场所的学习与绩效领域，这种绩效定位使人力资源培训与开发进一步扩展了对员工个人的关注范围，使与绩效有关的员工辅导及员工咨询成为人力资源开发的研究对象。综合上述研究，现代人力资源培训与开发体系不仅包括传统意义的培训与开发领域，还包括员工辅导与咨询、职业开发及组织发展。

一、培训与开发

(一) 培训与开发的定义

培训与开发关注员工个体层面，是指由组织设计实施的，旨在给其成员提供与当前或未来工作有关的知识、技能，以满足员工和组织当前或未来工作需要的一系列有计划的、系统性和规划性的活动。通过组织的这些努力可以有效地提高员工的工作绩效，并帮助员工对组织的战略目标作出贡献。

(二) 培训与开发的比较

培训关注的是当前与工作相关的能力提升，开发是通过一定的途径使潜能得到有效的呈现。本质上，培训与开发并不是完全等同的概念，但在实践中经常不做严格的区分。培训与开发具有不同的含义和侧重点。一方面，培训主要包括向员工传授完成当前的某项任务或工作所需的知识和技能，而开发活动则拥有一个更长期的关注焦点，更加强调和关注为未来工作任务做准备①；另一方面，培训侧重于组织通过外在需求提供给员工的某些知识与技能，以适应当前的发展需要，开发则侧重于挖掘员工本身所固有的知识和技能，使这些知识技能在组织未来发展中得到良性显现。不过，无论是培训还是开发都是组织设计的有目的的学习活动②。

可以说，培训与开发既有区别又有联系。培训与开发的核心活动都是“学习”，对象都是“员工个人”，重点都在于“通过有计划的学习、分析，确保并帮助员工个人提高关键技术和能力，以便胜任现在和将来的工作”③。培训与开发两者的比较，如表 1-1 所示。

表 1-1 培训与开发的比较

异同点		培训	开发
不同点	关注焦点	目前工作	未来工作
	需求侧重点	基于外在需求的培训，更新知识技能等	基于员工内在需求的培训，挖掘员工的潜力
	自愿性	强制要求	自愿参加

① 徐芳. 培训与开发理论及技术[M]. 上海：复旦大学出版社，2005：6.

② 徐庆文，裴春霞. 培训与开发[M]. 济南：山东人民出版社，2004：3-4.

③ 徐芳. 培训与开发理论及技术[M]. 上海：复旦大学出版社，2005：6.

续表

异同点		培训	开发
相同点	对象	培训与开发的对象均为员工个体	
	核心活动	培训与开发都是一种学习活动	
	目的	两者均为员工个体的一种学习过程,由组织规划,目的是把所学内容与所期望的相关工作目标联系起来,促成组织与个人的共同发展	

资料来源:改编自① 徐芳.培训与开发理论及技术[M].上海:复旦大学出版社,2005:7.
② 徐庆文,裴春霞.培训与开发[M].济南:山东人民出版社,2004:4.

由于人力资源培训与开发变得越来越具有战略性,即与经营目标之间的关系越来越密切,培训与开发之间的边界也将变得越来越模糊。因此,本书的第五章至第八章中以"培训"的概念来代表传统意义上的"培训与开发"。

(三)培训的分类

培训的种类较多,根据不同划分标准,可将培训划分为不同的种类。

1. 按照受训者与工作岗位的关系分类

以受训者与工作岗位的关系可以将培训分为3类:新员工入职培训(orientation training)、在岗培训(on the job training,OJT)和脱产培训(off the job training,OFFJT)。

(1)新员工入职培训。

一份新的工作对于一个人来说相当于一个应激状态,个体发现自己所处的环境、自己周围的人和事全是陌生的。要想在一个新的职位上成功地开局,新员工必须结识新同事,学习新行为、新程序,树立新期望和新价值。要适应新的工作职位,新员工必须调整那些原有的但不适应新环境的行为、观念和价值观等,这一调整过程就是新员工入职培训,其实质是员工社会化的一种形式,即新员工从圈外人到圈内人的过程[①]。这种社会化是一个复杂而持久的过程,所以,新员工入职培训可以是几周,也可以是几个月不等。新员工的成功社会化对于员工个人和组织都非常关键。

组织社会化是一个学习的过程,学习就会产生结果,新员工社会化过程中必须学习组织内部大量的信息和可被接受的行为,费舍将组织社会化的学习内容分为5类,如表1-2所示。

(2)在岗培训。

在岗培训是指在员工正常的工作环境中进行的培训,这是最普通的培训,大多数员工接受过或多或少的这种培训或辅导。实际上,宽泛的在岗培训除包括结构化的培训外,还包括日常工作中员工之间、员工与主管之间任何一对一的指导,只不过,这种在岗培训常常以非正式的方式进行而已[②]。

---

① Desimone R L, Werner J M, Harris D M. Human Resource Development(第3版)[M].北京:清华大学出版社,2003:280-286.

② Desimone R L, Werner J M, Harris D M. Human Resource Development(第3版)[M].北京:清华大学出版社,2003:193-195.

表 1-2　新员工组织社会化的学习内容

内容类型	具体内容
1. 基础学习	包括发现学习的必要性、学习什么以及从谁那里学习等
2. 了解组织	包括组织的目标、价值与政策等
3. 学习在工作团队中发挥作用	包括群体的价值观、准则、角色、友谊等
4. 学习如何开展工作	包括特定工作的知识与技能等
5. 个人学习	从工作经验与在组织中的体验中学习，包括自我认同、期望、自我形象及动机等

资料来源：改编自 Desimone R L, Werner J M, Harris D M. Human Resource Development（第 3 版）[M]. 北京：清华大学出版社，2003：285.

结构化在岗培训通常由指定的培训师实施。有效的在岗培训应采取如表 1-3 所示的步骤。

表 1-3　结构化在岗培训的有效步骤

步骤	内容
A	确定培训目标并为培训做准备
步骤 1	决定要向受训者传递什么内容才能使工作有效、安全、经济和明智
步骤 2	提供适当的工具、设备、日用品和材料
步骤 3	像受训者期望的那样妥善安排工作场所
B	提供指导
步骤 1	受训者为学习一项工作而做准备：①让受训者放松；②了解受训者已经知道的工作内容；③使受训者感兴趣并想要学习这项工作
步骤 2	对工作进行分解并确认关键点：①确定构成整体工作的几个组成部分；②确定关键点或“操作小窍门”
步骤 3	操作和知识的演示：①通过告知、示范、说明和提问传授新知识和操作方法；②缓慢、清晰、完整、耐心、逐渐小步骤地指导；③检查、提问和重复；④确保受训者理解
步骤 4	效果展示：①从工作中考察受训者；②询问为什么、怎么样、什么时候和在哪里作为开始的问题；③观察工作表现、纠正错误，如有必要，进行重复指导；④反复进行上述步骤直到受训者胜任工作
步骤 5	追踪：①让受训者完全发挥自己的作用；②定期检查以确保受训者遵循指导；③逐渐减少额外监督和密切追踪，直到受训者能在正常的监督下胜任工作

资料来源：本书作者整理自 Desimone R L, Werner J M, Harris D M. Human Resource Development（第 3 版）[M]. 北京：清华大学出版社，2003：193-195.

（3）脱产培训。

脱产培训是指受训者在一定时间内脱离工作岗位，到专门培训机构或学校集中学习。与在职培训情况不同，这种学习有充分的时间保证，因而学习内容一般都比较有系统性。通常学习内容包括较为系统的专业知识和相关技能，以及对原有知识与技能的更新等。其缺点是脱产培训的某些学习内容可能与工作要求脱节，另外培训成本加大，培训人次可能受到严格限制。

脱产培训又分全脱产培训与半脱产培训。全脱产培训指完全脱离工作岗位,到专门机构进行学习;而半脱产培训则是指受训者不完全脱离工作岗位,到专门的培训机构进行学习。随着知识经济的快速发展,学习型社会及学习型组织已逐渐形成,经济社会的竞争日益加剧,加之全脱产培训的局限性,越来越多的全脱产培训被半脱产培训所替代。半脱产培训,既要占用受训者一定的业余时间,同时又占用其一定的工作时间。很显然采用半脱产方式进行培训是想兼顾工作与学习两个方面,目前流行的MBA、MPA与DBA的学习即为半脱产培训[①]。

2. 按照培训对象分类

以培训对象分类,可将培训分为操作人员的培训、基层管理人员的培训、中层管理人员的培训以及高层管理人员的培训[②]。

(1) 操作人员的培训。

操作人员的培训又称一线人员培训、工人培训。培训的目的是培养员工有一个积极的工作心态、使其掌握工作原则和方法、提高劳动生产率。培训的主要内容包括:追求卓越工作心态的途径、工作安全事故的防范、企业文化与团队建设、新设备操作、人际关系技能等。操作人员的培训应注重其实用性。

(2) 管理人员的培训。

管理人员的培训可分为基层、中层和高层管理人员培训。由于不同的管理人员的职能与角色具有差异性,相应地,其培训内容的关注点也存在一定的差异。按照管理学家罗伯特·卡茨提出的管理人员培训内容结构模式,不同层级的管理人员培训内容在技术技能、人际技能和概念技能3种能力上的侧重各不相同。大致培训内容结构模式如图1-1所示。

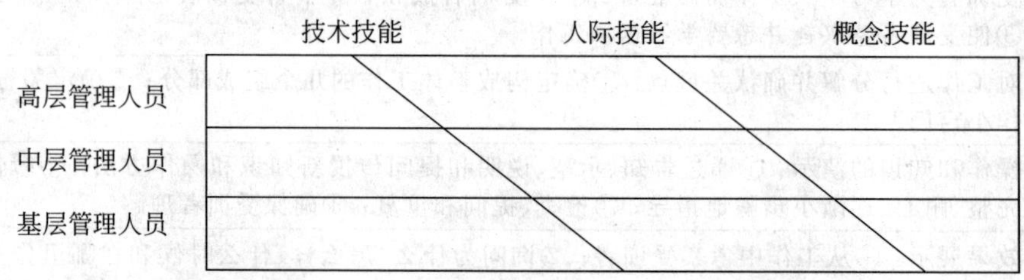

图1-1 罗伯特·卡茨的管理人员培训内容结构模式

图1-1表明,基层管理人员是工作人员的直接主管,是企业最基层的管理干部,是在工作现场对作业工人进行指导监督的关键人物,是上下左右联系的纽带。卡茨认为基层管理人员的技术技能、人际技能和概念技能的培训内容比例为50∶38∶12,即应侧重于培训、开发他们的工作技能。中层管理人员指企业中第二层次的正副职管理人员及相当职务的人员,在组织内部起着上情下达和下情上传的枢纽作用,需要进行大量的协调工作。卡茨认为中层管理人员的技术技能、人际技能和概念技能的培训内容比例为35∶42∶23,

① 李春苗,林泽炎,裴丽芳. 企业培训设计与管理[M]. 广州:广东经济出版社,2002:25.

② 徐庆文,裴春霞. 培训与开发[M]. 济南:山东人民出版社,2004:6-8.

即培训应侧重于员工之间、部门之间及员工与部门之间的协调与沟通。高层管理人员指企业的第一层正副职管理人员及其相当职务人员，也就是所谓的“最高领导层”。卡茨认为高层管理人员的技术技能、人际技能和概念技能的培训内容比例为 18∶43∶39。对他们的培训应侧重于思想理念和境界的升华、人脉的拓展、驾驭全局的战略意识和领导能力、创业精神以及商业道德和法律。

3. 按照贝克尔的培训成本分类

贝克尔从人力资本理论出发，在对培训活动发生机制进行分析时，将培训分为通用培训与专业培训两种①。

(1) 通用培训。

通用培训是指能让员工在任何岗位和组织中提高边际产出的培训。例如，计算机知识培训、写作技能培训等。由于这种培训能提高受训者在整个劳动力市场上的边际产出，因而，雇员的边际工资率也会得到相同程度的提高，这就导致了通用培训所带来的收益会随着员工的流失而流失。这样一来，企业是不能获益的，那么为什么还有企业愿意提供这种培训呢？贝克尔的解释是，在员工接受培训期间其边际产出下降，此时，组织只支付相当于员工边际产出的工资水平，远低于其他未接受培训员工的工资水平，这等于是让员工自己承担了通用培训的费用。

(2) 专业培训。

专业培训是针对某一组织特别开发设计的，这类培训对组织的边际产出有更大的影响。完全的专业培训只能提高那些受训者在提供培训的组织内部的边际产出。如果受训者流动到另外一个组织，那么他所接受的完全专业培训，则不能提高他所在新组织的边际产出。例如，为驾驶航天飞机而培训的宇航员。对这样的完全专业培训或近似的完全专业培训，雇主很愿意进行投入，他们会支付全部的专业培训的费用。

培训就像是一个连续体，对通用培训与专业培训的划分是相对的，完全专业与完全通用培训处于连续体的两端，其在现实中几乎是不存在的，大多数组织所提供的在职培训既不是完全通用培训，也不是完全专业培训，而是介于两者之间的培训。

(四) 培训流程

培训是在相关的理论基础之上，由培训需求分析、培训设计、培训实施及培训效果评估四个模块组成，这四个模块之间存在承接关系，共同组成培训的完整体系，是人力资源培训与开发的核心框架。它们之间的流程关系如图 1-2 所示。

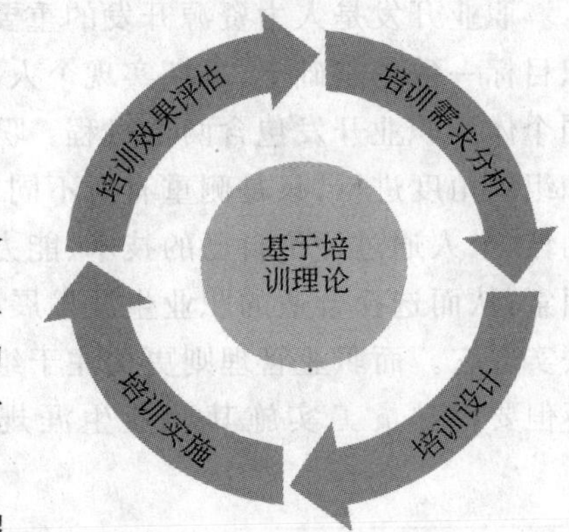

图 1-2 培训流程图

从图 1-2 中可以看出，在各种培训理论的基础上，培训的第一个流程是培训需求分析，培训需求分

① 谢晋宇. 人力资源开发概论[M]. 北京：清华大学出版社，2005：22.

析的结果体现为培训计划,在计划的基础上进行培训设计,然后实施培训,最后对培训的效果进行评估。评估的结果反馈能够表明培训是否满足培训需求,是否达到预期培训目标,同时,评估结果对下一次的培训需求分析具有借鉴意义。

二、员工辅导与咨询

随着人力资源开发实践的发展,员工辅导和员工咨询已是人力资源开发不可回避的两种职能。员工辅导是在回应员工对定期绩效评价的广泛不满过程中逐渐发展起来的,是人力资源开发的一种职能,目的是为了改进员工的绩效。员工辅导分为员工辅导分析和员工辅导讨论两个截然不同的活动。员工辅导分析用来分析绩效和绩效产生的条件;员工辅导讨论是指在员工和主管之间进行面对面的交流,来解决问题并帮助员工维持和改进绩效。员工辅导使绩效管理和员工辅导更加紧密地与组织战略和目标联结为一个整体[①]。

员工咨询是涉及员工个人问题的人力资源开发的一种职能。现代社会存在着大量的压力、酒精、心血管疾病、肥胖、心理疾病以及情感问题等,这些均属于员工的个人问题,是其生活的一部分。但这些个人问题对员工的绩效产生影响作用,如引发事故、缺勤、员工流失、低效决策、产量减少以及成本增加等。为此,组织向员工提供员工咨询服务。员工咨询和其他人力资源开发活动一样,是为了保证每一个员工都能长期地为组织作出积极的贡献。员工咨询的关注点是员工个人问题,特别是那些影响员工绩效的问题[②]。

实际上,员工辅导和员工咨询往往互相涵盖。

三、职业开发

个体进入工作场所后所经历的不同职务构成特定的轨迹。在这个过程中,个体经历一系列的阶段,在这些不同的阶段中,由于他们所面临的问题、需要完成的任务、可能的障碍和可能获得的支持等都有一定的共性,因此,才有可能进行职业开发[③]。

职业开发是人力资源开发的重要组成部分。它是在确保个人职业生涯目标与整个组织目标一致的基础上,以期实现个人与组织需求之间的最佳匹配。其对象是组织中的不同个体。职业开发包含两个过程:职业规划和职业管理。这两个过程都可以从个人角度和组织角度进行,只是侧重有所不同。职业规划更强调个人在职业生涯发展中的主观能动性,个人通过评价自己的技术、能力,了解自己的兴趣、价值观、所面临的机会与挑战等因素,从而选择合适的职业生涯发展目标,建立起一个比较现实的职业规划方案,并努力去实现它。而职业管理则更关注于组织在员工的职业发展过程中的主导作用,强调组织不但要督导员工实施其职业生涯规划,而且应该为员工的职业生涯规划提供支持和

---

① 沃纳 J M,德西蒙 R L. 人力资源开发(第4版)[M]. 徐芳,董恬斐,等译. 北京:中国人民大学出版社,2009:327-331.

② 沃纳 J M,德西蒙 R L. 人力资源开发(第4版)[M]. 徐芳,董恬斐,等译. 北京:中国人民大学出版社,2009:360.

③ 谢晋宇. 人力资源开发概论[M]. 北京:清华大学出版社,2005:15.

帮助[①]。

为了提高员工在职业上的满足感，为了应对环境变化的挑战，职业的概念逐渐被职业生涯所替代。职业生涯开发是整个人力资源开发的一个重要组成部分，它为人力资源开发活动提供了一个未来的工作框架和方向。

四、组织发展

组织发展，简称 OD，是以行为科学理论为基础，为改进组织效率、解决组织存在的问题和达成组织目标，根据组织内外环境的变化，有计划地改善和更新的组织过程。组织发展在多种理论指导下，着重改善和更新人的行为与态度、人际关系、组织文化、组织结构及组织管理方式，从而达到提高组织生命力和效能的目的。组织发展中，人的行为与态度的改变是最重要的。组织发展倡导在团队内部和各团队之间进行变革和创新，既强调宏观组织变革，又强调员工个体的微观组织变革。宏观组织变革的最终目的是提高组织的有效性，而微观组织变革主要为了增进个人、小群体以及团队的改进[②③]。组织发展具有以下 4 个方面的显著特点[④]：

第一，组织发展应具有长期性，它不应仅仅是解决短期面临的业绩问题；

第二，组织发展应该得到组织高层管理人员的支持；

第三，组织发展主要通过培训来实现变革；

第四，组织发展鼓励员工参与并发现问题，寻找解决问题的方法，挑选合适的方案，确认变革对象，贯彻执行有计划的变革方案和评估结果等一系列环节。

组织发展是通过变革代理人(change agent)来进行的，这个代理人可以是组织内的，也可以是组织外的。在组织内部，人力资源开发专业人员在组织发展中常常承担着主要变革代理人角色，推动组织变革。承担这一角色，对于人力资源开发专业人员来说，应满足两方面的要求，一方面要求人力资源开发专业人员与直线经理们经常沟通组织的战略问题和业务问题，并为其提供具体的建议；另一方面也要求人力资源开发专业人员直接参与到组织的战略变革中去，在组织发展中发挥重要的作用。

综上所述，人力资源开发所行使的上述 4 个方面的职能各有侧重，培训和开发主要是确保个人具备能够完成当前或未来工作的核心知识、专长与技能；员工辅导与咨询主要关注员工绩效辅导及对影响绩效的个人问题的干预；职业开发主要是确保个人的发展规划与组织目标相匹配；而组织发展则关注团队和组织，倡导在团队内部和各团队之间进行变革和创新，从而达到提高组织绩效的目的[⑤]。

---

① 徐芳. 培训与开发理论及技术[M]. 上海：复旦大学出版社，2005：7.

② 赫尔雷格尔 D，斯洛克姆 J W，伍德曼 R W. 组织行为学(第 9 版)[M]. 俞文钊，丁彪，译. 上海：华东师范大学出版社，2001：892.

③ 徐芳. 培训与开发理论及技术[M]. 上海：复旦大学出版社，2005：7.

④ 徐芳. 培训与开发理论及技术[M]. 上海：复旦大学出版社，2005：7-8.

⑤ 徐芳. 培训与开发理论及技术[M]. 上海：复旦大学出版社，2005：9.

第二节 人力资源培训与开发的范式

一、人力资源培训与开发范式概述[①]

到目前为止,界定清楚的人力资源培训与开发范式有2种:学习范式与绩效范式。这两种范式在当今人力资源培训与开发的理论与实践中处于主导地位。另外,人力资源培训与开发还有第三种范式——工作范式,该范式的兴起源自于对当今工作场所诸如裁员、规模紧缩和其他忽视员工权利做法的反制。虽然工作范式正在形成,但还不够成熟,故本节只介绍学习范式与绩效范式。

长期以来,学习范式在人力资源培训与开发的实践中处于主导地位。它包含3个不同的流派:个体学习流派、以绩效为基础的学习和整个系统的学习。个体学习流派,把个体学习看作目的,而把个体学习者看作干预措施的主要对象。目前,多数HRD实践至少在向以绩效为基础的学习或整个系统的学习转变,前者强调通过学习提高个人绩效,往往采用个人学习和有组织的系统支持个人学习为干预手段,后者强调通过学习提高多个层次的绩效,采用个人、团队和组织的学习,以及有组织的系统支持多个层次的学习为干预手段。

绩效范式对那些推崇绩效提高或是人类绩效技术的人而言是相当熟悉的。它包括2个流派:个人绩效的提高和整个组织绩效的提高,前者主要强调个体层次的绩效系统,人类绩效技术观是其代表,后者是一个包容广泛的派别,包括了发生在一个组织的不同层次上的学习和非学习干预措施,通常所说的绩效提升理论或是绩效咨询理论是这一派别的代表。绩效范式把焦点放在了总体绩效上,但是干预的焦点既有学习方面的,又有非学习方面的,它是绩效的非学习成分和相关干预措施的结合,正是这种结合使它与学习范式之间有了区别。

二、学习范式

(一)学习范式的定义

沃金斯提出了关于HRD学习范式的定义:"HRD是一个在个人、团队和组织三个层次上培养长期的并与工作相关的学习能力的研究和实践领域;HRD能增强个人的学习能力,能帮助团队克服学习障碍,能帮助组织形成一种促进自主学习的文化。"

(二)学习范式的核心理论假设

学习范式的核心假定尚未被清晰地阐述。总结该领域多个资深学者的核心理念,可得出以下8个核心理论假设[②]。

---

① 本节内容主要参考:斯旺森 R A,霍尔顿 E F. 人力资源开发[M]. 王晓晖,译. 北京:清华大学出版社,2008:101-115.

② 本书将斯旺森 R A,霍尔顿 E F的《人力资源开发》一书中的9个假设合并成8个。

假设1：个人的教育、成长、学习和发展都是天然地有益于个人生活的。该假设来源于强调个人自我实现的人本主义心理学。它也是所有 HRD 实践的中心内容，任何 HRD 范式都不会挑战这一假设。

假设2：人贵在其与生俱来的固有价值，不是达到某种结果的资源。学习范式反对将人视为某种"资源"用作达到某一目的，特别是在一个组织当中。承认人的价值仅仅是因为他们对绩效有所贡献，这种认识亵渎了人的尊严；而且，它会导致工作场所对员工人格的降低，甚至对员工的滥用。因此，HRD 应该从人的固有价值考虑来尊重人，学习和发展应该成为人类进步和人性升华的手段，而不是实现绩效目标的工具。

假设3：HRD 的主要成果是学习和发展。不论学习是在个体、团队还是在组织层面上发生，学习都是 HRD 的主要成果。虽然认可 HRD 绩效的重要性，但 HRD 的核心结果变量是学习。

假设4：通过个体的充分发展可以使组织得到最大的提高。如果个人能充分发挥自己的潜能，有利于个人和组织的绩效结果就会产生。绩效是发展的自然结果，而不是相反，用绩效去推动发展。

假设5：个体应该自我控制他们的学习过程。这一假设根植于成人学习的人本主义原则。它认为个人拥有天生的能力和动机，会以最有利于自己的方式来自主指导学习。鉴于此，HRD 就没有必要特别强调绩效的目标和要求，因为学习者能够自己决定合理的绩效目标及其途径，并会积极去完成。HRD 应致力于学习环境的创造和培育。

假设6：个人应该得到全面的发展。在组织中工作的人，要想充分实现他们的潜能，就必须得到全面发展，而不能仅仅发展只针对某些具体任务的特定技巧和能力。全面发展是指在职业开发与评价中将个人生活与专业工作统一起来。

假设7：组织必须提供有意义的工作，提供充分实现员工潜能的途径。HRD 的主要目的是促进个体的发展，组织有义务和责任帮助个人开发他们的潜能，其中，HRD 是达到这一目标的主要途径。

假设8：对绩效或组织利益的强调形成了人们的机械论观点，阻碍了人们对其潜能的充分发挥。这个假设反映了学习范式与绩效范式之间的最大隔阂。学习范式认为，绩效范式不能挖掘人们完成更大使命的能力，会使员工与组织更疏远以至于最终损害到组织，会导致一种过于机械的组织生活及 HRD 模式，其最后结果是人在组织中受到了限制，从而不能充分发挥他们的潜能。学习范式倡导并强调释放人类潜能的重要性，反对绩效范式对人类潜能的限制。

三、绩效范式

在 20 世纪 90 年代，由于全球经济的变化对 HRD 提出了新的要求，深深根植于人类培训实践的绩效范式重新受到重视，又处在了 HRD 热点论战的最前沿。

（一）绩效范式的定义

人力资源培训与开发的绩效范式尚未被正式定义。斯旺森和霍尔顿对绩效范式这样界定：HRD 的主要目的是通过提升某种绩效系统及其工作承担者的能力，进而推动该绩效系统完成它的使命。而绩效系统是指任何被组织起来用于达到一个目的或完成一个任务的系统。值得注意的是,绩效系统这一术语常用来代替组织。绩效系统简单地说就是有意识组成的、承担特定任务的系统。

(二)绩效范式的核心理论假设

绩效范式是 10 多年前才出现的,早期的绩效范式倡导者力主把绩效纳入 HRD 的框架之中,特别强调的是绩效变量,然而,也在不经意间把学习和开发人类潜能等排斥在外了。霍尔顿在对不同的研究分析之后,总结出绩效范式的 11 个核心假设。

假设 1:绩效系统的天职是生存与繁荣,在绩效系统中的个人必须努力履行他们的职责。绩效范式把绩效看做是绩效系统中不可或缺的现实,认为如果组织不追求绩效,就会衰弱以致最后消亡。绩效不仅体现在利润上,确切地说,它体现在组织以何种方式确定其核心结果上,如政府组织以公共服务为结果。从长期来看每个雇员必须为组织的核心目的作出贡献,HRD 为个人和绩效系统提供的最大服务就是通过强化个人的专业技能和增强系统的有效性从而提高其绩效。

假设 2:HRD 的最终目的是提升它赖以存在的系统的绩效。HRD 存在于一个系统中并由该系统的资源所支撑,HRD 所开展的所有活动和干预措施都必须能够提高使命、社会子系统、过程和个人等不同层次的绩效水平。除了一般的伦理责任外,HRD 的主要职责应该放在它所服务的系统范围。一个系统的使命指明了该系统的预期成果,反映了系统与它外部环境之间的关系。一个有使命的系统,就会有预期的产出,这涉及绩效理论的应用。这里的绩效是广义的绩效,可以出现在任何组织的任何方面,从教堂(如教徒数量、募集资金、帮助他人等)到政府(如社区的医疗服务、驾驶执照的发放、犯罪率的控制等),再到非营利性组织(如对研究活动的资助、联络的会员等),最后到营利性组织(如各类企业的经营活动等)。

假设 3:HRD 的主要成果既包括学习又包括绩效。学习和绩效的争论将学习与绩效定位于两个同等且对立的结果,这是一个不恰当的学术争论命题。绩效和学习真正代表的是两个不同层次的结果,它们是互补的,而不是对立的。多层次的理论构造越来越流行于把各种对立性的观点统一起来。在管理理论中"微观"层次关注个人领域,而"宏观"层次关注组织领域。多层次理论通过承认组织对个人的影响以及个人对组织的影响,将学习和绩效统一起来。

假设 4:组织中人的潜能必须得到培养、尊重和发展。绩效范式的提倡者相信学习的力量和组织中人的力量。这里要特别区分 HRD 的绩效范式与简单的绩效管理。后者并不像前者那样尊重人类的潜能,前者则认为只有释放了人类的潜能才能创造出伟大的组织。绩效范式在强调结果的同时,并不要求以控制人的潜能为代价。绩效范式拥护充分授权和个人发展的理念,因为对这些理念的正确运用可以提高绩效。绩效范式认为,在组织中否认人类潜能的力量会有损于组织绩效的提高。所以,强调人类的潜能与强调绩效是完全一致的。

假设 5:HRD 必须提升当前的绩效并培育能创造未来高绩效的能力,以便实现可持续的高绩效。对绩效的度量包括结果和驱动力,结果方面的度量能反映与系统、子系统、过程和个人的核心产出相关的效率或效果。最典型的是财务指标(利润率、投资回报率等)和生产能力指标(所生产物品或服务的数量单位),但它只反映已经发生或完成的事情。驱动力方面的度量能反映那些用于维持或增强绩效预期的要素,其中包括系统、子系统、过程中影响未来绩效的因素,以及个人的能力和动机等,对驱动力的度量可预测未来的绩效。因此,绩效范式既强调实际结果(如利润或单位工作产出)的绩效,又强调推动力(如学习或成长),只有将二者共同考虑,才能产生长期、可持续的绩效提升。

假设6:HRD的专业人员必须承担起伦理和道德责任,并保证组织达到绩效目标的同时不伤害雇员的利益。绩效观的倡导者承认,对组织绩效的追求可能会导致某种有害的或不道德的结果。尽管,对什么是伦理和道德的具体标准尚有很大的争论空间,但以绩效为基础的HRD绝对不支持组织实践在对待雇员中超越伦理和道德的界限。

假设7:培训/学习活动不应从整个绩效系统中分离开来,而应与其他绩效提升措施结合在一起。由于,HRD的基础是系统理论和组织的整体观,所以,绩效范式强调包括学习方法和非学习方法在内的整个系统多层次、全方位的绩效提升。遗憾的是,多数组织都没有专门的岗位或机制从整个系统的角度去对各种绩效提升项目进行评估、引导和协调,而是多强调绩效变量中的某个单一要素或其中的一个子集,这样导致了各种"快速解决方案"和应景性做法的泛滥。

假设8:有效的绩效和绩效系统能对个人和组织有所回报。绩效是有益于组织的。但是,它同样有益于个人,组织绩效与个人绩效不是对立关系。事实上,来自多方面的研究已经表明人们喜欢更有效地工作。这些方面包括工作的自我效能感、自我概念、工作满意度、自我实现、自身能力实现的满足程度、实现某一职业发展的目的等。

假设9:整个系统的绩效提升有赖于多种干预措施的综合运用。以绩效为基础的HRD认为,提升个体的专业技能是最主要的;但是,HRD若以个人为导向,就会破坏系统理论的基本原则——系统中的任何要素都不能与其他要素相分离,只有对系统中的各个要素/方面进行同步的干预,才能带来系统性的改变。

假设10:HRD必须与职能部门合作以便实现绩效目标。HRD的实践工作者时常抱怨,现有组织的绩效模式迫使他们必须面对一些他们无法控制的因素(例如,对员工的回报、工作设计等)。HRD的绩效观承认这一事实,同时强调HRD必须与系统内的职能部门联合,通过学习等手段达到绩效目的。有观点认为,HRD应该强调学习,因为组织内部的HRD人士只能够影响学习这一环节,而且主要影响的是绩效系统中的课堂学习,对于真正有价值的在职学习影响有限。因此,如果HRD不去与决定绩效的实际部门联合,那么注定它在组织中只能扮演一个小角色,影响力有限,而且还面临着萎缩和功能职责被外包的风险。

假设11:把学习效果转化为工作绩效是极其重要的。以绩效为基础的HRD最为关切的不是学习,而是个人和组织的绩效,所以对学习向工作绩效的转化给予高度重视。霍尔顿等人指出,研究者在分析组织如何推动这种转化方面还有很多事要做。尽管如此,还是达成了一个广泛的共识:这种转化过程不是随机出现的,也不是通过达到学习目的来保证的,而是一个复杂的、系统性影响的结果。

四、两种范式的争论与融合

自1995年开始,在美国人力资源培训与开发学界开展了一场关于学习范式与绩效范式的激烈争论。尽管美国的HRD实践已经越来越关注于绩效结果和建立能支持更高绩效的系统,但是,这一争论还是发生了。在这场争论中,绩效范式不断地遭受批评,其中的一些批评反映了对以绩效为基础的人力资源培训与开发基本原则的误解。最近,他们的批评变得更为严厉,认为"正是绩效观而不是学习观否认了人固有的能动性和自主性,有关培训的所有负面影响都来自于绩效观"。这些争议似乎是根源于双方所持有的不同价值观和哲学假定,它们很难被解决,因为在不同的价值观基础上讨论同一个问题,很难找出"正确的"答案。

事实上,绩效范式和学习范式之间的差别要比学习范式的倡导者所认为的要小得多,它们之间其实存在着许多相同点,特别表现在:坚信学习和发展是个人成长的途径;相信组织可以通过学习和发展活动而得以提升;尊重人和人的潜能;希望看到人类的进步;对待学习有热情。这些相同的立场使这两大范式共同组成了HRD学术领域。它们共同界定了HRD领域的范围和特点,使HRD与其他学科区分开来①。同时,这两种范式之间未解决的争议还在继续。从哲学的角度来看,这场争论是一场关于学习与绩效之本质的大讨论,因为争论的焦点始终围绕着关于学习和绩效现象的内在特性的基本假设,而争论双方都试图对其进行清晰、明确的阐述。霍尔顿认为,无论是绩效范式还是学习范式都不能被认为是天然的"好"或者"坏",二者都是符合人本主义精神的,而且人力资源培训与开发是能够将二者结合在一起的。

第三节 人力资源培训开发与组织核心竞争力

一、人力资源培训与开发角色的拓展

HRD的内涵从注重员工个体扩展到组织,这一概念上的变化表明,HRD在组织中的角色也随之发生改变,使培训与开发角色的拓展与其内涵的扩大相一致。图1-3揭示了培训角色的发展和变化。

图1-3表明,培训的关注点已从注重向雇员传授特定的知识与技能转变为更广泛意义上的注重组织知识的创造与共享上。HRD经历了以下三个主要的角色阶段②:

(一)注重传授技能与知识

传统上,培训被看作是一种向员工传授特定技能与行为的方法,这种角色职能是培训的基本职能,并且将会一直持续下去。关于培训角色的这种观点隐含着组织运营环境是确定性的,不存在信息不对称性,管理者与决策者是理性的等假设。在这些假设下,组织

---

① 关于人力资源开发的学科性质,在学术领域一直存在着两种观点:HRD从属于HR的一个主要职能,HRD是一门独立的学科。由此可见,斯旺森等学者属于后者;而本书作者考虑到人力资源管理专业的学科设置现状,本书中的观点属于前者。

② 诺伊A R. 雇员培训与开发[M]. 徐芳,译. 北京:中国人民大学出版社,2001:27-28.

图 1-3 培训与开发角色的拓展

资料来源：诺伊 A R. 雇员培训与开发[M]. 徐芳，译. 北京：中国人民大学出版社，2001：28.

能够驾驭它所处的环境，而且能控制并预测未来需要的知识和技能。因而，培训的这种角色职能是一种相对静态的观点。

（二）连接培训与业务需要

在这一阶段，组织运营管理已从相对静态的观点转变为相对动态的观点。组织意识到竞争、挑战及不确定的外部环境将持续存在，许多运营问题不能事先预料。在这种情境下，培训要建立在虚拟的基础之上，以帮助雇员应对实践中可能出现的特定业务难题。针对特定的业务难题，采用不同的培训技术给雇员传授相应的技能。尽管在这个角色阶段上，培训具有相对动态性，并且在业务需要的基础之上，培训实践的开发与业务需要直接关联，但是，这种角色职能仍然局限在个体层面。

（三）利用培训实现知识创造与共享

在这一阶段，培训已从个体层面上升至组织层面，培训已成为组织的战略伙伴，与组织核心竞争力密切相关。目前，组织赢得竞争优势的关键在于开发智力资本。智力资本(intellectual capital)包括认知知识（知道是什么）、高级技能（知道怎么样）、系统理解力和创造力（知道为什么是这样），以及自我激励的创新能力（关心为什么是这样）。传统上，培训部门将精力主要放在认知知识与高级技能的开发上。但实际上培训的价值在于使员工了解整个生产或服务过程及各部门之间的关系（系统理解力），同时激励他们进行革新并产出高质量的产品和服务（关心为什么是这样）。尤其对于服务行业的组织如软件开发、医疗、通信和教育系统，系统理解力和自我激发的创造性至关重要。培训被看作是知识创造和共享这个更大系统的一部分。

例如，安德森咨询公司因其在雇员培训上投入大量时间与金钱而闻名。安德森公司拥有一个可将 36 个国家的 80 000 多雇员联系在一起进行知识共享的数据库。这个信息系统可以用来进行培训项目的共享，查找潜在客户的资料，或者在电子布告栏内将工作难题公布于众[①]。

① 诺伊 A R. 雇员培训与开发[M]. 徐芳，译. 北京：中国人民大学出版社，2001：28.

在这一角色阶段，培训从个体学习转变为组织人力资本的开发及知识的管理，从而使培训与开发上升为战略性人力资源培训与开发。

二、人力资源培训开发与组织核心竞争力的关系

从人力资源培训与开发角色的拓展可以看出，人力资源培训开发与组织核心竞争力密切联系。

(一) 核心竞争力的含义

核心竞争力的概念是美国经济学家普拉哈拉德和哈默尔于1990年在《哈佛商业评论》上提出的，有关核心竞争力的定义有许多种说法。普拉哈拉德和哈默尔把核心竞争力定义为："组织中的积累性学识，特别是如何协调不同的生产技能和整合多种技术流的学识"[①]，并提出了判断核心竞争力的标准是：必须被市场认可，即能够提供进入相关市场的机会；必须给客户带来特别利益，能够提高组织效率，帮助组织通过降低成本或创造价值来扩大客户利益；必须是竞争对手难以模仿的；后来的研究者在此基础之上增加了一些判断标准，即核心竞争力应当是异质的；应当是难以替代的等[②]。

组织的核心竞争力是组织在资源、技术、人力资源、治理结构、生产经营、新产品研发、售后服务、文化等一系列运营过程和各种决策中形成的，具有自己独特的优势，是巨大的资本能量和运营实力。核心竞争力主要包括核心技术能力、组织协调能力、对外影响能力和应变能力，其本质内涵是让客户得到真正好于、高于竞争对手的不可替代的价值、产品、服务和文化。

目前，人力资源管理职能正在由传统的人事管理向战略性人力资源开发与管理的方向转变。出现这种变化趋势的原因在于组织的竞争优势越来越取决于组织和员工的素质与学习能力。20世纪末，《财富》杂志曾预言21世纪最为成功的组织将是那些学习型组织，而一些跨国公司也称自己"唯一长久的竞争优势，是比对手学习得更快的能力"[③]。

(二) 人力资源培训开发与组织核心竞争力的关系

随着知识经济时代的发展，人力资本在经济增长中的贡献率日益突出，在组织发展中发挥着越来越关键的作用，已经成为组织取得竞争优势的最主要来源。为此，组织的竞争优势将依赖于人力资本(知识、经验、技能)和品牌知名度等"软"资本，而不再是它们的厂房、设备等"硬"资产。员工的技术、知识、能力以及同顾客间的相互关系，会创造出一种核心竞争力，这种能力难以被竞争对手模仿，远比可购买到的现成的科技能力更加有效，并且，组织可以持续拥有这种竞争优势。所以说，无形资源(人力资本)由于它的稀缺性、复杂性等特性，是最有可能为组织赢得竞争优势的资源[④]。

---

① Prahalad C K, Hamel G. The core competence of the corporation[J]. Harvard Business Review. 1990, May/June.

② 韩佳泉，付绍亭．企业核心竞争力研究综述[J]．黑龙江电力，2009，31(3)：161-163.

③ 徐芳．培训与开发理论及技术[M]．上海：复旦大学出版社，2005：10.

④ 徐芳．培训与开发理论及技术[M]．上海：复旦大学出版社，2005：10.

培训是组织持续竞争力的"发动机",目前,这一理念渐成共识。当今名列世界500强的绝大部分企业都对其人员的内部培训给予了前所未有的重视。

例如,美国惠普公司规定,公司几万名员工每周至少要有20个小时用于学习业务知识。据统计,在1999—2004年期间,哈佛大学商学院培训的主管人员增加了80%,仅2000年一年,参加该院各种不同培训计划的主管人员就有5 000名。而进入芝加哥大学学习的公司主管人员2003年达到1 642名,比该校1996年开始开办公司主管人员培训计划时增加了5倍。哈佛大学主管公司人员教育的副校长维托尔说,由于进校学习的公司主管人员增多,哈佛大学已经没有足够的教师和校舍来满足他们进一步的需求。如此多的公司管理人员这样热衷于接受培训的事实表明,培训能为企业的核心竞争力作出贡献①。

人力资本是组织赢得核心竞争力的最主要来源。组织要想获得竞争优势,就必须将人力资源培训与开发视为一种更广泛意义上使人力资本增值的途径。

现在,随着知识经济时代的发展,人力资源培训与开发对组织生存与发展起着举足轻重的作用,人力资本已超过物质资本,成为最主要的生产要素和社会财富,成为社会经济增长的源泉。员工培训是对人力资源最重要的投资之一,组织对员工培训的最终目的是要提高员工的工作能力,进而提升其工作业绩,为组织创造更多的价值。国外的专业培训机构的调查表明,企业在培训中每投入1元钱将可能获得远远大于1元的回报,美国的福特汽车公司对一次培训效果的测试结果显示,每投入1美元培训费用,将为企业带来6美元的回报。可见,培训对企业的回报率是很大的②。据有关统计,从1929—1982年,美国生产力的提高中有26%是由于对员工和管理者进行人力资源培训与开发所产生的。美国国会技术评估办公室1990年的统计数据表明,美国企业每年为正式员工培训的花费约300亿~440亿美元,平均为每个员工花费385美元,相当于美国雇主支付其员工工资的1%~2%。像美国通用电气公司每年用于员工培训和管理开发的费用高达10亿美元,占到其工资总额的3%~5%。并且大多数的培训项目旨在改进工作所必需的操作技能。可以说,对培训与开发投资的重视对于企业在日益激烈的国际竞争中生存尤为重要③。

第四节 人力资源培训与开发专业人员的素质

一、人力资源培训与开发专业人员素质模型

人力资源开发专业人员可从事多种工作,如培训项目设计,培训行政管理或培训需求分析,每种工作都有特定的角色。例如,需求分析专家扮演的角色之一是汇总通过访谈、观察或问卷调查等方法收集到的数据,了解某一特定工作或工作族是否有进行培训的必要。这就要求需求分析专家必须懂得统计学和研究方法才能知道如何收集数据,收集什么样的数据,怎样汇总这些数据来判断培训的必要性。对于人力资源开发专业人员的素质要求,ASTD的研究和英国培训专家罗杰·贝尔特提出的HRD专业人员"五角色理论"最具有代表性。

① 张晓明,刘根会.培训与企业提供持续竞争力[J].人才资源开发,2004(z1):87.

② 张崇建.提高员工培训的有效途径[J].经济论坛,2008(24):97-98.

③ 徐芳.培训与开发理论及技术[M].上海:复旦大学出版社,2005:11.

(一) ASTD提出的HRD专业人员角色及能力要求

ASTD曾对HRD专业人员进行过专项研究,总结出在HRD人员中的五大关键角色以及成功扮演每一种角色所必备的能力要求。表1-4列出了这些角色和能力要求。

表1-4 人力资源培训与开发专业人员的角色和能力要求

角色	能力要求
分析/评估角色 研究者 需求分析家 评估者	了解行业知识;应用计算机能力;数据分析能力;研究能力
开发角色 项目设计者 培训教材开发者 评价者	了解成人教育的特点;具有信息反馈、协作、应用电子系统和设定目标的能力
战略角色 管理者 市场营销人员 变革顾问 职业咨询师	精通职业生涯设计与开发理论、培训与开发理论;具有一定的经营理念;管理能力;计算机应用能力
指导教师/辅助者角色	了解成人教育原则;具有一定的讲授、指导、反馈、应用电子设备和组织团队的能力
行政管理者角色	应用计算机能力;选择和确定所需设备能力;进行成本—收益分析;项目管理;档案管理的能力

资料来源:McLagan P A. Models for HRD practice [J]. Alexandria, VA: American Sociaty for Training and Development, 1989. In: 诺伊 A R. 雇员培训与开发[M]. 徐芳,译. 北京:中国人民大学出版社,2001: 14.

(二) 英国培训专家罗杰·贝尔特的五角色理论

英国培训专家罗杰·贝尔特认为HRD人员主要承担五个重要角色(见图1-4)①。

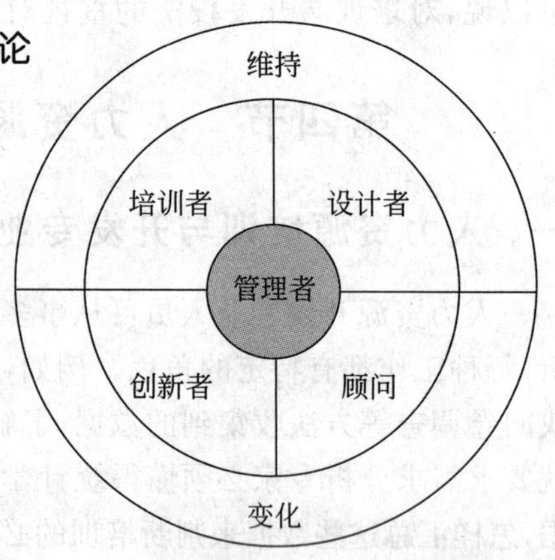

图1-4 人力资源开发专业人员的角色

资料来源:徐芳. 培训与开发理论及技术[M]. 上海:复旦大学出版社,2005: 22.

图1-4表明,HRD专业人员的角色分属两大层面:维持层面与变化层面。"培训者"和"设计者"角色处于"维持"层面,主要集中于保持既定绩效的活动方面;而"创新者"和"顾问"角色则处于"变化"层面,侧重于变化和解决问题;"管理者"角色源于自身的特质,属于两个层面的交界处,并在一定程度上整合了上述四个角色的相关行动和作用,并与其他角色建立起相当紧密的内在联系。可以看出,管理者角色实质上就是培训管理者,其他

① 徐芳. 培训与开发理论及技术[M]. 上海:复旦大学出版社,2005: 22-23.

四种角色则属于培训的实施者。

1."培训者"角色

HRD 人员最为直接和现实的职能就在于培训,既包括课堂教学、培训执行情况监督和其他直接影响学习过程的所有活动,又包括为受训者提供学习内容、条件、信息、进行反馈和提供其他帮助。因此"培训者"必须是学习专家,要对学习规律做客观研究,运用各种激励手段和监督措施,选择和使用具体的学习方法,保证受训者完成个人学习计划。

2."设计者"角色

"设计者"角色的活动集中于计划、维持和实施培训计划。"设计者"必须精通各种学习理论,能够及时准确地把握培训需求,并完成能满足培训需求的计划目标和各种课程设计。具体涉及培训需求分析、目标设定、课程设计、合适方法的选择、培训课程和活动的检验及帮助"培训者"实行培训。

3."顾问"角色

"顾问"角色活动集中于分析组织存在的问题,提出培训需求,寻找和评价解决问题的途径;发现管理者存在的问题,对可能并且适合的培训方法提出建议;与"培训者"和"设计者"合作,共同设计培训计划;在培训目标和政策方面,给培训管理者提出建议,确保培训的结果能被评估和应用。因此,"顾问"必须是培训方面的权威,他们要能够解决组织发展中涉及的培训问题,当好管理参谋。

4."创新者"角色

"创新者"角色活动在于协助高层管理者应对环境变化,提出应对之策;做好知识管理工作,帮助开发员工的新思想、新方式,促进组织知识的创新。这就要求"创新者"始终保持对市场和外在环境的高灵敏度,预见组织发展趋势,在组织现有知识的基础上,通过知识管理活动,不断产生新的知识,并使组织不断创新。

5."管理者"角色

"管理者"角色活动在于对培训和开发活动进行计划、组织、控制和改进,保证培训目标的达成,实现培训费用的最佳分配与培训效果的最大化。"管理者"必须与其他部门和高层管理者建立广泛而密切的联系,以保证最为合适的培训活动得以设计、实施和评估;必须在培训部门建立有效的领导指挥和畅通的信息沟通渠道,获取和发展培训资源;必须建立和完善培训人员队伍;监督质量标准和控制活动在整个培训活动的框架下得以展开。

二、人力资源培训与开发专业人员的培训与资格认证

(一)人力资源培训与开发专业人员的培训

组织 HRD 专业人员素质的高低,不仅关系到自身的发展,还关系到整个组织 HRD 工作的质量。组织 HRD 的政策、原则、培训目标、培训内容、培训实施与培训评估等大都由 HRD 专业人员制定、安排和组织实施,而 HRD 专业人员素质的高低,关系到培训的效果。因此,对人力资源专业开发人员的教育和培训是组织所有培训活动的重中之重。

对HRD专业人员的培训主要包括以下几个方面的内容[①]:

1. 培训开发基本理论的培训

HRD专业人员必须全面掌握与培训和学习相关的理论知识,包括经济学、教育心理学、社会心理学、管理心理学、统计学等,负责分析员工的培训需求,设计培训课程体系,设计并安排学习和培训的环境。

2. 培训开发技术和方法的培训

为了提高培训的质量,HRD专业人员必须掌握培训的专业技术和技能。具体包括:统计分析技术、工作分析技术、培训需求分析技术、培训课程设计技术、培训过程控制技术、培训效果评估技术等。

3. 人力资源管理系统知识和技能的培训

培训与开发是整个人力资源管理系统的一部分,它与人力资源系统的其他职能之间存在着许多的接口。因此,HRD专业人员不仅要掌握培训与开发的知识与技能,还必须从整体上掌握人力资源管理系统的知识和技能,这样才能使HRD工作符合整个人力资源管理系统的要求。

4. 与组织的产品和业务相关的背景知识的培训

HRD的效果不仅仅在于培训与开发本身的质量,而在更大程度上取决于培训的内容是否能够与组织的战略挂钩,是否能够有效地支持组织的业务和每一位员工的工作。这就要求HRD专业人员除了要掌握培训和人力资源管理本身的知识和技能之外,还必须从更广阔的角度了解组织的产品、服务、技术和各层各类员工的工作特点和工作需求,这样才能从根本上保证培训与开发的质量。

在上述四个方面的培训中,前三个方面的培训都可以借助于整个社会的职业教育系统来获得,而最后一个方面,主要与组织所在的行业、战略和管理实践有关,因此,只能由组织内部来开展,但它对于保证培训的质量和效果却至关重要。

(二) 国外人力资源培训与开发专业人员的资格认证

社会经济的发展对HRD专业人员的资格认证存在着越来越明显的需求。目前,具有统一性的是人力资源培训与开发专业人员的社会性资格认证。

对HRD专业人员的社会性资格认证,目前主要存在于美国等人力资源管理水平较高的西方发达国家。在美国进行的一项针对1 500多名培训工作者的调查结果显示,大约60%的培训工作者明确表示希望得到某种形式的认证。但由于培训开发是整个人力资源管理系统的一部分,所以HRD专业人员没有专门的资格证书,而是统一采用人力资源专业人员的资格证书。

在美国的人力资源管理领域,已有两种证书可供选择——人力资源专业人员证书(PHR)和人力资源高级专业人员证书(SPHR)。这两种证书是由美国人力资源认证协会(HRCI)主持的认证项目,每个考试都是由涵盖人力资源管理各个主题的225道多项选择题组成。PHR试题中11%的内容和SPHR试题中12%的内容涵盖了HRD的内容。

① 徐芳. 培训与开发理论及技术[M]. 上海:复旦大学出版社,2005:24-25.

要想得到认证，每个人都必须通过考试并有2年从事人力资源管理实践的工作经验。通过测试但缺少经验的人员一旦获得相关工作经验则可被授予证书。现在，在美国已有超过43 000名的人力资源专业人员得到了PHR或SPHR颁发的资格认证[①]。

行业培训师被称为“黄金职业”，也有“金领职业”之称。德国、法国、英国等发达国家，培训师的概念已应用多年，制度建设也比较成熟。英国伦敦城市行业协会（City & Guilds），以专业开发行业职业认证标准的经验及庞大的行业专家队伍的研发力量，开发了国际培训职业资格系列标准。City & Guilds拥有涵盖28个行业超过500多种职业资格证书，全球每年有近200万人获得City & Guilds颁发的证书。City & Guilds国际培训师系列职业资格标准，完整涵盖了培训的核心环节，包括培训需求分析、制订授课计划、授课和授课技巧、考核及培训评估，以及专业模块如培训管理、教练与辅导、远程教学等内容。该资格已在欧洲、东南亚国家、中国大陆、中国香港、中国台湾等国家和地区推行[②]。

除上述社会性资格认证和行业协会认证外，还有组织内部的人力资源专业人员的资格认证体系，这种认证体系与职业生涯开发相联系。

（三）中国人力资源培训与开发专业人员的资格认证

在中国的人力资源管理领域，人力资源培训与开发专业人员的资格认证起步较晚，目前已有企业人力资源管理师与企业培训师两种证书，前者分4个等级，后者分3个等级，均由国家人力资源和社会保障部（原国家劳动社会保障部）颁发。

中国自2003年开始，在全国范围内开展企业人力资源管理人员职业资格认证，根据（劳社厅函[2003]32号）文件规定，凡从事人力资源管理的人员均应取得专业的《中华人民共和国职业资格证书》。原国家劳动和社会保障部制定并颁布了《企业人力资源管理人员国家职业标准》和《企业培训师国家标准（试行）》，并要求在相应岗位上工作的专业人员须持证上岗。这两种证书均为全国统考，一年举办两次，考试时间一般为5月和11月。考试分为理论知识、技能操作及综合评审（有些等级不含此部分）。

在我国，培训师已被列为紧缺人才，据权威部门统计，中国培训行业急需30万名专业培训人员，高级专业培训师尤为炙手可热。但是我国的企业培训师制度建设刚刚起步，确切地说，我国的企业培训师制度建设始于1999年。广东省是原国家劳动和社会保障部确定推行这一制度的全国两个试点省（直辖市）之一。广东广播电视大学继续教育学院是广东省企业培训师项目办公室批准的广东省第一批企业培训师试点单位[③]。试点单位积累的经验能为我国推行企业培训师认证体系提供具有建设性价值的经验。

思考与操作训练

思考题

1. 人力资源培训与开发的内涵有哪些？

---

① 曹振杰，王瑞永，齐永兴．人力资源培训与开发教程[M]．北京：人民邮电出版社，2006：62.

② 互联网．企业培训师证书受关注．http://www.bjssjc.com/hyzx_wz.asp?id=373.2009-03-05.

③ 互联网．企业培训师证书．http://www.szedu.com.cn/zixun_6/40596.shtml，2008-08-14.

2. 什么是传统的培训与开发?两者之间有何异同?

3. 举例说明培训与开发的种类。

4. 了解人力资源培训与开发的研究范式。

5. 联系实际说明人力资源培训与开发与组织核心竞争力的关系。

6. 假定你是一名人力资源培训与开发的专业人员,分析自己是否能胜任该工作,为什么?

操作训练

彻底改变 Apex 门业公司员工的习惯做法

Apex 门业公司总裁吉姆·德莱尼(Jim Delaney)有一个问题。按他的说法就是,无论他怎样不断地告诉其雇员如何工作,他们都总是“决定按他们自己的方式做”,继而在吉姆、雇员以及雇员的上级之间发生了争论。门设计部门是一个例子。在该部门,期望设计师与建筑师一起进行门的设计工作,以便使门符合规格要求。正如吉姆所说,这虽然不是“火箭科学”,但是设计师还总是犯错误,比如说设计要用过多的钢铁。试想一下,在一栋30层的写字楼里有多少门,这个问题可能要使该公司浪费掉数万美元。

订单处理部门也是一个例子。吉姆希望用一种非常明确而具体的方式来详细描述订单,但是大多数订单处理员不理解如何在实际中使用这种多页的订购表。在出现详细的具体提问时(比如是将客户分为“工业”客户还是“商业”客户),他们只是临时应付一下。

目前的培训过程如下:虽然有几种职位有某种过时的工作说明书,但是没有一个职位有自己的培训手册;对新人的所有培训都是在岗进行的,通常是由一个要离职的人用1～2周的交接时间来培训新人;如果交接期间没有人员重叠,那么就可能由以往偶然做过这个工作的其他雇员来对新人进行培训。在整个公司,培训的做法基本上是一样的,例如,对机械工、秘书、装配工以及会计员等都一样。

问题:你认为 Apex 公司的培训过程如何?它能否帮助说明为什么雇员“以自己的方式做事”?为什么?如果现在让你负责这家公司的人力资源培训与开发,你将如何做才能彻底改变 Apex 门业公司员工的习惯做法?

要求:5～8 人一组,在对案例分析研究的基础上,结合所学知识,陈述自己小组的观点,并给出自己小组的建议。

资料来源:德斯勒 G. 人力资源管理[M]. 吴雯芳,刘昕,译. 北京:中国人民大学出版社,2005:278-279.

中国人力资源开发实践

国美 1 200 名店长的成功之路

作为国内最大的家电零售连锁企业,国美电器目前在全国的门店数量达到1 200家。在国美电器人力资源中心副总监赵克欣看来,单店经营能力的提升是国美这一阶段的工作重点，而要实现这一目标，店长的作用就显得非常重要。"在连锁业的竞争中，一家企业对另一家企业的竞争优势，分解开来就是一个门店对一个门店的优势，而门店的强弱，直接源于店长的强弱和他所带领的团队的强弱。"赵克欣说。

一、国美店长的素质能力要求

赵克欣告诉《培训》杂志，目前国美的1 200名店长中，大多数店长是早期加入国美、伴随着国美一起成长的。其中一半拥有大专以上学历，另一半人则是高中毕业，国美的目标是让全部店长都拥有大专以上学历。

赵克欣说，作为国美的店长，公司希望他们能具有3～5年的工作经验，有一定的敏感度，有门店经营能力、团队建设能力、发展下属的能力、沟通协调能力和学习创新能力。专业技能方面，国美要求他们具有家电专业的知识，有比较好的市场敏锐度，还要有比较好的执行力。在文化方面，店长要认同公司的文化与价值观，并能将这一文化传播给下属和顾客，同时还要有良好的服务意识。

二、蓄水池项目：大学生通往店长之路

赵克欣坦言，目前国美达到这些要求的店长数量还不是太多，因此国美推出了"蓄水池项目"，计划用4年的时间把一批优秀的应届大学生培养成为店长。

据赵克欣介绍，大学生被国美录用后，在毕业之前就有3个月的实习期，担任门店的主任助理。毕业正式报到后，首先要经历3个月的试用期，"这一阶段是一个双向选择的过程，大学生面临从学校到社会的磨合，以及从学生到职业人的磨合"。在度过试用期之后，大学生要经历半年的试岗期，在这半年里，他们至少要做三个不同性质的岗位，以确定在哪个岗位发展。接下来是半年的轮岗期，通过继续在各个部门轮转，国美给了大学生深度选择的机会。

在此之后，国美会给大学生定岗，这时候他们的职位一般是门店主任。在经过1年的定岗培养期和1～2年的观察期后，大学生一般会升到副店长的职位上，这时候他们将迎来"领带计划"。在"领带计划"阶段，会有一名公司高管担任他的导师，来指导他工作，这名高管可以是分公司的总监、人力资源经理甚至总经理。如果顺利度过1年的领带期，大学生就将担任国美的门店店长。

为了保证国美各分公司培养蓄水池员工的积极性，国美人力资源中心规定，在大学生实习期和培养期的第1年，培养他们的人工成本由总部承担。同时，国美每年对门店店长有5%的末位淘汰率，这5%的店长空缺名额中将拿出1%～2%用于蓄水池员工的晋升，从而促成整个店长团队的素质提升。

三、SOL：从营业员到店长的全岗位培训

在把一名普通促销员、营业员培养成店长的过程中，国美推出了SOL计划(Store of Learning，培训店)，用于支撑门店全岗位的菜单式培训。

赵克欣介绍说，SOL提供了课堂教学与实际操练紧密结合的培训模式。课堂教学采取讲师授课→员工根据教材自学→书面测试的模式；而实际操练则在门店日常工作中进行，采取教练辅导→现场训练→实操考核的模式。这样门店的受训员工就有两位老师，其中讲师来自分部中高级管理层，负责课堂教学和组织测试；而教练则来自店内管理层，负责实操示范与辅导，以及实操的考核。课堂教学和实际操练在整个培训中的比例是3∶7，

而最后的考试结果也是按照这样的权重进行打分的,这体现了国美对实际操作技能的重视。

从营业员到品类主任,再到副店长、店长,SOL都有相应的必修课程设置,其中营业员要必修3门核心课程,包含1门中级课程,而店长要必修10门核心课程,包含5门中高级课程。这些课程分为三大类:一是文化影响力方面的,例如,组织文化认同、顾客服务;二是专业能力方面的课程,例如,岗位知识技能、职业敏感度、执行力等;三是领导力层面的,例如,团队建设、组织成员发展、学习与创新能力等。

通过这样的阶梯式培训,国美在最大程度上帮助大学生和普通营业员一步一步成长为合格的店长。

资料来源:许金晶,许英哲.连锁业店长培养方略.http://www.chinahrd.net/zhi_sk/jt_page.asp?articleid=186448.

理　论　篇

第二章

培训经济学理论及其发展

本章导读

- 人力资本理论
- 一般培训与特殊培训
- 人力资本理论的发展
- 知识管理对人力资本理论的发展
- 专用性人力资本投资

人力资源培训与开发是组织提供的有目的、有计划、系统的学习活动。如果组织没有提供培训的激励,在职培训就不可能发生。那么,组织为什么提供培训?这一问题涉及组织提供培训的动机及培训发生的动力源泉问题。人力资本理论及其发展给出了这一问题的解释。

知识管理业界标杆——西门子的知识管理

西门子公司(Siemens)所推行的知识管理,被美国生产力与质量中心(American Productivity & Quality Center)连续两年评选为"最佳实务"(best practice)代表。包括英特尔、飞利浦及福特汽车在内的世界级企业,推行"知识管理"之前,都是以西门子为典范。

西门子建立了一个"分享网"(Share-Net)来肩负知识管理的重责大任。负责西门子"分享网"项目的领导人道龄(Joachim Do-ring)指出,他们公司的概念是,通过网络把遍布全球46万多名员工的知识集合起来,彼此补强,增加专业能力。这个"分享网"包含了一个聊天室、数据库以及搜寻引擎。员工可以在"分享网"里,提供任何信息,例如,一个成功项目的描述,或是PowerPoint的制作等,以及对其他员工有帮助的信息皆可。员工通过"分享网",可以找到信息的提供者,并由电子邮件进一步交谈。道龄指出,员工把自己的知识贡献出来的同时,也获得了知识。

"分享网"自1999年推行以来,虽然只在西门子信息与通信事业部进行试验,但是成效却相当明显。"分享网"的成本只有780万美元,可是它却为西门子增加了12 200万美元的营收。例如,马来西亚电讯公司拟架设试验性宽带网络,但西门子在马来西亚的人员,专业上不足以应付当地的情况,通过“分享网”,他们发现丹麦的一个团队,曾经处理过一模一样的案子,马来西亚团队因而取得工程承揽权。

尽管“知识分享”的好处很明显,但是要改变员工,让他们愿意分享,却是推行“分享网”最困难的地方。西门子组织了项目团队,专门负责训练员工使用“分享网”,回答员工的疑问,并且监督“分享网”系统;不仅高阶管理人员全力配合,同时企业也提供激励,鼓励员工改变。西门子鼓励员工更多地利用“分享网”。经理人只要通过运用“分享网”,而产出额外的销售额,就可以获得红利。但是,各国分公司的执行长及营运长除非提供“分享网”信息,或是从“分享网”汲取资源而获利,才能得到红利。一般员工只要提供对另外一个人有实际帮助的信息,就可以获得参与研讨会的机会。

要将“分享网”的概念推广给销售人员是比较简单的,因为当他们知道利用“分享网”取得远在他国同事的经验,可能带来可观的获利时,他们就会加入。西门子计划,未来“分享网”还会开放给顾客使用,让顾客直接与研发部门人员沟通,开发出更好的商品。

员工的专业知识就是企业最珍贵的资产;21世纪,网络发展会愈趋成熟,如何通过网络把员工的智能结合起来,应该是人力资源培训与开发专业人员和经理人责无旁贷的目标。

资料来源:西门子的知识管理. http://bbs.vsharing.com/Article.aspx?aid=332731.

第一节 人力资本理论

一、概述

(一)培训经济学的主要内容

培训有脱产培训与在职培训,其中,在职培训是整个培训领域中最复杂的部分,故本节只讨论在职培训。

与学校教育相类似,在职培训也有相应的成本与收益,培训经济学就是关于培训的成本收益分析。培训经济学中最经典的理论是人力资本理论,它基于人是理性的,市场是充分竞争的假定,分析雇主和受训者发展技能的动机。它对无约束市场体系下的培训结果的态度总体上是乐观的。当它扩展到考虑招聘成本、信息对称性、机会主义和工资刚性时,就会趋于不太乐观的解释[①]。因此,培训经济学中新制度经济学及知识管理等对人力资本理论进行了发展。

(二)人力资本与经济发展

经济分析能够很清楚地解释为什么历史上很少有国家可以一直保持人均收入的持续增长。这是因为如果人均收入的增长来自人均土地和实物资本的增长,那么追加的资本和土地带来的回报的逐渐递减最终会消除进一步的增长。因此,让人们感到困惑的不是经济不增长,而是为什么美国、日本和许多欧洲国家在过去的100多年来一直保持着人均

① 普尔 M,沃纳 M. 人力资源管理手册[M]. 清华大学经济管理学院,编译. 沈阳:辽宁教育出版社,1999:433.

收入的持续增长。

可以这样认为，科学和技术知识的发展传播提高了劳动力和其他要素的生产力。随着科学家、技术人员、管理人员和其他人员知识的增长，系统地将科学知识运用于产品生产，这极大地提升了教育、技能培训和在职培训的价值。保持人均收入持续增长的国家都加大了在教育和培训上的投入。

经济学家能够区分普通联系和因果关系之间的不同，已经找到了一种比较易懂的方式来测定人力资本增长对收入增长的影响。在一项优秀的研究中，丹尼森发现，1929—1982 年间人均收入的增长中有 1/4 要归功于普通工人受教育水平的提高。但他未能解释另外 3/4 增长的原因。贝克尔认为这主要是因为丹尼森没有测量到这段时间内健康、在职培训和其他形式的人力资本的改善对提高收入产生的影响。

近几十年来，日本、中国台湾和其他亚洲国家和地区在经济上取得引人注目的成就是最好的例证，这些国家和地区的迅速发展说明了人力资本对经济增长的重要性。“亚洲四小龙”虽然缺乏自然资源，例如，它们的能源几乎全部依赖进口，同时还要面对西方的歧视，但“亚洲四小龙”依靠受过良好的培训和教育、工作努力并且有责任心的劳动力资源迅速发展起来。战后，日本通过加大在雇员培训上的投入来大幅提高技术水平，与此同时在大企业中开始形成终身雇用制度，这显然不是偶然的。终身雇用制不能仅仅用日本传统文化中强调对组织的忠诚来解释，因为 20 世纪前半期在日本换工作也已是很频繁的现象了。由此可见，日本经济的腾飞与其人力资本的提升是分不开的。

有确切的证据表明，在农业中人力资本和技术之间有密切的联系。在传统农业中教育几乎没有多少用处，因为耕作的方法和知识是父子相传的。因而，在传统经济中，农民往往是劳动力中受教育水平最低的。但是，现代的农民必须能够培育杂交种子、掌握养殖技术、使用化学肥料、操作复杂的农业设备以及应对商品市场未来的诸多变化。在帮助农民更快适应杂交技术和其他新技术的过程中，教育与培训的巨大价值已开始显现。毫无疑问，农民也应当同现代社会的工业工人一样接受良好的教育。另外，在制造业和服务业等发展较快的行业中，教育和培训对改进技术和提高生产力也同样有效。近期的研究表明，发展越快的行业就越能吸引受过良好教育的工人，同时，也能够提供更多的在职培训①。

二、人力资本理论模型

（一）基本假设

自 20 世纪 60 年代以来，培训经济学就一直被人力资本理论所主宰，该理论把培训看作一项投资，以短期的收入牺牲换取今后的更高收入。经济主体被假定是理性的利己主义者，从事任何净现值为正的投资；市场被假定为竞争性的，并且雇主会调整报酬以平衡已受培训、正受培训和未受培训的劳动力市场的供给和需求。

---

① 贝克尔 G. 人力资本理论[M]. 郭虹，熊晓林，王筱，等译. 北京：中信出版社，2007：7-8.

(二) 模型分析

在职培训成本主要包括一些培训的直接费用(如聘请教师、租赁场地的费用等),以及一些由培训所引起的间接费用(主要是在员工培训期间产出的损失)。接受在职培训的员工为培训所承担的成本则主要是培训期间工资的损失,当然,他们还需要为培训付出一些时间、精力,甚至部分的培训费用。但是,既然企业和员工都愿意接受在职培训,一定是在职培训的收益超过了成本。对于企业而言,在职培训的收益提高了员工的劳动生产率,从而增加了企业的利润,而员工在接受培训之后则能够因为劳动生产率有所提高而获得更高的工资①。

为了理解在职培训的成本与收益怎样在企业与员工之间分配,需要对培训加以区分,一种是对所有企业均有用的技能和知识方面的培训,例如,外语和计算机应用能力,称为一般培训(也称通用性培训);另一种是特殊培训(也称专用性培训),其内容是那些仅对特定企业才有用的技能和知识,例如,对国家宇航员的培训。尽管企业的在职培训往往同时具备以上两个方面的性质,很难确切地将某一培训项目进行归类,但这种二分法的培训分类有助于分析问题。

在没有政府干预的情况下,提供培训和筹资的模式可以被看作是一个两阶段模型(见表2-1和图2-1),第一时期由基于工作的培训组成,第二时期由培训后的工作组成。模型有工资(产量)、培训费用(成本)和培训回报(收益)三个变量。在图2-1中,Q_S、Q_U、Q_T分别代表已受培训的、未受培训的(不熟练的)和正受培训的工人的个人产出(净边际价值产品)。W代表"报酬"或"工资",W_1、W_2和W_0分别代表低于未受培训时边际产量的工资水平、高于未受培训时边际产量的工资水平及等于未受培训时边际产量的工资水平。如果假定工人能力完全相同、零失业率、现在和将来的信息完全、并且不熟练工人没有知识,那么培训的总成本和收益便为域abcd和cefg,分别代表一个工人接受培训所带来的初期损失和随后收益。如果净现值是正的,那么培训在经济上便是可行的。

表2-1 培训中的工资、产出和投资表

技能	工资	费用		回报	
		员工	企业	员工	企业
一般(通用性)	abgf	abcd	0	cefg	0
特殊(专用性)	hijk	hicd	abih	cekj	jkfg

资料来源:改编自普尔 M,沃纳 M. 人力资源管理手册[M]. 清华大学经济管理学院,编译. 沈阳:辽宁教育出版社,1999:434.

1. 一般培训

借助于表2-1和图2-1,可以清楚地了解一般培训的成本与收益是如何在企业与员工之间分摊的。如果是一般培训,员工可以由这种培训获得更高的收入,不管其是在原企业工作,还是换个企业工作,这样,企业没有动机提供培训费用,只能由员工自己来支付培训

① 陆铭. 劳动和人力资源经济学[M]. 上海:世纪出版集团上海人民出版社,2007:115-118.

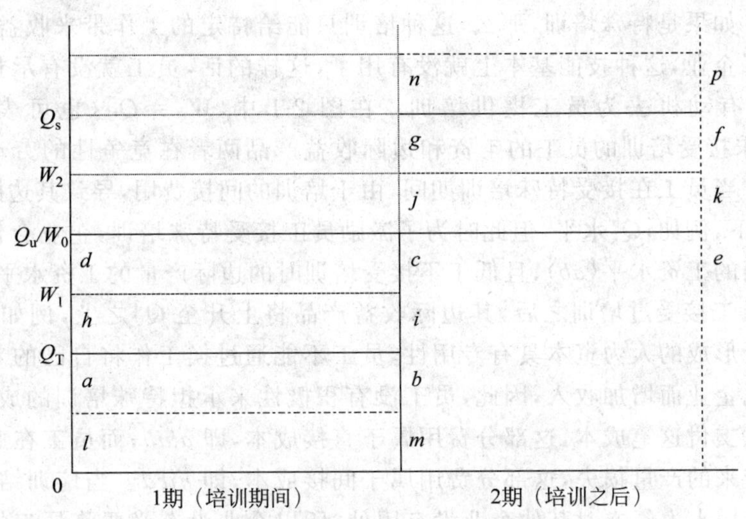

图 2-1 培训中的工资、产出和投资

注：支出和收益还没有折算为现值；图 2-1 中的小写字母均标注在其所代表的线条之下。

资料来源：普尔 M，沃纳 M. 人力资源管理手册[M]. 清华大学经济管理学院，编译. 沈阳：辽宁教育出版社，1999：434.

费用。在图 2-1 中，$W_0=Q_U$（也可表示为：$W_0=MRP_U$）表示未接受培训员工的工资和边际收益产品两者在竞争性的劳动力市场环境下是相等的。当员工在接受一般培训期间，由于培训的间接费用，导致其边际收益产品将下降至 Q_U 之下，比如 Q_T 水平；当员工接受过培训之后，其边际收益产品将上升至 Q_U 之上，比如 Q_S 水平。由于市场是充分竞争的，而员工的培训又是一般性的，于是其他企业将会把培训过的员工的工资一直抬高到与其边际收益产品相等的水平以试图“挖走”这些员工。这样一来，这些员工原来所在的企业也一定要抬高员工的工资才能挽留住他们，使受训后员工的工资从 *ab* 水平上升至 *gf* 水平，形成 *abgf* 轮廓线，因此，员工为此在第一阶段的培训期产生了 *abcd* 的费用，但在第二阶段的培训后期则有 *cefg* 的收益；而企业在培训期产生的费用为“零”，在培训之后的收益也为“零”。因此，企业不愿意为员工承担一般培训成本，为员工提供一般培训[①]。

对于一般培训来说，有时会有两种极端情况出现，一是企业大量投资于一般培训，此时，员工的工资轮廓线为 *dcgf*；二是当受训人员筹措培训资金有困难时，企业采用学徒合同以解决这个问题，但是，此时的企业可能通过给员工提供很少的培训和很低的报酬来剥削员工，此时员工的工资轮廓线为 *lmgf*[②③]。

2. **特殊培训**

借助于图 2-1 和表 2-1，可以清楚地了解特殊培训的成本与收益是如何在企业与员工

① 普尔 M，沃纳 M. 人力资源管理手册[M]. 清华大学经济管理学院，编译. 沈阳：辽宁教育出版社，1999：433-439.

② 普尔 M，沃纳 M. 人力资源管理手册[M]. 清华大学经济管理学院，编译. 沈阳：辽宁教育出版社，1999：433-439.

③ 陆铭. 劳动和人力资源经济学[M]. 上海：世纪出版集团上海人民出版社，2007：115-118.

之间分摊的。如果是特殊培训,那么,这种培训只能给特定的工作带来收益,如果员工培训之后离开了企业,这种技能基本上就没有用了,这样的话,员工就没有承担培训费的动机,而企业则有动机去为员工提供培训。在图 2-1 中,$W_0 = Q_U$(也可表示为:$W_0 = MRP_U$)表示未接受培训的员工的工资和边际收益产品两者在竞争性的劳动力市场环境下是相等的。当员工在接受特殊培训期间,由于培训的间接费用,导致其边际收益产品将下降至 Q_U之下,例如,Q_T水平,但此时为了激励员工接受特殊培训,企业会付给员工高于一般培训期间的工资水平(ab),且低于不接受培训时的边际产量的工资水平,比如 W_1(见图 2-1)。当员工接受过培训之后,其边际收益产品将上升至 Q_U之上,例如,Q_S水平。由于特殊培训所形成的人力资本具有专用性,员工不能通过换工作将自己的专用人力资本“出售”给其他企业而增加收入,因此,员工没有积极性来承担特殊培训的成本。于是,只有企业才愿意支付这笔成本,这部分费用属于直接成本,即 $abih$;而员工在此阶段则承担由于培训而带来的产量损失,这部分费用属于间接成本,即 $hicd$。当培训结束之后,由于员工获得的专用人力资本对其他企业没有用处,所以企业没有必要将员工的工资抬高到与其边际收益产品相等的水平,而只需付给员工高于不接受培训时的边际产量收益 Q_u/W_0水平,且既低于其培训后真实边际产量水平,又低于一般培训后员工的工资水平,例如 W_2水平的工资(见图 2-1),这样,接受特殊培训后员工的工资只从 hi 水平上升至 jk 水平,形成 $hijk$ 轮廓线。在特殊培训的收益上,也由企业和员工共同分享,员工在第二阶段的培训后期获得 $cekj$ 的收益,而企业则获得 $jkfg$ 的收益。因此,企业常常采取适当的合约形式挽留员工,使其为企业服务的时间延长[①②]。

当然,这种延长服务时间的合约会导致出现一些资深员工,其生产力可能会随着时间而下降,出现员工报酬高于价值的现象,例如,资深员工的报酬是 np,而其价值则是 gf。对于这种情况,企业会采取强制其退休的政策。

贝克尔等关于企业人力资本投资的分析是在一个无交易费用的新古典经济环境中展开的,分析中暗含着交易双方都是理性人和诚实人的假定。但是,在现实世界中,这样的环境并不存在。因此,有必要对企业人力资本投资进行扩展性的分析。

第二节 人力资本理论的扩展

新制度经济学扩展了关于人性的假设,认为人都是机会主义者,人是有限理性的。为了便于分析,可将员工在企业内的服务时间分为两个阶段:投资阶段(时期 1,培训期间)和利用阶段(时期 2,培训之后)(见图 2-2)。

一、一般培训

(一) 信息不对称性

一般培训是对通用性人力资本的投资。通用性人力资本是指其价值并不依赖于原企

① 普尔 M,沃纳 M. 人力资源管理手册[M]. 沈阳:辽宁教育出版社,1999:433-439.

② 陆铭. 劳动和人力资源经济学[M]. 上海:世纪出版集团上海人民出版社,2007:115-118.

业的人力资本。它在原企业内的价值和在其他企业内的价值没有差异。在时期 1,原企业进行人力资本投资,这种投资不但提高了员工的能力,而且使原企业掌握了有关员工能力的信息,在投资阶段,员工得到培训期间较低的报酬 W_T(见图 2-2)。时期 1 结束后,在时期 2,企业会辞退不合格的员工,同时也会有一部分高能力员工因原企业提供的报酬较低而辞职。在此时的劳动力市场上,既有高能力的员工又有低能力的员工。由于交易费用的存在,其他企业不能无成本地获取有关这些员工能力的信息,这些企业出于对"道德风险"——员工的机会主义,员工会利用信息的不对称性来夸大自己的能力以获取较高的报酬——的考虑,这些企业往往只愿意支付一个市场平均工资率(W_0)。这意味着高能力的员工在市场上将得不到相应的报酬——边际生产收益(W_2)。所以,只要原企业提供的工资水平(W_1)大于这一平均工资水平,高能力的员工就不会辞职,使原企业通过支付较低的工资获取一部分边际收益产品 ΔMRP。由此可见,高能力员工留在原企业的条件是:$W_1 > W_0$,且 ΔMRP 在 W_1 与 W_2 之间,其中 ΔMRP 决定了企业支付投资的上限,它是信息不对称程度的增函数。当员工预期到这种可能时,他们就不愿意支付一般培训的全部投资,因为投资的部分收益要为企业所侵占。而只要企业获取的收益大于等于其所承担的投资,它就愿意和员工共担这笔投资。所以在存在交易费用的情况下,一般培训的投资是由企业和员工共同承担的。

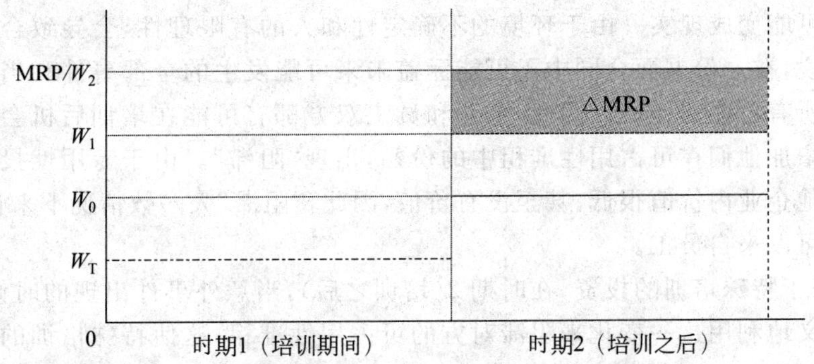

图 2-2　培训后高能力员工的劳动力市场工资水平

资料来源:改编自曹蓉. 基于人力资本的人力资源开发与管理研究[D]. 西安:西北大学,政治经济学,2006:82-84.

(二)买方垄断力量

除上述信息不对称性外,新制度经济学理论还对买方垄断力量及工资刚性在一般培训中的作用进行了分析。

在劳动力市场存在买方垄断力量的情况下,当雇主付给员工的报酬更低时,劳动力供应仍然不会完全消失,因而雇主能够保留住足够的受训者以提供投资收益。当其他选择(例如,增加雇用已受培训工人或减少工作技术含量)更昂贵时,雇主将理性地提供并资助高费用的一般培训。

(三)工资刚性

报酬轮廓线不是由劳动力市场交换决定的,而是由法律、集体谈判和工作评估所制定的规则决定的。当这种规则指定受训者的工资应高于受训者的生产力时,雇主就必须资助他们提供的任何培训,但是,这种规则是一把“双刃剑”,也会阻碍雇主提供培训。法定最低工资和集体协议就是这种影响的证据。

对于工资刚性理论的一个解释是工会的力量。工会希望争取更高的受训人员工资,这个目标可能反映了几方面的动机。工会可能响应于受训会员的利益,这些会员可能优先考虑短期的工作回报。工会还可能希望通过提高受训劳动力的价格来减少上面提到的第二种极端情况的剥削。

二、特殊培训

特殊培训是对专用性人力资本的投资。专用性人力资本是指其价值依赖于原企业的人力资本。它在原企业内的价值较高,在其他企业内价值则较低。与通用性人力资本相比,在完成相同的工作时,专用性人力资本的效率更高,会给企业和员工带来更多的收益。这一部分收益被称为可占用性准租(appropriable quasi-rent,AQR),它的一部分分配给企业作为企业投资的回报,另一部分作为员工投资的回报。可占用性准租使机会主义行为的发生从可能变成现实。由于环境的不确定性和人的有限理性,会导致合同的不完备性。也就是说,在一份书面合同中不可能涵盖未来可能发生的全部事件和当该事件发生时合同双方所有可能的行动。因此,企业和员工双方都有可能在培训后机会主义地寻求通过谈判来增加他们在可占用性准租中的份额,出现“阻滞”。由于专用性投资意味着员工技能在其他企业内价值很低,甚至没有价值,因此,“阻滞”大多数情况下来自企业,但有时“阻滞”也可以来自员工。

这样,对于特殊培训的投资,在时期2(培训之后),当意外事件出现的时候,一方就有可能机会主义地利用这一变化来阻滞对方的可占用性准租,这使特殊培训的投资面临较大的风险。对员工而言尤其如此,因为在特殊培训投资过程中,即使企业承担了全部培训人员、财物、场所的费用,员工需要承担机会成本,他们需要投入自己的时间和精力,而时间和精力是一种稀缺资源,它的使用具有不可逆转性,即一旦花费了大量的时间和精力去学习某种专用技能后,就无法把技能再变换为原来的时间和精力。由于投资专用性,员工接受的特殊培训在其他企业几乎没有价值,那么员工为了“反击”企业阻滞而离职后,其投资将难以收回。考虑到这一点,如果他们还能得到部分的准租收益的话,员工理性的选择便是容忍阻滞。也就是说,在阻滞专用性准租的过程中,企业往往是胜利者,失败的往往是员工。

通过上述分析可知,对特殊培训投资而言,重要的是在于应采取何种安排来防止阻滞,降低风险。如果投资收益能得到保障,那么投资承担问题完全可以由企业和员工协商确定,即拟定能同时覆盖培训两个时期的一个有效率的合同是必要的,这种防范阻滞的安排是提供一份被双方认可的关于投资责任、收益分配以及对意外情况出现时的再谈判程序作出明确规定的强制性合同。它可以借助第三方(如法院、仲裁机构)的力量来强制合同的执行，以阻止对方的阻滞行为。这样，在时期1，企业和员工分别按合同规定进行特殊培训的投资，在时期2，当意外事件出现时，企业和员工如果认为原来的分配方案不合适，可以按事先规定的程序谈判解决，如果不能达成一致意见，要么维持原方案，要么提请第三方执行。如果第三方是公正严厉的，合同双方阻滞的机会就相当小。

此外，企业和员工还可以"签订"非强制性合同——心理契约。心理契约用来描述组织中雇佣双方之间微妙的人际关系和互动状态，它代表一种非正式的、不具书面形式的、但真实存在的隐形契约关系，界定了每一个员工对于组织投入的基本条件。心理契约一旦遭到违反，便将削弱、恶化乃至中断双方所形成的默契，极大地打击员工士气，降低员工积极性与认同感，引发严重的负面效应。在特殊培训投资的过程中，通过签订强制性合同，在一定程度上可能会留住希望离开本企业的员工，但是，无法体现人力资本的主观能动性。因为，如果一个人封闭自己的人力资本，这种人力资本依然不能为企业作出应有的贡献。特别是对于企业的高层管理人员和技术工作者，如果他们封闭自己的人力资本，那么会给企业带来更大的损失。因此，通过建立心理契约，培养员工的忠诚度，也是企业减少培训投资风险的重要内容之一①。

第三节 知识管理对人力资本的发展

随着培训与开发角色职能的拓展，培训与开发的角色从注重知识与技能的传授拓展为利用培训与开发活动实现知识的创造与共享。由于传统的学习理论只能解释个体学习，而不能解释组织学习与发展；只能解释知识与技能的习得，而不能解释创新；人力资本理论虽然从理论上阐述了组织中培训与开发的发生机制，有助于理解组织的培训与开发决策，但不能解释员工个人的学习如何转化为组织竞争力的问题。因此，现代人力资源培训与开发的实现知识创造与共享的角色，无论是在传统的个体学习理论框架内，还是在人力资本理论中都无法得到解释。近年来，随着知识管理研究的发展，基于知识管理视角的人力资源培训与开发弥补了现有理论的局限性，使人力资源培训与开发的理论得到了进一步的丰富和发展。

一、知识管理概述

（一）知识与知识管理的界定

知识管理与人力资本密不可分。知识管理是知识时代人们为提高知识员工生产率（人力资本质量）而做的努力，组织要考虑如何使知识传递路径最小化，使员工获得知识的成本最小化，获得效益最大化，即如何高效地通过知识管理将个体人力资本转化为组织人力资本。目前，很多学者都对知识管理进行了界定，至今还没有统一的概念。这些研究者从不同角度对知识管理进行的界定，其共同点是都反映了知识的获取、转移和创新是知识管理过程的主要活动，其中知识的获取和转移是知识创新的前提和基础。

---

① 曹蓉. 基于人力资本的人力资源开发与管理研究[D]. 西安：西北大学，政治经济学，2006：82-84.

日本著名知识管理学家野中郁次郎(Nonaka Ikjurio)根据编码程度将知识分为隐性知识(tacit knowledge)与显性知识(explicit knowledge),隐性知识是未经形式化的知识,是企业和员工的经验、技术、文化、习惯等,是属于个人经验与直觉的知识,不易用言语来沟通及表达。显性知识则包括一切以文件、手册、报告、程序、图片、声音、影像等方式所呈现的知识,是可以形式化的语言、图像或文字所传递的知识,包括计算机程序等,此类知识是客观的、理性的知识[①]。隐性知识因为其难复制与易增殖的特性,受到越来越多企业的重视,并成为构成企业核心能力的知识库的主体;而显性知识由于其易于在个体之间共享与交流,也很容易在不同组织之间传递,这就使得组织很难凭借显性知识来培育自身的核心竞争力。在企业中,显性知识只是很小的一部分,存在于员工头脑中的大量隐性知识却无法用语言和文字准确描述、不易被他人获知、也不易被编码,是企业的无形知识资产。隐性知识是企业创新的源泉,能够不断为企业带来竞争利益,企业在生产经营活动中越来越多地依靠员工头脑中的隐性知识。

从这个意义上分析,知识管理就是整合企业的所有信息资源,变隐性知识为显性知识,变个人知识为企业知识,变个别知识为共性知识,使信息在企业内共享并为企业创造价值,促进企业长期稳定发展的过程。

企业知识管理的中心任务是发掘和应用这些知识,具体包含两个方面的主要内容:一是鼓励企业员工通过团体工作与培训等不断消化和吸收新获取的显性知识进而创造新的隐性知识;二是开发必要的环境和条件使企业员工愿意并且能够将存储在他们头脑中的隐性知识转换为可编码的显性知识,在企业内部实现隐性知识的共享[②]。

(二)知识管理的理论与模型

1. SECI模型

SECI模型是野中郁次郎在总结企业实践的基础上提出的。在将企业知识划分成显性和隐性知识的基础上,野中郁次郎将企业内知识的转化过程分成四个阶段,即社会化(socialization)、外在化(externalization)、组合化(combination)和内在化(internalization)。这四种转化方式处于不断的循环中,显性知识和隐性知识在个人与个人之间,个人与团队及组织之间不断转换,一个循环结束后,新的循环又开始,并不断上升,形成知识螺旋[③],使隐性知识与显性知识交互作用与转换,同时在不断地类似螺旋状反复进行的过程中达到知识创新的目的。社会化是通过分享经验把模糊知识汇聚到一起的过程,是一个从隐性知识到隐性知识的过程。通过共享经历、交流经验、讨论想法和见解等社会化的手段,隐性知识得以交流。社会化的典型例子就是学徒制。外在化是指将隐性知识清晰地表达成显性知识的过程,是知识创新的关键。通过隐喻、类比和模型等方式,将隐性知识用明晰的概念和语言表达出来。组合化是指将分散的显性知识组合成清晰的显性知识系统,它是通过各种媒体(例如,文件、会议、电话会谈或电子交流等)进行交换和组合。内在化是

---

① 刘帆. 浅谈人力资本观念向知识管理的转变[J]. 时代经贸,2007,5(67):66-67.

② 王小青,刘怀亮. 基于人力资源的知识管理能力成熟度研究[J]. 情报杂志,2009,28(4):125-128.

③ 冯天学,田金信,张庆普. 基于SECI模型的人力资本转化机制研究[J]. 预测,2006,25(6):1-5.

指显性知识内在化为个人隐性知识的过程。通过内在化,已经创造的显性知识在组织内部被员工吸收、消化并升华为自己的隐性知识,使得个人和组织的知识在质和量上得到了螺旋提升,然后进入下一轮的社会化、外在化、组合化和内在化过程,引发知识创造的新一轮螺旋上升。知识的创新是从个人层面开始,经过四种转化模式在个人层面、组织层面、组织间等层面上得以转化和明晰,所以,知识创新是一种动态的螺旋上升的过程。具体过程见图 2-3。

2."Ba"理论

由于知识的创造是在一定的情境中进行的,野中郁次郎于 1998 年进一步以"Ba"的概念来具体说明情境、场所与知识创造的相互关系。野中郁次郎将"Ba"定义为知识被转移、分享、利用、创造时所处的情境,它是物质空间(办公室)、虚拟空间(电子邮件)和精神空间(共享的理念),或者是三者的任何组合。"Ba"有 4 种类型,每一种"Ba"支持一种类型的知识转化,即发起性"Ba"(支持社会化)、对话性"Ba"(支持外在化)、系统性"Ba"(支持组合化)和演练性"Ba"(支持内在化),并为知识螺旋上升过程的具体阶段提供平台。2000 年,野中郁次郎等在使用 SECI 模型与"Ba"理论来解释知识创造过程的基础之上,又加入了知识资产与知识愿景的观念。迄今为止,SECI 模型与"Ba"理论是对知识创造过程进行分析的系统工具。具体过程见图 2-4。

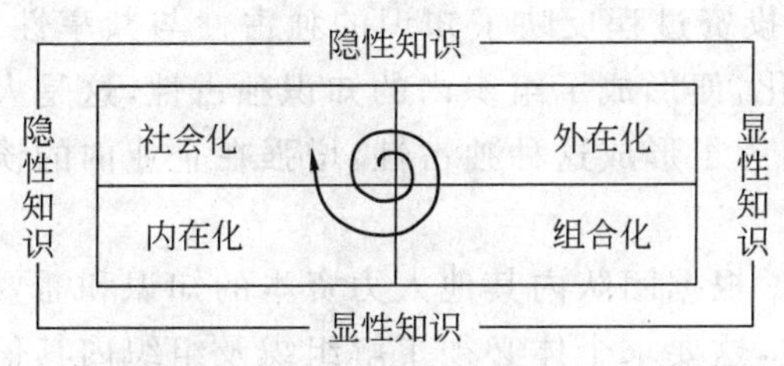

图 2-3　SECI 模型

资料来源:胡延平,刘晓敏. 基于 SECI 模型的知识创新过程的再认识[J]. 企业经济,2009(3):45-48.

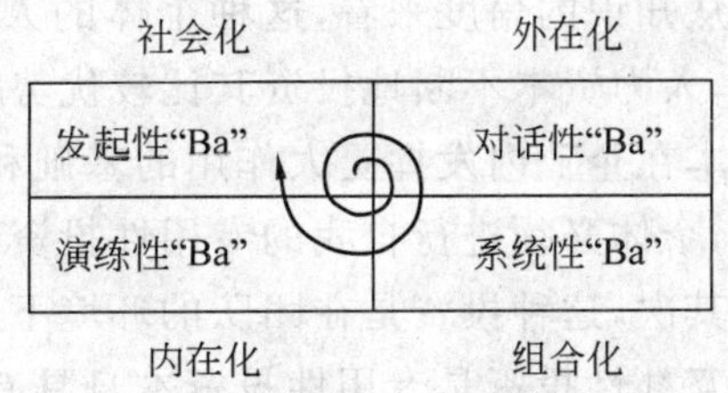

图 2-4　"Ba"理论

资料来源:胡延平,刘晓敏. 基于 SECI 模型的知识创新过程的再认识[J]. 企业经济,2009(3):45-48.

3. 评价

SECI 模型和"Ba"理论对组织内部、组织之间的知识创新过程给出了一个系统性解释,是迄今为止最有影响的知识创造过程模型和理论,也是知识管理理论的重要基石之一。但是,它们也存在一些缺陷,它们只是从知识客体的角度笼统地给出知识创新的过程,没有对知识转移与知识创新的主体——人和组织的知识创新行为进行深入的分析。另外,"Ba"理论过度强调了隐性知识与显性知识的区别,忽略了两者之间的联系,割裂了知识创新过程的整体性和连续性。

二、基于知识管理的人力资本理论

知识改变了衡量企业财富的标准和竞争规则。知识是企业的战略资产,企业是一种知识整合系统的组织。所以企业是否拥有创新知识,就成为连续推动企业提高生产率,提升并创造持续竞争优势的源泉。而作为知识和技能承载者的人力资源,特别是人力资源培训与开发职能代表了企业所拥有的专门知识、技能和能力的总和,是企业创造独占性的异质知识和垄断技术优势的基础[①]。现代人力资源培训与开发的角色——利用培训实现知识创造与共享——反映了人力资本增值是HRD与知识管理的共同核心。

(一)知识管理与专用性人力资本投资[②]

1. 人力资本的专用性投资概念

专用性是指一种资产只对某一特定的使用者有用,或者只有用在某些地方才能产生最大的价值,专用性投资是指为了使某一交易关系更有效率、价值最大或者收益更多所作的专门投资。人力资本同样也有专用性和专用性投资。企业家作出的人力资本投资不是为了提高一般性人力资本,是为了提高专用性人力资本。知识的学习与创造是人力资本专用性投资的过程,因此,学习、培训和教育,尤其是"干中学"(learn by doing)等都属于专用性投资。

2. 知识管理视角的专用性人力资本投资

(1) 专用性投资与个体知识管理。

组织往往专业化其行为以使其能力具有相对优势。人力资本常常投资于自己的比较优势,对比较优势的投资使人力资本更加专业化。由于团队性,人力资本会根据团队目标的需要,调整自己的投资方向和力度,因此人力资本投资在很大程度上是专用性投资。

从知识的角度来看,这种个体的人力资本投资过程反映了知识的独占性与共享性。首先,人力资本不断地投资其比较优势和专业化,便形成了组织内的知识独占性,这是人力资本在企业内发挥更大作用的基础和前提。为了形成这种独占性,增强在企业内的谈判力,个体必须进行自我的专用性投资。

其次,这种投资是在团队的环境下进行的。根据团队内其他人力资本的知识和需要进行互补性投资是专用性投资本身具有的含义,这要求个体必须了解组织及组织内其他成员的相关知识,在竞争之外还必须进行合作。合作就必须相互沟通和交流,从而促进了知识的共享。因此,一个促进专用性投资的制度能很好地解决个人独占和组织共享的难题。

(2) 专用性投资与组织知识管理。

组织资本包括企业的核心知识、企业文化、制度和理念等方面,是企业知识交流的平台。作为知识交流的平台,组织资本是企业内利益相关者的相互合作和相互专用性投资而形成的,同时组织资本对专用性投资有着巨大的影响。由于专用性投资和组织资本之间存在这种互为条件和结果的关系,对企业来说,要发展组织资本,就必须促进相关资本间的专用性投资;而要促进专用性投资,人力资本必须有丰富而稳定的知识环境和供给,并要求知识管理平台上的知识资源丰富且自由流动。因此知识资源传递成本越低,利益相关者之间的专用性投资就越充分,核心知识和组织资本也就越容易形成。

从组织知识管理的角度来看,这种企业内利益相关者的专用性人力资本投资过程反映了知识的自由转换与竞争壁垒。人力资本的相互专用性投资形成了企业的组织资本,

---

① 张秀川. 知识管理时代的人力资源管理[J]. 江南大学学报(人文社会科学版),2003,2(6):61-65.

② 黄红灯,阮永平. 知识管理与人力资本专用性投资[J]. 情报科学,2005,23(8):1245-1248.

同时，也使组织资本形成了相对于人力资本的专用性特征，即组织资本对企业内部人力资本的效用最大，对企业外的人力资本价值最小，这就是组织的竞争壁垒。因此，人力资本的专用性投资在促进企业内知识流动转换的同时，也形成了组织的核心价值和竞争壁垒。

(3) 专用性投资与网络知识管理。

专用性投资使投资者在直接享受价值最大化成果的同时，也使之获得了相应的权力，这种权力保证了投资者获得更大的收益。因此，专用性投资既是目的又是手段，这个手段就是专用性投资形成的权力。

企业作为一个整体，为了在市场竞争中得到更大的权力，同样也需要专用性投资。Brousseau 和 Quelin 指出，当只有一方具有非对称的专用性时，市场关系对其最有利，它可以充分利用专用性带来的权力；在企业不具有非对称的专用性时，企业间往往通过联盟(包括同质或互补)来增强自身的专用性，从而使企业间呈现出复杂的结构嵌入和关系嵌入。

从网络知识管理的角度来看，这种企业间联盟的专用性人力资本投资过程反映了知识的竞争与合作。因此，企业为了在市场上获得更大的竞争优势和权力，往往需要通过专用性投资的方式和相关企业结成联盟。与在企业内的人力资本投资一样，在联盟中的企业一方面通过专用性投资使自己的核心知识更为稀缺、更具有谈判力，另一方面又通过专用性投资这个纽带与相关企业实现了知识的共享。网络间知识的分享和核心竞争力的保持在有意识的专用性投资下是统一的。

从上述分析过程看，知识的学习和创造的过程实际上是人力资本的专用性投资的过程，从这一点上来说，知识管理是对人力资本理论的进一步发展①。

(二) 基于 SECI 模型的人力资本转化机制②

人力资本是企业知识资本的核心，企业对人力资本存在不可避免的依赖性。实践证明，过度依赖(特别是对关键核心人力资本拥有者)必将导致严重后果。基于 SECI 模型的局限性，我国学者冯天学等通过引入人力资本概念，对 SECI 模型的人力资本转化机制进行研究，发展了野中郁次郎的 SECI 模型。

1. 人力资本转化机制模型及其解释

基于 SECI 模型的人力资本转化机制模型从人力资本与企业层次的知识资本相互转化出发，是一个开放的、以人力资本为中心、以学习和共享为人力资本间相互作用机制的人力资本转化机制模型，如图 2-5 所示。

图 2-5 中的社会化、外化、组合和内化分别为 SECI 模型中的社会化、外在化、组合化和内在化。该模型中，人力资本处于中心位置，知识的转化过程始于人力资本，在人力资本的相互作用机制——企业知识共享机制和学习机制——的作用下，知识转化持续不断地进行着循环往复的过程。通过社会化、外化和组合阶段，人力资本的个体知识转化成企业知识。经过组合后的企业知识(主要体现为类知识产权资本、结构资本和客户资本)直接应用于企业的生产经营过程。由此，完成了个体人力资本向企业层次知识资本的转化

① 黄红灯，阮永平. 知识管理与人力资本专用性投资[J]. 情报科学，2005，23(8)：1245-1248.

② 冯天学，田金信，张庆普. 基于 SECI 模型的人力资本转化机制研究[J]. 预测，2006，25(6)：1-5.

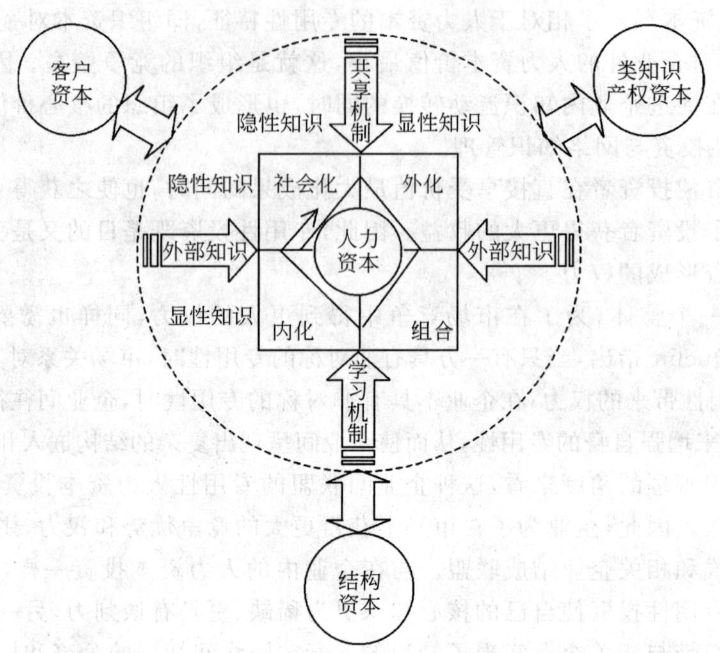

图 2-5　基于 SECI 模型的人力资本转化机制

资料来源：冯天学，田金信，张庆普．基于 SECI 模型的人力资本转化机制研究[J]．预测，2006,25(6)：1-5.

过程。而人力资本的转化是双向的，在知识的转化过程中，人力资本通过干中学、用中学等方式将企业层次的知识资本又内化为个体层次的人力资本，实现了组织人力资本向个体层次的知识资本的转化过程。

同时，该模型引入了学习机制与共享机制以及组织外部知识。

2．学习机制、共享机制、组织外部知识

(1) 学习机制。

学习能力是人力资本具有能动性和创造性的根本所在，也是人力资本的固有特性，故不能抛开人力资本的学习能力探讨知识转化问题。学习始终伴随着人力资本参与的知识转化过程，学习机制是人力资本主导的知识转化的核心机制。从学习主体看，人力资本的学习在个体、团队和组织 3 个层次上进行，并且学习活动的 3 个层次相互依存。从知识转化阶段看，社会化阶段的学习基本上在个体层次上进行，通过个体学习使人力资本中的隐性知识在不同的人力资本之间传播。外化阶段的学习既可在个体层次，又可在团体层次的人力资本上进行。个体层次的外化学习体现在个体本身隐性知识的显性化，而团体层次的外化学习是个体隐性知识经由群体内的交互作用而得以显性化的必要手段，外化后的知识成为群体知识。组合阶段的学习在团体层次和组织层次人力资本水平上进行，这一过程将个体和团体外化的知识整合进入组织知识系统，成为组织层次知识资本的组成部分，达到人力资本的转化目的。内化学习是个体人力资本通过实践，将组织所共有的知识资本通过实际应用又内化为个体人力资本隐性知识的过程。可见，人力资本主导的知识转化过程中的学习经历了个体、群体再到个体的过程，是一个循环往复，螺旋上升的过程。

（2）共享机制。

知识共享是知识在不同的知识主体之间被分享的过程。知识共享的主体是组织的个体、团体和组织3个层次的人力资本，客体是知识。由于任何新知识的产生常常源于个人、组织内存在着“知识差势”等原因，这些原因形成的知识张力引起知识流动。但是，由于存在知识自身形式（如隐性知识）、知识共享主体（出于自身利益的考虑，知识领先者是否愿意别人分享自己的知识，知识接收者是否愿意主动接收别人的知识）、组织的内环境（组织结构、企业文化、技术条件等）等方面因素的制约，使得知识在不同主体之间共享表现出一定程度的黏性。总之，知识张力越大，知识共享行为发生的可能性也越大；知识共享的黏性越大，知识共享就越不容易发生。因此，组织应创造良好的组织结构、文化、激励、人事等政策环境，构建诱导性机制来增大企业内知识共享的张力，减弱知识共享的黏性，促成知识共享行为的发生，实现知识共享。

（3）组织外部知识。

组织自身是一个开放系统，组织知识资本系统本身也是一个开放系统。开放系统有不断与外界进行信息、知识、物质和能量交换的需要。实践证明，组织知识资本的形成和转换过程都需要外部知识。因为组织所需要的知识没有必要也不可能都由组织内部的人力资本来创造，而且有些知识必须从外部获取，如客户知识。适时获取和吸纳来自组织外部的知识作为重要补充，有利于促进组织知识资本的更新。但从外部得到的知识并不简单地等同于组织知识资本，它们之间有较大差别。

3. 评价

以SECI模型为基础构建的人力资本转化机制模型是一个开放的系统，在引入学习机制与共享机制的同时，将外部知识纳入人力资本的转化过程。模型突出了人力资本的主导地位，明晰了以人力资本为主体的知识转化机制，确立了组织内的知识转化目标和转化方向，明确了知识的价值实现路径，因此，该模型具有重要的现实意义[①]。

思考与操作训练

思考题

1. 什么是一般培训？什么是特殊培训？
2. 阐述人力资本理论。
3. 什么是知识管理？什么是专用性人力资本投资？
4. 请解释说明野中郁次郎的SECI模型与“Ba”理论。
5. 试述知识管理对人力资本理论的发展。

操作训练

要求：5～8人一组，在对本章所学理论充分掌握与理解的基础上，虚拟一个企业的培训案例，说明培训期间及培训之后，如何对受训人员进行薪酬管理？并陈述自己小组制定的薪酬方案依据。

---

① 冯天学，田金信，张庆普. 基于SECI模型的人力资本转化机制研究[J]. 预测，2006，25(6)：1-5.

中国人力资源开发实践

中国企业知识管理现状调查

不论你是企业的新兵还是老将,可能都遇到过以下这些情况:

新加入某项目组,查找不到相关资料,也没有前辈特意给你传授经验,导致迟迟上不了手;项目开发中,想向企业里某些方面的专家请教,却不知该找谁;自己写过或见过的一份有价值的报告,在需要时却找不着了;一位离职同事带走了他手头所有的客户关系,企业因此而蒙受巨大损失……

这些都是知识管理进驻企业之前员工常遇到的困境。2000年左右,知识管理在中国落地,并进入应用阶段,在软件公司、咨询公司等企业实践的推动下,越来越多的企业开始关注知识管理,并投入人力、财力将其付诸实践。

但是,一项调查统计显示,对于大多数企业来说,目前却仅有20%的企业经验知识被保存和文件化。换句话说,企业内外仍有非常多的、与企业获利及竞争力有关的知识被隐藏起来而不自知。因此采用知识管理手段把遗失的80%充分利用以提高企业竞争力,便是知识经济下成功的关键因素之一。

不同机构对知识管理的基本理解和定位都有不同之处,而CIO(首席信息官,目前,一些CIO职位已被CKO——首席知识官所替代)大多在企业里身兼知识管理之职。《中国计算机用户》于2007年9月和10月分别进行了"CIO知识管理认知调查"与"知识管理专题讨论"。187份调查问卷结果和44条讨论意见反馈在一定程度上展示了中国各类企业对知识管理的认知程度及开展现状。例如,这次调查结果表明,CIO对知识管理的理解依然莫衷一是。但多数人都提到,知识管理其实是对人的管理。其中,将知识管理理解为"知识型的企业文化"、"知识资本"的比例最高,分别为19%和14%,认为知识管理是"一种IT工具"、"创新管理"或者"分享出色的实践经验"的也分别占12%。在参与知识管理专题讨论的44人中,有17位不约而同地提到,知识管理其实是管理人,一切以人为本。对知识的管理和对人的管理并不对立,人可以驾驭信息,但信息不可能领导人。

总体来看,中国企业实践知识管理还处于起步阶段,远不成熟。不过,越来越多的中国企业,已经不满足于热烈的概念讨论,而是转向脚踏实地的实践,这种转变从调查中就能看出端倪。近半数人表示,所在的机构对知识管理的实践尚在萌芽和启动阶段,有32%的调查对象则表示企业暂时还没有知识管理的计划。参与调查的企业中,有46%的调查对象在今年对知识管理的投入没有变化,仅有29%的调查对象加大了知识管理的力度。

由于知识管理所涉及的方方面面较多,实施起来并非易事。中国企业的知识管理实践由于起步晚,在探索的过程中难免会遭遇失败,即使是在华的大跨国企业也不例外。

知识管理是从"沉淀"、"共享"、"学习"、"应用"、"创新"这5个知识运转环节层层递进的。从参与问卷调查的企业来看,中国知识管理的整体水平还处在"沉淀"和"共享"这两个初级阶段,距离知识"创新"还有一段较长的路要走。

资料来源:中国企业知识管理现状调查报告. http://hi.baidu.com/wangdong8611/blog/item/0cbab1b7bf8cbff731add10e.html 2007-11-19.

第三章

学习理论

本章导读

- 个体学习的界定
- 强化学习理论
- 社会学习理论
- 认知学习理论
- 人本主义的学习理论
- 学习迁移理论

近几年，人力资源领域的研究者认识到组织学习的力量，重点强调为了组织利益，应当对人们的质疑、实践、适应和创新等能力进行培养。因此，学习也相应地被分为个体学习和组织学习两个层面。个体是各种知识、技术等的载体，是知识转移的基础和起点，没有个体的学习，就不可能产生知识转移。同时，个体也是组织学习的代理人。基于个体在学习中的特性，无论现有的研究如何强调组织学习，个体学习的相关理论仍然是人力资源培训与开发最基础的理论，对于组织的培训与开发工作具有不可替代的指导作用。

企业成功管理之道——西门子管理学院的行动学习

西门子公司在全球拥有60多个培训场所，位于全球各地的西门子管理学院旨在提高全球员工的管理水平，为在当地的业务拓展和长期发展提供坚实的人力保障。

西门子管理学院(SMI)的使命是——“推进学习，提升个人、团队及组织的绩效”。西门子管理学院是商业学院，却又与普通的商业学院有所不同，他们注重适应变化，不只是学习，而且认为学习的速度决定成功与否。传统的学习方法已经过于缓慢。西门子管理学院采用全新的学习方式，通过相对实用的培训，最大程度地提高员工、客户及所有潜在客户的商业影响力。

随着社会经济的快速发展，知识的淘汰率越来越高。目前管理培训的发展趋势是从原来的引导性培训变成了一种自发性学习，从原来的独立学习转向小组学习，从标准化案例研究到直接利用现有的实际业务问题，从阶段性学习到终生不间断的连续学习。西门子的首席执行官 H. von Pierer 博士曾说过,"只有那些能通过对市场需求作出灵活反应,甚至预先作出行动,使自己适应当前市场需求的公司才能生存下去。"为此,西门子管理学院的目标体现在以下三个方面:一是加强员工的素质以使他们成功管理西门子的商业活动,保证西门子客户的满意;二是向员工提供结构完善的知识,提供最新的学习技术和学习环境,将学习和工作结合在一起,组织员工以团队的形式学习,鼓励自觉的、自我导向的学习;三是要培训和开发自己的经理,使他们成为员工的优秀领导者、商业的杰出管理者。

西门子管理学院在培训与开发中最具特色的是他们的行动学习(Action Learning)。行动学习是指由一个4～6人组成的小组完成一个真实的项目,其目的是通过完成项目进行学习。行动学习对个人的帮助很大,可以使个人获取在解决问题和进行决策过程中的实际管理经验和技巧、提高团队合作等以解决现实问题为目标的工作能力;对组织而言,直接涉及组织的业务需求,为组织创造可衡量的实际利益,帮助组织向学习型组织转型。

西门子在做投资回报率测算的时候发现,经过培训员工的水平达到一个新的高度,但是如果回到工作中缺乏支持条件和环境,其业绩又会回落。那么怎样才能确保投资回报率?应该承认培训更关注的是培训之后行为的改变和在实际工作当中的运用。所以西门子倡导创立一个鼓励持续发展的环境,组织的管理层尤其是高层要鼓励员工将学到的技能运用到实际工作当中并且为之创造环境,才能确保员工绩效的提高。

资料来源:① 徐芳. 培训与开发理论及技术[M]. 上海:复旦大学出版社,2005:59.

② 西门子管理学院简介[EB/OL]. http://baike.baidu.com/view/1506487.htm#1.

第一节 学习概述

人力资源培训与开发是一种学习活动,表现为两个层面的学习:个体学习和组织学习。本章介绍个体学习理论,组织学习参见第十一章。

一、个体学习的定义

HRD的目的是帮助受训者更好地学习,所以首先要界定什么是个体学习。目前,关于个体学习的定义较多,下面介绍经典的个体学习定义及认知心理学对学习的解释。

1. 经典的个体学习定义

学习活动不仅存在于人类,还广泛出现于动物世界。人类对学习的科学研究始于艾滨浩斯的记忆研究。心理学家从活动的结果对学习作了严格的界定。

具有行为主义倾向的心理学家一般把学习定义为"由练习或经验引起的相对持久的行为变化"。例如,两组员工,一组进行某种生产线的操作训练,另一组未给予任何训练。到了生产车间,训练组的员工会操作生产线上的机器;未训练组的员工则不会。这种操作机器行为的出现即为学习。心理学家把人类和动物经过训练后出现的行为变化称为学习。

上述以行为的变化来定义学习,使学习成为可以观测和测量的科学概念,其优点是有利于行为的观察和测量。但是,学习的本质是什么?是否就是行为变化呢?

例如,有两个新员工接受相同的入职导向培训,从行为变化上看,他们都学会了新公司的纪律和其他行为规范。但在他们的思想深处，一名员工觉得“新公司约束太多，有的制度根本没有必要”；另一名员工则认为“新公司规章制度建设得好，是靠制度约束员工行为的，而不是靠人治”。

这种思想深处的变化有时很难从具体的行为变化看出来，这是不是学习呢？显然，这是比具体的行为更重要和更本质的学习。为此，心理学家对学习的行为定义进行了修改。

鲍尔和希尔加德在他们著名的《学习论》(1981)一书中把学习定义为：“一个主体在某个规定情境中的重复经验引起的、对那个情境的行为或行为潜能的变化。这种变化是不能根据主体的先天反应倾向、成熟或暂时状态(如疲劳、酒醉、内驱力等)来解释的。”这个定义比上述定义进了一步，在学习的变化中包含了行为潜能的变化。加涅(1985)则更明确地把学习定义为：“学习是人的倾向(disposition)或能力(capability)的变化，这种变化能够保持且不能单纯归因于生长过程。”加涅实际上是以人的内部的变化来定义学习。不过，加涅认为，内部的变化不能观察，必须通过行为表现(performance)的变化来作出学习是否发生的推论。

综上所述，可以从个体学习定义归纳出 3 个要点①：

第一，主体身上必须产生某种变化，才能作出学习已经发生的推论。也就是说，仅有练习不一定产生学习。例如，员工从不会操作机器到学会操作机器，学习就发生了。以后每天的重复操作或练习就不是学习了。

第二，这种变化是能相对持久保持的。有些主体的变化，如适应、应激等，不能称为学习，因为这变化是暂时的，经适当休息或条件变化，这些暂时性变化就会迅速消失。

第三，主体的变化是由他与环境相互作用而产生的，即后天习得的，排除由成熟或先天反应倾向所导致的变化。

2. 认知心理学对学习的解释

随着认知心理学的发展，特别是记忆研究的深入，心理学家发现，在人脑中存在两种不同的记忆系统：外显记忆与内隐记忆。外显记忆即一般情况下所指的记忆，个体能清晰地意识到它的存在与否，如你是否记住某一信息你自己是知道的，这种记忆是可以被一般的方法所测量的。而内隐记忆则与外显记忆不同，个体并不能意识到内隐记忆的存在，如你并不知道你记住某一信息，但这种记忆体现个体的操作中，用一般的方法并不能测量到它的存在，用特殊的方法则可以测量到它的存在。另外，在外显记忆结构中，如果信息强度很大，意义重大，信息会从感觉记忆不经过短时记忆阶段，直接进入长时记忆。这样，个体不必经过反复的经验，学习同样可以发生。

以往关于学习的定义只从结果上进行了界定，忽略了学习的过程。在学习发生的过程中，记忆起着关键的中介作用，学习过程中如果没有记忆的形成与保持，最终的行为或行为潜能的变化是不可能发生的。当考虑记忆对学习结果的影响作用时，内隐记忆的影响作用当然不能排除在外。这样，以往的学习定义便发展为具有新特征的学习定义，即“学习是在一定情境下由于个体经验而产生的行为或行为潜能的比较持久的变化”。这一概念对学习包含的三方面含义解释如下：

① 皮连生. 教育心理学(第 3 版)[M]. 上海：上海教育出版社，2004：28-30.

首先,学习以行为或行为潜能的改变为标志。学习是有机体获得新的个体行为经验的过程。经过学习,有机体出现某些行为变化,这些行为变化可以是可观察的,也可以是以内隐的方式存在的。学习总会引起行为的改变,这种改变说明个体的确"学会了"什么。行为的改变如果是明显的、外在的,则是外显记忆概念下的行为改变,如果是隐性的、潜在的,即"行为潜能"的改变,则属于内隐记忆概念下的行为改变。

例如,给员工学习50个新法语单词,40分钟后进行测试,结果发现,员工正确掌握了其中28个新词的含义,这是明显的行为改变。但是,这并不意味着员工对其余的22个新词完全没有学习。只是员工对这些单词的学习程度可能还没有达到能立刻正确回答测试问题的地步。但是在以后的学习中,当员工再次学习这22个单词时,也许会学得更快、更好些,说明员工的行为潜能已经发生了变化。

其次,学习引起的行为变化是相对持久的。无论是外显的行为变化还是行为潜能的变化,只有行为改变的持续时间较长,才可以称为学习。例如,兴奋剂的使用可以使运动员一时提高竞技水平,但这种行为改变是暂时的,当药物作用消失后,这种行为改变就消失了。这种暂时的行为改变和学习是有本质区别的。

最后,学习是由练习或经验引起的,而不能是由成熟或反应倾向(如适应)等因素引起的。学习是在个体与环境的交互作用过程中产生的。有机体必须通过练习或经验才能使行为发生改变。有些行为的改变需要较长的时间、需要系统而反复的练习或经验,如学习某种动作技能;有些学习事先难以预料,则不需要多次重复,例如,在马路上看到有人由于高速闯红灯而造成车毁人亡的惨剧,仅仅一次经历就可以使你学习到遵守交通规则的重要性①。这样,学习定义便不必强调"反复经验"这一特征了。

二、学习的分类

由于学习的复杂性,很难对学习进行统一的分类。下面介绍勃伦纳的分类方法。勃伦纳根据认知参与学习的程度将学习分为以下两类②:

(一)强化学习

强化学习是人类与其他动物共享的一种比较简单的学习方式。此类学习是生物上决定的,如果一个行为导致一个负的产出——如惩罚,那么,该行为在未来会被避免;如果一个行为导致一个正的产出——如奖励,那么该行动会再次发生。大约在100年前的心理学中,此类学习过程已经在不同类型的动物中广泛研究。这类学习并不包括任何对场景的有意识反省。这种学习现象在人类同样存在,它表明个体并不总是能够意识到他们自己在学习。

理论上认为——不过还没有任何经验证据——强化学习以一种自动和连续运行的方式进行,随后,无论人们做什么都在一瞬间由强化学习决定。在这一点上,人类似乎被赋予了和动物相同的基本机制,即人类是根据刺激—反应间的联结原理学习的。目前,对于

① 彭聃龄. 普通心理学[M]. 北京:北京师范大学出版社,2001:457.

② 勃伦纳. 经济学的个体学习模型构建综述. In:人类行为的法则:学习行为实验经济学研究[M]. 朱宪辰,译. 杭州:浙江大学出版社,2009:14-97.

强化学习(即心理学中的条件作用)已经有了很好的研究和理解。

(二) 认知学习

除强化学习以外,人类能够反省自己的行动和后果,能够理解支配周围环境和生活的机制,能够给客体命名,并建立用于描述他们互动和本质的因果关系,即心理学中的认知学习。目前,有研究表明,有些动物也存在认知学习。

认知学习与强化学习是完全不同的。人类反思自己的行动和这些行动的后果时,需要主动积极的思考,这种思考需要调用人类非常稀缺的认知资源。也正因为认知资源的限制,人类不能反省自己所有的行动,使人类的许多行动都受到强化学习的指导。不过,如果人类注意某一个动作,就能摆脱强化学习规则的束缚,所以,认知学习对行为的作用要大于强化学习。目前,该领域的研究对有意识的认知学习过程还难以把握,如关于在大脑中信念形成的详细知识仍然缺乏,因此,认知学习是学习研究领域的一个具有前瞻性的课题。

第二节 行为主义的学习观

一、尝试——错误理论与强化理论

(一) 桑代克的尝试——错误理论

桑代克是美国著名的心理学家,获得博士学位以后,他在哥伦比亚大学开始用猫研究动物的学习行为。桑代克设计了著名的迷笼实验(图 3-1)。将饥饿的猫放入迷笼中,笼外放有食物。猫进入迷笼,本能地作出许多反应。猫偶尔触动了迷笼开关,把迷笼打开,得到了食物。如果重复地将猫一次次放入迷笼,猫在笼中的紊乱动作将逐渐减少。最后,猫一放入迷笼就立即触动开关,获取食物。

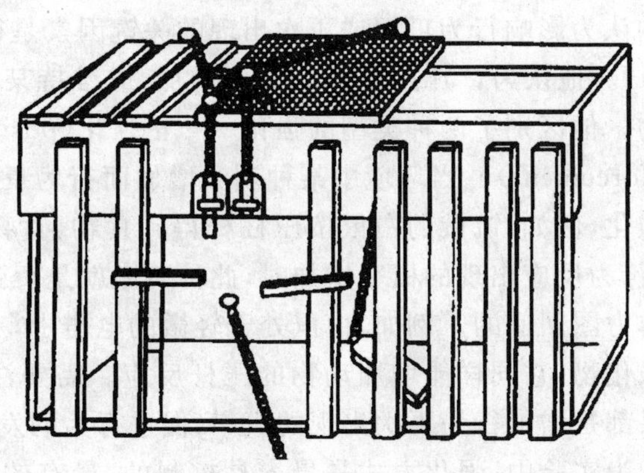

图 3-1 桑代克笼

资料来源:皮连生. 教育心理学(第 3 版)[M]. 上海:上海教育出版社,2004:66.

通过对动物学习行为的研究,桑代克提出了尝试—错误学习理论。这一理论认为,学习的实质是通过“尝试”在一定的情境与特定的反应之间建立某种联结。在尝试中,个体会犯很多错误,通过环境给予的反馈,个体放弃错误的尝试而保留正确的尝试,从而建立起正确的联结,这就是学习。桑代克认为,在尝试—错误学习中,行为的后果是影响学习最关键的因素,如果行为得到了强化,证明尝试是正确的,行为就能保留下来,否则就会作为错误尝试而被放弃。总之,强化会促进行为,而惩罚会削弱行为。

桑代克根据动物学习,提出三条主律:练习律、效果律和准备律[①]。

1. 练习律

练习律是指学习需要重复,所谓的"业精于勤"、"熟能生巧"即为这条定律的说明。个体建立的刺激与反应间的联结可因使用而加强,可因不用而减弱或消失。

2. 效果律

效果律是指刺激与反应间的联结因获得满意的效果而被强化,以后出现同样情境时就容易引起该反应,相反,如其反应带来痛苦的效果,以后出现同样的情境时就不会作出该反应,其中奖励比惩罚更有效。

3. 准备律

准备律是效果律的补充,是指当一个传导单位准备好传导时,且传导不受任何干扰,就会引起满意等积极情绪体验,如果当一个传导单位准备好传导时,而又不能传导就会引起烦恼等消极情绪体验,或未准备好传导时,强行传导也会引起消极情绪体验。

(二)斯金纳的强化理论

20世纪30年代后期,行为主义心理学家斯金纳改进了桑代克的迷笼设计,设计了"斯金纳箱"(见图3-2),并用来研究各种动物的学习行为(如白鼠与鸽子)。实验中,动物从初始的混乱动作中无意地碰到杠杆,得到了食物,从中学会了按压杠杆与得到食物之间的联结。通过更为复杂的设计,动物还可以学会分化行为,例如,当灯亮时按压杠杆可以得到食物,而灯灭时按压杠杆得不到食物,这样,动物学会了只在灯亮时按压杠杆[②]。

通过研究,斯金纳认为影响行为巩固或再次出现的关键因素是行为后所得到的结果,即强化(reinforcement)。他认为,"凡是使反应概率增加,或维持某种反应水平的任何刺激"都可以称为强化物。他区别了两种类型的强化——正强化(positive reinforcement)与负强化(negative reinforcement)。当环境中某种刺激增加而行为反应出现的概率也增加时,这种刺激就是正强化,例如,饥饿的白鼠按压杠杆得到食物,食物就是正强化物;当环境中某种刺激减少而行为反应出现的概率增加时,此种刺激就是负强化,负强化通常是一种厌恶刺激,是有机体力图回避的。例如,白鼠处于轻微的电击中,一旦按压杠杆,电击解除,停止电击就是负强化物,它同样能增加动物的压杆反应。需要注意的是,无论是正强化还是负强化,其结果都是增加行为再次出现的概率,促进行为的发生[③]。

斯金纳认为,在行为实验中,强化方式是最容易控制的、最有效的变量。在精确控制的实验情境中,实验者可以精确地决定使用什么类型的强化,怎样给予强化和何时给予强

① 车文博. 西方心理学史[M]. 杭州:浙江教育出版社,2001:343-344.

② 彭聃龄. 普通心理学[M]. 北京:北京师范大学出版社,2001:465.

③ 彭聃龄. 普通心理学[M]. 北京:北京师范大学出版社,2001:466.

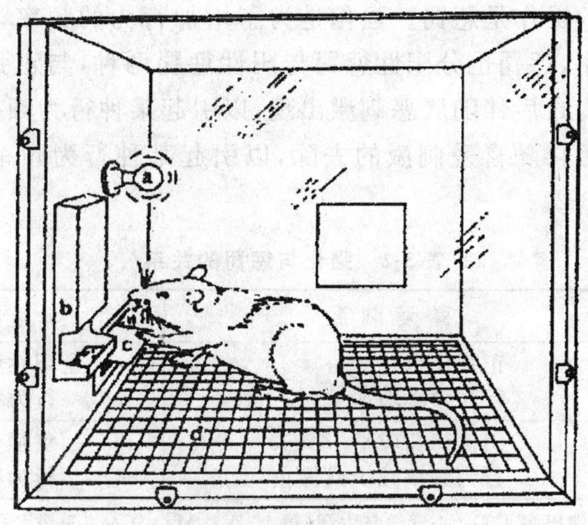

图 3-2　斯金纳箱

a. 灯；b. 食物槽；c. 杠杆或木板；d. 电格栅

资料来源：彭聃龄. 普通心理学[M]. 北京：北京师范大学出版社，2001：465.

化。强化的类型多种多样，包括连续强化和间隔强化、固定比例强化和变化比例强化、固定时间强化和变化时间强化等(见表 3-1)①。

表 3-1　强化进度方式

进度类型	描　述	有效性
比例进度		
固定比例进度	一旦目标行为发生一定次数就进行强化，如学习成绩达标与奖励联系起来	快速学习，经常执行目标行为；迅速引起非常高而稳定的绩效，但目标行为消除较快
持续强化	每出现一次目标行为就要强化一次	行为方向和特征与固定比例进度一样，但更为极端
变动比例进度	目标行为出现若干次后才得以强化，但行为在被强化前的发生次数不同，如奖励与学习数量 X 相联系，但 X 围绕平均数持续变化	引起非常高的绩效，目标行为不易消失
间隔进度		
固定间隔进度	目标行为发生一定时间间隔后得到强化，即基于固定时间进行奖励，如每周或每月表扬	目标行为执行次数少，导致平均水平的不规则绩效；目标行为迅速消失，如果间隔时间长则效率更低
变动间隔进度	执行目标行为后不定期出现强化，但每次时间间隔不同，如没有事先声明的检查、每月随机抽查	引起较高而稳定的绩效，目标行为消除较慢；但与比例进度相比，目标行为执行次数少

资料来源：改编自①Wright R，Noe R A. Management of Organazations[M]. Burr Ridge，IL：Irwin/McGraw-Hill，1996. ②赫尔雷格尔 D，斯洛克姆 J W，伍德曼 R W. 组织行为学(第 9 版)[M]. 俞文钊，丁彪，译. 上海：华东师范大学出版社，2001：180.

① 彭聃龄. 普通心理学[M]. 北京：北京师范大学出版社，2001：465-466.

与强化密切相关的操作是惩罚。强化是为了增加行为的频率,而惩罚则是为了减少或停止某种行为的频率,惩罚也分阳性惩罚与阴性惩罚两种,与正强化与负强化相对应。阳性惩罚是指某一行为之后伴随厌恶刺激出现,以引起某种行为频率的减少或停止,阴性惩罚是指某一行为之后伴随喜爱刺激的去除,以引起某种行为频率的减少或停止[①]。强化与惩罚的关系见表3-2。

表3-2 强化与惩罚的关系

	喜爱刺激	厌恶刺激
刺激呈现	正强化(1) 行为频率增加	阳性惩罚(2) 行为频率减少或停止
刺激消除	阴性惩罚(3) 行为频率减少或停止	负强化(4) 行为频率增加

资料来源:格里格 R J,津巴多 P G. 心理学与生活(第16版)[M]. 王垒,王甦,等译. 北京:人民邮电出版社,2003:175.

四格表中(1)与(4)为强化,分别为某一行为之后喜爱刺激的出现或厌恶刺激的减少或消除,都是为了行为频率增加,假如,你想改变你同办公室的同事上班期间的电话聊天行为,就在第(1)格填上"每次打电话时间不超过2分钟,我送你一枝花",或者在第(4)格填上"每次电话一开始,我就拍打你,直到电话结束",在这里你是为了增加你同事"挂断电话"的行为;四格表中(2)与(3)为惩罚,分别为某一行为之后厌恶刺激的出现或喜爱刺激的减少或消除,都是为了减少或停止行为的频率,假如,公司想改变你不系安全带的行为,就在第(2)格填上"每次你不系安全带,汽车就会发出刺耳的鸣叫声",或者在第(3)格填上"每次你不系安全带,就被扣除一个月的奖金",这样你就不会不系安全带了,在这里公司其实是为了减少你"不系安全带"的行为。

(三)尝试—错误学习与强化理论在HRD中的应用

尝试—错误学习与强化理论的原理是一致的,只是使用了不同的术语来表述。强化理论说明为让学习者获得知识,改变行为方式或调整技能,培训者要知道哪些是学习者认为的正向结果(喜爱刺激),哪些属于反向结果(厌恶刺激)。然后培训者要将这些成果与学习者知识、技能的获取或行为的改变联系起来。根据强化理论,培训组织者可以阐明或向已经掌握了培训项目内容的学习者证实这些好处。学习的有效性取决于所提供好处的方式和进度。

从培训角度看,行为调整是一种主要以强化理论为基础的培训方法。

例如,面包厂培训项目的目标是要消除不安全行为,如跨越传送带(而不是绕行)及为了移动障碍物没关机器就把手伸进设备。在培训中,通过给雇员播放幻灯片,指出哪些是安全行为,哪些是不安全行为。播放幻灯片后,向雇员展示一张根据过去几周内观察到的安全行为次数绘制的图表,雇员就会受到鼓舞去提高工作中的安全操作行为,并且他们会

① 格里格 R J,津巴多 P G. 心理学与生活(第16版)[M]. 王垒,王甦,等译. 北京:人民邮电出版社,2003:174-175.

知道这么做的原因：为了自我保护，使公司摆脱在所有工厂的安全排名中落后的局面。培训后，将安全行为表张贴在雇员的工作场所内。同时还要继续收集雇员在工作场所内执行的安全行为次数的数据并将其制成图表。雇员的监督者也要接受指导以便确认哪些工人的操作行为属于安全行为。在本例中，在工作场所内张贴的安全行为数据表和监督者确认的安全操作行为代表正向强化①。

程序教学是指各门学科的知识按其中的内在逻辑联系分解为一系列的知识项目，这些知识项目之间前后衔接，逐渐加深，学生按照知识项目的顺序逐个学习每一项知识，伴随每一个知识项目的学习，及时给予反馈和强化，即将学习目标分解成很多小任务并且一个一个地予以强化，逐步完成学习任务。程序教学所采用的机器叫教学机器②。

斯金纳认为课堂上采用教学机器，与传统的班级教学相比有许多优点：①教学机器能即时强化正确答案，学习效果的及时反馈能加强学习动力。②教学机器使学生得到积极强化，力求获得正确答案的愿望成为推动学生学习的动力，提高学习效率。③采用教学机器，一个教师能同时监督全班学生尽可能多地完成作业。④教学机器允许学生按自己的速度循序渐进地学习，这能使学习掌握得更牢固，提高学生的学习责任心。⑤采用教学机器，教师就可以按一个极复杂的整体把教学内容安排成一个连续的顺序，设计一系列强化程序。⑥教学机器可记录错误数量，从而为教师修改程序提供依据，结果可以使教学效果得到提高。同时，学习时手脑并用，能培养学生自学能力③。

目前，随着计算机技术的发展，程序教学已发展成为计算机辅助教学(CAI)。随着远程教育和远程培训的发展，基于程序教学的现代多媒体教学将在学习、培训与开发中得到更为广泛的应用。

二、社会学习理论

社会学习理论属于新行为主义，该理论认为，人们除了通过直接经验而学习外，人们也可通过观察他们认为值得信赖的且知识渊博的人(示范者)的行为而进行学习。社会学习理论接受强化的观点，认为那些被强化或被奖赏的行为会再次发生，人们会不断向那些被奖励过的行为或技能的示范者学习。根据社会学习理论的观点，学习新的技能或行为可以通过两条途径：直接获得使用某种行为或技能的成果，以及观察别人的行为及行为成果的过程。社会学习理论认为，个体的学习还受个人自我效能的影响。自我效能(self-efficacy)是一个人对自己能否学会知识和技能的判断和估计。因此，社会学习理论包含两个理论：模仿学习理论与自我效能理论。

(一) 模仿学习理论

模仿学习理论认为学习包括四个过程：关注、保持记忆、行为复制和激励过程④(见

---

① 诺伊 A R. 雇员培训与开发[M]. 徐芳，译. 北京：中国人民大学出版社，2001：67-68.

② 莫雷，张卫. 学习心理学[M]. 广州：广东人民出版社，2005：59-61.

③ 霍涌泉，李越. 教育心理学[M]. 西安：西北大学出版社，2007：53.

④ 诺伊 A R. 雇员培训与开发[M]. 徐芳，译. 北京：中国人民大学出版社，2001：68-69.

图 3-3)。

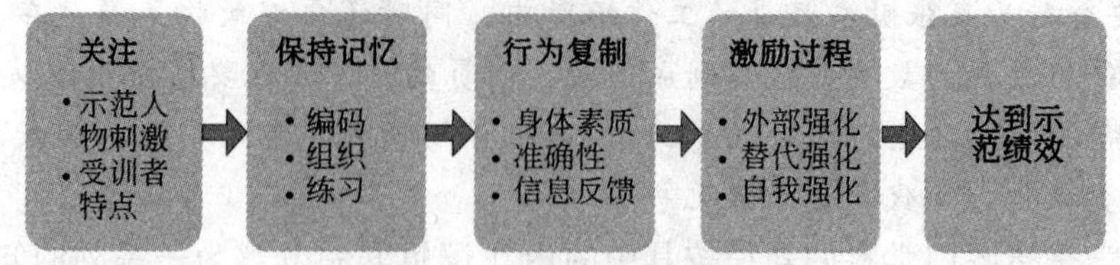

图 3-3 模仿学习过程

资料来源:改编自 Bandura A. Scocial foundations of thoughts and actions[M]. Englewood Cliffs,NJ: Prentice-Hall,1986.

关注意味着只有意识到了示范者的优良绩效之后人们才愿意通过观察来学习。关注受示范人员和学习者个性的影响。学习者必须知道他们应该关注哪些技能和行为,必须清楚地界定出可靠的示范人员(即选择性注意)。学习者必须具备一定的身体素质(感觉能力)去观察示范。同时,只有学习者通过观察示范者学会了某种技能或行为,他才有可能更加关注示范者行为。

保持记忆意味着学习者必须牢记他们所观察到的行为或技能。学习者应将学到的行为和技能按一定的结构进行编码记忆,这样才能在需要的时候回忆起来。行为或技能可以按视觉图像或语义进行编码与组织。保持的信息通过练习(复述机制)与已有的知识经验发生联结,保持在长时记忆系统中,以备需要时提取使用。

行为复制指尝试采用或再现所观察到的行为,看看它们是否会受到与示范者一样的强化。重复这些行为或技能的能力取决于学习者能在多大程度上回忆起这些技能或行为。同时,还要求学习者必须具有一定的身体素质来执行这些行为或技能。例如,消防员学会了带领一个人脱离危险所需采取的行动,但他可能会因为缺乏臂力而不能完成这一行为。注意,当学习者第一次执行某种行为时,通常做得都不是很好。学习者必须要有实践机会并且获得信息反馈来纠正他们的行为,以便更接近示范人员的行为。

模仿学习理论强调被强化的行为(激励过程)会在将来被再次重复。班杜拉认为强化分为 3 类:外部强化(直接对观察者的外部强化)、替代强化(对示范者的强化)和自我强化(通过激励观察者的内在动机进行强化),其中,后两种强化更为重要。如果示范行为得到正面效果,那么学习者就更可能重复这种行为。例如,管理者的冲突和压力主要来源于绩效评估面谈,因此管理者应通过观察那些成功的同事来学习如何使雇员更多地参与绩效评估面谈(如给雇员表达自己想法的机会)。如果管理者在绩效评估面谈中采取了这样的行为,且这种行为被雇员所接受(如他们说"我感到这次的反馈建议比以前哪次都好"),或者由于新的行为方式减少了与雇员的冲突,那么管理者下次实施绩效评估面谈时就更倾向于采用这种行为方式。

模仿学习使学习者能经过观察模仿,不必经历冗长的尝试错误的过程,就可获得大量的、完整恰当的行为模式。正是由于这一点,模仿学习理论在人力资源培训与开发中被广泛地应用。在培训中,雇员应通过对别人的观摩与交往来学习。为让示范更有效,必须将规定的行为或技能加以明确阐释,并且使示范者具备与目标学员相似的特点(如年龄和职位)。对示范行为进行观摩后,应给受训者提供机会让他们在实习课上重复示范者演示的技能或行为[1]。

（二）自我效能理论

班杜拉的自我效能理论认为，人对行为的决策是主动的，人的认知变量如期待、注意和评价等在行为决策中起着重要的作用。其中期待是决定行为的先行因素，强化或惩罚的效果存在于期待奖赏或避免惩罚之中。

班杜拉把期待分为结果期待和效能期待两种。结果期待是指个体对自己行为结果的估计。例如，相信培训时认真听讲座，积极参与会有较多的培训收获。效能期待是指个体对自己是否有能力来完成某一行为的推测和判断，这种推测和判断就是个体的自我效能感。个体确信自己有能力进行和完成某一项活动，属于高自我效能感，否则就是低自我效能感。班杜拉认为自我效能感是成就活动的一个重要维度，自我效能感的高低，直接决定个体进行某种活动时的动机水平。

自我效能感不是天生的，它在一些因素的影响下可以发生变化，班杜拉认为，自我效能感建立在 4 种信息源的基础上。一是个体自己成功和失败的经验。成功的经验往往会提高个体的自我效能感，而多次失败的经验则会降低自我效能感。二是替代性经验，即个体通过观察他人的行为而获得的信息，对自我效能感也有重要的影响作用。如看到与自己水平差不多的同事得到了提拔，就会增强自己被提拔的信心。三是言语说服。他人的建议、劝告、解释和激励等也可能改变人们的自我效能感。四是情绪唤起。积极情绪可以增强自我效能感，消极情绪则会减弱自我效能感。

在职培训中，受训人员为成年人，他们常常有一种定势，认为自己已过了学习的最佳年龄阶段，对新知识、新技能有一种恐惧心理；特别是新理念，这些成年人常常抱着排斥心态，因为，他们的思想观念已经定型。这种固有的自我效能状态对培训是十分有害的。因此，培训人员在培训的开始阶段就要采用多种信息源以增强受训人员在培训中的自我效能感，使他们从培训中有更大的收益。如对成年人培训中常常提倡的“空杯心态”在一定程度上证明了这一理论。另外，自我效能理论对员工的职业开发具有显著的指导作用，例如，采取相应的干预措施，激发员工的成就动机，使他们对自己的职业生涯发展充满信心。

三、期望理论与目标设置理论

（一）期望理论[2]

期望理论是在行为主义框架中发展起来的很有代表性的学习理论，是由美国心理学家弗鲁姆在 1964 年出版的《工作与激发》一书中提出来的。期望理论认为一个人的行为基于 3 个因素：行为预期（期望）、实现手段和效价。该理论认为，能做好一件事与实际的执行结果之间的关系称为期望，期望有点类似于自我效能。在期望理论当中，认为执行特

---

① 诺伊 A R. 雇员培训与开发[M]. 徐芳，译. 北京：中国人民大学出版社，2001：76.

② 诺伊 A R. 雇员培训与开发[M]. 徐芳，译. 北京：中国人民大学出版社，2001：71.

定的行为(例如,参加一项培训计划)与特定成果或奖赏(例如,能更好地执行工作)之间存在关联,这被称作实现手段。效价是一个人对一种成果的评价(例如,对能更好地执行一项工作的重要性的评价)。该理论可用下列公式表示:

激发力量=效价×期望

激发力量是指调动一个人的积极性和激发其内在潜力的强度;效价指达到目标对于满足个人需要的价值;期望指根据一个人的经验,判断一定的行为能够导致某种结果和满足需要的概率。这个公式说明人们如何根据行为期望、实现手段和效价之间的数学关系来决定采取某种行为的期望模式,即激发力量的强弱,受效价与期望两个因素制约,如果一个人把目标的价值看得越大,估计它能实现的概率越高,那么由此激发的动机会越强。人们不同的行为选择要根据他们的行为预期、实现手段和效价来进行综合评估(见图3-4)。但由于它是基于理性人的假设之上,过于理想化,所以在实际工作中往往难以按照它的模式去执行。

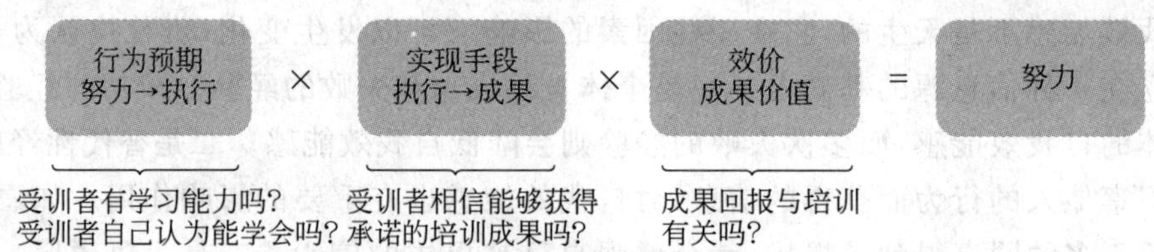

图3-4 培训中的期望模式

资料来源:诺伊 A R. 雇员培训与开发[M]. 徐芳,译. 北京:中国人民大学出版社,2001:71.

从图3-4的期望模式中可以看出,在培训中,学习最有可能在下列情况下发生,即雇员相信自己能够完成培训项目内容(行为预期),而且学习与更高的工作绩效、加薪、同事的认同(实现工具)这些成果有关,且雇员认为这些成果是有价值的(效价)。

(二)目标设置理论

目标设置理论是美国著名学者洛克于1968年提出的,该理论指出,目标设置由3个变量构成:目标难度、目标的具体性以及目标的可接受性。目标设置理论认为,目标本身具有激励作用。一个人的行为方式由其潜意识的目标和目的决定,具有一定挑战性的、具体的且具有吸引力的目标比容易的、模糊的且没有吸引力的目标更能激发高水平的绩效。

1990年,洛克及其合作者拉色姆对目标设置理论进行了发展,将自我效能等社会认知变量引入该理论,并设计了个体目标设置与绩效的复杂模型,图3-5是这一模型的简化版本。

基于这一模型,目标设置是指开发、协商和建立对个体形成挑战目标的过程。目标可能是含蓄的或明确的、模糊的或清晰的、自我强加的或外部强加的。无论何种形式的目标,都有助于个体对其时间和努力作出合理的安排。该模型认为目标本身具有两个关键特征:目标难度和清晰度,目标实施主体的特征影响目标的难度和清晰度①。

① 赫尔雷格尔 D,斯洛克姆 J W,伍德曼 R W. 组织行为学(第9版)[M]. 俞文钊,丁彪,译. 上海:华东师范大学出版社,2001:262-263.

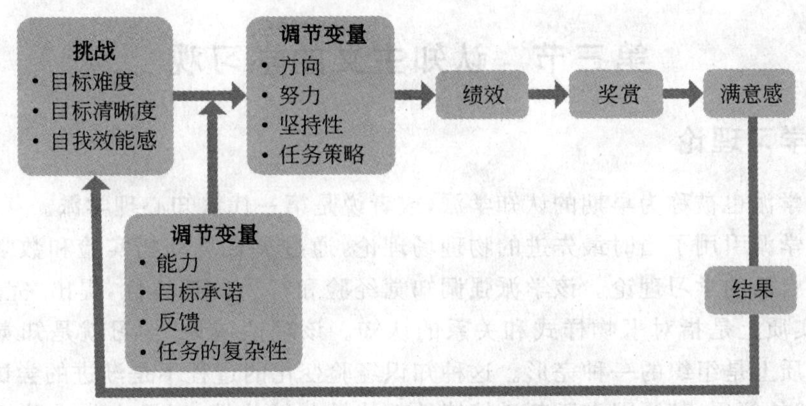

图 3-5 个体目标设置与绩效的关系

资料来源：赫尔雷格尔 D，斯洛克姆 J W，伍德曼 R W. 组织行为学（第 9 版）[M]. 俞文钊，丁彪，译. 上海：华东师范大学出版社，2001：261.

1. **目标难度**

目标应当既具有挑战性，又能够达到。如果目标太容易，个体可能会推迟实现目标或懒洋洋地接近目标。如果目标太难，个体可能不会接受这个目标，这样也就不会尽力去实现它。

2. **目标清晰度**

要使目标能引导个体的努力，它必须清晰而具体。这样个体就知道他要干什么，而不是去猜测。明确而具有挑战性的目标比模糊或总体性的目标能导致更高的绩效水平。

3. **自我效能感**

与目标难度和清晰度不可分离的第三个特征是自我效能感，它对挑战性目标的建立也会产生一定的影响。

除上述目标的三个特征外，行为的绩效还受一些调节变量的影响，如努力、策略、能力、反馈等。

由于该理论的可操作性，其应用非常广泛，该理论的提出者始终抱以开放的治学精神，2007 年，在名为"目标设置理论的新发展及其方向"一文中指出，目标设置理论仍然需要发展①。

目标设置理论常被用于培训项目的设计中。该理论说明给受训者提供特定的富有挑战性的目标会有助于学习，这一点体现在培训课程计划中。课程计划以特定的目标开始，这些目标向学习者提供了应采取的行动、学习发生的条件、可被接受的绩效水平等信息。

① Latham G P，Locke E A. New developments in and directions for goal-setting[J]. Research European Psychologist，2007，12 (4)：290-300.

第三节 认知主义的学习观

一、顿悟学习理论

格式塔学派也被称为早期的认知学派,或者说是第一代认知心理学派。

格式塔学派引用了当时最先进的物理场理论,通过灵长类动物实验和数学几何教学实验总结出自己的学习理论。该学派强调知觉经验和行为的整体性,提出"完形组织"观点,"完形"实质上是指对事物样式和关系的认知。该理论认为"学习就是知觉的重新组织",学习实质上是组织的一种完形。这种知识经验变化的过程不是渐进的尝试错误的过程,而是突然的领悟,其原因在于刺激情境的整体性与结构性,以及人的大脑组织的心理场作用,体现为学习是一种突然的顿悟和理解。在学习中要解决问题,就必须对问题情境中事物的关系加以理解,从而构成一种完形,使学习得以实现。

二、认知地图与潜在学习

新行为主义者托尔曼开创了学习认知过程研究的先河,提出了认知地图和潜在学习的观点,对后来认知信息加工心理学的学习观产生了重要的影响。

(一) 认知地图

托尔曼创设了一种走迷津的实验情境,在这种情境中,用特定刺激和反应之间机械的、一对一的联结无法解释所观察到的动物学习。托尔曼和他的学生证明,当迷津中最初的目标通路受阻时,先前曾走过迷津的老鼠会以最短的路径绕过障碍,即使这种特定的反应以前从未被强化过。因此,老鼠的行为看起来像是在对它们内部的认知地图——迷津整体布局的表征——做反应,而不是通过尝试错误盲目地探索迷津的各个不同部分。托尔曼的研究结果显示,条件反射不仅涉及刺激情境之间或反应与强化物之间形成简单的联结,它还包含着对全部行为背景的其他各方面的学习与表征①。

(二) 潜在学习

托尔曼设计的另一种实验证明了强化不是学习所必需的。在一个经典实验中,将实验白鼠分为 3 组,训练它们走一个复杂的迷津。A 组有强化(走完迷津后得到食物)、B 组始终无强化、C 组在第 11 天给予强化(得到食物)。结果表明,A 组、B 组成绩与强化理论预测的相同,A 组操作水平逐渐提高,B 组始终没有提高,C 组在前 10 天与 B 组一样差,只在第 11 天得到食物强化后骤然上升(见图 3-6)。尽管 C 组和其他两组一样都得到了关于迷津的认知地图,但学习结果只有在得到强化后才立刻表现出来。这表明学习不仅需要知识,还需要目标(如获得食物),如果没有目标,学习结果可能不会外显地表现出

---

① 格里格 R J,津巴多 P G. 心理学与生活(第 16 版)[M]. 王垒,王甦,等译. 北京:人民邮电出版社,2003:185.

来[①]，但它一定以内隐的形式存在。

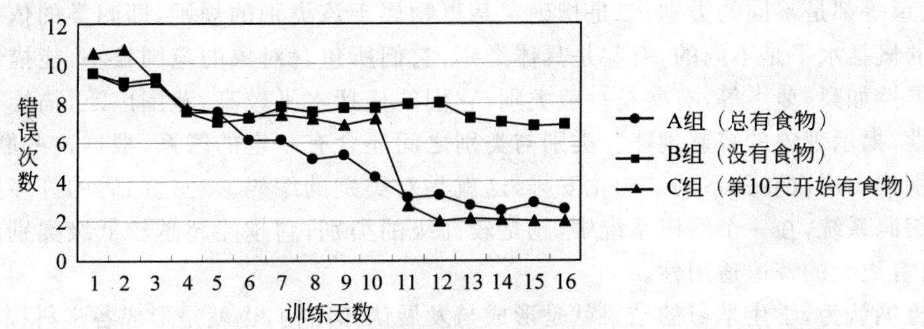

图 3-6 托尔曼的潜在学习实验结果

资料来源：彭聃龄. 普通心理学[M]. 北京：北京师范大学出版社，2001：470.

三、布鲁纳的认知发现学习理论

布鲁纳是美国认知心理学家和教育心理学家。他反对以刺激—反应联结(S-R)和对动物行为习得的研究结果来解释人类的学习活动，而是把研究的重点放在学生获得知识的内部认知过程和教师如何组织课堂教学以促进学生"发现"知识的问题上[②③]，他的认知发现理论是当代认知主义学习与教学理论的主要流派之一。

(一) 学习结果

布鲁纳的认知发现学习理论主张，学习不是简单的在强化条件下形成刺激与反应的联结，而是有机体积极主动地形成新的结构，在学习结果上，体现为主动地形成"认知结构"或形成"一套编码系统"。同时，布鲁纳进一步提出，认知结构就是科学知识的类别编码系统。

1. 认知结构

认知结构是指反映外界事物整体联系与关系并赋予其意义的一种模式。布鲁纳在研究人的知觉过程时发现：人类知觉物体时并不仅仅是被客体的物理特征和观察的客观条件决定的，还在很大程度上受到个人因素如个体已有的认识经验、期待和需要状况等的影响。其中归类和推理活动在知觉中有重要意义。人们根据类别或分类系统与环境相互作用，从而认识客观世界。这种归类与推理活动不是去发现各类事件的分类方式，而是创建分类方式，借此以简化认识过程，适应复杂的环境。归类既是人类认识活动的依据，又是认识活动的结果，是布鲁纳认知结构思想的基础。

2. 编码系统

认知结构是由个体过去对外界事物进行感知、概括(即归类)的一般方式或经验所组成的观念结构，它可以给经验中的规律以意义和组织，并形成一个模式，它的主要成分是

① 彭聃龄. 普通心理学[M]. 北京：北京师范大学出版社，2001：468-469.

② 霍涌泉，李越. 教育心理学[M]. 西安：西北大学出版社，2007：57-58.

③ 莫雷，张卫. 学习心理学[M]. 广州：广东人民出版社，2005：63-72.

“一套编码系统”。布鲁纳所讲的类别有2部分内容:一是指有相似属性的对象或事物,例如鸟、鱼等都是不同的类别;二是指确定某事物属于该类别的规则,即归类的依据。所有类别的概括水平是不同的,有些是具体类别,它们所包含对象的范围较小,能描绘事物的具体属性如梨、萝卜等,有些是一般类别,它们的概括水平较高,范围广泛,描绘事物的一般属性,揭示现象的普遍规律。类别与类别之间还含有一定的联系,根据这些联系,可以对类别作出层次和关系的结构化安排,这就是对类别的编码。经过编码的许多类别构成类别编码系统,在一个编码系统中,越是较高级的类别,它越能超越较低级类别的具体性,而具有更大的普遍适用性。

布鲁纳认为,学生学习的结果就是形成与发展认知结构,也就是形成各学科领域的类别编码系统。认知结构既是先前学习活动过程中逐步形成的,又是理解和学习新知识的重要的内部因素和基础,因此,布鲁纳非常强调认知结构的形成和对学生现有认知结构的了解在知识学习中的重要作用。

(二)学习过程

在学习过程上,布鲁纳认为人具有分类的能力,可以通过“类目化活动”即分类活动将事物分门别类地组织起来形成整体,可以说,学习过程内部信息加工的实质是一个类目化过程。

人们与周围世界的所有相互作用都涉及对与现有类别有关的刺激输入进行分类,如果刺激输入与人们知识结构中已有类别全然无关,那么它是很难被加工的。因此,人们是根据自己已有的类目编码系统与环境相互作用,或者是借助己有的类别来处理外来信息,或者是由外来信息形成新的类别,这种将事物置于类目编码系统之中的活动,称为类目化活动。学习者通过类目化活动对学习材料所揭示的规则、现象、事物正确地进行类目化(概括化),把输入的刺激归为某一类别,并根据这一类别及其他相关的类别作出推理,将新知识与原有的类目编码系统联系起来,不断形成或发展新的更高层次的类目编码系统,以便在具体知识的基础上形成一般编码系统。从这个意义上说,学习过程是类目编码层次不断升级、直至形成一般编码系统的过程。

一切知识都是按编码系统排列和组织起来的。具体的知识描绘客观事物的具体特征,揭示较低级的规则,它常常受制于具体的对象和特殊的情境。只有当学生熟练掌握了许多具体知识时,才有可能把它们重新组织起来构成较高层次的规则,形成一般编码系统,获得一般的知识。一旦形成了一般编码系统,信息纳入了一种有组织有层次的结构中,学习知识的问题就不再是学习具体的类别,而是掌握编码系统的问题。类目化过程应该是自下而上的,从具体的、特殊的、包涉水平低的类目,到一般的、概括的、包涉水平高的类目,类目编码系统的形成应该是从低层次的类目到高层次的类目。因此,为了促进学生有效地进行类目化活动以形成类目编码系统,应该向他们提供较低层次的类目或事物,让学生“发现”高层的类目编码。这就是“发现法”学习。

(三)学习的最佳方式

布鲁纳认为,学习知识的最佳方式是发现学习。所谓发现学习,是指学生利用教材或教师提供的条件自己独立思考，自行发现知识，掌握原理和规律。布鲁纳认为，尽管学生所学习的知识都是经过人类长期的实践已经知晓并证明了的事物，但是学生依靠自己的努力独立地认识和总结出原理、规律，那么对学生而言，这仍然是一种“发现”(准确地说是一种“再发现”)。在布鲁纳看来，学生的这种发现和科学家在科学研究领域里对人类以前未知的现象、规律进行探索而获得的新知识的发现，其本质是一样的，都是把现象进行重新组织转换，超越现象本身，在更一般的层次上进行类别组合，从而获得新的编码系统，得到新的信息或领悟。

第四节 人本主义的学习观

人本主义心理学是20世纪50年代末至60年代初兴起的，主张研究人的本性、潜能、经验、价值、生命意义、创造力和自我实现。从某种程度上来讲，是独立于行为主义和认知主义理论之外的。在教育上，人本主义心理学家对那种忽略学生的个性和感受，只要求学生适应学校的传统教育深感不满，认为教育应当改革，应从学生的心理需要出发，以学习者为中心，发挥学生的潜能，培养学生的创造性，培养健康、充实、快乐的人[①]。

一、学习的目的

在学习的结果上，人本主义心理学家既反对行为主义关于形成一定刺激与反应联结的观点，也不同意认知学派关于构建认知结构的主张；而是认为，学习的目的和结果是使学生成为一个完善的人，一个充分起作用的人，也就是使学生的整体人格得到发展。鉴于对世界迅速变化的这一客观事实的认识，人本主义进一步指出，“只有学会如何学习和适应变化的人，只有意识到没有任何可靠的知识的人，意识到唯有寻求知识过程才是可靠的人，才能适应社会的激烈变化而生存下来，并能充分实现自我”。所以，一个具有极高适应变化的能力、具有内在自由特性的人是当今学习的最终和唯一合理的结果。具体说来，就是要使学生通过学习成为“能从事自发的活动，并对这些活动负责的人；能理智地选择和自定方向的人；是批判性的学习者，能评价他人所作贡献的人；获得有关解决问题知识的人；更重要的是能灵活地、理智地适应新的问题情境的人；在自由地和创造性地运用经验时，融会贯通某种灵活处理问题方式的人；能在各种活动中有效地与他人合作的人；不是为了他人赞许，而是按照他们自己的社会化目标工作的人”。

人本主义心理学家认为，当代最有用的学习是学习过程的学习，即让学习者“学习如何学习”，学习的重点是“形成”，学习的内容则是次要的。一堂课结束的标志，不是学生掌握了“需要知道的东西”，而是学会了怎样掌握“需要知道的东西”。

因此，人本主义者提出，教育的目标应该是以学习者为中心，以促进学生个性的发展和潜能的发挥，使他们能够愉快地、创造性地以学习和工作为目的，要培养积极愉快、适应时代变化的心理健康的人。

---

① 莫雷，张卫. 学习心理学[M]. 广州：广东人民出版社，2005：104-109.

二、学习的类型与过程

人本主义认为,根据学习对学习者的个人意义,可以将学习分为无意义学习与意义学习两大类。所谓无意义学习,是指学习没有个人意义的材料,不涉及感情或个人意义,仅仅涉及经验累积与知识增长,与完整的人(具有情感和理智的人)无关。而意义学习,是指一种涉及学习者成为完整的人,使个体的行为、态度、个性以及在未来选择行动方针时发生重大变化的学习,是一种与学习者各种经验融合在一起的、使个体全身心地投入其中的学习。意义学习有4个特点:第一,学习涉及了个人,学习者完整的个人包括情感与认知都投入学习活动;第二,学习是自我发起的,即使推动力或刺激来自外界,但是要求发现、获得、掌握和领会的感觉是来自内部的;第三,学习是渗透性的,它会使学生的行为、态度乃至个性都会发生变化;第四,学习是由学生自我评价的,因为学生清楚这种学习是否满足自己的需要,是否有助于弄清他想要知道的东西。人本主义学习理论认为,有价值、有效果和有益处的技能与概念是比较容易学习和保持的,并且学生的认识与情感等方面都会参与到学习之中。它反对传统的向学生灌输知识和材料的无意义学习,而特别强调学习内容对学生的个人意义,注重学生的需要、愿望和兴趣等因素,主张进行与学生个人密切相关的意义学习。换言之,提高教学/培训效果的一个途径是使学习者进行意义学习。

罗杰斯指出:"意义学习把逻辑与直觉、理智与情感、概念与经验、观念与意义等结合在一起。当人们以这种方式学习时,就成了一个完整的人。"人本主义认为,人本来就有学习的自然潜能,教师必须利用学习先天的内驱力,进行意义学习,而不应该逼迫学生去学习那些对他们缺少意义的学习材料。在教学过程中,教师应尊重学生的个人经验,帮助学生理解教学内容对个人的意义,那么,他们就会"愿意学习,想得到发展,寻求发现,希望独立,要求创造"。

人本主义学习理论认为,学习的过程就是学生在一定的条件下,自我挖掘其潜能、自我实现的过程,而这一过程又必然地与"自我"的形成与发展息息相关。据此,罗杰斯认为,学习是一种经验学习,它以学生经验的获得为中心,以学生的自发性与主动性为学习动力。

三、促进意义学习的条件

罗杰斯指出,学生要实现有意义学习,从而达到自我成长、自我实现,成长为一个充分起作用的人,必须依靠教师营造一种自由、民主、和谐融洽、充满关爱与真诚的学习氛围。在罗杰斯看来,教师的任务不是教学生学知识(这是行为主义所强调的),也不是教学生怎样学(这是认知学派所关注的),而是要为学生提供学习的手段和条件,促进个体自由地成长。人本主义认为促进意义学习的基本条件是:

1. 以学生为中心,突出学习者在学习过程的中心地位

人本主义认为,教师最富有意义的角色不是权威,而是学习的促进者,教师应由衷地相信学生具有潜在的能力,注重发挥学生的潜力,强调教育中建立师生亲密关系和依靠学生的自我指导能力,由学习者自我发起并负责任地参与学习过程,让学生自己选择学习方向,参与发现自己的学习资源,阐述自己的问题,决定自己的行动路线,自己承担选择的后

果，自我评价学习效果等。这样，注重让学生在自我指导下自由地学习，就能在最大程度上促使学生从事意义学习，使学生在学习中感到自信，其独立性、创造性和自主性就会得到发展。

2. 使学习活动有助于增强自我概念

让学生觉察到学习内容与自我的关系，一个人会有意义地学习他认为与保持或增强“自我”有关的事情，而这种相关性将直接影响学习的速度和效果。这就要求教学设计要采用意义学习，突出教学内容与学习者的逻辑与直觉、理智与情感、概念与经验、观念与价值等的结合。

3. 让学生置身于一个和谐、融洽、被人关爱和理解的氛围

教师应无条件地积极提供和谐、平等的氛围。这种气氛应由师生之间逐步扩大到学生之间。在这种促进学生成长的气氛中，学习不仅更深入有效，还会影响学生的生活。罗杰斯认为，学习者处在这样一种氛围中，学习过程对自我的威胁就会降到最低限度，学生会利用各种条件进行学习，以便增强和实现自我。然而，如果在学习中受到羞辱、嘲笑、辱骂、蔑视或轻视等，则严重威胁到学生对自我的评价，进而严重地干扰学习。

4. 强调“干中学”

大多数意义学习是从做事的过程中学习的，人本主义提倡让学生直接体验现实问题，在切身体验中学会解决问题是促进学习的最有效的方式之一，主张构建真实的问题情境，让学生面临对他们个人有意义的问题。因此，要求教师善于构建对学生来说是现实的、同时又与所教课程相干的问题，这样就会促使学生全身心地投入到学习活动。

第五节 学习迁移理论

一、学习迁移概述

(一) 迁移的定义

日常生活中常常看到，学会骑自行车有助于学习驾驶摩托车(动作技能)；学会一种外文有助于掌握另一种外文(知识与智慧技能)；一个人在学生时期养成爱整洁的书写习惯，有助于他在以后完成工作任务时形成爱整洁的工作习惯(态度)。这些都是常见的学习迁移现象。

迁移可以定义为：“一种学习对另一种学习的影响。”任何学习都是新旧经验相互作用和相互影响的结果，这种学习间的相互作用和影响就是学习迁移。

至于培训迁移可以界定为：在实际工作中应用培训中所学习的知识、技能、态度等的程度，以及这些行为或行为潜能的改变对工作绩效的影响。

(二) 迁移的分类

学习迁移有多种表现形式，分类的标准不同，学习迁移的类型亦不相同。

1. 依据迁移效果分类

从迁移的效果看，迁移可分为正转移、零迁移和负迁移。正迁移是指学习效果由于另一种学习活动而得到加强,或指工作绩效由于培训而有了改进;零迁移是指一种学习活动对另一种学习活动没有任何的影响作用,即学习效果没有因为另一种学习活动而得到改善,但同时也没有受到负面的影响,或指培训没有带来工作绩效的任何变化;负迁移是指学习效果由于另一种学习活动而变得更差的情况,或指工作绩效由于培训而变得更差。

2. 依据迁移内容分类

从迁移的内容看,迁移可分为特殊迁移和一般迁移。特殊迁移是指学习某一内容后对相似材料有特殊适应性。例如,动作技能(键盘乐器的学习)的迁移大多数属于特殊迁移。把在培训中所学习的某一类操作技能应用到实际工作中的现象属于特殊迁移。一般迁移是指原理的迁移,这是一种更重要的迁移,学习了普遍的原理后可以作为认知其他类似原理的基础。例如,学习了金属的热胀冷缩的原理后,就很容易掌握不同金属的这一特征。把培训中学习的理论知识应用于实际工作的现象属于一般迁移。

3. 依据迁移方向分类

从迁移的方向看,可以有顺向迁移和逆向迁移。顺向迁移是指先学习的东西对后学习的东西的影响。例如,学会了骑自行车,再学习骑三轮车就会感觉困难,而学会了开汽车,再学习开拖拉机就会容易。逆向迁移是指后学习的东西对先学习的东西的影响。例如,学习骑三轮车的人,马上再去学习骑自行车,就会感觉别扭等。在培训中,顺向迁移是指受训者把培训中所学习的知识与技能应用于实际工作的情况,或受训者先前的知识技能的基础对培训过程中的学习活动的影响。逆向迁移是指受训者回到工作岗位后,实际工作行为对培训中掌握的知识技能的影响。

迁移中强调的是迁移效果,无论是顺向迁移还是逆向迁移都有正迁移和负迁移之分。凡是一种学习对另一种学习起促进作用,都称为正迁移;凡是一种学习对另一种学习起干扰或抑制作用,都称为负迁移。

4. 依据迁移内容的变化程度分类

从迁移内容的变化程度来看,迁移可分为近迁移和远迁移。近迁移是指几乎不用任何调整或修改把学习或培训中所学的内容直接应用于工作中的现象。远迁移是指需要把学习/培训中所学内容加以扩展、改变或应用于一种新方式中的现象,或指当工作环境(设备、问题、任务)与培训环境有差异时,受训者在工作环境当中应用所学的知识与技能的现象,也可以称之为再现和推广。

二、学习迁移理论

在学习理论中,对学习迁移的研究形成了5种有影响的学习迁移理论,它们是同因素理论、产生式迁移理论、激励推广理论、认知转换理论与认知策略迁移理论(见表3-3)。

表3-3 学习迁移理论的主要内容及适用条件

理　论	强调重点	适用条件
同因素理论	培训环境与工作环境完全相同	工作环境的特点可预测且稳定(例如,设备使用培训)
产生式迁移理论	培训环境与工作环境完全相同	适用于程序性知识的学习迁移

续表

理 论	强 调 重 点	适 用 条 件
激励推广理论	一般原则运用于多种不同的工作环境	工作环境不可预测且变化剧烈(例如,人际关系技能的培训)
认知转换理论	有意义的材料和编码策略可增强培训内容的存储和回忆	各种类型的培训内容和环境,特别适用于有意义的陈述性知识的学习迁移
认知策略迁移理论	策略用途意识及其应用效果评价	适合解释认知策略的培训迁移

资料来源:改编自谢晋宇.人力资源开发概论[M].北京:清华大学出版社,2005:104;皮连生.教育心理学(第3版)[M].上海:上海教育出版社,2004:283-288.

(一) 同因素理论

1. 同因素理论的内容

同因素理论(theory of identical elements)是行为主义学习理论中典型的和最有影响的学习迁移理论,它是由桑代克和伍德沃斯等在实验的基础上提出来的。他们在20世纪初发现,学习迁移最容易发生在两个具有相同成分或者因素的学习之间,且两种学习的相同因素越多,迁移发生的可能性就越大。能否达到最大限度的迁移,取决于任务、材料、设备和其他学习环境特点与工作环境的相似性。例如,汉语拼音和英语字母之间之所以发生迁移现象,是因为两者的书写方法很相似。在培训迁移中这一原理同样有用。培训和实际工作环境中的激励和要求的反应越相似,培训迁移的效果越明显。例如,如果想让顾客服务代表处理一些来自愤怒的、不耐烦的顾客的抱怨,那么用这样的顾客来练习(采用角色扮演)就会提高培训的迁移效果。但如果在培训中只用那些有礼貌的、讲道理的和有耐心的顾客作为例子,那么培训迁移就不太可能发生。再如,在设备操作的培训中,如果培训时所使用的设备与工作场所实际使用的设备一样,那么迁移效果则最好。

同因素的相似性有两个方面:实物相似和心理相似。实物相似指培训项目中的设备、任务和环境方面与实际工作环境中的条件相同。心理相似指受训者把培训和实际工作赋予了相似的含义。心理相似在培训和实际任务中值得运用。

2. 同因素理论的应用

同因素理论被广泛应用于人力资源开发领域:简单的运用包括案例学习、商业游戏、角色扮演和匹配等的模拟培训;复杂的运用主要是高级的行为模拟和器械模拟两种。

例如,使用模拟器培训飞行员是同因素理论的应用。飞行员的培训是在一个模拟器中进行的,这个模拟器类似一个喷气式飞机的驾驶舱,它与真正的飞机在各个方面(例如,计量器、仪表、照明)相差无几。运用心理学的术语就是学习环境与工作环境完全吻合。如果飞行员是在模拟器中学习飞行、起飞、降落和处理紧急情况的技能,那么他们就会将这些技能迁移到工作环境中(商用飞机上)①。

然而,相似性要求越高,复杂性和成本就会越高,这就对人力资源开发的预算构成了挑战。因此,在实际工作中往往要对此进行权衡。

---

① 谢晋宇.人力资源开发概论[M].北京:清华大学出版社,2005:105.

同因素理论被用于许多培训项目的开发,尤其是那些与设备应用相关或包含特定程序的培训。同因素理论特别关注"近迁移"的发生。按照同因素理论设计培训项目应考虑的一个重要问题就是:培训和实际执行当中的行动、行为方式或知识之间的关系,即培训项目中强调的行为方式或技能是有利于还是会干扰工作绩效的有效性?

例如,在警察的培训中,新雇员(警察训练班中的学员)需要进行射击训练。在练习期间,学员们共射了三发子弹,然后将弹壳取出放在手里,随后顺手将空的子弹扔进了附近的垃圾箱里,这一过程重复了好几遍。从警察学校毕业后,一名新警察参与了一次实地射击。他先开枪,将空子弹放入手中,然后想找一个垃圾箱扔掉空弹壳。结果他被一名持枪者发现并击毙①。

同因素理论对技能的培训有比较大的应用性。但是,由于同因素理论没有告诉人们如果学习环境与培训环境不相同时应该如何进行转换,尤其对于人际关系技能的培训来说,这是一个很不适用的理论。例如,一个人在冲突情形下的行为是很难预测的。因此,受训者必须学习解决冲突的一般原则,以便在不同环境要求下能够变通使用(例如,对待一位怒气冲冲的顾客与一位缺乏产品知识的顾客)。

(二) 产生式迁移理论②

1. 产生式迁移理论的内容

产生式迁移理论是由信息加工心理学家安德森提出的,用于解释基本技能的迁移,是同因素理论的现代化。该理论的基本思想是:先后两项技能学习产生迁移的原因是这两项技能之间的重叠,重叠越多,迁移量越大。安德森认为,在桑代克时代,心理学没有找到适当的形式来表征人的技能,以致错误地用外部的刺激和反应(即 S-R)来表征人的技能,所以不能反映技能学习的本质。信息加工心理学用产生式和产生式系统表征人的技能,这样就抓住了迁移的心理实质。所以,导致先后两项技能学习产生迁移的原因,不应该用它们共有 S-R 联结的数量来解释,而应该用它们之间共有的产生式数量来解释。

安德森等设计了许多实验来验证这一迁移理论。

例如,他和辛格利用不同计算机文本编辑程序的学习,证实了他的迁移理论。实验中的被试为打字熟练的秘书人员,他们能理解文本编辑的含义。被试分三组:A 组在学习编辑程序(被称为 EMACS 编辑器)之前,先根据已经做好标记的文本练习打字;B 组先练习一种编辑程序,后练习 EMACS 编辑器。C 组为控制组,从第一天起至最后一天(即第六天)一直学习 EMACS 编辑器。学习成绩以每天尝试按键数量为指标,因为被试按键越多,说明他们出现错误需要重新按键数越多(因被试打字熟练,其错误不可能是打字造成的)。错误率下降说明掌握文本编辑技能水平的提高。图 3-7 为实验结果。控制组每天练习 3 小时 EMACS 编辑器,前 4 天成绩显著进步,至第 5 天和第 6 天维持在相对稳定水平。A 组先练习打字,共 4 天,每天 3 小时,第 5 天和第 6 天练习 EMACS 编辑器的成绩同控制组第 1 天和第 2 天的成绩相似,打字对编辑学习未产生迁移。B 组前 4 天练习一

---

① 谢晋宇. 人力资源开发概论[M]. 北京:清华大学出版社,2005:105.

② 皮连生. 教育心理学(第 3 版)[M]. 上海:上海教育出版社,2004:283-284.

种文本编辑程序，每天练习 3 小时，在第 5 天和第 6 天练习 EMACS 编辑器时，成绩明显好于 A 组。这说明第一种文本编辑程序的练习对第二种文本编辑器的学习产生了显著的迁移①。

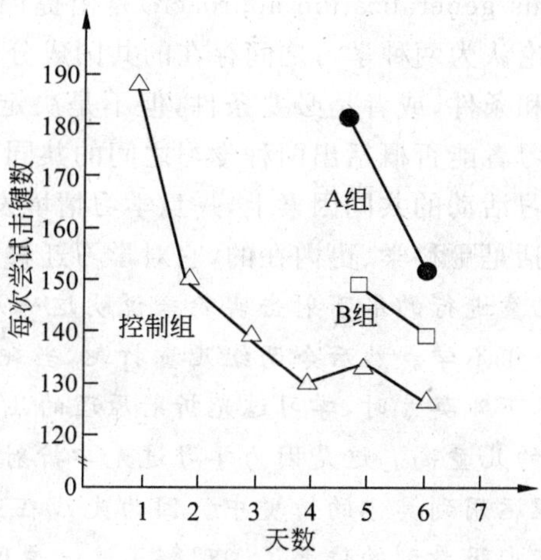

图 3-7 三组被试学习 EMACS 编辑器的成绩

资料来源：皮连生. 教育心理学(第 3 版)[M]. 上海：上海教育出版社，2004：284.

安德森认为，在打字和文本编辑之间没有共同的产生式，而在两种文本编辑之间有许多共同的产生式，这是导致 A、B 两组迁移效果不同的最重要原因。

为了进一步证实重叠的产生式导致迁移这一思想，安德森又仔细比较了两种行编辑器和一种全屏编辑器之间的学习迁移情形。被试先学习 A 种行编辑器，再学习 B 种行编辑器，结果节省时间 95%。先学习行编辑器，再学习全屏编辑器，结果节省时间 60%。

最后，研究者为三种编辑器创造一种产生式规则模型，然后计算它们之间共有的产生式数量。研究者应用这一数量对迁移的程度作出预测，然后用预测数量与实际观察到的迁移数量进行比较。结果表明，预测的迁移量和实际测量到的迁移量有很高的一致性。

2. 产生式迁移理论的应用研究

从培训教材的选编来看，必须考虑循序渐进的原则。教材知识一般可以分成若干单元，先后两个单元应有适当重叠，使先前的学习作为后继学习的准备，后继学习是先前学习的自然延伸。从教学设计上看，技能之间产生迁移的本质是共同的产生式而不是它们的表面相似，共同的产生式也就是共同的规则，规则又必须以概念和原理为基础，所以不论何种具体技能的教学或培训，都必须注重概念和原理的学习。从练习的设计来看，有研究表明，先前学习的内容，必须有充分的练习，才易于迁移，否则先后两项任务因有共同成分而会导致混淆。也就是说，学生或受训者可能没有掌握它们的共同产生式规则，只注意了表面上的相似性未发现实质上的差异。如果有充分练习，许多基本技能可以成为自动技能而不必有意识地注意，这样就可能有力地促进新任务的学习。

---

① 皮连生. 教育心理学(第 3 版)[M]. 上海：上海教育出版社，2004：284.

(三)激励推广理论

1. 激励推广理论的内容

激励推广理论(stimulus generalization approach)是由提倡者C.贾德在认知主义框架中发展起来的。这一理论认为两种学习之间存在的共同成分(同因素理论所强调的)仅仅是学习迁移的外在因素和条件,或者是必要条件,但不是决定性条件。这一理论指出,产生学习迁移的关键是学习者能否概括出两种学习之间的共同原理。因为同因素理论只是把注意力放到了两种学习活动的共同因素上,一旦学习情境发生变化,学习者将无所适从。而激励推广理论的概括是更科学、更内在的,它对学习迁移的认识要深刻些。

例如,贾德通过两组儿童进行的水下射击实验来说明这一原理。他令一组儿童学习了光学折射原理,而另外一组不学。然后令两组儿童打靶,当靶子离水面1.2英寸时,两组成绩相同,当靶子移到水下4英寸时,学习过光折射原理的儿童无论是速度还是准确性都比没有学习过这一原理的儿童高。这是因为学习过光学折射原理的学生对经验进行了概括,而且能将所学的原理运用到具体的情境中。因为光线在穿过空气和水的边界时会发生折射,所以目标就不在肉眼看到的位置了。理解了这一原理,受训者就能准确地判断目标的位置并作出相应的调整[①]。

2. 激励推广理论的应用

理解培训迁移问题的方法是建立一种强调重点特征和一般原则的培训,同时明确这些一般原则的使用范围。激励推广理论强调"远迁移"。从管理技能培训项目的设计中可以看到激励推广理论的应用。管理技能培训项目,属于行为模拟培训,它是建立在社会学习理论基础上的。开发行为模拟项目的步骤之一是要明确成功处理一种情况所需的关键行为。示范者在录像中演示一遍这些关键行为并为受训者提供实践这些行为的机会。在行为模拟培训中,关键行为可适用于多种情况的处理。实际上,行为模拟培训的实习是要求受训者能在各种与模拟情形不完全一致的情况下应用这些行为。然而,在培训中运用这一理论的最大问题是,要对人力资源开发领域中涉及的各种各样的学习,尤其是管理能力中人际能力的一般性原理进行总结是很难的。

(四)认知转换理论

1. 认知转换理论的内容

认知转换理论[②③④](cognitive theory of transfer)是奥苏伯尔提出来的,是以学习的信息加工模型作为理论基础的,是具有代表性的认知主义学习理论中关于学习迁移的理论,它强调信息的储存和恢复是学习的关键因素。根据这一理论,学习能否迁移取决于受训者恢复所学知识、技能的能力。该理论认为:可通过向受训者提供有意义的材料,来增

---

① 谢晋宇.人力资源开发概论[M].北京:清华大学出版社,2005:106.

② 谢晋宇.人力资源开发概论[M].北京:清华大学出版社,2005:105-106.

③ 皮连生.教育心理学(第3版)[M].上海:上海教育出版社,2004:277-283.

④ 教育心理学中将该理论称为"认知结构迁移理论"。为了与国内多数人力资源开发方面的著作保持一致,本书沿用"认知转换理论"这一表述方法。

加受训者将工作中遇到的情况与所学的知识技能结合的机会，从而提高记忆的效果，增加迁移的可能性。同时，应向受训者提供对所学信息进行编码记忆的技能，以帮助受训者恢复培训中的知识与技能。

奥苏伯尔提出影响迁移的3个认知结构变量是：可利用性、稳定性和可辨别性。如果原有的认知结构能为新的学习提供固着点或者关系，而且原有知识和技能越稳定和清晰，就越有利于学习迁移的发生。可辨别性是建立在原有知识的巩固基础之上的，如果学习者能意识到新旧知识间的异同点，能利用旧知识同化新知识时，就有利于学习迁移的发生。用设计恰当的“先行组织者”来影响认知结构变量，可以促进学习的迁移。所谓先行组织者是指在学习新材料之前呈现的一种引导性材料，它能将要学习的材料抽象、概括、综合起来，能清晰地与认知结构中原来的观念和新学习材料联系起来，也就是说，“先行组织者”是新旧学习材料之间的纽带和桥梁。先前的学习不仅包括某个具体材料的学习，还包括对过去经验的学习，这对人力资源开发是最有启示的，这样，可以让培训者积极利用学习者的经验进行分享。

2. 认知转换理论的应用

基于认知转换理论，培训中要鼓励学员思考培训内容在实际工作中的可能性应用。许多培训项目包括让受训者找出工作中遇到的问题或状况，然后讨论培训内容的可能应用。应用练习可让学员在工作环境中发现适当的线索(问题、状况)，增加学员回忆起培训内容并能将其用于工作当中的可能性。培训中的应用练习可帮助受训者理解所学信息与现实应用之间的联系，这样可在需要时更快地回忆起所学习过的知识与技能。

(五) 认知策略迁移理论[①]

1. 认知策略迁移理论的内容

认知策略是指学习者借以调节自己的注意、记忆和思维等内部过程的技能，即认知策略是学习者对自己认知过程的控制。根据信息加工的观点，学习过程中的认知策略包括复述策略、精细加工策略及组织策略[②]，这些策略能够调整学习过程，影响学习者的下列决策：关注(或注意)什么样的信息，如何记忆和怎样解决问题。例如，可以通过记住一个名字“Roy G. Biv”(赤、橙、黄、绿、蓝、靛、紫)来记光谱的颜色。

心理学家贝尔蒙特(J. M. Belmont)的系统研究表明，对学习策略运用的成功与否进行反思有利于迁移。在贝尔蒙特的研究基础上，后续的研究证实，学习者的自我评价是影响认知策略迁移的一个重要因素。加泰勒(Ghatala)等以精细加工策略为例，对自我评价对策略迁移的影响进行研究，结果表明学习精细加工策略的学生的记忆效果较好，且后续追踪研究表明，经过策略的有效性自我评价训练的学生能长期运用训练过的认知策略。

2. 认知策略迁移理论的应用

要实现“为迁移而教”，“为迁移而培训”，除了要重视陈述性知识和基本技能的迁移之外，更应重视策略性知识的学习和迁移。但认知策略迁移的实验研究结果要转化为学校

---

① 皮连生. 教育心理学(第3版)[M]. 上海：上海教育出版社，2004：285-289.

② 莫雷，张卫. 学习心理学[M]. 广州：广东人民出版社，2005：259.

的教学实践或组织中的培训实践,仍有很长的路要走。因为传统学校教材中并没有把策略性知识作为学校教学的独立目标,教师也没有受过策略性知识教学的专门训练。因此,今后的教学或培训工作应把策略性知识教学作为重要教学与培训的目标之一。

思考与操作训练

思考题

1. 什么是个体学习?
2. 阐述行为主义的学习观。
3. 阐述认知主义的学习观。
4. 基于人本主义的学习观分析当代大学生的学习。
5. 试述学习迁移理论对人力资源培训与开发的指导作用。

操作训练

要求:在对本章所学理论充分掌握与理解的基础上,在班级内成立两个辩论小组,围绕辩论主题"高等教育的有效性"展开辩论。一组为正方——高等教育是有效的,另一组为反方——怀疑高等教育的有效性,辩论持续时间为50分钟。

中国人力资源开发实践

光明乳品八厂的标杆学习:创造性的最佳途径

一、背景

标杆学习在IBM、摩托罗拉、3M、杜邦等众多全球闻名的企业里,已成为他们救亡图存,或巩固领导地位的撒手锏。

2004年春节刚过,工作繁忙的光明乳品八厂现任厂长曹根甫,出人意料地做了一件工作之外的事——写了一篇约有2 000多字质量管理方面感悟性的小文章,这些感想还被汇集成册分发到公司相关人士手中。

曹根甫并非忙里偷闲,事实上,写那篇感想是他不得不完成的差事。

2003年这个时候,他与其余7位经理(厂长)、设备(工艺)总工程师一起奔赴法国达能参观、学习了12天。出发前,光明乳业董事长兼总经理王佳芬给每人肩上都压了一副重担:每人都要至少找出3个以上与法国达能在细节上的差距,详细制定追赶规划,各项指标全部量化,并定期检查进展情况。

"与达能的技术中心、市场中心、生产方面产生更多的交流,而在交流当中对光明的经营理念和管理水平就是一种提升。"王佳芬在媒体上的公开讲话,并不掩饰她的真实意图。很显然,王佳芬认定了一个方向——搭成功企业的便车——向标杆学习。

二、学什么?向谁学?

对卓越企业的标杆学习,并不是什么半遮半掩的事。它最早确立于美国施乐公司,是施乐竞争力提升的惯用方法。

标杆学习是指针对一些被认定为最佳作业典范的组织，以持续的系统化的流程，评估它的产品、服务与工作流程，以改善或提高自身的组织绩效。形象地说，标杆学习是一种谦虚地承认他人的确在某些产品上优于自己，并虚心向其学习，以求迎头赶上，甚至超越的实际做法。

"标杆学习是管理发展过程当中新出现的一种学习方式，是一种新的管理工具。"中国政法大学商学院常务副院长孙选中教授说，"标杆学习不仅仅在于了解标杆企业到底生产或提供了什么比我们还要好的产品或服务，更要拿到手的是，这项产品或服务是如何被设计、制造或提供的，其背后的道理是什么？""另外，标杆学习也并非局限于同行业中的佼佼者，它可以存在于任何业务流程的活动中。"

三、创造性的最佳途径

对标杆学习这一管理工具的运用，国外企业特别是众多的全球知名企业已经感受到标杆学习是一种形成创造性压力的最佳途径，也是真正创新的先决条件。显而易见的收益，更让他们坚守标杆学习运动：①帮企业辨别、寻找卓越企业及其卓越的管理功能，并将之扬弃性地吸收、消化到企业的经营计划中来，从而激励管理人员更好地完成绩效计划；②通过对标杆企业成功做法的挖掘，决定采取何种措施保持企业的持续发展，从而克服阻碍企业进步的障碍；③扩大、膨胀了企业市场信息的来源，使企业发现过去没有意识到的技术或管理上的突破；④学习过程中能使得企业间各个部门的结合更加紧密无间。

光明标杆学习运动的推行，也让曹根甫初次尝到了胜利的味道。

当曹根甫回国后还不到5个月的时间内，光明总部就出现了一位掌握"一票否决"生杀大权的副总裁张华富，他的职责是抓质量方面的顽疾。同时，在法国达能用得很风光的CAP全自动清洗系统，也相继被光明移植，合理改造，并在光明得到了全面推广。

如今，光明乳品八厂先前给自己定下的"用一年的时间赶超中国达能(即先后被光明收购的上海达能和广州达能)"的目标，他们已经如期地顺利完成。

四、追求卓越

然而，尽管标杆学习已是风行于IBM、摩托罗拉等全球闻名企业的管理显学，但是在中国企业界，即便有光明、海信、博科、广联等国内企业在尝试运用，也尚难掀起大的风暴。因为标杆学习在中国企业界仍然是一项相当陌生的管理工具和学习方式。

同样，中国企业必须有勇气正视并承认，自己并不是最优秀的。在这种状况下，在遭遇高度国际化和一切充满变数的今天，若企业不想在竞争中出局，就需要标杆学习。只有以卓越为标杆，企业才会接近卓越、变成卓越。

这里需要认真思考的问题是：我们究竟需要学什么？向谁学？怎么学？同时，还要避免走入标杆学习常见的误区：例如，选择大企业，认为大企业就是好；选概念好的企业，瞄准高科技企业；总是选择国外知名企业，认为外国的企业在各方面都比中国企业好；只选择行业内的企业学习，忽略行业外的企业；照搬制度，将标杆企业的全套制度小修小改运用到自己企业；标杆学习是管理者的事，不用考虑员工的接受程度；标杆学习要立竿见影等。

资料来源：人生指南[EB/OL]. http://www.rs66.com 2006-11-29.

第四章

绩效理论

本章导读

- 绩效与人类绩效技术
- 绩效理论的关键特征
- 坎贝尔的绩效高阶因子模型
- Borman 和 Motowidlo 的绩效二因素模型
- 适应性绩效
- 拉姆勒—布拉什的绩效模型
- 斯旺森的绩效诊断模型
- 绩效理论在 HRD 中的应用

绩效理论不像学习理论那样有着很长的历史，绩效理论是一个更加现代的问题。尽管它远不如学习理论那样成熟，但是，它已经形成了比较一致的基本理论框架，也开始应用于管理领域，特别是人力资源管理领域，可以说它对理解培训与开发具有较大的帮助。绩效理论较多地体现在培训的需求分析、培训设计与培训评估等流程之中，同时，也是员工辅导与咨询、职业开发与组织发展的基本指导理念。将绩效理论引入人力资源培训与开发的基本理论体系之中，使人力资源培训与开发的理论体系更加缜密。

索尼遭遇绩效之痛

绩效管理曾造就无数企业的辉煌，但也有不少企业因为绩效管理造成积重难返。正在世人因出色的绩效管理造就了“巨无霸”索尼并趋之若鹜争相取经的时候，索尼公司前常务董事天外伺郎却在《绩效主义毁了索尼》一文中写道：由于尊崇绩效主义，索尼近几年已经风光不再，并且在一些管理问题上积重难返。《绩效主义毁了索尼》内容如下：

2006 年索尼公司迎来了创业 60 年。过去它像钻石一样晶莹璀璨，而今却变得满身污垢、暗淡无光。因笔记本电脑锂电池着火事故，世界上使用索尼产锂电池的约 960 万台笔记本电脑被召回，估计更换电池的费用将达 510 亿日元。

PS3 游戏机曾被视为索尼的“救星”，在上市当天就销售一空。但因为关键部件批量生产的速度跟不上，索尼被迫控制整机的生产数量。PS3 是尖端产品，生产成本也很高，据说卖一台索尼就亏损 3.5 万日元。索尼的销售部门预计，2007 年 3 月进行年度结算时，游戏机部门的经营亏损将达 2 000 亿日元。

多数人觉察到索尼不正常恐怕是在 2003 年春天。当时据索尼公布，一个季度就出现约 1 000 亿日元的亏损。市场上甚至出现了"索尼冲击"，索尼公司股票连续两天跌停。坦率地说，作为索尼的老员工，我当时也感到震惊。但回过头来仔细想想，从发生"索尼冲击"的两年前开始，公司内的气氛就已经不正常了，身心疲惫的职工急剧增加。回想起来，索尼是长期内不知不觉慢慢地退化的。

"激情集团"消失了

我是 1964 年以设计人员的身份进入索尼的。因半导体收音机和录音机的普及，索尼那时实现了奇迹般的发展。当时企业的规模还不是很大，但是"索尼神话"受到了社会的普遍关注。从进入公司到 2006 年离开公司，我在索尼愉快地送走了 40 年的岁月。

进入公司第二年，奉井深大总经理的指示，我到东北大学进修。其间我提出了把天线小型化的理论并因此获得了工学博士学位。其后我带领项目小组，参与了 CD 技术以及上市后立即占据市场头把交椅的商用电脑的开发工作，最近几年还参加了机器狗"爱宝"的开发工作。

我 46 岁就当上了索尼公司的董事，后来成为常务董事。因此，对索尼近年来发生的事情，我感到自己也有很大责任。伟大的创业者井深大的影响为什么如今在索尼荡然无存了呢？索尼的辉煌时代与今天有什么区别呢？

首先，"激情集团"不存在了。所谓"激情集团"，是指我参与开发 CD 技术时期，公司中那些不知疲倦、全身心投入开发的集体。在创业初期，这样的"激情集团"接连不断地开发出了具有独创性的产品。我认为，索尼当初之所以能做到这一点，是因为有井深大的领导。

井深大最让人佩服的一点是，他能点燃技术开发人员的心中之火，让他们变成为技术献身的"狂人"。在刚刚进入公司时，我曾和井深大进行激烈争论。井深大对新人并不是采取高压态度，他尊重我的意见。

为了不辜负他对我的信任，我当年也同样潜心于研发工作。比我进公司更早、也受到井深大影响的那些人，在井深大退出第一线后的很长一段时间，仍以井深大的作风影响着全公司。当这些人不在了，索尼也就开始逐渐衰败。

从事技术开发的团体进入开发的忘我状态时，就成了"激情集团"。要进入这种状态，其中最重要的条件就是"基于自发的动机"的行动。例如"想通过自己的努力开发机器人"，就是一种发自自身的冲动。

与此相反的就是"外部的动机"，例如想赚钱、升职或出名，即想得到来自外部回报的心理状态。如果没有发自内心的热情，而是出于"想赚钱或升职"的世俗动机，那是无法成为"开发狂人"的。

"挑战精神"消失了

今天的索尼职工好像没有了自发的动机。为什么呢？我认为是因为实行了绩效主义。绩效主义就是："业务成果和金钱报酬直接挂钩，职工是为了拿到更多报酬而努力工作。”如果外在的动机增强,那么自发的动机就会受到抑制。

如果总是说“你努力干我就给你加工资”,那么以工作为乐趣这种内在的意识就会受到抑制。从1995年左右开始,索尼公司逐渐实行绩效主义,成立了专门机构,制定非常详细的评价标准,并根据对每个人的评价确定报酬。

但是,井深大的想法与绩效主义恰恰相反,他有一句口头禅:“工作的报酬是工作。”就是说,如果你干了件受到好评的工作,下次你还可以再干更好、更有意思的工作。在井深大的时代,许多人都是为追求工作的乐趣而埋头苦干。

但是,因实行绩效主义,职工逐渐失去工作热情。在这种情况下是无法产生“激情集团”的。为衡量业绩,首先必须把各种工作要素量化。但是工作是无法简单量化的。公司为统计业绩,花费了大量的精力和时间,而在真正的工作上却敷衍了事,出现了本末倒置的倾向。因为要考核业绩,几乎所有人都提出容易实现的低目标,可以说索尼精神的核心即“挑战精神”消失了。

因实行绩效主义,索尼公司内追求眼前利益的风气蔓延。这样一来,短期内难见效益的工作,例如产品质量检验以及“老化处理”工序都受到轻视。“老化处理”是保证电池质量的工序之一。电池制造出来之后不能立刻出厂,需要放置一段时间,再通过检查剔出不合格产品。这就是“老化处理”。至于“老化处理”程序上的问题是不是上面提到的锂电池着火事故的直接原因,现在尚无法下结论。但我想指出的是,不管是什么样的企业,只要实行绩效主义,一些扎实细致的工作就容易被忽视。

索尼公司不仅对每个人进行考核,还对每个业务部门进行经济考核,由此决定整个业务部门的报酬。最后导致的结果是,业务部门相互拆台,都想方设法从公司的整体利益中为本部门多捞取好处。

“团队精神”消失了

2004年2月底,我在美国见到了“涌流理论”的代表人物奇凯岑特米哈伊教授,并聆听了他的演讲。演讲一开始,大屏幕上放映的一段话是我自进入索尼公司以来多次读过的,只不过被译成了英文。“建立公司的目的:建设理想的工厂,在这个工厂里,应该有自由、豁达、愉快的气氛,让每个认真工作的技术人员最大限度地发挥技能。”这正是索尼公司的创立宗旨。索尼公司失去活力,就是因为实行了绩效主义。

没有想到,我是在绩效主义的发源地美国,聆听用索尼的创建宗旨来否定绩效主义的“涌流理论”,这使我深受触动。绩效主义企图把人的能力量化,以此作出客观、公正的评价。但我认为事实上做不到。它的最大弊端是搞坏了公司内的气氛。上司不把部下当有感情的人看待,而是一切都看指标、用“评价的目光”审视部下。

不久前我在整理藏书时翻出一封令我感慨不已的信稿。那是我为开发天线到东北大学进修时,给上司写信打的草稿。有一次我逃学跑去滑雪,刚好赶上索尼公司的部长来学校视察。我写那封信是为了向部长道歉。

实际上,在我身上不止一次发生过那类事情,但我从来没有受到上司的斥责。虽然这与我取得了研究成果有关,但我认为最根本的是他们信任我。上司相信,虽然我贪玩,但对研究工作非常认真。当时我的上司不是用“评价的眼光”看我,而是把我当成自己的孩子。对企业员工来说,需要的就是这种温情和信任。

过去在一些日本企业，即便部下做得有点出格，上司也不那么苛求，工作失败了也敢于为部下承担责任。另外，尽管部下在喝酒的时候说上司的坏话，但在实际工作中仍非常支持上司。后来强化了管理，实行了看上去很合理的评价制度。于是大家都极力逃避责任。这样一来就不可能有团队精神。

创新先锋沦为落伍者

不单索尼，现在许多公司都花费大量人力、物力引进评价体制。但这些企业的业绩似乎都在下滑。

索尼公司是最早引进美国式合理主义经营理论的企业之一。而公司创始人井深大的经营理念谈不上所谓"合理"。1968 年 10 月上市的单枪三束彩色显像管电视机的开发，就是最有代表性的例子。

当时索尼在电视机的市场竞争中处于劣势，几乎到了破产的边缘。即便如此，井深大仍坚持独自开发单枪三束彩色显像管电视机。这种彩色电视机画质好，一上市就大受好评。其后 30 年，这种电视机的销售一直是索尼公司的主要收入来源。

但是，"干别人不干的事情"这种追求独自开发的精神，恐怕不符合今天只看收益的企业管理理论。索尼当时如果采用和其他公司一样的技术，立刻就可以在市场上销售自己的产品，当初也许就不会有破产的担心了。

投入巨额费用和很多时间进行的技术开发取得成功后，为了制造产品，还需要有更大规模的设备投资，亦需要招募新员工。但是，从长期角度看，索尼公司积累了技术，培养了技术人员。此外，人们都认为"索尼是追求独特技术的公司"，大大提升了索尼的品牌形象。

更重要的是，这种独自开发能给索尼员工带来荣誉感，他们都为自己是"最尖端企业的一员"而感到骄傲。单枪三束彩色显像管电视机之所以能长期成为索尼公司的收入来源，是因为技术开发人员怀着荣誉感和极大热情，不断对技术进行改良。

具有讽刺意味的是，因单枪三束彩色显像管电视机获得成功而沾沾自喜的索尼，却在液晶和等离子薄型电视机的开发方面落后了。实际上，井深大曾说过："我们必须自己开发出让单枪三束彩色显像管成为落伍产品的新技术。"包括我自己在内的索尼公司高管没有铭记井深大的话。

如今，索尼采取了极为"合理的"经营方针。不是自己开发新技术，而是同三星公司合作，建立了液晶显示屏制造公司。由这家合资公司提供零部件生产的液晶电视机"BRAVIA"非常畅销，从而使索尼公司暂时摆脱了困境。但对于我这个熟悉索尼成长史的人来说，总不免有一种怀旧感，因为索尼现在在基础开发能力方面，与井深大时代相比存在很大差距。今天的索尼为避免危机采取了临时抱佛脚的做法。

高层主管是关键

今天的索尼与井深大时代的最大区别是什么呢？那就是在"自豪感"方面的差别。当年创始人井深大和公司员工都有一种自信心：努力争先，创造历史。

当时索尼并不在意其他公司在开发什么产品。某一大家电公司的产品曾被嘲讽为"照猫画虎"，今天索尼也开始照猫画虎了。一味地左顾右盼，无法走在时代的前头。

在我开发"爱宝"机器狗的时候，索尼的实力已经开始衰落了，公司不得不采取冒险一搏的做法,但是出现亏损后,又遭到公司内部的批评,结果不得不后退。

今天的索尼已经没有了向新目标挑战的"体力",同时也失去了把新技术拿出来让社会检验的胆识。在导致索尼受挫的几个因素中,公司最高领导人的态度是其中最根本的原因。

在索尼充满活力、蓬勃发展的时期,公司内流行这样的说法:"如果你真的有了新点子,那就背着上司把它搞出,与其口头上说说,不如拿出真东西来更直接。"但是如果上司总是以冷漠的、"评价的眼光"来看自己,恐怕没有人愿意背着上司干事情,那是自找麻烦。如果人们没有自己受到信任的意识,也就不会向新的更高的目标发起挑战了。在过去,有些索尼员工根本不畏惧上司的权威,上司也欣赏和信任这样的部下。

所以,能否让职工热情焕发,关键要看最高领导人的姿态。索尼当年之所以取得被视为"神话"的业绩,也正是因为有井深大。但是,井深大的经营理念没有系统化,也没有被继承下来。也许是因为井深大当时并没有意识到自己经营理念的重要性。

我尝试着把井深大等前辈的经营理念系统化、文字化,出版了《经营革命》一书。在这本书中,我把井深大等人的经营称为"长老型经营"。所谓"长老"是指德高望重的人。德高望重者为公司的最高领导人,整个集团会拧成一股绳,充满斗志地向目标迈进。

在今天的日本企业中,患抑郁症等疾病的人越来越多。这是因为公司内有不称职的上司,推行的是不负责任的合理主义经营方式,给职工带来了苦恼。

不论是在什么时代,也不论是在哪个国家,企业都应该注重员工的主观能动性。这也正是索尼在创立公司的宗旨中强调的"自由,豁达,愉快"。

过去人们都把索尼称为"21世纪型企业"。具有讽刺意味的是,进入21世纪后,索尼反而退化成了"20世纪型企业"。我殷切希望索尼能重现昔日辉煌。

资料来源:索尼绩效案例分析[EB/OL]. http://www.sinoec.net/hy/electron/culture/hy_22264_3.html,转引自中国行业研究网.

第一节 绩效理论概述

一、绩效与人类绩效技术

(一) 绩效的界定

绩效(performance)是关于行为或者员工做了些什么的概念,而不是关于员工生产了什么或他们的工作取得了怎样的结果的概念,即绩效本身并不包括员工的行为所产生的结果,而只包括他们的行为。绩效行为通常具有两个特征:首先,它们是可评估的,即对于这些行为,可以按照它们对个人或组织的有效性所产生的作用是消极的、中性的还是积极的来加以评判,换句话说,这些行为的价值取决于它们是否为实现个人、部门或组织的目标作出了贡献;其次,绩效是多维度的。这意味着有许多不同类型的行为都能够帮助(或阻碍)一个组织实现其目标[①]。

绩效的影响因素是多种多样的。坎贝尔认为有3个共同结合在一起的因素,它们是:

① 阿吉斯 H. 绩效管理[M]. 刘昕,曹仰锋,译. 北京:中国人民大学出版社,2008:78-79.

陈述性知识、程序性知识以及动机。陈述性知识是关于事实和事情的信息，它包括关于某一既定任务的要求、说明、原则以及目标等方面的信息；程序性知识是知道应该做什么以及知道如何去做这两个方面知识的结合，它包括认知、身体、知觉、动力以及人际关系等方面的技能；动机包括三种类型的选择：选择是否付出努力、选择努力的程度、选择是否坚持付出某种水平的努力。表 4-1 是对陈述性知识、程序性知识和动机的组成进行的总结。

表 4-1 工作绩效的决定因素

陈述性知识	程序性知识	动 机
• 常识和事实 • 理论和原理 • 目标和目的 • 自悟的知识	• 认知技能 • 心理活动技能 • 身体技能 • 自我管理能力 • 人际交往能力	• 对工作的选择 • 努力程度 • 努力的持续性

资料来源：改编自斯旺森 R A，霍尔顿 E F. 人力资源开发[M]. 王晓晖，译. 北京：清华大学出版社，2008：143.

为了使绩效达到较高的水平，上述 3 个绩效决定因素都必须同时具备。换句话说，这 3 个决定因素之间有一种相乘的关系，即：

绩效＝陈述性知识×程序性知识×动机

如果上述 3 个因素中任何一个因素的值为零，绩效也就为零。

例如，简在一家国际性服装零售连锁店中做售货员。简对商品有着非常充分的陈述性知识，具体来说，她了解所有的品牌、价格、尺寸以及推销方法。因此，我们可以认为她的陈述性知识的水平很高，简也非常聪明，而且从身体条件上来说，也有能力承担所有必须完成的工作任务。因此，我们同样可以认为简的程序性知识的水平也很高。然而，简表现出来的工作动机却不足。当顾客走进商店时，她不是迎上前去接近他们，相反，她坐在收银台的后面，抱着电话打个不停。当经理在店里时，她表现得非常努力，但是，她的同事却抱怨说，一旦经理离开，简就停止了工作。因此，她的整体绩效很可能是很差的，因为虽然她具备完成工作所必需的陈述性知识和程序性知识，但是当主管没有监督她时，她就缺少将这些知识运用于工作之中的动机①。

对于绩效的研究大体可分为两类：一类是研究绩效的影响因素；另一类是研究绩效本身。本章的绩效理论关注绩效本身以及绩效在人力资源开发中的应用。

（二）人类绩效技术的界定

对于绩效应用进行研究的学科较多，在诸多观点中，一种最著名的应用技术是人类绩效技术（human performance technology，HPT），也称为绩效技术。人类绩效技术是近几年在西方发达国家管理界发展很快的一种新兴应用科学。许多学者或权威人士都希望对人类绩效技术进行定义②：

Rosenberg 等强调过程和方法，认为人类绩效技术是一套用来解决问题或抓住机遇

① 阿吉斯 H. 绩效管理[M]. 刘昕，曹仰锋，译. 北京：中国人民大学出版社，2008：80.

② 张红娜，褚维维. 绩效技术研究综述[J]. 软件导刊：教育技术，2009(7)：12-14.

的方法和程序,这些问题或机会都与人们的绩效相联系。人类绩效技术可应用于个人、小的团队或大的组织。

Benefit 和 Tate 则认为,绩效技术是一种系统程序或过程,以此来识别绩效改进的机会,设定绩效标准,确认绩效改进的策略,进行投入产出分析,选择改进方案,保证对现存系统进行整合,评估绩效改进方案或策略的有效性,以及该方案的执行情况。

Jacobs 侧重于人类绩效技术的理论依据和实践原则,认为人类绩效技术代表着以各种不同形式对方法的运用,这些形式取决于问题的性质和活动需求。

Ilbert 则强调结果,认为人类绩效技术的目的是增加人力资本,一种时间和机遇的产物,在此,技术是指某种潜能转化为资本的程序。

Geis 认为,人类绩效技术是对大部分有效影响人类行为和成就的程序或方案进行选择、分析、设计、发展、执行和评估的过程。

Dick 和 Wager 认为人类绩效技术提供了一个更为概念化的定义,是一种基本的承诺,以便识别组织的绩效问题,并发展出最为适当的解决措施。

国际绩效改进协会(ISPI)前任主席斯托洛维奇(Stolovitch)和教学技术与绩效技术专家基普斯(Keeps)认为,最有包容性的定义应表述为:绩效技术是"一种工程方法,它通过确定绩效差距,设计低成本和高效率的干预措施,达到获得所期望的成效的目的"。这里的"干预"是指解决问题的方法[①]。

Harless 通过对各种不同观点进行总结,并参照 Stolovitch 和 Keeps 的观点形成了一个较为全面的定义:人类绩效技术是一种操作方式,它通过确定绩效差距,设计有效的效率改进活动措施,获得所期望的人员绩效。绩效技术是一套结构化的应用性方法和程序,强调系统性,包括3个方面:人类、绩效、技术。"人类"是组成一个组织的个人与团体,"绩效"是活动与可测量的结果,"技术"是解决实际问题的系统的、整体的方法。由此可见,绩效是人类绩效技术的核心与标准[②③]。

绩效技术是一个多学科的领域,它与人力资源开发、系统论、心理学、神经科学、认知科学及经济学等有密切的关系,这些学科的发展与研究成果对绩效技术影响重大。因此,绩效技术也呈现出多学科的特征。

二、绩效理论的关键特征

与绩效技术的多学科特征相一致,对绩效的理论解释也存在诸多观点,并非只有人类绩效技术、人力资源培训与开发是关注绩效和绩效提升的学科,其他如战略管理、经济学的人力资本、人力资源管理的绩效管理、心理学等都对绩效进行了不同方面的研究,充分展示了绩效观的多元性。这些多元的绩效观表明了绩效理论的关键特征:[④]

① 潘洪涛,黎加厚. 以上海浦光中学研究型教师培训为例——绩效技术支持下的教师信息技术培训[J]. 中小学信息技术教育,2006(7-8):108-109.

② 张红娜,褚维维. 绩效技术研究综述[J]. 软件导刊:教育技术,2009(7):12-14.

③ 任秀华,何克抗,马宁. 基于绩效技术的企业培训[J]. 继续教育,2005(10):48-50.

④ 斯旺森 R A,霍尔顿 E F. 人力资源开发[M]. 王晓晖,译. 北京:清华大学出版社,2008:138-142.

(一) 绩效是一个涉及多学科的问题

不同的学科都对绩效进行了研究，这些学科包括：心理学、人力资源管理、伦理学、质量管理、社会学、经济学、战略管理、工业工程等。这些广阔的学科领域与绩效提升能力模型指出，绩效问题的专业人员必须掌握从多学科汲取养分的能力。

(二) 绩效模型都有着学科偏向

每一个学科都是适应其特定需要来定义绩效的。例如，心理学关注个人，就从个体层面来界定绩效；质量管理注重组织的工作流程改进，就从运营过程来界定绩效；战略管理注重组织定位的竞争性，就从组织和行业的角度来看待绩效。虽然没有哪种学科偏向是天然有错的，但在研究绩效问题时需要注意与其他学科的绩效模式区别对待。

(三) 认识绩效不应只有一个视角

每一个学科或观点都以自己的目的去认识绩效。寻求单一绩效模型的努力也许是徒劳的，最多只会产生一个过于复杂而无使用价值的模型。每一个学科都为适应本学科而将其绩效模型限定于绩效的某一方面。换句话说，人力资源开发在定义绩效时既要体现其在绩效提升中的独特地位，又要承认其他学科对绩效的理解。人力资源开发对绩效的界定没有必要包括每一个可能的角度，而只需要适合自己的目的。

(四) 不同模型中绩效的种类(层次)和指标体系存在着混乱

由于绩效的模型较多，造成一些绩效结构及指标的混乱。例如，有一些模型把"顾客"作为绩效的一个层次，顾客的满意度是重要的，但它只是运营过程和组织范围绩效的一个指标，而不是绩效的一个层次。同样地，也有一些模型将雇员行为的一些方面，如学习、努力程度、个人道德等定义为绩效的一个层次。这些实际是个人绩效的指标但却由于学科的偏向被定义为绩效层次。

绩效通常并不能直接测量，所测量的只是绩效的特征和指标。绩效指标及其体系至关重要，但不能把它们同绩效本身相混淆。另外，对绩效的测量可以有多个层次。例如，顾客满意度是工作过程绩效的一个指标，对它的测量有多种方式(如，可以不直接测量满意度的有关方面，但可以通过类似重复购买率等数值作为满意度的指标)。

(五) 各模型中子系统范围变化很大

学科的偏向部分地反映在各模型关于子系统的甄别上。需求评估将工作内容或任务界定为一个主要的子系统，因为它注重分析与工作相关的学习需求；组织发展将团队界定为一个主要的子系统，因为组织发展注重一个组织中人际关系的纬度；其他一些学科观点把运营过程作为次级系统，因为它们强调过程的改进。至于人力资本和战略管理，它们把组织看作社会大系统中的一个次级系统。看来不同绩效观之间在术语上的一致性较差。

三、绩效分类

绩效是个多维度的概念，1993年，Borman和Motowidlo① 把绩效划分为任务绩效(task performance，TP)和关系绩效(contextual performance，CP)，任务绩效是指通过员工直接的生产活动、提供资源和服务、完成公司规定任务的情况，对组织的战略发展所做出的工作行为。它与员工的具体工作内容有关，同时也与员工个人能力、工作熟练度和知识技能相关，主要通过完成工作任务，或者通过对其工作需求的维护和服务来实现。任务绩效是在组织中较多地受到关注的那部分绩效②。

关系绩效又称周边绩效、情境绩效或关联绩效，是指一种心理和社会关系的人际和意志行为，是一种有助于完成组织工作的活动，关系绩效不是直接的生产和服务活动，而是构成组织的社会、心理背景的行为，包括自愿的行为、组织公民行为、亲组织行为、组织奉献精神以及与特定作业无关的绩效行为，如自愿承担额外的工作，帮助同事等，它能够促进组织内的沟通，对社会沟通起润滑作用，降低紧张的情绪反应，可以促进任务绩效，从而提高整个组织的有效性③④。

Pulakos等在2000年提出适应性绩效(adaptive performance，AP)这一新的绩效概念，是对绩效概念的新发展，它不仅对任务绩效与关系绩效都增加了适应性的新要求，而且有它自身的内容，主要是对人的适应能力进行研究，适应性绩效包括八个维度，在人力资源管理方面有一定的应用价值⑤。

基于目前的研究进展，绩效大体上可以被分为：任务绩效与关系绩效及对其拓展的适应性绩效(见图4-1)。Borman和Motowidlo⑥ 从概念上对关系绩效与任务绩效进行了区分，两者的差异表现在4个方面。①任务绩效直接针对组织的技术层面，而关系绩效与技术层面所在的组织、社会和心理环境关系密切；②任务绩效会随组织中工作和职位的不同而有所差异，不同的工作有不同的要求和内容，然而，关系绩效对于组织中的许多工作是共同的，甚至对于不同的组织也是一样的；③知识、技巧、能力是熟练完成任务活动的基本要素，也就是任务绩效的基本

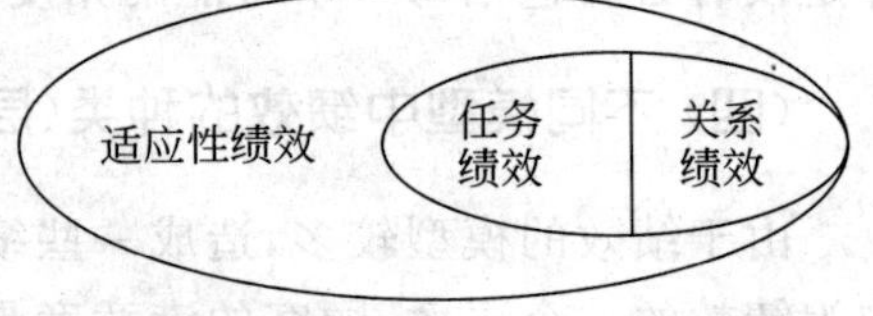

图4-1 任务绩效、关系绩效与适应性绩效的关系

资料来源：马可一．适应性绩效[J]．商业研究，2009(22)：15-17.

---

① Borman W C，Molowidlo S J. Expanding the criterion domain to include elements of contextual performance[C]. In：Schmitt N，Borman W C(eds.). Personnel Selection in Organizations. San Francisco：Jossey Bass，1993：71-98.

② Motowidlo S J，Van Scotter J R. Evidence that task performance should be distinguished from contextual performance[J]. Journal of Applied Psychology，1994，79：475-480.

③ Borman W C，Molowidlo S J. Expanding the criterion domain to include elements of contextual performance[C]. In：Schmitt N，Borman W C(eds.). Personnel Selection in Organizations. San Francisco：Jossey Bass，1993，71-98.

④ 沈峥嵘，王二平．关系绩效研究[J]．心理科学进展，2004，12(6)：924-931.

⑤ 李锐，叶莲花，凌文辁．适应性绩效理论及其应用[J]．现代管理科学，2006(11)：27-28.

⑥ Borman W C，Motowidlo S J. Expanding the criterion domain to include elements of contextual performance[C]. In：Schmitt N，Borman W C(eds). Personnel Selection in Organizations. San Francisco：Jossey-Bass. 1993：71-98.

要素，关系绩效则与自愿、坚持、助人、合作等动机和人格特征关系密切；④任务绩效是角色内行为，被清晰地列在工作职责范围之中，关系绩效则是角色外行为，在通常的工作职责范围中并没有明确列出。在此基础上，简博浩与韩志翔又对任务绩效、关系绩效及适应性绩效从 9 个方面进行了比较(见表 4-2)。

表 4-2 任务绩效、关系绩效与适应性绩效的比较

比较内容	任务绩效	关系绩效	适应性绩效
技术层面相关性	高相关	低相关	中等相关
跨职位共性	无	有	随职位变化而变化
前因变量	认知能力，经验	人格变量，情感变量	成就动机，改变的经验
角色内外	内	外	内外
动态/静态	静态	静态	动态
对组织贡献时间	短	短	长
过程/结果	结果	过程	过程
落后/领先绩效指标	落后：反映过去绩效	落后：反映过去绩效	领先：反映未来绩效
客观/主观测量	客观/外显	主观/内隐	主观/内隐

资料来源：简博浩，韩志翔. 任务性、脉络性及适应性绩效表现对主观奖酬决策的影响：调查法及实验法[J]. 台大管理论丛，2008，18(2)：35.

第二节 主要的绩效理论

一、任务绩效与关系绩效

任务绩效与关系绩效领域中两个著名的模型是坎贝尔的绩效高阶因子模型与 Borman 和 Motowidlo 的绩效二因素模型。

(一) 坎贝尔的绩效高阶因子模型

坎贝尔[①②]在 1990 年与 1993 年提出的绩效高阶因子模型被认为是工业心理学领域杰出的绩效模型之一。他认为心理学家太少关注因变量(绩效)，而把主要精力放在各种自变量(绩效的影响因素)上了。他认为，关于绩效本身的潜在结构和内容的文献少之又少，可以说根本就没有绩效理论。坎贝尔认为绩效模型由 8 个组成部分，即 8 个维度，并认为这 8 个维度是高阶因素，它们适用于描述所有工作场所的职业。该模型的内容如下[③]：

① Campbell J P. Modeling the performance prediction problem in industrial and organizational psychology[C]. In：Dunnette M D，Hough L M，editors. Handbook of Industrial and Organizational Psychology(2nd ed.)[M]. Palo Alto，CA：Consulting Psychologists Press，1990：687-732.

② Campbell J P. Job Performance：Theories of determinants and factor structure[A]. San Francisco：Society for Industrial and Organizational Psychology，1993. Comments as symposium discussant (April). Campbell J P，McCloy R A，Oppler S H，Sager C E. A theory of performance[C]. In：Schmitt，N，Borman，W C，(eds.). Personnel Selection in Organizations[M]. San Francisco：Jossey-Bass，1993：35-70.

③ 斯旺森 R A，霍尔顿 E F. 人力资源开发[M]. 王晓晖，译. 北京：清华大学出版社，2008：142-143.

①完成特定工作任务的熟练程度——个人能够完成其工作岗位所要求的核心任务或技术要求的程度；②一般性工作熟练程度——个人能够从事一般性工作任务或非本人特定工作岗位；③书面和口头沟通能力——个人不受内容正确与否限制能够书写和讲说的熟练程度；④工作努力程度——个人日复一日努力的稳定性，必要时付出额外努力的程度以及在逆境下工作的意愿；⑤保持个人原则和纪律——个人能够避免不良行为的程度(例如，酗酒、违反法律和规则等)；⑥辅助同事和团队的绩效——个人能够给予同事支持、解决别人工作难题和帮助别人培训的程度；还包括个人追求团队目标、成为团队模范、促进团队成员的参与和促进团队功能发挥等行为；⑦监督——通过面对面的人际互动直接影响被监督者绩效的能力和水平；⑧管理/行政——包括直接监督之外的大多数管理行为和能力，具体表现为说明部门或企业目标、组织人力和物力资源去实现目标、调控工作过程、在实现目标的过程中帮助解决问题或克服危机、控制费用、获得追加资源、妥善代表本部门或机构与其他部门或机构打交道等。

在这8个维度中，坎贝尔指出，核心任务的熟练程度、工作努力程度、保持个人原则和纪律是每一种工作绩效的重要成分。

基于上述8个维度，可以看出该模型既关注任务绩效，又关注关系绩效。同时，坎贝尔也指出该模型的高阶因子结构的有效性有待进一步的验证。

(二) Borman 和 Motowidlo 的绩效二因素模型

Borman 和 Motowidlo 与坎贝尔一样，认为绩效结构不是单一的维度，它由任务绩效和关系绩效组成一个二维的结构模型[①]，即任务绩效与关系绩效二因素模型。任务绩效是组织所规定的、与工作任务效率直接相关的行为，和特定工作任务中核心的技术活动有关；关系绩效是与工作任务间接相关的自发行为、组织公民性、组织奉献精神以及与特定任务无关的绩效行为，它为核心的技术活动提供组织的、社会的和心理的环境。在提出绩效的二维结构模型后，Borman 和 Motowidlo 进一步拓展他们先前的模型，将关系绩效划分为5个维度[②]：①为成功完成工作而保持高度的热情和付出额外的努力；②自愿做一些不属于自己职责范围内的工作；③助人与合作；④遵守组织的规定和程序；⑤赞同、支持和维护组织目标。

他们认为，绩效是一种行为，而非结果；它表现为非连续的过程，因为一个雇员全部工作时间不可能全部都做直接有益于组织绩效的工作；同时，绩效是一种可以评估的多重行为结构；任务绩效与关系绩效之间存在交互作用。

任务绩效和关系绩效理论综合了组织公民行为理论和角色绩效理论，提出了工作绩效的两个维度，深化了雇员工作情境(社会的、心理的、组织的)与工作本身的效能关系，解决了知识技能和人格特征在个体身上和组织中的重要性。由于该模型对理解绩效概念和因果关系具有重要意义，因此，在研究和实践领域被普遍采用。

---

① 王辉，李晓轩，罗胜强．任务绩效与情境绩效二因素绩效模型的验证[J]．中国管理科学，2003，11(4)：79-84.

② 沈峥嵘，王二平．关系绩效研究[J]．心理科学进展，2004，12(6)：924-931.

二、适应性绩效

2000 年，Pulakos 等在美国《应用心理学》杂志上发表了"工作场所中的适应性：适应性绩效分类的开发"一文，介绍了适应性绩效系统研究的成果，正式提出了适应性绩效的概念。他们采用工作适应性问卷(job adaptability inventory，JAI)检验了适应性绩效的 8 个维度：创造性解决问题；不确定适应绩效；适应性学习绩效；人际适应绩效；文化适应绩效；物理环境适应绩效；工作压力适应绩效；紧急事件适应绩效①。这 8 个维度的具体内容如下②③：

（一）创造性解决问题

动态变化性的工作情境要求个体能够解决非典型的、界定不明确的新异问题，包括在复杂情境中使用独特的问题解决方法；能够不受已知条件限制进行思考，产生富有创造性的想法；整合表面上似乎不相关的信息，从而形成解决问题的有效途径；当现有的工作资源不足以完成任务时，能够创造性地获取并合理地使用资源。

（二）不确定适应绩效

工作情境的不确定性可能源自很多因素，如组织结构重组、外部资源变化等。在这种情况下，个体需要适应不可预测的情境并采取合理的行动加以应对；甚至在必要时能够在了解全部情况之前就采取具有前瞻性和预见性的行动；在不可预测的事件发生之后也能够及时地调整自己的计划或行动进行应对。

尽管适应性的这些方面与创造性地解决问题有关，但是个体有效地面对不确定性的概念在总体上与创造性地解决问题是不同的，因此可以用不同的预测指标来反映绩效在这两个维度上的差异，可以用一般智力，问题的理解能力，问题的解决构思作为创造性解决问题的指标，而个性结构如自尊、自我效能和控制点可作为个体面对不确定性和变化环境的主要预测指标。

（三）适应性学习绩效

适应性学习绩效表现在两个方面。一方面，为了顺利地完成现有的工作和任务，员工需要通过学习使自己的知识和技能不断更新，以适应工作流程和程序的变化；另一方面，随着技术的迅速发展、更新，以及组织和工作的日趋动态化，个体必须学习和掌握未来工作所需要的新的工作方法与技术，以便能够执行全新的任务，或为新的工作和职业生涯做准备。适应性绩效在这一方面的迅速发展，主要是由于技术的迅速发展使员工更频繁地面对技术革新，计划和预计未来工作需求的变化需要为之准备，组织中持续学习的日益重

---

① Pulakos E D, Arad S, Domovan M A, Planondon K E. Adaptability in the workplace: Development of taxonomy of adaptive performance [J]. Journal of Applied Psychology, 2000(85): 612-624.

② 马可一. 适应性绩效[J]. 商业研究，2009，22：15-17.

③ 李锐，叶莲花，凌文辁. 适应性绩效理论及其应用[J]. 现代管理科学，2006(11)：27-28.

要等多方面的因素导致的。

尽管技术的发展和工作的变化可以被看成是一种不可预测的情形,但不同的预测指标可以和不同的绩效维度相联系。认知取向认为可以将加速学习和获取技能作为适应性学习绩效的最有力的预测指标,而不确定适应绩效中所讨论的个性、性情气质等人格变量可能是应对不确定性最有效的预测指标。然而,尽管在学习和应对不确定性方面存在一定关系,但两者仍然被看成是适应性绩效的两个不同维度。

(四)人际适应绩效

随着更多的企业从制造业转向服务业以及外部环境的变化(例如,工作和项目团队的环境变得更加动态),个体人际适应能力的重要性也日益凸显。这种适应性包括与他人相处时展现的灵活性,保持的开放性;善于倾听他人的观点;与新的团队、同事及顾客建立良好的合作关系,表现出有效的人际适应行为;敏锐地洞察他人的需要并采取相应的措施;有效地预期和实现顾客的需要;能适应不同的人际类型,以及对他人施加影响以便有效地开展工作等。

(五)文化适应绩效

随着经济环境的全球化,以及当今员工变换工作和工作场所的频繁程度,在不同文化和环境中能有效地完成工作是十分重要的。在组织层面,个体要能够学习和理解不同组织或团体的目标、规则、价值观以及文化氛围,以融入其中并与其他成员和谐相处;在国家层面,个体需要具备学习新的语言、习俗、政治等能力,了解其他国家的文化和历史传统,理解他人的行为方式,必要时愿意调整自己的行为以尊重他人的风俗和价值观。

(六)物理环境适应绩效

很多工作要求个体迅速而有效地适应不同的不良物理环境条件(如过热、过湿、过冷、噪声以及交通不便等)。当一个人在不同的国家和不同的气候环境中,迅速适应变化的、挑战性的物理环境是物理环境适应绩效的主要方面。例如,环境科学研究工作、国外服务工作、法律执行工作、远征和旅游相关的工作。甚至在必要的时候个体需要强迫自己采取措施来调整身体状况,以完成非常艰辛而苛刻的工作任务。物理环境适应绩效维度对军事及相关工作来说尤其重要。

(七)工作压力适应绩效

研究发现许多工作包含了对冷静处理压力、管理挫折等方面的需要。也就是说,个体在面对压力情境或要求较高的工作任务时,须能保持沉着冷静;对出乎预料的信息或情境不会作出过激的反应;面临严峻的问题时,能采取建设性的解决方法;能够以积极的心态对待那些寻求帮助的人,并愿意尽力帮助他们摆脱困境。

需要说明的是,以往并不把有效处理压力作为适应性绩效的一个维度,而更多是作为其他几个绩效维度的一个预测指标。然而,通过关键事件的分析发现,许多工作包含了对压力、时间紧迫性、冷静处理问题,以及管理挫折的需要,并且发现这方面的内容与适应性绩效的其他维度有本质的区别,因此,适应性绩效模型中增加了这一维度的行为内容,并将此命名为工作压力适应绩效。

(八)紧急事件适应绩效

Lopez 等认为处理危机和紧急情形并没有包含在适应性绩效的维度之中,他们在研究中识别了紧急事件的适应性并把它作为有别于知识、技术、能力和其他特征的一个适应特征。这种适应性包括善于控制自己的情绪,从而客观地看待和处理当前的危机情境;能够采取适宜的措施应对生活中的威胁或危急状态;在危机中保持清晰、集中的思维以迅速地对各种备选方案进行分析,并作出合理的决策。

适应性绩效是在任务绩效与关系绩效都忽视了个体对新任务和新要求的适应性的情况下产生的,是一种较动态的绩效理论,它的提出受到东、西方学者的普遍关注,弥补了以往绩效理论的不足,是决定员工持续做好工作的关键,特别是工作复杂的职位更应受到重视。

三、其他绩效模型

上述有关绩效的理论和模型主要关注个体层面的绩效,一些学者和实践者认为,要更全面地理解绩效,不应对组织背景的信息有所遗漏,而需要将组织层面及运营过程等相关信息包含在绩效理论或模型之中。下面介绍拉姆勒—布拉什的绩效模型和斯旺森的绩效诊断模型[①]。

(一)拉姆勒—布拉什的绩效模型

1. 绩效层次及变量

拉姆勒和布拉什通过研究如何有效管理组织、运营过程与个人,提出了一个获取竞争性优势的综合性绩效框架。他们的模型假设,组织的失败不在于缺乏期望或努力,而在于缺乏对影响组织、运营过程和个人绩效的变量的理解。对这些变量的完整了解和全面管理,能产生较高的绩效。该绩效模型定义了 3 个绩效层次:

(1) 组织层次——强调组织与市场的关系以及组织主要功能的基本构架;
(2) 运营过程——工作流程,即工作究竟是如何完成的;
(3) 工作者个人——从事各种岗位工作的员工个人。

每一个层次都包括 3 个绩效变量:

(1) 目标——反映顾客对产品和服务的期望的具体标准(质量、数量、适时和费用等);
(2) 设计——包括必要组成部分并能以某种方式有效实现目标的组织结构;
(3) 管理——确保目标得以更新和实现的管理实践。

3 个层次及其 3 个变量构成拉姆勒和布拉什的绩效九元矩阵(见图 4-2),这一矩阵能够对组织系统性管理给予指导。

---

① 拉姆勒—布拉什的绩效模型与斯旺森的绩效诊断模型主要参考:斯旺森 R A,霍尔顿 E F. 人力资源开发[M]. 王晓晖,译. 北京:清华大学出版社,2008:145-148.

	目标	设计	管理
组织层次			
运营过程			
工作者个人			

图 4-2 拉姆勒—布拉什的绩效模型

资料来源：斯旺森 R A,霍尔顿 E F. 人力资源开发[M].王晓晖,译. 北京：清华大学出版社,2008：146.

2. 组织层次

拉姆勒和布拉什指出,如果管理者不在组织层次上进行管理,他们得到的最好结果只能是一般化的绩效提升;最坏的结果是,在其他层次上的努力可能会产生相反的效果。该模型描述了包括组织目标、组织设计和组织管理3个组织层次的模块。拉姆勒和布拉什建议组织层次的绩效应专注于一系列的核心问题。例如,组织目标的核心问题：组织的战略/指导方向是否被清楚地表达和沟通？……组织设计的核心问题：所有相关的职能都安排妥当了吗？……组织管理的核心问题：是否订立了适当的职能目标？……

3. 运营过程层次

根据拉姆勒和布拉什的观点,组织的好坏取决于它的运营过程。组织的运营过程反映组织的实质工作,并为客户创造实际的产品和服务。在运营过程这个层次上,分析者必须超越构成组织机构图所列功能的界限,以便理解工作的流程——工作是如何开展并完成的。该模型描述了包括运营目标、运营程序设计和运营管理这3个运营过程层次的模块。例如,运营过程目标的核心问题：关键运营过程的目标与所需要的顾客和组织相联系吗？运营过程设计的核心问题：这是达到运营目标的最有效的运营程序吗？运营过程管理的核心问题：制定适当的运营子目标了吗？……

在运营过程层次上,必须确保程序的目标和衡量是以顾客和组织的需要为导向的、程序的设计是符合顾客需要的、程序的运行是稳定而有效的。

4. 个人层次

在个人层次,工作过程是由从事各种不同工作的个人来实施和管理的。拉姆勒和布拉什提出的工作者个人层次的3个模块是：工作/岗位目标、工作/岗位设计和工作/岗位管理。例如,岗位目标的核心问题：工作成果和标准与运营需要(它又与顾客和组织需要相连)相联系吗？岗位设计的核心问题：运营需要反映在适当的工作中了吗？……岗位管理的核心问题：工作者了解工作目标(他们所期待的产出和期望达到的标准)吗？……

这些工作者的绩效水平不仅决定个人工作/任务层次的效率,也能增进运营过程和组织层次的效率。

(二) 斯旺森的绩效诊断模型

斯旺森通过增加绩效的变量对拉姆勒—布拉什模型进行扩展。与拉姆勒—布拉什的模型相类似,斯旺森的模型也由绩效层次和绩效变量这两个主要部分组成。

1. **绩效层次**

像拉姆勒—布拉什的模型一样，该模型也界定了绩效的 3 个层次，并贯穿了绩效诊断的全过程：

(1) 组织层次。

(2) 运营过程层次。

(3) 个人层次。

2. **绩效变量**

该模型的第二个组成部分是存在于上述每个绩效层次的 5 个绩效变量：

(1) 使命/目标。

(2) 体系设计。

(3) 能力。

(4) 动机。

(5) 专长。

这些绩效变量与绩效层次共同组成一个矩阵结构(见表 4-3)，能为绩效分析和诊断提供有力的指导。绩效变量矩阵表中所列的问题可以帮助诊断专家找出绩效体系中的重叠和不连贯现象。

表 4-3 斯旺森的绩效诊断指标体系

绩效变量	绩效层次		
	组织层次	运营过程层次	个人层次
使命/目标	• 组织使命/目标是否适合经济、政治、文化现实？	• 运营过程目标是否使组织达到组织和个人的使命/目标？	• 个人的职业使命和私人目的与组织的使命/目标一致吗？
体系设计	• 组织体系是否提供了支持绩效实现的政策和结构支持？	• 各运营过程/程序是否按照一个体系而设计的？	• 个人所面对的障碍是否影响了他们的工作绩效？
能力	• 组织具有领导力、资本和基础设施来达到其使命/目标吗？	• 运营过程的运行状况良好吗（数量、质量、时间性）？	• 个人具有适当的智力、体力和情绪控制力去完成任务吗？
动机	• 政策、文化和薪酬体系支持绩效目标的实现吗？	• 运营过程提供了所需的信息和人力要素去维持运作吗？	• 个人有完成任务的决心吗？
专长	• 组织是否构建和维持了甄选及培训的政策和资源？	• 专业的发展过程是否满足了过程变化的需求？	• 个人具有知识、技能和经验去完成任务吗？

资料来源：斯旺森 R A，霍尔顿 E F. 人力资源开发[M]. 王晓晖，译. 北京：清华大学出版社，2008：148.

像所有多层次模型一样，斯旺森的模型强调，不良的组织体系总是会压制优良的员工。因为，当工作体系束缚了有才能的员工的手脚并且对他们的优异表现予以某种惩罚的时候，他们或者辞职不干，或者开始磨洋工！同样，设计合理的运营过程，却配之以雇用不合格员工的组织制度和政策时，再多的培训也无法使不合格员工达到所要求的绩效标准。

第三节 绩效理论在HRD中的应用

一、任务绩效与关系绩效的应用

在以往的员工培训与开发方面,培训与工作分析是紧密相联系的。任务绩效关注工作分析的内容,使培训与开发活动只强调员工与任务绩效相关技能的培训。培训研究人员提出了与团队培训相关的观点,其中一个就是应该增加关系绩效的培训内容,就像Werner所提出的,员工的工作怎样与组织规划相适合、员工如何自觉帮助其他成员更有效地完成工作等[①②]。这样,培训内容可以划分为两类:一类是与工作职业相关的培训内容;另一类是与工作任务不直接相关,但能促进工作任务完成的培训内容。这种培训内容的扩展,准确地说,是关系绩效的内容对整个培训流程都提出了相应的变化要求。

(一)在培训需求分析中的应用

培训需求分析中工作分析或工作说明书常常起着很重要的基础作用,这只体现了任务绩效。而关系绩效把那些职务说明书未明确规定的,但是会对组织绩效作出贡献的行为上升为绩效,从而使传统的绩效评定由强调"人—职务"匹配的个体层次向强调"人—组织"匹配的组织层次转变[③④]。因此,任务绩效与关系绩效的提出,改变了培训需求分析的内容,使之不仅仅关注与工作职位相关的工作技能的差距分析,而且要关注非工作技能的差距分析,例如,员工处理工作中人际关系的情况如何、解决工作冲突是否有效、与他人合作情况等,以及员工自我发展与组织长远目标的匹配等。这些技能均属于关系绩效,是团队工作所必需的,而在组织实行全面质量管理的时候更显重要。

需要说明的是,在对员工工作绩效进行预测时,周智红等[⑤]认为,中国组织中的绩效评定易受感情和人际关系等因素的影响,关系绩效往往被赋予更大的权重。这一观点提示人力资源开发专业人员,在进行培训需求分析时,绩效差距分析中人际因素往往被强化,可能会影响真实的任务绩效,进而影响培训需求的优先秩序和培训内容的选择、决策与设计。

(二)在培训目标、设计与实施中的应用

需求分析的结果决定了培训目标、培训设计与培训实施技术。关系绩效的提出改变了传统的以专业培训为基础的培训目标,基于Borman和Motowidlo的二因素模型,培训的目的是提升组织中员工的专业技能、增加组织"润滑剂"、促进组织运营过程以及构建组

---

① Werner J M. Implications of OCB and contextual performance for human resource management[J]. Human Resource Management Review, 2000, 10(1): 3-24.

② 肖能能. 企业员工的关系绩效研究[J]. 中小企业管理与科技, 2008(6): 34-35.

③ 沈峥嵘, 王二平. 关系绩效研究[J]. 心理科学进展, 2004, 12(6): 924-931.

④ 路平, 许百华. 关系绩效理论与人力资源管理[J]. 人类工效学, 2004, 10(1): 58-60.

⑤ 周智红, 王二平. 作业绩效和关系绩效[J]. 心理学动态, 2000(8): 54-57.

织良好氛围。这样的培训目标对培训设计也产生了相应的影响。由于关系绩效内容的特征,使组织更多地采用体验式学习的培训形式。例如,人际关系培训与冲突管理培训中常常采用角色扮演的培训技术;团队合作培训常常采用拓展训练等。

(三) 在培训评估中的应用

关系绩效的提出扩展了绩效行为指标的内涵,强化了培训评估中的软性指标的重要性。Conway① 认为,关系绩效对整体绩效的贡献与任务绩效的贡献相当,而且其各个方面对整体绩效都有独特的贡献;Scott 和 Motowidlo 提出,关系绩效的人际促进和职务奉献两个维度对整体绩效的预测能力超过了任务绩效的预测程度②③。因此,培训评估时不应忽略对关系绩效的评估。

2000 年,Coleman 和 Borman④ 应用因素分析等方法对以往研究中提出的 27 种关系绩效行为进行整合,提出关系绩效的三维模型:人际关系公民绩效、组织公民绩效、工作—作业责任感。人际关系公民绩效由利他人的行为组成,包括利他行为、帮助他人、与他人合作的行为、社会参与、人际促进、谦虚以及文明礼貌的行为。组织公民绩效由利组织的行为组成,包括遵守组织规则和章程,赞同、支持和捍卫组织目标,认同组织的价值和方针,在困难时期留在组织以及愿意对外代表组织,表现出忠诚、服从、公平竞争精神、公民品德以及责任感。工作—作业责任感主要由利于工作或作业的行为构成,包括为完成自己的作业活动而必需的持久的热情和额外的努力、自愿承担非正式的作业活动、对组织改革的建议、首创精神以及承担额外的责任。这些关系绩效均可作为培训评估的指标。

(四) 在员工辅导与咨询中的应用

关系绩效内容宽泛,影响因素复杂多变。大体上,可将关系绩效的影响因素分为两类:一类属于个体特征,主要是人格;另一类是与工作特征相关的因素。关系绩效及其影响因素在越是复杂的工作职位中越应当受到重视。人力资源干预过程中如果能对这些因素加以考虑,则能对员工辅导与咨询起到重要的促进作用。

(五) 在职业开发中的应用

虽然,关系绩效可以形成良好的组织氛围,对组织绩效产生积极的促进作用,但是,需要提示的是,关系绩效存在跨文化差异。在中国的组织中,关系绩效的情况似乎与西方组织中不同。中国很多组织的绩效评定中,被评定为优秀者有时不是工作能力和实际业绩最出色的员工,而是那些成绩平庸但人际关系较好的人员;评定者在作出评定时,通常对自己"圈内人"评定高,而对"圈外人"评定低;某些人明明在工作态度、工作能力和业绩上都表现

---

① Conway J M. Distingguishing contextual performance from task performance for manigerial jobs[J]. Journal of Applied Psychology,1999(84):3-13.

② 沈峥嵘,王二平. 关系绩效研究[J]. 心理科学进展,2004,12(6):924-931.

③ 路平,许百华. 关系绩效理论与人力资源管理[J]. 人类工效学,2004,10(1):58-60.

④ Coleman V I, Borman W C. Investigating the underlying structure of the citizenship performance domain[J]. Human Resource Management Review,2000(10):25-44.

平平,却由于与上级有着良好的私人关系而频频被提拔任用等。这些现象的存在,使员工职业开发存在过程和机会上的不平等,使职业开发的正常运作面临压力与挑战①②。

二、适应性绩效的应用

Kozlowski 等认为适应性绩效更多的是提供思路与理念。适应性绩效在人力资源开发中的应用主要体现在以下几个方面③④⑤:

(一)在理论指导实践中的应用

1. 效标作用

适应性绩效的概念适应了管理理念,特别是人力资源开发中的绩效分析的发展趋势,为绩效分析提供了清晰的思路。以往研究中经常采用的个体绩效、团队绩效和组织绩效作为效标,具有笼统性、含糊性及局限性。而任务绩效和关系绩效作为效标虽然具体明晰,但又显得比较静态,不能满足多层次或多阶段递增效度评价的要求。实证研究中预测效度的提高不仅依赖于预测指标的信度和效度,同时也依赖于效标的信度和效度。对于目前研究中更注重的多层次、多维度和多阶段的思路,适应性绩效作为效标在理论上更适合,尤其适合于培训效果迁移等研究方面。

2. 前瞻性预测

目前,组织运营环境变化迅速、不确定性日益加大,适应性绩效在应对组织内外环境的迅速变化中作出了积极的响应。组织内外环境的变化包括:经营全球化,越来越强调知识产品的价值创造、创新和组织学习等,以及工作技术的快速发展,组织结构的日趋扁平化,组织战略和文化的调整,组织从传统企业向知识型企业的转型等组织变革。在这种条件下,组织需要具有前瞻性的绩效预测指标。任务绩效和关系绩效更多反映过去的绩效,而适应性绩效则更能作为未来绩效的预测指标。

(二)在培训方面的应用

适应性绩效可应用于员工适应性培训方面。全球经济条件下,许多工作需要个体学会在不同的国家工作,学会与具有不同价值观和导向的人一起相处。员工需要更加具有适应能力以便在这些不断变化和日益复杂的环境中工作。适应性绩效结构提供了一个框架去诊断和界定每个具体工作的适应性行为类型。组织可以根据每项工作所需适应的情形设计培训的内容和情境,使培训真正做到有的放矢。另外,从培训的目的来看,培训是希望受训者能够灵活地运用其在培训过程中学到的知识、技能,提升他们的胜任力,改变他们的工作行为,使他们能够适应新的工作环境和要求,从而在新的工作环境和要求下成

---

① 辛迅,唐春勇,邓兴. 谈关系绩效理论对人力资源管理的影响[J]. 商业时代,2007(28):48-50,77.

② 沈峥嵘,王二平. 关系绩效研究[J]. 心理科学进展,2004,12(6):924-931.

③ 李锐,叶莲花,凌文辁. 适应性绩效理论及其应用[J]. 现代管理科学,2006(11):27-28.

④ 冯明,陶祁. 适应性绩效及其在人力资源管理中的应用[J]. 北京市计划劳动管理干部学院学报,2006,13(4):19-20.

⑤ 马可一. 适应性绩效[J]. 商业研究,2009(22):15-17.

功地执行任务。所以在选择衡量培训效果的效标时，由于适应性绩效有可能从行为过程进行评价并及时向受训者提供反馈以便使他们作出调整，从而显著地提高培训效果，因此，可以将适应性绩效作为培训效果评估的一种重要指标。在团队和组织水平上，也可以开发出团队和组织的适应性绩效框架，界定团队适应性及团队适应性绩效，从而有助于提高团队适应性培训效果，增强团队和组织的适应性。

（三）在员工辅导、咨询及职业开发中的应用

在工作场所中处理工作压力对于绩效的提升是重要的，且通常比作业技能更加重要[①]。适应性绩效的多个维度都与员工的辅导与咨询相关，如人际适应绩效、文化适应绩效、紧急事件适应绩效、工作压力适应绩效等。由此可见，在组织绩效提升干预中，适应性绩效是员工辅导与咨询职能中不可忽略的内容。

由于适应性绩效强调适应性学习绩效维度，其中包括员工学习新知识、新技能，提升自己的职业能力，为职业生涯做准备，所以适应性绩效对职业开发具有指导意义，特别是在易变性职业生涯开发中更为重要。

（四）在组织发展中的应用

从本质上讲，适应性绩效与任务绩效及关系绩效是一种相互补充的关系，各自适合于不同的情境。在相对稳定的组织和管理情境下，任务绩效和关系绩效是比较适宜的考核指标；而处于变革条件下，则对组织、团队和成员个体的适应性提出了更高的要求，此时适应性绩效则更为重要。因此，在对组织变革效果进行评价时，适应性绩效应作为一个需要着重考量的方面。另外，适应性绩效包括学习和创新，是持续构建学习型组织和组织变革与发展的理论基础。

思考与操作训练

思考题

1. 什么是绩效与人类绩效技术？
2. 简述绩效理论的关键特征。
3. 比较任务绩效、关系绩效与适应性绩效。
4. 掌握任务绩效、关系绩效与适应性绩效理论与模型。
5. 了解拉姆勒—布拉什的绩效模型和斯旺森的绩效诊断模型。
6. 试述绩效理论在 HRD 中的应用。

操作训练

1. 要求学生电话访问 1～2 位人力资源管理专业人员，了解企业人力资源开发与绩效管理的现状，并就“以绩效为导向的人力资源开发的前景”这一问题，征询该实践领域专

① 韩翼，廖建桥. 任务绩效和非任务绩效结构理论研究述评[J]. 管理评论，2006，18(10)：41-48.

业人员的观点与建议。

2. 区分任务绩效和周边绩效

下面这份文件来自百时美施贵宝公司(Bristol-Myers Squibb),是关于该公司销售部门中区域业务经理的职位描述。百时美施贵宝公司主要生产医药用品、婴儿食品和营养产品、造瘘术和高级伤口养护产品、心血管成像产品以及一些非处方药,其品牌包括Enfamil,Cardiolite和Plavix,其使命是“通过提供最高质量的医药产品和相关的保健产品来延长人类的寿命”。此外,公司的所有员工都要遵守该公司的誓言:“我们发誓——对我们的病人和客户,对我们的员工和伙伴,对我们的股东和社区,以及对我们提供服务的整个世界——我们都会根据这样一种信仰来采取行动:在每一件产品中都有一个无价的组成部分,这就是产品生产者的荣誉和诚实。”

区域业务经理的工作职责。下面是区域销售经理职位的核心绩效目标:创建一个培育创新型文化的环境;创建并形成愿景;通过引进多元化和变革推动创新;为大家树立榜样,进而塑造文化;制订并传达经营计划;理解并解释公司的战略;将公司的全国性经营计划转化为区域的和地区的经营计划;制定目标和绩效期望;确定任务的优先顺序并分配资源;实施经营计划;执行并实施计划;与医学教育专业机构的关系达到最紧密的程度;对最具潜力的医师达到最优覆盖率;承担责任并达成结果;围绕客户建立各种关系;开发各种关系(即人际关系网络),影响其他人(即内部人和外部人),开发自我和他人。需要在下列领域中具有较强的技能:书面和口头沟通;谈判;战略分析;领导;团队建设;教练辅导。

请根据上面关于区域业务经理的职位描述,提炼出一份关于该职位任务绩效和周边绩效的列表。

资料来源:阿吉斯 H. 绩效管理[M]. 刘昕,曹仰锋,译. 北京:中国人民大学出版社,2008:89.

中国人力资源开发实践

人类绩效技术在教育与培训中的应用

——广东商学院教学信息化队伍培育工程

一、背景

人类绩效技术(Human Performance Technology,HPT),是近几年发展很快的新兴实践性领域。其显著的实践指导价值,使人类绩效技术受到管理学界及商业界越来越多的关注。人类绩效技术吸收了诸如行为与认知心理学、教育与培训理论、组织行为,以及人力资源管理等学科的知识。虽然它重视理论基础研究,但因其具有很强的实践性,所以它在应用领域有着更为迅速的发展①。

随着绩效技术的引入,我国教育管理领域专业人员开始对教育与培训的绩效问题进行反思。目前,信息技术教学应用逐渐受到重视,培训投入也相应增加。如何运用绩效技术的相关方法,探索培训绩效改进的有效途径是教育与培训的重要课题。虽然,在国内

① 张鼎昆. 人类绩效技术及其在企业中的应用[J]. 中国管理科学,2001,9(2):75-80.

HPT 还是一个相对陌生的领域，但是，在这方面，广东商学院开展了有效的工作。

广东商学院于 2005 年年底启动“教学信息化工程”，旨在通过加快构建教学信息化环境，系统研究教学信息化建设和应用的关键问题，大力推进数字化教学资源建设和应用，建立与教学信息化相适应的制度体系，在信息化平台上总体构建学校的教学改革工作。“教学信息化队伍培育工程”是该工程的子工程之一，其目标是提高学校教学队伍的信息化教学水平，使其熟悉现代教育教学思想和理念，转变传统教学观念，掌握信息化教学设计方法，更新教学方法与手段，能熟练地运用网络教学平台、数字化教学资源以及相关信息技术工具从事教学活动和教学管理工作，提高教学效果。

二、工作环境

学校具备优越的信息技术软、硬件环境，多媒体教室覆盖率达到 100%，已建立了多校区相连的千兆主干网，网络覆盖所有教学楼、办公楼、学生宿舍，引进了国际领先的主流网络教学平台。但在学校整体环境中，教师并非教育软件设计与开发的专业人员，教师的工作重心是教学与科研，衡量教师业绩的主要标准是教学工作量与科研业绩，对于教师教学所使用的教学手段与方法并无明确的要求。因此，在日常教学中，学校环境对于教师的信息化教学应用水平并无经常性、相关性的反馈，也无明确的要求与规范，更无清晰而相关的指导与工作帮助。环境中支持信息的缺乏不利于教学应用实践的开展以及应用水平的提高。同时，也使忙于课程教学、教务工作、科研工作的教师们难以在日常教学过程中巩固与应用短期培训的知识与技能。

三、培训对象

工程培训对象为 50 周岁以下的专任教师。在学习能力方面，对象均为本科以上学历，具备较高的科学文化基础与学习能力。在领域知识技能方面，大多数人已接受过教育理论以及计算机基本应用的相关培训，对于多媒体课件制作与应用已有一定的了解；但从整体水平看，他们对于网络教学平台都比较陌生，课堂多媒体教学与网络辅助教学的研究、设计和应用水平仍有待提高。在对象群体特征方面，对象群体表现出明显的异质性，培训对象无论是专业背景、年龄、所教学科与对象均有很大差异，这些差异直接导致他们的入门技能、目标要求与应用情境的差异。这些差异对培训的灵活性提出了较高的要求，是内容针对性不强的集中讲座式培训效果不佳的原因所在。

四、绩效改进需求的确定

通过以上绩效问题与原因的分析，将绩效改进需求表述如下：①网络教学平台的操作技能以及信息化教学应用的相关理论与方法是培训重点，需要紧密结合教学实践并进行一定的集中培训；②参与教师群体的高度异质性使集中讲座式培训无法收到预期的效果，需要进一步增强培训的灵活性；③忙于日常教学与科研的教师，难以在日常工作中巩固短期培训中的知识与技能，需要提供信息化教学应用的实践情境；④为改变教师长期形成和适应的工作行为与习惯，需要在工作环境中提供便利的绩效支持，同时需要一些强化与激励机制。

五、改进措施的设计与整合

（一）细化培训内容需求，采用分层教学

为了提高培训的针对性与灵活性，满足培训对象群体异质性对培训内容的不同要求，广东商学院进一步细化对象的具体需求，提供多样性的培训内容，通过集中讲授辅以小班

教学的方式进行实施。在培训开展之前发放调查问卷,细化具体需求。问卷主要围绕教师原有实践基础以及期望获得的帮助与支持两个方面进行设计,其调查结果将成为辅以集中培训的小班教学、跟踪辅助等活动组织的主要依据。根据培训内容需求的细化结果,采用分层教学,设置基础组与提高组,组织相对集中的讲座式培训。选择大多数教师提及的培训要求作为教学内容进行分班,每班组织1～2次教学,采用技能辅导、讨论、答疑为主要形式,解决实际运用中的具体问题。

(二)采用项目驱动式学习,营造技能应用氛围

为了给教师提供技能实践情境,广东商学院选择项目驱动式的学习方式,通过教学信息化建设与应用项目,让教师在实践中掌握技能、取得成果、激发信心。以校级教改项目的形式推动技能实践,要求教师将所学技能运用于项目实践,并在实践中发现问题,带着问题深入学习,最后完成项目计划,并取得实质成果。通过中期检查和结项检查进行个别辅导,解决个性化问题;通过应用实践解决应用策略问题,将培训工作贯穿于项目实践的各个环节。同时,采用定点跟踪,组织跟踪辅导小组,建立项目进度文档,根据跟踪过程中出现的问题适当调整培训策略。组织项目成果交流活动,邀请成果优秀或取得较大进步的教师介绍经验,提供展示成果、相互学习的机会。

(三)建设网络平台与社区,提供培训绩效支持

针对工作环境问题对绩效的影响,广东商学院利用现有的网络与计算机环境,建设培训绩效支持平台——教学信息化工程“教师中心”与“教师社区”。教师中心与教师社区整合信息支持、资源支持、学习支持、协作支持以及活动管理支持为一体,一方面,为教师提供方便快捷的信息与资源,包括数字化教学资源建设与应用的相关规范、文件和最新信息,以及各种制作素材、工具与优秀案例;另一方面,提供网上互动专区,共享学习资源,拓宽培训覆盖面,提高培训资源的利用率,通过远程专家点评与答疑,实时解决教师在实践过程中遇到的问题;同时,也使信息流通更为快捷与顺畅,便于交流、协作、管理和组织。

(四)改革与完善相关制度,提供技能应用保障并强化效果

为了巩固与深化信息化教学应用能力培训效果,使教师将技能运用到日常教学中,并在日常运用中不断提高技能水平,广东商学院着力建立与信息化教学应用衔接配套的评价制度保障体系。随着教学信息化队伍培育工作的进一步深入开展,研究与制定激励教师投入教学信息化的、量化的系统化考核方案,将信息化教学应用能力和水平考核指标系统融入方案,并准备将其与学校正在修订的《广东商学院校内津贴分配方案》全面接轨,从而使教师信息化教学应用培训与实践紧密结合,使提高教师信息化教学应用能力的整体干预措施真正形成一个有机系统持续发展。

将绩效改进的基本方法应用于教师信息技术应用技能培训之中,使广东商学院能更加系统地把握培训需求,关注技能应用环境的影响作用,认识单纯教学手段的局限性,重视多种措施的系统整合,从而更加巧妙地利用有限的资源和昂贵的培训支持提高培训绩效。目前,学校已将信息化教学应用培训作为日常工作,随着应用深度与广度的发展,培训的难度也会不断增加。因此,对培训效果进行实时评估,检验原有绩效期望与绩效现状的差距是否缩小,从而进一步发现问题、调整培训策略,是下一阶段的重点工作。

资料来源:邱婷.教师信息技术应用技能培训的绩效改进与实例分析[J].软件导刊·教育技术,2009,4(下半月):39-41.

培　训　篇

第五章

培训需求分析

本章导读

- 需求分析
- 需求分析的层次
- 组织分析及分析工具
- 任务分析及分析工具
- 人员分析及分析工具
- 基于胜任力模型的需求分析

需求分析是人力资源培训的起点，是保证培训项目有效性的前提，是培训效果评估的依据，是绩效改进过程中的一个重要步骤。传统的培训需求分析聚焦在组织分析、任务分析和人员分析三个层面，“胜任力运动”为培训需求分析提供了新的思路。基于“胜任力运动”取得的巨大成就，胜任力已经从当初识别培训需求的一个辅助性工具，逐渐发展成为一个目标明确的开发性活动。正如麦克莱兰教授所说：“没有明确的胜任力标准，相关人员理解与招聘、管理、培训及职业生涯规划相关的胜任力时会出现差异，有时甚至是冲突。”作为人力资源培训的专业人员，不但要掌握三层次需求分析，而且更要掌握基于胜任力模型的需求分析，经常与业务伙伴共同合作，确切地诊断绩效需求，并提供实用的解决方案。

工程技术人员TTT项目的需求分析

得克萨斯设备公司的管理层曾面临过这样一个重要的问题：即如何对工程技术专家进行培训才能使他们成为新的工程技术人员的培训教练。因为虽然工程技术人员具有专业技术，但他们的指导能力水平却良莠不齐。有的工程技术人员曾给地方院校授过课，有的则缺乏类似的经历。当让有经验的培训教师来培训这些没有教学经验的人时，不论是老师还是学生都感到灰心丧气。解决问题的办法是应当对工程技术人员的培训需求进行一次评估。

为了对辅导新工程师的工程专家进行短期培训，以便他们能有效地开展自己的培训工作。培训人员需要找到一个分析培训需求的方法,然后设计一项低成本的培训项目。为此,他们请来了外界的专家。这些专家所做的第一件事就是与公司5家分支机构的经理、部门负责人和员工进行会谈,以了解下列信息:

- 部门的使命是什么?
- 大家觉得应该进行哪些培训?
- 过去和现在对员工开发做了哪些工作?
- 不同部门内的角色分工、职责和团队工作的现状如何?

通过这样的组织分析,培训人员了解了培训涉及的重要问题,他们把这些信息作为依据,说服高层经理接受了由5个步骤构成的任务分析工作:

(1) 列出典型任务。

(2) 进行员工调查。

(3) 观察课堂教学。

(4) 进行结构化的访谈。

(5) 呈交工作总结。

在列出典型任务时,他们参阅了有关培训实施的文献,包括公司内部的技术报告和ASTD的《卓越典范》研究。公司经理审阅了任务列表的初稿,在文字上做了一些修改,增添了几项任务。然后,研究人员将这些任务分成了5个大项,让员工们做进一步的修改和补充。这样做的目的是确保在界定工作的时候,能将所有专业人员的观点包括进来。最后,就培训应该完成的任务得到了包含117个项目的任务列表。

接下来,进行了员工调查。每个部门的每位员工都拿到了一份问卷,问卷给出了任务列表,要求员工从以下两个方面对每项任务进行评分:第一,该项任务对他们的工作而言重要程度如何;第二,他们是否有兴趣接受关于该任务的培训。将员工在这两个方面对某项任务的评分加以平均,并观察5家分支机构在评分上是否有差异。结果没有发现差异。

对部门新老培训者进行的课堂教学观察,为实际教学过程提供了补充信息。观察者两人一组,对教学进行1小时的观察,然后与每一位培训者座谈,提供反馈信息。对5家分支机构的每一名员工都进行了结构化访谈,其目的是保证员工调查和课堂观察结果之间的一致性。通过访谈,培训小组收集了关于每家分支机构的更多信息,同时确保了先前收集到的信息的正确性。他们发现,访谈结果与通过其他方式获得的信息是一致的。

最后的工作是撰写总结报告。报告审视了任务分析得到的结果,总结了当前在五大项任务培训工作上具有的优势,对今后的培训工作提出了建议,并给出了通过不同信息收集方法得到的数据结果。

资料来源:Wircenski J L,Sullivall R L,Moore P. Assessing training needs at Texas instruments [J]. Training and Development,1989,43(4):61-63. In:沃纳 J M,德西蒙 R L. 人力资源开发(第4版)[M]. 徐芳,董恬斐,等译. 北京:中国人民大学出版社,2009:121-122.

第一节 培训需求概述

企业在选择培训方法或实施培训前应首先明确培训是否必要，要明确为什么要进行培训？培训的内容是什么？培训后要产生什么样的预期效果？对这些问题提供答案的过程就是人力资源培训的需求分析。培训需要评估是人力资源培训的第一步。

一、需求分析的界定

（一）几种具有代表性的需求分析定义

(1) Sleezer(C. M. Sleezer)的定义：在培训需求分析阶段，由培训专业人员对培训需求进行排序，将进行培训所需的资源与实际可用的资源进行调整与匹配，从而设计出切实可行的培训方案。

(2) Cook(S. Cook)等人的定义：培训需求分析主要是寻找理想的绩效标准与实际绩效表现之间的差距，它是人力资源培训的基础工作，是进行有效培训的前提条件，它有助于培训计划的顺利实施，同时也是衡量培训方案的标准。

(3) Delaney(C. Delaney)等人的定义：培训需求分析是指寻找和发现组织中谁需要学习，以及需要学习什么，并排列出培训需求的优先顺序。这有助于员工更好地完成工作，进而提升组织绩效。培训需求分析的焦点不是放在学习本身、培训计划本身或培训部门必须提供什么，而是根据绩效的标准，关注员工学习的需求，即员工需要学习到的知识、技术、能力、态度等方面。因此，培训需求分析是力求在对缺乏培训而可能引发的后果与通过培训改善现有业绩之间建立一定的相关关系。

(4) 德西蒙(R. L. Desimone)等人的定义：培训需求分析是确认一个组织人力资源开发需求的过程，它是企业人力资源培训的起点。通过需求分析能够明确：

① 组织的目标及达到这些目标的效率；

② 员工实际具备的技能和当前所要求的高绩效员工所需具备的技能之间的差距；

③ 现有技能和未来能够使工作获得更好绩效所需的技能之间的差距；

④ 人力资源培训与开发活动的条件。

(5) 罗塞蒂(A. Rossett)的定义：罗塞蒂认为理想与现实之间的差距导致绩效方面的差异，培训需求分析的模型应该收集以下5方面的信息：

① 最佳的绩效或知识——期望的绩效应该是怎样的；

② 实际或目前的绩效或知识——现在的绩效是怎样的；

③ 受训者和其他重要人员的感受——人们遇到问题时的感受如何；

④ 来自多种角度的问题的原因——问题的原因；

⑤ 来自多种角度的问题的解决方案——解决问题的方式。

(6) 吉尔伯特(T. Gilbert)的定义：吉尔伯特基于人类绩效技术，提出的员工胜任力模型假定，员工的绩效会受到6方面因素的影响，它们分别来自环境方面和员工个人方面，环境方面包括信息、资源和激励，员工个人方面包括知识、能力及动机。他认为在培训之前调查这 6 方面的因素可以为组织节约可观的培训费用。

(二) 需求分析定义的总结

综上所述,本书将培训需求分析定义为:运用科学方法收集多方面的信息,通过以下 3 个方面的分析,以期为培训活动提供依据:

(1) 定位问题——现有绩效水平与理想绩效水平之间是否存在差距。

(2) 描述问题——员工在知识、技能/能力和胜任能力方面差距的具体表现。

(3) 找出解决问题的方案——现有的不佳绩效水平是否能够通过培训得到改善。

为了更好地理解该定义,需要对以下术语进行界定[①]。

差距:差距是"目前现状"与"原定标准/未来新标准"之间的差别,即实际状况(结果是什么)与期望状况(应该的结果是什么)之间的差别。

知识:知识是人们为了做好一项工作所需要知道的东西,如行业或工作的内容、概念或事实。

技能或能力:技能或能力是为了完成一项工作而必须了解和掌握的东西。

胜任能力:胜任能力是人们为了在工作中取得成功所必须具备的知识、技能、态度、价值观、动机及信仰的综合。

(三) 需求分析的类型

1. 差距分析

培训需求分析中的核心活动是找出企业现有绩效状况与预期绩效状况的差距,即差距分析。这种差距可以从两种意义上去理解,一种差距是员工或者组织的绩效现状与理想绩效之间的差距,即培训需求;另一种差距是员工或者组织现在绩效与未来发展需要达到的绩效之间的差距,即开发需求。因此,从某种意义上来说,培训需求分析实际上就是一种差距分析(见图 5-1)。

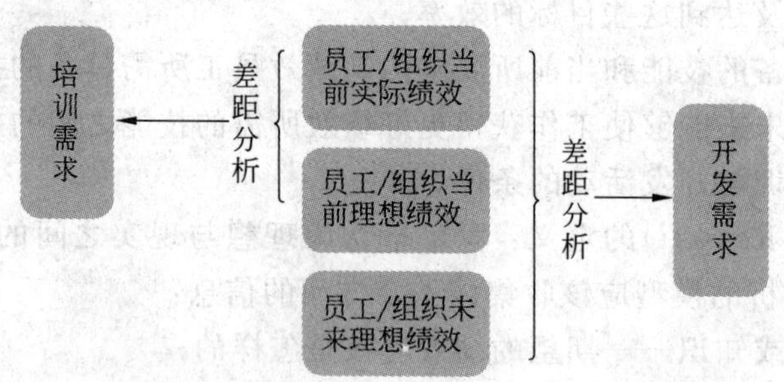

图 5-1 人力资源培训与开发需求分析中的两个差距

资料来源:谢晋宇. 人力资源开发概论[M]. 北京:清华大学出版社,2005:104.

2. 诊断需求、分析需求与依从需求

罗伯特·布林克霍夫(Robert Brinkerhoff)指出,只关注绩效差距的需求分析过于狭

---

① 古普塔 K. 需求评估实施指南[M]. 闫晓珍,张杰,译. 北京:北京大学出版社,2007:4.

隘。除差距分析外，人力资源还需要进行其他方面的需求分析，包括诊断需求、分析需求与依从需求[①]。①诊断需求关注一些与促进高绩效和防止产生绩效问题相关的因素，而不是只强调现实绩效的差距。诊断需求的理想绩效参照点是当前的绩效标准，研究不同因素对绩效的影响，其目的是为了确定有效的绩效是如何获得的。②分析需求是指发现新的、更好的工作方式，分析需求的理想绩效参照点是未来更高的绩效标准，这种需求通常是通过直觉、洞察力或专家建议得来的。③依从需求主要是指对法律和员工和(或)经理的依从，相应地，依从需求也被分为遵从需求和民主需求。遵从需求是由法律规定而派生的。在大多数情况下，遵从需求与法律规定必须进行的培训有关，例如安全培训、食品卫生操作培训等。因为认识到某些人力资源培训与开发活动主要是由法律推动的，遵从需求会影响人们对有些活动的看法和具体的实施过程。民主需求，是指员工和(或)经理偏爱、选择或投票决定的需求，尽管单独的这种培训需求有时会追逐时尚，缺乏有效性，但如果在进行科学系统培训需求分析的同时考虑员工的偏好，能提高培训的有效性，并有利于培训成果的转化。

(四) 影响组织实施需求分析的原因

需求分析在培训中具有重要意义，但有些企业在进行培训活动之前，较少或根本不进行需求分析，其原因如下[②]：

第一，需求分析是一个艰难且非常费时的过程。一个完整的需求分析涉及对组织诸多层面的多种因素的测量。

第二，经理们常常运用有限的资源来开发、采购或实施培训项目，而不愿意进行一项他们认为是预备性的研究。

第三，对于需求分析，常常存在一个不正确的假设。由于可获得一些有关组织需求的信息，人力资源的经理们就错误地假设组织需求很具体很明确，需求分析是没有必要的。

第四，对需求分析缺乏支持。这种情况常常由于需求分析缺乏基本目标而产生，或由于培训开发专业人员能力较低，不足以使需求分析结果用于培训等管理活动，使得需求分析得不到组织的支持。

上述这些因素在组织开展需求分析时都应加以考虑。

二、需求分析的层次

(一) 需求分析的三个层次

对于培训需求层次的划分有许多不同的方式，许多学者主张在三个层次进行需求分析，即组织分析、任务分析和人员分析。这种分类方式有助于分析主体从不同角度了解组织及其工作人员现在及未来的培训需要，这对于提高培训需求分析的合理性、真实性、有效性是非常必要的。培训需求分析的三个层次不是截然分开的，而是相互关联、相互交

---

① 德西蒙 R L，沃纳 J M，哈里斯 D M. 人力资源开发(第3版)[M]. 北京：清华大学出版社，2003：129-131.

② 德西蒙 R L，沃纳 J M，哈里斯 D M. 人力资源开发(第3版)[M]. 北京：清华大学出版社，2003：128.

叉、不可分割的。为了使人力资源培训工作更为有效,每一层次都需要进行测量和分析,以反映组织中不同侧面的需求(见表5-1)[①]。

表5-1 培训与开发需求分析的层次

分析层次	需求分析的内容
组织分析	哪些地方需要培训,实施培训的环境和条件如何?
任务分析	为了有效地完成工作必须做些什么?
人员分析	哪些人需要接受培训,需要哪种培训?

资料来源:徐芳.培训与开发理论及技术[M].上海:复旦大学出版社,2005:108.

所谓的组织分析就是通过培训需求分析方法对组织的战略、目标、资源、环境等方面进行鉴定和分析,以明确培训的必要性和培训的内容。这是培训需求分析的第一层次,它是任务分析与人员分析的前提,因为只有明确了组织的战略目标,明确组织的战略部署,任务分析和人员分析才具有针对性和目的性,才能更好地配合组织的战略措施,为实现战略目标服务,因此组织分析排在第一位。接下来的就是任务分析和人员分析,这两个层次的分析通常是同时进行的[②]。所谓的任务分析就是对作业部门关键性任务的现有状况和应有状况进行比较,找出它们之间存在的差距,同时明确关键性任务所需要的知识、技能和行为等方面的要求;所谓的人员分析是指分析员工的现有状况和应有状况之间的差距,明确产生差距的原因,进而确定谁应该接受培训,接受什么培训内容,同时也让员工做好培训前的准备。

总之,组织的战略、目标等对后续的任务分析与人员分析起着导向性的作用;组织的资源、环境等对后续的任务分析与人员分析起着约束性的作用。

例如,中国人力资源开发网2009年12月显示,作为国内最大的家电零售连锁企业,国美电器目前在全国的门店数量达到1 200家。单店经营能力的提升是国美这一阶段的工作重点。在国美电器人力资源中心副总监赵克欣看来,要实现单店经营能力提升这一目标,店长的作用就显得非常重要。赵克欣说:“在连锁业的竞争中,一家企业对另一家企业的竞争优势,分解开来就是一个门店对一个门店的优势,而门店的强弱,直接源于店长的强弱和他所带领的团队的强弱。”为此,国美开展了两类培训项目:针对应届毕业大学生的蓄水池项目“大学生通往店长之路”和SOL项目“从营业员到店长的全岗位培训”[③]。

(二)需求分析中不同人员的关注点

由于培训需求分析的目标是要明确是否存在培训需求,谁需要培训,哪些任务需要培训等问题,因此,在需求评估过程中,中、高层管理者和培训者的关注重点有所侧重(见

① 徐芳.培训与开发理论及技术[M].上海:复旦大学出版社,2005:107-108.

② 诺伊A R,霍伦贝克J R,格哈特B等.人力资源管理:赢得竞争优势(第5版)[M].刘昕,译.北京:中国人民大学出版社,2005:288.

③ 许金晶,许英哲.连锁业店长培养方略:国美1200名店长的成功之路[EB/OL].http://www.chinahrd.net/zhi_sk/jt_page.asp?articleid=186448.

表 5-2)[①]。

表 5-2　中、高层管理者及培训者在需求分析中的关注点

需求分析层次	高层管理者	中层管理者	培训者
组织分析	• 培训对实现我们的经营目标重要吗？ • 培训将会怎样支持我们战略目标的实现？	• 我愿意花钱开展培训吗？ • 要花多少钱？	• 我有资金来购买或开发培训产品和服务吗？ • 经理们会支持培训吗？
任务分析	• 公司雇员具备的知识、技术、能力可参与市场竞争吗？	• 在哪些工作领域内培训可大幅度地改变产品质量或客户服务水平？	• 哪些任务需要培训？ • 该任务需要具备哪些知识、技能或其他特点？
人员分析	• 哪些职能部门和经营单位需要培训？	• 哪些人需要接受培训？经理？专业人员？一线雇员？	• 我怎样确定出需要培训的雇员？

资料来源：徐芳. 培训与开发理论及技术[M]. 上海：复旦大学出版社，2005：111-112.

表 5-2 列出了高层管理者、中层管理者和培训者感兴趣的有关组织分析、人员分析和任务分析的一些问题。高层管理者包括董事长、首席执行官（CEO）和副总裁，他们是从公司发展前景的战略角度来看待需求分析过程的，而不是局限于特定的工作，旨在通过需求分析过程明确培训与其他人力资源活动（如甄选、薪酬）相比在公司内所扮演的角色。中层管理者更关心培训将如何影响本部门财务目标的实现，包括培训的成本与收益问题。培训者应考虑培训与公司经营战略二者的协调一致。但是，培训者的主要关注点在于通过需求分析来获得需要他们去管理、开发和支持的培训项目的信息。其中包括是外购还是自行开发培训项目，哪些工作任务需要培训，中高层管理者对培训是否有兴趣并愿提供支持等。

虽然高层管理者常常要负责审查培训是否符合公司战略，然后决定是否提供适当的资金支持，但他们一般不负责决定哪些雇员需要培训，哪些任务要进行培训及完成这些工作任务需要哪些知识、技术、能力和其他要素。现代的需求分析与传统的需求分析不同，管理人员、培训者及雇员均应积极参与需求分析过程。关于到底应有哪些类型的员工参与需求分析并没有一个统一的原则。但是，在需求分析过程中从在职人员当中抽取一定样本是很重要的。因为它们对各项工作最了解，而且如果他们认为需求分析过程中没有来自他们的声音，那么，他们将会成为培训过程中一个很大的阻碍因素。

第二节　组 织 分 析

一、什么是组织分析

有许多培训与开发领域的专家学者曾对培训需求分析中战略/组织层面的分析做过详细的阐述。1961 年，麦基和泰勒就提出组织层面的需求分析应该重点考察组织战略、

① 诺伊 A R. 雇员培训与开发[M]. 徐芳，译. 北京：中国人民大学出版社，2001：43-45.

组织中的资源及资源配置状况。之后,戈尔斯坦认为组织分析是指分析组织整体的系统性要素,除考察组织目标与组织资源之外,还要对组织的培训氛围和组织内外的环境限制等条件进行分析。1992年,唐勒鲍与俞克认为进行组织分析必须考察组织结构、政策程序、工作设计与流程等因素,凡是会影响到员工工作能力与工作业绩的因素都应该归入组织分析的范畴。最近,卡维塔又提出,组织分析也是一种战略分析[①]。

从上述多种有关组织分析的定义可以看出,组织层面的需求分析也叫战略分析,是指通过对组织经营发展战略的分析,确定相应的培训,并为培训提供相应的资源以及获得管理者和员工对培训活动的支持。对组织层面的需求分析通常由组织来完成,其目的是根据组织的目标、结构、内部文化、政策、绩效及未来的发展等因素,分析找出组织中存在的问题及问题产生的根源,以确定培训是不是解决这类问题的有效方法,确定培训与整个组织绩效的关系、培训费用及可得到的支持等。

组织分析对组织绩效具有重要影响。以思科特纸业公司为例,说明组织层面的需求分析对组织绩效的作用。

例如:思科特纸业公司几年前收购了一家食品企业,当时这家企业员工士气低落。为了使企业重现生机,公司管理层组织进行了一次广泛的培训需求分析,根据需求分析的结果在食品服务部门实施了一项继任规划和管理开发项目。在之后的4年时间里,食品中的残次品问题大有改观,实时发货率达到98%,工厂生产能力提高了35%[②]。

通过这个例子可以清晰地看到,企业进行的组织分析为成功地进行人力资源开发工作以及正确地制定培训与开发项目奠定了坚实的基础。

二、组织分析的内容

基于组织分析的定义可以看出,进行组织分析时应该关注以下几个方面:

(一)组织战略

组织战略对于一个组织获取竞争优势具有非常重要的作用,组织战略是评价组织绩效的重要标准,因此,在进行培训需求分析之前,必须充分了解组织目标和战略规划。组织战略分集中战略、内部成长战略、外部成长战略和投资抽回战略。每一种战略对培训都有不同的要求[③],那些能够满足组织战略目标的培训对组织绩效具有促进作用,培训管理领域应将其作为典范进行推广。而对于那些不能满足组织战略目标的培训则需要进行更深入的分析,并进行有效的人力资源培训与开发方面的进一步干预。

(二)组织资源

在分析组织对人力资源开发工作的需求时,了解组织的资源条件非常必要。对于企

---

① 徐芳.培训与开发理论及技术[M].上海:复旦大学出版社,2005:113-114.

② 徐芳.培训与开发理论及技术[M].上海:复旦大学出版社,2005:113-114.

③ 诺伊 A R,霍伦贝克 J R,格哈特 B等.人力资源管理:赢得竞争优势(第5版)[M].刘昕,译.北京:中国人民大学出版社,2005:288-299.

业来说，是否有充足的预算、时间和专业培训人员进行培训是人力资源培训工作的重要决定因素。此外，组织的设施、现有的相关资料也会影响人力资源培训工作的开展。可利用的资源数量会在一定条件上限制人力资源培训工作的开展，以及影响各种培训需求的优先次序。如，预算紧张时则只能开展很有限的培训活动，只能部分满足培训需求，时间上的制约则与脱产培训还是在职培训的选择相关，专业培训人员素质则与自行开发/实施培训项目还是外部购买培训项目/聘请外部培训师相关。

（三）组织氛围

组织氛围对人力资源培训的影响是通过上级与员工的支持实现的。研究发现，同事和上级管理者的支持对于员工的培训成果转化非常关键。培训的成功取决于：受训者的上级管理者及同事对受训者参加培训活动持有一种积极态度；愿意向受训者提供信息；积极创建培训成果转化的环境条件；让受训者有机会并且知道应当如何将培训中所学到的知识、技能以及行为有效运用到工作实践中去。如果缺乏这种来自上级管理者和同事的支持，培训成果转化的可能性较小。

（四）组织环境

组织环境包括外部环境与内部环境。外部环境的限制条件包括组织面对的法律、社会、政治、经济问题。这些外界因素会影响对某些培训的需求。例如，法律规定要保障弱势群体的工作权力时，组织就需要针对弱势群体的员工实施必要的培训，促进其能力的发展。内部环境包括组织的结构、文化等因素。例如，组织内部的业务调整也可能对人力资源开发产生影响，因为当组织由于新业务的开展，需要增加能够胜任该任务的人员，但同时组织又想保持精简的人员结构，这时，组织不是去市场上招聘人员，而是在内部开发人员。组织内部的裁员，可能需要对在职员工进行跨职能的培训，使之能够完成那些被精简员工先前承担的工作，以应对组织突发的员工减少带来的冲击①。组织内部的结构调整，如两个企业的合并，可能引起文化价值理念的冲突，由此可能产生对文化理念的培训与教育需求。

上述 4 项组织分析要素是在进行组织分析时不可缺少的重点，当然除上述 4 要素之外，组织结构、业务流程也是组织分析需要考虑的因素。

三、组织分析的信息来源与工具

（一）信息来源

战略/组织层面分析的信息来源根据不同的组织而有所不同，组织可以根据自己的实际情况选择不同的信息进行分析。表 5-3 描述了可用于战略/组织层面培训需求分析的信息来源。

① 徐芳. 培训与开发理论及技术[M]. 上海：复旦大学出版社，2005：115.

表 5-3 战略/组织层面需求分析的信息来源

组织分析的信息来源	对人力资源培训/开发的意义
1. 组织目标、目的和预算	通过评价组织目标和实际绩效的差距,确定培训重点,培训方向及经费预算
2. 人力资源储备库	人力资源培训/开发需要弥补因退休、离职等引起的人力资源储备不足,确定培训需求的大致范围
3. 技能储备库	包括以下信息:每一技能群体包含的员工数量、知识和技能水平的级别,每项工作所需的培训时间等。可以由此估算出对人力资源培训/开发的特定需求量,并有助于人力资源开发项目的成本收益分析
4. 组织氛围指数(包括不满情绪、缺勤率、离职率、生产率、态度调查、顾客投诉等)	反映组织层面的"工作环境质量",有助于发现可能与人力资源培训/开发有关的问题,也有助于帮助管理者分析实际工作绩效和理想工作绩效之间的差距,从而设计出所需的培训方案,以及如何影响员工工作态度和行为方式
5. 效率指数分析(包括劳动力成本、物料成本、产品质量、设备利用率、运输成本、浪费、交货延迟等)	这些成本会计概念在一定程度上可以代表实际绩效与期望绩效或标准绩效之间的差距
6. 系统或子系统的变化	设备的更新换代可能对人力资源培训与开发工作提出新的要求
7. 管理层的要求或指示	这是最常用的分析人力资源培训/开发需求的指标之一
8. 离职面谈	一些从其他途径无法得到的信息常常可以从离职面谈中取得,尤其是可以从中发现组织在哪些方面出现了问题以及需要对管理层进行的培训是什么
9. 目标管理或工作规划与述职报告	获得工作绩效总结、潜力评价和长期经营目标方面的信息。以不断循环发展的观点了解实际的工作绩效,分析绩效问题,并力求改进

资料来源:改编自 Moore M L, Dutton P. Training needs analysis: Review and critique[J]. Academy of Management Review,1978(3):534-535.

组织可以通过许多渠道和方法收集到需求分析所需的参考资料。表 5-3 中有的资料可以马上获得,例如,效率指标;有的资料可能需要进行调查,例如,组织氛围指数。

(二)工具

在进行组织分析时,可以采用一些组织诊断的工具,如麦肯锡 7-S 模型、平衡记分卡、征询建议书(a request for proposal,RFP)等。

1. 麦肯锡 7-S 模型

麦肯锡(Mckinsey)提出了 7-S 管理模式(见图 5-2),认为企业的组织要素是由共同价值观(Shared Value)、战略(Strategy)、结构(Structure)、制度/系统(System)、风格(Style)、员工(Staff)以及技能(Skill)组成。共同价值观就是指企业员工共同的信念,也是企业文化的核心。这种管理模式的思想是:企业的任何管理战略要想成功实施,就必须与企业的文化相符合。可以说,7-S 模型为每一个企业定义了它们全部的竞争优势。

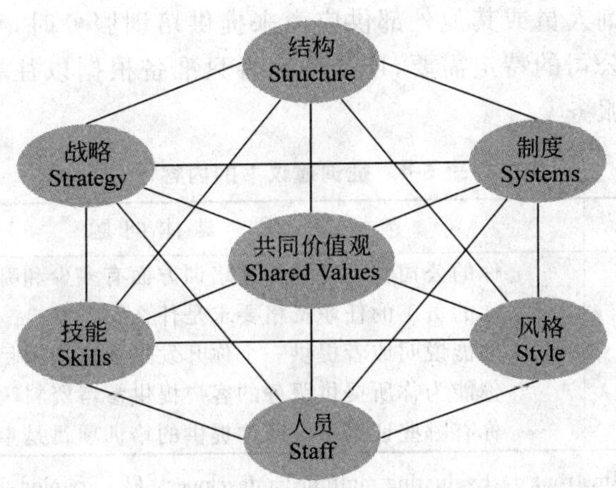

图 5-2 麦肯锡 7-S 模型

资料来源：麦肯锡 7-S 模型. http://www.zjzx.org/news_view.asp?id=153.

2. 平衡记分卡

平衡记分卡是罗伯特·卡普兰和大卫·诺顿发展的，可用来分析组织的目标、价值观和绩效。平衡记分卡的绩效衡量指标可以回答 4 个方面的问题：①财务观点，包括现金流、销售和现金增长，以及股本收益等；②客户观点，包括诸如新产品目标、按时送货、缺陷和故障水平等；③内部业务观点与内部业务过程相关，包括生产能力、员工技能、循环周期、收益率、质量与成本衡量等；④创新和学习观点，包括与新产品开发周期、技术领导地位和改善速度有关的衡量指标①。

3. 征询建议书(RFP)

如果一个公司打算从咨询公司或供应商那里获得培训项目而不是自行开发，那么选择一个能够提供高质量产品的供应商就十分重要了。培训供应商包括咨询人员、咨询公司或研究所。许多公司通过 RFP 来选拔能够提供培训服务的咨询机构和供应商。RFP 是指这样一种文件：它向咨询专家和卖主概括说明公司所寻求的服务种类，所需参考资料的类型与数量，接受培训的雇员数量、评价满意度和服务水平的标准和流程，预期完成项目的时间，公司收受建议的截止日期，并征询项目报价。公司可以将 RFP 通过邮寄的方式传达到潜在的供应商手中或通过网站发布信息。RFP 的价值在于它能提供评价咨询专家的一整套规范的标准，而且 RFP 能使公司免去对那些不能提供满意服务的供应商进行评估的必要。表 5-4 给出了几个由供应商回答的问题示例。

通常 RFP 可以帮你找出符合标准的几家供应商，下一步就要选择你所青睐的供应商了。另外，管理人员和培训者应该与供应商以前的顾客及相关专业组织(如 ASTD)取得联系以查明该供应商的声誉，还应该对他们的经验作出评价，并认真考虑咨询合同中提出的服务、材料和收费等事宜。例如，允许咨询公司保留培训资料、手册和辅助材料的版权并不足为奇。如果公司日后还想使用这些资料进行培训，那它就必须向咨询公司再次支

① 格兰特 R M. 现代战略分析：概念、技术、应用(第 4 版)[M]. 罗建萍，译. 北京：中国人民大学出版社，2005：48.

付项目费用。当由咨询人员或其他外部供应商来提供培训服务时,很重要的一点就是要考虑培训项目是针对公司的特定需要,还是咨询者只准备根据以往在其他组织中应用的基本培训框架来提供服务①。

表5-4 征询建议书的内容

问题类型	具体问题
1. 公司经验	你的公司在设计和传递培训方面有多少和哪些类型的经验?
2. 员工资质	你的员工的任职资格要求是什么?
3. 项目例证	你能说明或者提供一个你开发过的培训项目的例子吗?
4. 参考资料	你能为你所提供服务的客户提供参考资料吗?
5. 证明材料	你有哪些证据可证明你提供的培训项目是卓有成效的?

资料来源:Zemke R,Amstrong J. Evaluating multimedia developers[J]. Training,1996(11):33-38.

另外,除上述分析工具外,分析行业环境及行业内情况的关键成功因素法②、分析组织资源的SWOT分析法等均可做为组织层面的分析工具。

第三节 任务分析

一、任务分析的含义

任务分析③是指系统地收集关于某项工作或工作族信息的方法,其目的是明确为了达到最优的绩效,确定重点的工作任务以及从事该项工作的员工需要学习的内容。

任务分析除了需要审核什么样的工作需要执行,以及执行此项工作员工需要具备的知识、技能、态度以及其他所需的特征外,还需要分析影响员工绩效的阻碍因素。任务分析的结果通常会包括工作的绩效标准、符合这些标准所采取的工作方法,员工应具备的知识、技能、态度,以及其他所需的特征等。

二、任务分析的步骤

一般来说,任务分析可分为5个步骤,其中步骤二、三、四为核心步骤。

(一)步骤一 选择待分析的工作岗位

任务分析需要投入大量的时间来收集、整理归纳并分析数据,因此,第一步是选择待分析的岗位,通过工作分析,撰写该岗位详细的工作说明书,详细描述完成有关工作活动所需要的重要环节(工作职责)及完成该任务所需的知识、技术和能力(任职资格)。

工作分析指的是对一项工作进行系统分析,以确定它的主要构成成分,为管理活动提供各种有关工作方面的信息所进行的一系列工作信息的收集、分析和综合的人力资源管

① 诺伊AR.雇员培训与开发[M].徐芳,译.北京:中国人民大学出版社,2001:47.

② 格兰特RM.现代战略分析:概念、技术、应用(第4版)[M].罗建萍,译.北京:中国人民大学出版社,2005:83.

③ 德斯勒等认为,任务分析通常用作评估没有经验的新员工的培训需求。

理基础性的活动，它是现代组织实现管理科学化、制度化的最基础的工作。工作说明书是对一项工作的主要活动以及在什么样的情况下从事这些活动的陈述。一些组织已有现成的工作说明书并定期进行更新，以便准确地反映职位的现实情况。在已有的工作说明书的基础上，任务分析时仍有必要对实际的工作操作进行观察，使 HRD 人员对工作包含的任务和员工实际的工作条件有更清楚的认识。

任务分析是一个非常费时而又乏味的工作，只有组织分析结果是肯定的情况下才开展任务分析。例如，组织分析表明：组织愿意在培训上投入时间和金钱、员工和管理人员支持培训工作等，此时才进行任务分析。HRD 专业人员应选择对组织战略具有支持作用的、典型的、关键的、亟待进行培训的工作岗位进行分析。

（二）步骤二　罗列工作岗位各项任务的基本清单

该步骤主要通过：①访问并观察或问卷调查熟练工人及他们的经理或管理人员；②与其他进行任务分析的人员共同讨论确定清单内容及基本项目。该步骤可采用关键事件技术和任务调查问卷等工具形成工作岗位各项任务的清单[①]。

（三）步骤三　确保基本清单的可靠性和有效性并确定培训需求

1. 形成可靠而有效的任务清单

让一组专门项目专家（subject matter experts，SMEs）[②]如在职专业人员、经理人员等，以开会或书面调查方式回答有关问题：①执行该任务的频率？②完成各项任务需要多长时间？③该任务对取得良好绩效有多重要？④学习各项任务的难度有多大？⑤该任务对新员工的要求标准是什么？通过对这 5 个问题的回答来确定可靠而有效的任务清单。

2. 确定培训需求

专门项目专家采用任务评价法对有效的任务清单进行评价，根据相关数据的分析结果，需求评估人员或委员会要给不同指标确定一个积分标准以决定一项任务是否应该包括在培训计划之中。一般来说，对那些重要的、经常执行的和难度较大的任务要进行培训。但是，对于管理人员来说，难点在于：要判断哪些任务非常重要但不经常执行，也不难掌握但应包括在培训中，以及哪些任务不论是否重要，也不论是否被经常执行，或难度如何，都应包括在培训内容中。

（四）步骤四　明确需要培训的任务所需要的知识、技术与能力和其他要素[③]

一旦需要培训的任务被确定下来，就要明确胜任每一项任务所需要的知识、技术和能力等要素，因为这些要素是员工培训中必须发展和学习的。该项工作一般由两名专门项目专家来完成。对于特定任务归纳出的知识、技术、能力和其他要素构成一个一个的任务

---

① 古普塔 K. 需求评估实施指南[M]. 闫晓珍，张杰，译. 北京：北京大学出版社，2007：69.

② 诺伊指出，专门项目专家也可以是雇员、经理、技术专家、培训者，甚至可以是顾客或供应商。他们精通并负责分析：①工作所需执行的任务；②完成任务所需的知识、技术和能力；③必要的设备；④执行任务所需要的条件。

③ 诺伊 A R. 雇员培训与开发[M]. 徐芳，译. 北京：中国人民大学出版社，2001：55.

群,培训者可利用任务群信息来确定培训课程计划与课程目标。

(五) 步骤五 需求优先程度排序

由于资源的稀缺性,必须考虑需要用于培训过程中的各项资源,包括设备、物资、培训专家、费用等,这样,就需要对步骤三中确定的培训任务以及步骤四中确定培训任务所需要的知识、技术、能力等要素进行需求优先程度的分析,这样设计出的培训方案才更具有可行性①。

维特克(Witkin)提出一个计算培训需求优先度的模式——需求优先指标(priority need index,PNI),其计算方法是运用李克特(Likert)的量表评定法对需要培训的任务及其所需要的知识、技术、能力等要素的重要性和任职者的工作熟练程度进行评定,然后按照计算公式分别计算出任务及其所需要的知识、技术、能力等要素的PNI。

维特克计算公式为:PNI=I×(I-D)

I:任务的重要性;

D:任职者的工作熟练程度(或难度)。

如果在重要性与熟练程度进行赋值时,重要性:1=很不重要,7=非常重要;熟练程度:1=很不熟练,7=非常熟练;那么,PNI越大就表示培训需求优先程度越大,应该优先给予考虑。反之,如果在重要性与熟练程度进行赋值时,重要性:1=非常重要,7=很不重要;熟练程度:1=非常熟练,7=很不熟练;那么,PNI越小就表示培训需求优先程度越大。

例如:当对一组需要培训的主管进行培训需求优先程度排序时,假设平均给予主管某工作任务的重要性评定等级为I=7,而该任务的工作熟练程度为D=5,那么PNI=7×(7-5)=14,主管的其他各项工作任务可以以此类推,最终比较各项工作任务的PNI数值大小,就可以得到培训需求的优先排序②。

三、任务分析举例

下面以一个例子说明任务分析的核心步骤:如何形成基本清单、如何确定清单的可靠性与有效性、如何确定培训需求,以及如何确定培训需求所需要的知识、技术、能力等要素。

对于关键事件技术或任务调查问卷收集到的信息,人力资源开发人员要花费时间来分析这些信息。之后,要把访谈或问卷中反映的主要工作职责及所包含的任务形成一套列表(或基本任务清单初稿)(表5-5显示列表的一部分),制成幻灯片或写在白板上,同时,为每一位参加会议的专家/与会人员打印一份。

表 5-5 罗列问卷调查的主要信息

员 工	主要工作职责及任务
1. 休	① 执行资产管理组的市场和战略行动 ② 针对资产管理组的产品广告、直邮、客户沟通和公共关系计划

① 徐芳. 培训与开发理论及技术[M]. 上海:复旦大学出版社,2005:121-122.

② 徐芳. 培训与开发理论及技术[M]. 上海:复旦大学出版社,2005:122.

续表

员　工	主要工作职责及任务
2. 约翰	① 对资产组的产品进行产品开发、竞争性价格分析和报告 ② 对资产组实施全球性战略和市场计划

资料来源：古普塔 K. 需求评估实施指南[M]. 闫晓珍，张杰，译. 北京：北京大学出版社，2007：75.

同时，要准备相同份数的工作任务分析议程表(见表 5-6)。

表 5-6　工作任务分析议程

时　间		活　动
上午	8:00～8:30	整体介绍 • 与会人员相互介绍 • 说明会议目的及重要性 • 介绍议程 • 介绍后勤事项的安排：茶歇、午餐、接听电话及其他礼节
	8:30～10:00	提炼工作职责 • 呈现并回顾准备好的工作职责 • 用头脑风暴法增加新的工作职责 • 合并同类的工作职责
	10:00～10:20	茶歇
	10:20～12:00	针对每一项工作职责确定工作任务 • 利用问卷收集的数据，通过头脑风暴法找出工作任务或增加新的任务
下午	12:00～13:00	午餐
	13:00～14:00	继续上午的议程 针对每一项工作职责确定工作任务 • 分析工作任务列表，删除不重要的任务 • 基于上午及下午前期的工作形成可靠而有效的工作任务清单
	14:00～15:30	确定培训需求及其所需要的知识、技术、能力、资格及其他要素 • 采用任务评价法对有效的任务清单进行评价 • 确定一个积分标准以决定一项任务是否应该包括在培训计划之中 • 明确需要培训的任务所需要的知识、技术、能力和其他要素
	15:30～16:15	确定为了获得所需要的知识、技术、能力等资格，应该进行什么样的培训 • 使特定任务归纳出的知识、技术、能力等要素构成一个个的任务群 • 培训者利用任务群信息来确定培训课程计划与课程目标
	16:15～16:45	对培训需求进行排序
	16:45～17:00	结束部分 • 检查整个流程中的后面几个步骤 • 请专家进行总结 • 感谢参与人员

注释：

1. 完成分析所需要的时间根据工作职责的复杂程度、参加人员人数及督导员水平会有所变化，分析时间可能要增加半天或一天。

2. 工作任务分析应首先将工作分解成职责和任务，采用两种或两种以上收集信息的方法来提高分析的有效性。

资料来源：改编自古普塔 K. 需求评估实施指南[M]. 闫晓珍，张杰，译. 北京：北京大学出版社，2007：75-76.

四、任务分析的信息来源及工具

(一) 信息来源

任务分析所需要的信息资料有多种信息来源(见表5-7)。

表5-7 任务层面需求分析的信息来源

任务分析的信息来源	对人力资源培训/开发的意义
1. 工作说明书	描述此项工作的典型职责,有助于明确绩效标准
2. 人员的任职资格要求	列举出工作的特定任务,可以明确任职者所需要具备的知识、技术、能力以及其他素质特征
3. 绩效标准	明确完成工作任务的目标及其衡量标准
4. 执行具体的工作任务	这是确定具体任务的最好方式,但其局限性为,通常情况下,绩效水平要求越高的工作,实际绩效与理想绩效的差距越大
5. 观察-抽样	了解工作的实际情况
6. 查阅相关文献(其他企业研究、专业期刊、文件、政府资料、论文等)	有助于分析比较不同的工作类型,但是有可能出现和实际的、特定组织环境或绩效标准无法比较的情况
7. 访谈(任职者、主管人员、高层管理者)	通过向组织成员询问和工作有关的问题充分了解需求情况
8. 培训委员会或专题讨论会议	可以提供一些关于培训需求的期望
9. 分析工作中出现的问题	明确工作中存在影响工作绩效的阻碍因素和外在环境因素
10. 分类卡片	用于培训研讨会,是基于培训重要性分类的关于"如何做"的陈述

资料来源:Moore M L, Dutton P. Training needs analysis: Review and critique[J]. Academy of Management Review,1978(3):537-538.

(二) 工具

1. 关键事件技术

美国学者约翰·福莱拉根提出的关键事件技术(CIT)可以用来分析一项工作包含的主要任务。福莱拉根最早研究了1941—1946年间美国空军飞行员的绩效问题,于1954年创造了关键事件技术,他认为,工作分析的主要任务就是评价工作的关键要求。关键事件法实质上是一种访谈法,访谈的对象是那些亲眼目睹过某情景下某项工作中的关键事件、并熟悉这些事件背景的人,以及熟悉并执行该工作任务的当事人。所谓关键事件,是指在工作中表现出的特别有效率或特别无效率的行为。关键事件技术的主要内容包括:确定工作行为的目的,针对目的收集与该行为相关的关键事件,分析相关数据,描述这些行为需要的素质特征。

下面的案例是对一位家电维修人员工作中关键事件进行评价时所用到的一个事件:

例如:一位客户打进电话说,他的冰箱出现了不制冷和每隔几分钟就要发出一阵噪声的问题,这位维修人员在出发前就预先诊断出了引起问题的原因,然后再检查自己的卡车是否备有维修所需要的各种必要零配件。当他发现自己的车上没有其中的某些零配件的时候，他就到库存零配件中去查找并装车，从而保证在他第一次上门维修的时候，就能把客户的电冰箱修好，从而让客户满意[①]。

管理人员可以利用这些事件向员工提供明确的反馈，让员工清楚地知道，自己在哪些方面做得好、在哪些方面做得不好。此外，通过重点强调那些能够对组织战略起到支持作用的关键事件，使这种方法与组织战略紧密地联系起来。

现实中，许多管理人员不愿意每天或每周都记录其下属员工的行为表现，在这种情况下，要想对不同员工的行为表现进行比较是很困难的，这是因为每一个事件都是发生在每一位特定员工身上的特定事件。一种变通的方法是，采用对关键事件操作的当事人的访谈法；或者，管理人员要求员工采用关键事件的日志法[②]。

2. 任务调查问卷法

任务调查问卷是获得工作相关信息的工作分析样本，用于形成任务基本清单时的数据收集。一般情况下，提前一周，通过邮件或其他形式向参与者发放问卷。任务调查问卷关注的内容大致包括 9 个方面(见表 5-8)。

表 5-8　任务调查问卷举例

任务分析调查问卷

目的：汇总关于你的工作的全部信息。
提示：回答完所有问题后请将问卷交给你的主管。
姓名：

调 查 内 容	关于你的工作的信息
1. 列出所有你主要的工作职责，然后按其重要性依次标出主次顺序，如"①"说明在所有工作职责中是最重要的，从①至⑤重要性依次减小	① 开发数据记录模板、建议表格、记录格式、测试计划和测试数据 ② 用逻辑图表、记录编排和格式编写计算机程序 ③ 通过创建测试程序、实施现场核查及回顾，输出结果以确保程序的正确性 ④ 根据公司的标准，将程序、操作和项目进行归档 ⑤ 帮助计算机操作人员实施程序
2. 这些职责为什么对你的工作如此重要？	我需要详细的项目描述来确保我设计的逻辑程序的运行效率。我需要 PC 机来运行程序设计，需要软盘存储器来创建永久文档
3. 在你的工作中，需要使用什么设备和工具？	计算机、软盘存储器、软件程序、计算机制造商规范和项目经理的工作流程规范
4. 描述你工作中的一些具体任务。在每项任务完成后，列出执行该任务的频率。	我回顾和评估工作流程，以确保其清晰流畅，以及项目按时完成，我每三个月评估和回顾一次。我几乎每天编写或修改计算机程序
5. 你需要掌握哪些知识或技术以完成你的工作？	我需要了解会计学和数据管理技术，并且掌握一定的沟通技巧

① 诺伊 A R，霍伦贝克 J R，格哈特 B 等. 人力资源管理：赢得竞争优势(第 5 版)[M]. 刘昕，译. 北京：中国人民大学出版社，2005：379.

② 纽拜 T. 培训评估手册[M]. 戴晓娟，译. 北京：中国劳动社会保障出版社，2007：125-126.

续表

调 查 内 容	关于你的工作的信息
6. 你需要具备何种品质以确保顺利完成工作?	我需要在快节奏的环境下按时完成工作,我需要有很好的人际沟通能力,以便与项目经理和运作人员进行合作。同时,我需要重视细节和质量控制
7. 你之前拥有的哪些知识、技能、能力有助于你完成现在的工作?	完成本岗位工作需要员工拥有大学本科毕业或1~2年的编程经验,还需要了解数据处理方面的最新技术,特别是与编程有关的内容
8. 请列出你曾参加过的有助于你成功完成目前工作的任何课程、研讨会或培训项目	我去年参加的 Myers-Briggs 课程有助于更好地了解我自己和其他人,并且有助于我更好地了解项目经理并与其合作。我参加的数据管理技术培训对我帮助很大,因为这个领域变化太快了
9. 请列出使你成功完成工作的任何其他因素	系统项目经理的支持。不论何时,只要同计算机运作或数据转换人员发生争执,他都会给予帮助。他还让我了解我的立场并及时给我反馈意见

资料来源:古普塔 K. 需求评估实施指南[M]. 闫晓珍,张杰,译. 北京:北京大学出版社,2007:74.

3. 任务评价法

任务评价法的主要步骤是:基于可靠而有效的任务清单,将清单中员工需要从事的各项活动内容编制成问卷,然后调查熟悉业务的组织成员或专门项目专家,请他们列出该业务的重要性、熟练程度、执行频率以及履行工作所需要花费的时间等信息,目的是确定一项任务是否被包含在培训需求之中,并为培训需求优先排序提供计算依据。这种方法的优点在于既可以从多渠道获得信息,又可以将有关任务的信息进行量化分析(表 5-9 显示市场部经理岗位的任务评价问卷的一部分)。

表 5-9 任务评价问卷举例

市场部经理岗位工作任务清单		重要性(I) 1=很不重要 2=不太重要 3=一般 4=比较重要 5=非常重要	熟练程度(D) 1=很不熟练 2=不太熟练 3=一般 4=比较熟练 5=非常熟练	执行频率(F) 0=从未执行 1=不常执行 2=有时执行 3=较常执行 4=经常执行
工作职责 1 广告开发	任务 1:确定客户需要	1 2 3 4 5	1 2 3 4 5	0 1 2 3 4
	任务 2:撰写广告语	1 2 3 4 5	1 2 3 4 5	0 1 2 3 4
	任务 3:同媒体代表建立良好关系	1 2 3 4 5	1 2 3 4 5	0 1 2 3 4
	任务 4:跟踪广告并及时答复	1 2 3 4 5	1 2 3 4 5	0 1 2 3 4
	任务 5:管理广告预算	1 2 3 4 5	1 2 3 4 5	0 1 2 3 4
工作职责 2 直邮开发	任务 1:编写推广材料、实时通信及推广小册子	1 2 3 4 5	1 2 3 4 5	0 1 2 3 4
	任务 2:识别潜在客户	1 2 3 4 5	1 2 3 4 5	0 1 2 3 4
	任务 3:维护更新数据库	1 2 3 4 5	1 2 3 4 5	0 1 2 3 4
	任务 4:评估供应商的服务及价格水平	1 2 3 4 5	1 2 3 4 5	0 1 2 3 4

续表

市场部经理岗位工作任务清单		重要性(I) 1＝很不重要 2＝不太重要 3＝一般 4＝比较重要 5＝非常重要	熟练程度(D) 1＝很不熟练 2＝不太熟练 3＝一般 4＝比较熟练 5＝非常熟练	执行频率(F) 0＝从未执行 1＝不常执行 2＝有时执行 3＝较常执行 4＝经常执行
工作职责 3 建立并维护客户关系	任务 1：打电话联系客户，每季度联系一次	1 2 3 4 5	1 2 3 4 5	0 1 2 3 4
	任务 2：回复电话询问及咨询	1 2 3 4 5	1 2 3 4 5	0 1 2 3 4
	任务 3：给客户邮寄适合的宣传材料	1 2 3 4 5	1 2 3 4 5	0 1 2 3 4
	任务 4：寻求推荐	1 2 3 4 5	1 2 3 4 5	0 1 2 3 4

注释：通常情况下，每 1 项工作职责包含 4～6 项工作任务。

此外，除上述 3 种工具外，需求评估人员还可采用时间—抽样法、工作—职责—任务法来进行任务分析①。

第四节　人 员 分 析

一、人员分析的含义

在完成了组织分析之后，为进一步改善员工的绩效情况，就必须进行人员分析。人员分析是从培训对象的角度对培训需求进行的分析，是对员工所具备的知识、技术、能力、态度等是否足够完成组织的目标以及改善个人绩效而进行的分析。人员分析的目的在于确定个别员工的培训需求，即对执行特定工作的员工执行各项任务的情况进行评估。人员分析②的重点是分析员工是否需要培训和需要什么样的培训。人员分析最好由有机会定期观察员工绩效的人员进行，而且通常员工及其直接上级都可以参与到其中，几乎所有的与个人业绩相关的人都可以成为个体需求分析信息的提供者。

人员分析一般是对照工作绩效标准，分析员工目前的绩效水平，找出员工现实绩效与理想绩效的差距，以确定培训对象、培训内容及培训后应达到的效果。人员需求分析过程中必须涉及的一项重要工作是针对员工个人的绩效评估，绩效评估是进行个人分析的一个非常有价值的信息来源。绩效评估并不是一项简单的工作，需要评估人员搜集多种有关绩效的信息并以此作出一系列复杂的判断与分析。

二、人员分析的构成

人员层面需求分析分为两个部分，即判别性人员分析和诊断性人员分析。

---

① 徐芳．培训与开发理论及技术[M]．上海：复旦大学出版社，2005：119-120.

② 德斯勒等认为，人员分析通常用作评估有经验的老员工的培训需求。

(一) 判别性人员分析

判别性人员分析用来判断员工个人整体绩效的水平。通过从总体上评估个体员工的绩效,将员工划分为业绩优秀者和业绩不佳者(有的研究采用业绩一般者)两类。例如,如果要对学校教师进行判别性人员分析,由专家小组确定效标样本的选择标准,然后确定优秀组教师和普通组教师的具体条件。专家小组由教育学、心理学研究人员、中小学校长等组成。

专家小组确定进入优秀绩效组的教师必须满足以下3条标准①:

1. 曾经荣获全国和省级优秀教师、特级教师、优秀教育工作者、模范教师、教育系统先进工作者、教学能手称号、省级以上骨干教师等在岗教师,获得过全国表彰或省级以上表彰的教师。

2. 所在学校主管部门根据教学业绩考核标准,被评价考核为优秀的教师。

3. 近5年来工作所在的学校教师人数必须超过50人。

普通绩效组的教师主要选取在岗的从事教学工作的一般老师,并且符合上述第三条标准。

(二) 诊断性人员分析

诊断性人员分析用来寻找隐藏在个人绩效表现背后的原因。确认导致员工行为的因素,了解员工的知识、技术、能力以及其他个人与环境等因素怎样结合在一起对工作绩效产生影响,进而将可以通过培训达到绩效改进的员工与不能通过培训提高绩效的员工分离开来,为改善员工绩效的干预方式提供参考依据。例如,基于诊断性人员分析结果,选择通过流程再造改善绩效、通过员工辅导与咨询改善绩效或通过员工培训与开发改善绩效等不同的干预方式。下面关于一家日本工厂通过流程再造改善员工绩效的案例说明诊断性人员分析与选择相应绩效干预措施之间的关系。

一家日本工厂生产开关,采取了许多质量管理措施,但还是经常出现质量问题。经过对质量问题进行分层分析,发现产品质量问题多是在开关中没有装入弹簧。之后到装配车间现场去观察,发现其操作过程是:每次从装有许多弹簧的盒内取出两个安装到开关里,再装上按钮。由于长时间工作,身心疲惫,总会有工人忘记将弹簧装入开关就装上了按钮。显然,产生这一问题的原因,不是工人缺乏知识或工作技能不高造成的,因此不是通过培训可以解决的,而是需要对操作流程稍加改动,即可杜绝此类错误的发生。具体办法为:每次从弹簧盒里取出两个弹簧放入一个小盘,再从小盘中取出弹簧装入开关,若装配后盘内还有弹簧,工人就会知道开关里没有装上弹簧,并立即予以纠正②。

个体需求分析的结果表现在三个方面:其一,通过对业绩优秀的员工进行分析,可以为如何改进或实现更高的绩效提供思路;其二,通过对业绩不佳的员工进行研究,可以找到需要采取的相应绩效干预措施;其三,通过人员分析,特别是诊断性人员分析,发现哪些绩效问题是可以通过培训改善的,哪些属于组织变革的问题,以区分人力资源培训与开发的需要和组织发展的需要,从而更好地发挥组织变革代理人的职能。只有将判别性和诊

---

① 徐建平. 教师胜任力模型与测评研究[D]. 北京师范大学,基础心理学,2004: 24.

② 徐芳. 培训与开发理论及技术[M]. 上海: 复旦大学出版社,2005: 126.

断性人员分析结合起来，才能达到评定员工绩效、分析不良绩效背后原因的目的。

三、人员分析的信息来源与工具

（一）信息来源

人员分析所需要的信息资料有多种信息来源（见表5-10）。

表5-10　人员层面需求分析的信息来源

人员分析的信息来源	对人力资源培训/开发的意义
1. 绩效评估结果以及能够反映一定问题的历史数据（生产率、缺勤或迟到次数、事故率、病假、不满情绪、浪费、交货延迟、产品质量、停工期、设备利用率、客户投诉）	从这些信息中可以看到员工在工作中的长处和短处以及有待改进的地方。可以从这些信息中发现绩效差距。这些信息容易量化、便于分析，对确定培训的内容和培训类型很有帮助
2. 观察工作样本	这个方法比较主观，但其优点在于不仅能观察员工的行为，还能观察行为的结果
3. 访谈	员工本人最了解自己的培训需求。通过对员工进行访谈，不仅可以了解他们自己的想法，还可以让他们参与到需求分析中来，从而增强他们的学习动机
4. 问卷调查	问卷的编制可以根据组织的具体情况进行灵活安排。缺点是由于已经有了一定的结构，为此可能会导致一些偏差
5. 测验（工作知识、技能、成就）	可以使用自行编制的测验或标准化的测验。需要注意的是，要确保测得的是与工作有关的素质
6. 态度调查	针对个人进行。有助于了解每个员工的士气、动机水平和满意度
7. 使用核查清单或培训进度表	这是不断更新的关于每个员工技能水平的清单，可以从中了解每项工作在未来需要哪些培训
8. 评定量表	必须确保对员工的评定是客观的、有一定信度和效度的
9. 关键事件法	观察到的、导致工作成功或失败的关键行为表现
10. 工作日志	员工对自己工作的详细记录
11. 情境模拟（角色扮演、个案研究、无领导小组讨论、培训会议、商业游戏、篮中练习）	某些知识、技能和态度可以在这些人为设置的情境中表现出来
12. 诊断量表	对诊断量表进行因素分析，以获得诊断评分
13. 评价中心	将上面提到的某些技术整合成一个综合性的评价方案
14. 辅导	类似于一对一的访谈
15. 目标管理或工作述职系统	按照组织规定和个人承诺，定期提供绩效反馈。这样可以将实际的绩效水平与理想标准进行比较，看绩效是上升还是下降了。这种绩效和潜能评价体系对实现组织大的目标来说非常关键

资料来源：Moore M L，Dutton P. Training needs analysis：Review and critique[J]. Academy of Management Review，1978(3)：539-540.

(二)工具

1. 行为事件访谈

行为事件访谈是关键事件技术的拓展,它在访谈过程中,要求受访者描述自己的许多行为片段,一般情况下是三件成功与三件不成功的事件,并详细地报告每一件事当时发生的经过。受访者提供的行为事件描述,必须包括一个完整故事的所有要素,即包括事件及其发生的背景、被访谈者当时的感受、思想、行动、情感以及结果。通常采用STAR原则,即情景(situation)、任务(task)、行为(action)及结果(result)。为获得每一事件中的这些因素,在访谈过程中,访谈的主持者须提出一些探测性问题,才能得出答案。被访谈者在对一个完整的行为事件进行描述时,访谈者可提出一些类似表5-11中所列举的问题。然后,对访谈内容进行分析,来确定访谈者所表现出来的胜任力特征。

表5-11 行为事件访谈的STAR原则

情景(S)/任务(T)	行动(A)	结果(R)
• 请描述一种情境,当……?	• 你对当时的情况有何反应?采取了什么具体行动?	• 事件的结果如何?
• 周围的情形怎么样?	• 请描述你在整个事件中承担的角色	• 结果又是如何发生的?
• 你为什么要这样做?出于怎样的背景?	• 你当时首先做了什么?	• 这一事件引发了什么问题或后果?
• 发生了什么事情?	• 在处理整个事件的过程中,采取了什么行动步骤?	• 你得到了什么样的反馈?

资料来源:改编自彭剑锋,荆小娟. 员工素质模型设计[M]. 北京:中国人民大学出版社,2003:112. In:徐建平. 教师胜任力模型与测评研究[D]. 北京师范大学,基础心理学,2004:24-25.

2. 行为锚定等级评价法

行为锚定等级评价法(behaviorally anchored rating scale,BARS)是建立在关键事件技术基础之上的,通过用一些特定的关于优良绩效和不良绩效的描述性事例来对一个行为量化的尺度加以解释或锚定,将描述性的关键事件评价法和量化的等级评价法的优点结合在一起。其倡导者宣称,它比许多种绩效评价工具都能够做出更好和更为公平的评价。

建立行为锚定等级评价法通常要求按照以下5个步骤来进行:

① 获取关键事件。首先要求对某一职位比较了解的人(通常是职位承担者及其上级主管人员)对一些代表该职位上的优良绩效和不良绩效的关键事件进行描述。

② 开发绩效维度。然后由第一步中的这些人将这些关键事件合并成为数不多的几个绩效维度(如5个或10个),并对其中的每一个绩效维度(例如“责任感”)加以界定。

③ 重新分配关键事件。接下来,再由另外一组同样对职位比较了解的人对原始的关键事件进行重新分类。他们会得到已经界定好的工作绩效维度以及所有的关键事件,然后所要做的就是,将所有这些关键事件分别放入他们自己认为最合适的绩效维度之中。如果就同一关键事件而言,第二组中有一定比例(通常是50%~80%)以上的人将其归入

的绩效维度与第一组的结果相同，那么，这一关键事件的最后位置则可以确定在这一绩效维度之中。

④ 将这些关键事件进行评价。在用关键事件来描述行为之后，第二组人还要对这些行为在每一绩效维度方面所代表的有效和无效程度来加以评定（一般采用 7 点评价尺度或 9 点评价尺度）。

⑤ 建立最终的绩效评价工具。对于每一个工作绩效维度来说，选择 6～7 个关键事件作为其行为锚。

下面以一个食品杂货店中的结账员的行为锚定评价为例说明该方法的操作。

有 3 位研究人员曾经为食品杂货店中的结账员设计了一个行为锚定评价等级尺度。他们搜集了很多关键事件，然后将这些关键事件划分为如下的 8 种绩效维度：

①知识和判断力；②责任感；③人际关系能力；④经营或接待能力；⑤包装技能；⑥验货台工作的组织能力；⑦现金交易能力；⑧观察能力。

然后，他们为每一个绩效维度研制锚定评价等级尺度。例如，"知识和判断力"这一绩效维度的尺度包括从 1 到 9 共 9 个等级，分别代表了工作绩效从"非常差"到"非常好"的各种不同情况。然后，再用一些具体的关键事件（"如果结账员了解商品的价格，那么她将能够发现商品标签上的错误，并且知道未挂标签商品的价格"）来明确界定或说明"非常好"（等级 9）的工作绩效到底是什么样子。类似地，他们对于在这一绩效维度的评价尺度上的其他等级——从 8 到 1，也都运用几种其他的关键事件来建立行为锚[①]。

3. 360 度评估

360 度评估也称为 360 度绩效反馈，该评估工具已被越来越多的组织所采用。这是一种从多个评估者那里搜集绩效评估信息的方法。人们采用这种方法，可以从对员工绩效有所了解的重要信息源那里获得绩效评估的数据，这些信息来源包括上级、下属、同级、客户或组织内外的供应商和被评者本人[②]。

让同级、下属和客户参与绩效评估的主要优点在于：这些评估者观察被评估者的角度是不同的，他们可以提供其他人无法提供的信息。比如说，在评价员工的关系绩效时，如"公民行为"或"团队合作精神"，与被评估者协同工作的人比被评估者的上级更有发言权，因为他们的日常接触更多。这种多元评估的方法可以互相验证不同来源的评估信息，使绩效评估更客观且更真实有效。

第五节 基于胜任力的需求评估

上述三个层面的培训需求分析属于传统需求分析方法，本节的重点是探讨如何将胜任力概念融入培训需求分析之中。

---

① 德斯勒 G. 人力资源管理（第 9 版）[M]. 吴雯芳，刘昕，译. 北京：中国人民大学出版社，2005：333-334.

② 沃纳 J M，德西蒙 R L. 人力资源开发（第 4 版）[M]. 徐芳，董恬斐，等译. 北京：中国人民大学出版社，2009：127.

一、胜任力及胜任力模型

(一) 胜任力的内涵

1. 胜任力研究的起源与发展

胜任力也称素质,对胜任力问题的研究,是当代心理学、人力资源管理、教育学等学科领域的热点之一。胜任力的概念可以追溯到20世纪70年代,以哈佛大学的麦克莱兰教授为首的研究小组,负责为美国信息管理局开发员工甄选方案。通过行为事件访谈,麦克莱兰的研究小组发现,那些表现优异的员工具备一些别人缺少的东西。这一研究引发了一场革命,被称为"胜任力运动"。这也是胜任力模型发展过程中的里程碑。麦克莱兰教授于1973年发表的"测量胜任力而非智力"一文,标志着胜任力研究的正式起源。该文的发表,掀起了对胜任力研究的热潮。20世纪80年代,胜任力开始在美国、英国、加拿大、日本等发达国家企业人力资源管理中广泛使用,至90年代,其研究和进展最终得到了学术界的认可①。

2. 胜任力的定义

不少研究者对"胜任力"概念都提出了自己的定义。尽管对胜任力的界定众说纷纭,缺乏统一见解,但从中也可看出一些共识:它们都强调工作情境中员工的价值观、动机、个性或态度、技能、能力和知识等特征;它们与工作任务和工作绩效密切相关,可以用来预测员工未来的工作绩效;具有动态性;能够区分业绩优秀者与一般者。只有满足这些特征,才可认为是胜任力②。

(二) 胜任力模型

胜任力模型也称素质模型,是指组织当中担任特定任务角色所要求的与高绩效相关的一系列胜任特征或胜任特征群,这些特征是可分级的、可被测评的,通常由4~6类胜任特征构成,每一类胜任特征可能是一簇胜任特征,这些胜任特征群和它们次一级的分类即具体的胜任特征共同构成完整的胜任力模型。一个完整的胜任力模型体系,除了包括具体的胜任特征外,还应包括胜任特征的定义、核心问题、水平分级、行为描述、行为样例③。胜任力模型为某一特定组织、工作或角色提供了一个成功模型,反映了某一既定工作岗位中影响个体成功的所有重要的行为、技能、知识及人格特征等。运用胜任力模型,能够帮助员工个人分辨工作需求的胜任力、工作中的优势、需要提升改进的领域、继续学习和职业成长与发展等。基于此,在培训需求评估中,引入胜任力模型概念是十分必要的,因为胜任力的可测量性可以使评估过程更加标准化,而且使培训的需求更加具体化。

成功的胜任力模型作为一个统一的框架,在多种人力资源领域得以应用并发挥着作用,可用作选拔、评估、开发、职业发展、绩效管理以及其他人力资源项目有用的分析工具。另外,胜任力模型也是驱动组织变革的有力工具。目前,提出的胜任力理论模型主要有冰

---

① 徐建平. 教师胜任力模型与测评研究[D]. 北京师范大学,基础心理学,2004: 5.

② 徐建平. 教师胜任力模型与测评研究[D]. 北京师范大学,基础心理学,2004: 5-6.

③ 徐建平. 教师胜任力模型与测评研究[D]. 北京师范大学,基础心理学,2004: 41.

山模型(左)和洋葱模型(右)两种(见图 5-3)。

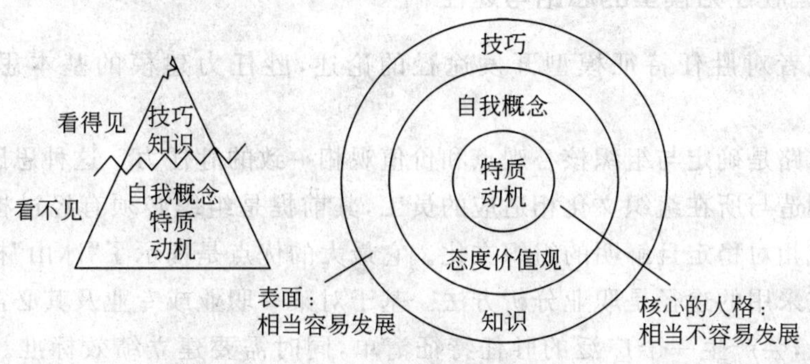

图 5-3 胜任力理论模型

资料来源：Spencer L M, Spencer S M. Competence at work: Models for superior performance[M]. New York: Willey. 1993.

胜任力的冰山模型主张有五种类型的胜任力：动机(motives)、特质(traits)、自我概念特征(self-concept characteristics)、知识(knowledge)和技能/技巧(skills)。按照这个模型,"知识和技能"在水面以上,为看得见的冰山,最容易改变,"动机和特质"潜藏于水面以下,不易触及,也最难改变或发展,"自我概念"特征介于二者之间。

洋葱模型是从另一个角度对冰山模型的解释。它在描述胜任特征时由外层及内层,由表层向里层,层层深入,最表层的是基本的技巧和知识,里层核心内容即个体潜在的特征。

在实际的人力资源培训与开发过程中,人们一般比较重视考察知识和技能,认为具有相应的知识和技能就能表现出色,其实不然。

例如：有两名 IT 管理人员,一名比较优秀,另一名表现一般。他们都有本科以上的通信专业毕业学历,5 年以上 IT 工作经验,在知识和技能等可见的特征方面是很难区分开的。而他们在自我概念、特质和动机方面则有很大的不同,优秀管理者认为,"我们管理团队可以做好宏观的、全面的管理,我们具有高成就动机和高权力动机",而一般管理者则认为,"我可以做好具体的、细致的工作,我可以达到个人理想的业绩"。①

由此可见,自我概念、特质和动机等深层的胜任力特征是决定人们行为和表现的比较稳定的关键因素。

胜任力模型在国外企业管理中应用广泛。IBM、联合利华等跨国公司,以及国内的联想集团、平安保险也都相继建立了自己企业的胜任力模型,并已经在人力资源管理工作中系统地应用。胜任力体系已成为这些公司人力资源管理体系的基础和核心。目前,更多的企业也正在积极建立相关职位的胜任力模型。

二、胜任力建模方法

为了成功完成某项工作,建构胜任力模型,判断员工的哪些个人特点是工作所必需的,这一个过程被称为胜任力建模。

① 谌新民,刘善敏. 人员测评技巧[M]. 广州：广东经济出版社,2002：39-40.

(一)构建胜任力模型的思路与途径

综观研究者对胜任特征模型开发途径的论述,胜任力建模的基本思路和途径有三种[①]。

第一种思路是确定与组织核心观点和价值观相一致的胜任力。这种思路确定的胜任特征更关注塑造与所在组织文化相适应的员工,其前提是组织必须有经过检验的核心价值观并已形成相对稳定且鲜明的组织文化。它最大的优点是揭示了“冰山”模型中的深层胜任特征。它采用的途径是职业分析方法。基于对某一职业或专业及其必需的职责和任务的职能分析,会产生一个广泛的胜任特征清单,同时需要建立绩效标准。采用这种思路,建立胜任力模型,在国内大企业中已有许多商业实践。

第二种思路和途径源于麦克莱兰、McBer咨询、哈佛商学院等的研究。这种思路通常使用关键事件访谈法及行为事件访谈法,选择那些高绩效的岗位角色,从中抽取其特征。这种思路要求模型开发人员要达到很专业的访谈技能水平。

第三种思路是根据行业关键成功因素(key success factors,KSFs)开发胜任特征模型。这种方法的关键之一就是要识别并获取行业关键成功因素。其原理是“人—职—组织”匹配原理。在管理实践中,开发企业的核心胜任力时,通常采用KSFs方法。国内目前尚无相关研究。

(二)操作要点

行为事件访谈法是目前公认最有效、最常用的胜任力建模方法。下面以行为事件访谈法说明建立胜任模型的关键步骤。

(1)找出两组样本。其中一组为绩效优秀组,另一组为绩效一般组。

(2)由受过专业训练的人员对这两组样本分别进行访谈。访谈过程中要求被访谈者报告2～3件成功的事和2～3件不成功的事,以及事件当时的情景、任务;被访谈者的想法、做法;其他人的想法、做法;被访谈者当时的反应;事件的结果。

(3)访谈资料的编码与统计分析。对访谈收集的材料进行精细的编码,再通过统计分析,比较两组样本在哪些胜任特征上存在区别,即筛选绩效的高效指标,差异显著的特征即为高效指标,这些高效指标所代表的胜任特征即为这一职位所需具备的胜任特征[②]。

三、基于胜任力的需求分析

传统的培训需求评估包括明确各项任务及其所需要的知识、技术和能力。然而,当前的培训趋势要求培训需求评估将重点放在胜任力水平上。

基于上述胜任力建模的操作要点,从总体上看,以胜任力为基础的培训需求分析过程包括以下5个关键阶段(见表5-12):

---

① 徐建平.教师胜任力模型与测评研究[D].北京师范大学,基础心理学,2004:8-9.

② 谌新民,刘善敏.人员测评技巧[M].广州:广东经济出版社,2002:40.

表 5-12　基于胜任力的培训需求评估的 5 个关键阶段

阶　段	工作内容
阶段一：制定项目计划	
1. 设定参数	确定胜任力模型的目的、作用、拥有的时间和资源等
2. 确定关键参与者	确定项目参与人员，如绩效突出的员工、项目决策者、专家、业内人士、专业培训人员等
3. 制定工作计划	制定工作进度表，根据不同阶段的工作量合理分配时间
阶段二：进行行为面谈	
1. 获得初步信息	营造访谈的良好氛围，包括建立友好关系、保持中立态度等
2. 获得行为信息	收集用于建模的数据，如运用行为事件访谈法收集背景情况及与工作相关的信息、绩效突出员工的成功信息及绩效不佳员工的相关信息
阶段三：建立胜任力模型	
1. 创建胜任力字典	• 找出信息的相似之处，将信息整合成核心词组，如大部分信息表明口齿清晰是销售人员的一项重要技能，那么，“口齿清晰”则成为一个核心词组 • 创建核心字典就是不断重复这个过程，定义出所有的核心词组，并不断修改与优化，直到满意为止 • 对每一项胜任能力进行全面描述
2. 创建胜任力模型	• 胜任力模型是对胜任力字典的核心因素进行深入描述，将不同的核心词组归纳到相应的定义范畴内，如“口齿清晰”只是人际关系范畴中的核心词组之一 • 提请高层经理和人力资源部批准，必要时对字典和模型进行修改，并确定最终版本 • 比较绩效突出与绩效不佳员工行为编码后的信息，筛选出高效行为指标
阶段四：评估差距	
1. 确定差距	运用所建模型衡量同一工作岗位中的不同人员在业务方面的差距
2. 分析结果	采用相关软件对收回的问卷数据进行分析
阶段五：实施模型	
模型的应用	• 胜任力模型应用较广，可用于需求评估，即基于模型推出培训需求 • 实施模型过程中要监控其结果

资料来源：改编自古普塔 K. 需求评估实施指南[M]. 闫晓珍，张杰，译. 北京：北京大学出版社，2007：51-62.

在模型实施阶段，通过对员工现有胜任力和工作需要的胜任力进行比较，可以使他们知道应对哪些员工进行培训，应该培训哪些内容、采用怎样的行动更有效等。另外，胜任力模型还可用于员工开发。如评估员工个人优势，确定发展机会；确定绩效改进所需的资料、措施及相应的支持；制定行动计划来更好地满足员工的学习需求；设定实施学习发展计划的时间表；讨论跟进计划等。

思考与操作训练

思考题

1. 什么是需求分析?
2. 简述需求分析的层次。
3. 什么是组织分析?组织分析的内容有哪些?
4. 掌握任务分析的步骤及工具。
5. 掌握人员分析的内涵及工具。
6. 试述基于胜任力模型的需求分析。

操作训练

要求:5～8人一组,在对本章所学理论与工具充分掌握与理解的基础上,选择一个主题,如人际关系/某课程的学习,分别对人际关系好的和一般的/该课程学习成绩好的和一般的同学进行行为事件访谈,并对访谈材料进行简单分析,说明他们之间的胜任特征差异。以小组为单位,演示自己小组的访谈过程,陈述对访谈资料的分析加工过程、方法与结果。

中国人力资源开发实践

太平人寿"基业常青计划"

在我国金融领域,太平人寿是一颗耀眼的明星。太平人寿多次荣膺"中国最具影响力保险品牌"、"中国(金融)行业年度10佳品牌"等光荣称号。

太平人寿于1929年成立于上海,是目前中国保险市场经营时间最长的中资寿险公司,写下中国保险业的历历辉煌篇章。如今,太平人寿拥有国内寿险公司最完善的产品线,为个人和团体提供专业的寿险金融服务。太平人寿代表民族保险品牌,积极创新,谋求新的辉煌。

一、项目应用背景

为创中国保险业"第一个百年老店",实现事业"基业常青"而实施的一项长期后备人才培养规划;为应对行业专业人才竞争加剧,实现"成为中国寿险行业制度、流程的标杆,在寿险业成为中国杰出品牌"长远目标,太平人寿在完成第一个五年发展规划的基础上,为顺利实现第二个五年发展规划宏伟目标,提出了"基业常青计划"。

建设后备人才队伍的关键之一是构建关键岗位素质模型,找准人才标准以实现——人才选拔有标准,使用有依据,考核有尺度,培训有目标,个人努力有方向。而开发具有针对性的测评工具与评价体系则是将素质模型作为人才培养质量标准落到实处的关键工作。

为此,太平人寿邀请诺姆四达素质模型构建与测评工具开发的专业团队提供方法指导与技术支持，通过构建关键岗位素质模型并开发针对性的测评工具与流程，共同为后备人才选、用、育、留制订科学的人才质量标准和评估工具体系，为构建基于能力的战略性 HRD 体系打好基础。诺姆四达测评咨询公司是国内领先的专业人力咨询机构，10 余年的从业经历累积了大量的国企、500 强企业，金融、汽车、电力、房地产等各个行业的服务经验，旗下有一支资深的专家团队，以及针对性强、专业优势明显的人才测评选拔方案。

在业内，诺姆四达素有素质模型专家之称。双方达成深度合作之后，诺姆四达走进太平人寿，从战略高度规划，以理论指导落地，根据太平人寿"基业常青计划"，从三个部分施行本项目：

- 构建公司中高层管理人员的素质模型；
- 基于素质模型开发不同层级人员（高级经理后备、中层管理后备）、不同目标与阶段（人员初选、人才入库、人才晋升）的素质测评工具；
- 设计服务于"基业常青计划"的企业员工职业发展通道。

二、从素质模型形成选拔与培训方案

诺姆四达通过系统方法的分析，深入太平人寿内部了解其特点和人才属性，首先开发建立了太平人寿中高层管理人员的素质模型。

诺姆四达认为，公司管理人员由于管理的层级和对象不同，会有不同的工作职责和素质要求。所以针对不同类别的管理人员，构建相应的素质模型，同时将所有素质模型中的素质指标汇总形成企业的素质辞典库，方便管理和其他应用。

胜任力模型更多在选拔干部的时候使用。在培训工作中使用，需要有一定的假设基础——中层管理人员具备相似的能力和素质水平，而且都具备提升的潜质。基于胜任力模型的需求分析也就是用胜任力模型作为评价标准，从而推导出相应培训需求的过程。

设计企业内部的员工职业发展通道：在项目中，诺姆四达与太平人寿进行充分的沟通，按管理和技术条件设计员工的职业发展通道，形成企业内部"H"型的人才发展路径。在发展通道中，明确规定了每个选拔晋升节点的素质评估要求和方法，在原有任职资格审定和民主评议外再增加素质评估环节，进一步使得企业人才选拔科学化、精确化。

三、基业常青计划的成效

企业获得一个科学性的、符合自身条件和发展需要的素质模型，对人才储备、干部选拔、绩效管理、培训与开发等后续工作起到基础作用和积极引导作用。太平人寿获得的素质模型对企业的成功产生了关键的影响。

太平人寿一系列基于素质模型的应用测评工具以及规范科学的应用方法，使得素质模型真正运用到企业的人才选拔、梯队建设和培训开发之中。太平人寿某高层表示，"基业常青计划"正在有效的实施进程中。

资料来源：改编自 http://www.chinahrd.net/zhi_sk/jt_page.asp?articleid=187030 转引自北青网.

第六章

培训设计

本章导读

- 培训计划与培训目标
- 培训预算
- 甄选培训者
- 开发课程
- 选择培训方式
- 开发培训材料
- 制定培训日程安排

培训设计是实施有效培训的重要基础和前提，是概括性和具体性的统一。培训设计由一系列具有内在逻辑的操作步骤组成，其中，培训项目的目标具有一定的概括性，是培训需求的成果体现，是培训设计的依据，也是制定培训评估标准的基础，它将培训的整个流程紧密地联系在一起；而培训项目的其他设计则应细致、具体，并具有可操作性。在信息时代下，网络和计算机技术迅速发展，对人力资源管理——特别是人力资源开发，产生了巨大的影响，使人力资源培训与开发的相关准备与管理工作从繁杂琐碎中解放出来，逐渐发展成为具有信息时代特色的现代人力资源培训与开发。

德国西门子公司的员工培训

德国西门子公司出版过一本公司自传性质的书，名为《西门子——150 年的辉煌》，该书中有这样一段话："1997 年，西门子翻开了她历史中的第 150 页篇章，这是一个值得特别庆祝的历史时刻。纵观世界，在具有类似规模的工业公司中，能够拥有如此悠久和成功历史的只有为数不多的几家。"是什么造就了西门子 150 多年的辉煌？高质量的产品、完善的售后服务、不断创业和创新以及高效的人才培训被认为是西门子成功的关键。在人才培训方面，西门子创造了独具特色的培训体系。

一、新员工培训

新员工培训又称第一职业培训。在德国，一般从 15 岁到 20 岁的年轻人，如果中学毕业后没有进入大学，要想工作，必须先在企业接受 3 年左右的第一职业培训。在第一职业培训期间，学生要接受双轨制教育：一周工作 5 天，其中 3 天在企业接受工作培训，另外 2 天在职业学校学习知识。这样，学生不仅可以在工厂学到基本的熟练技巧和技术，还可以在职业学校受到相关的基础知识教育。通过接近真刀实枪的作业，他们的职业能力及操作能力都会得到提高。由于企业内部的培训设施基本上使用的是技术最先进的培训设施，保证了第一职业培训的高水平，因此第一职业教育证书在德国经济界享有很高的声誉。由于第一职业培训理论与实践结合，为年轻人进入企业提供了有效的保障，也深受年轻人欢迎。在德国，中学毕业生中有 60%～70%接受第一职业培训；20%～30%选择上大学。

西门子早在 1992 年就拨专款设立了专门用于培训工人的“学徒基金”。现在公司在全球拥有 60 多个培训场所，如在公司总部慕尼黑设有韦尔纳・冯・西门子学院，在爱尔兰设有技术助理学院，它们都配备了最先进的设备，每年培训经费近 8 亿马克。目前共有 10 000 名学徒在西门子接受第一职业培训，大约占员工总数的 5%，他们学习工商知识和技术，毕业后可以直接到生产一线工作。

在中国，西门子与北京市国际技术合作中心合作，共同建立了北京技术培训中心，西门子投资 4 000 万马克。合同规定，中心在合同期内负责为西门子在华建立的合资企业提供人员培训，目前该中心每年可以对 800 人进行培训。

第一职业培训（新员工培训）保证了员工一正式进入公司就具有很高的技术水平和职业素养，为企业的长期发展奠定了坚实的基础。

二、大学精英培训

西门子计划每年在全球接收 3 000 名左右的大学生。为了利用这些宝贵的人才，西门子也制定了专门的计划。

西门子注意加强与大学生的沟通，增强对大学生的吸引力。公司同各国高校建立了密切联系，为学生和老师安排活动，并无偿提供实习场所和教学场所，举办报告会等。1995 年 4 月，西门子在北京成立了“高校联络处”，开始与高校建立稳定而持久的伙伴关系，加强与高校教师、学生及各院系、研究所的联系和沟通。西门子每年在重点院校颁发 300 多项奖学金，并为优秀学生提供毕业后求职的指导和帮助，“高校联络处”也因而被称为西门子和高校沟通的桥梁。

进入西门子的大学毕业生首先要接受综合考核，考核内容既包括专业知识，又包括实际工作能力和团队精神，公司根据考核的结果为其安排适当的工作岗位。此外，西门子还从大学生中选出 30 名尖子生进行专门培训，培养他们的领导能力，培训时间为 10 个月，分 3 个阶段进行。第一阶段，让他们全面熟悉企业的情况，学会从因特网上获取信息；第二阶段，让他们进入一些商务领域工作，全面熟悉本企业的产品，并加强他们的团队精神；第三阶段，将他们安排到下属企业（包括境外企业）承担具体工作，在实际工作中获取实践经验和知识技能。目前，西门子共有 400 多名这种“精英”，其中四分之一在接受海外培训或在国外工作。大学精英培训计划为西门子储备了大量管理人员。

三、员工在职培训

西门子人才培训的第三个部分是员工在职培训。西门子公司认为，在竞争日益激烈的全球市场上,在革新、颇具灵活性和长期性的商务活动中,人是最主要的力量,知识和技术必须不断更新、换代,才能跟上商业环境以及新兴技术的发展步伐,所以公司正在努力走上一个"学习型企业"之路。为此,西门子特别重视员工的在职培训,在公司每年投入的8亿马克培训费中,有60%用于员工在职培训。西门子员工的在职培训和进修主要有两种形式:西门子管理教程和在职培训员工再培训计划,其中管理教程培训以独特和高效闻名。

西门子员工管理教程分5个级别,各级培训分别以前一级别培训为基础,从第五级别到第一级别所获技能依次提高,培训对象也从具有管理潜能的员工上升至已经或者有可能担任重要职位的管理人员,同时,培训目的和培训内容等也随之变化。另外,西门子员工管理教程的培训内容根据管理学知识和西门子公司业务的需要而制定,随着二者的发展变化,培训内容需要不断更新。

通过参加西门子管理教程培训,公司中正在从事管理工作的员工或有管理潜能的员工得到了学习管理知识和参加管理实践的绝好机会。这些教程提高了参与者管理自己和他人的能力,使他们从跨职能部门交流和跨国知识交换中受益,在公司员工间建立了密切的内部网络联系,增强了企业和员工的竞争力,达到了开发员工管理潜能、培养公司管理人才的目的。

西门子的人才培训计划从新员工培训、大学精英培训到员工再培训,涵盖了业务技能、交流能力和管理能力的培训,为公司新员工具有较高的业务能力,为大量的生产、技术和管理人才储备,为员工知识、技能、管理能力的不断更新和提高提供了保证,因此西门子公司长期保持着员工的高素质,这是西门子强大竞争力的来源之一。

资料来源:李英,班博. 国际人力资源管理[M]. 济南:山东人民出版社,2004:159-165.

第一节 培训计划

需求分析完成之后,人力资源培训开发人员要科学制定培训计划。培训需求分析的结果体现为培训计划的形成。从目前的实践来看,无论哪一类培训计划均无统一的模式。一般来说,一个科学而有效的培训计划的框架包括培训目标、培训人员、培训形式与方法及培训预算等。本节主要分析培训计划的类型、培训目标的确定及培训费用的预算。培训形式与方法等将在第二节培训项目设计中介绍。

一、培训计划类型

很多成功组织对培训的重视体现在系统的培训计划制定中。这些组织针对不同层次的要求,制定一系列的培训计划,有根据本组织战略目标设计的长期培训计划,有每年制定的年度计划,有按照培训项目制定的项目计划,以及具体到每一培训课程的课程计划[①]。因此,常见的培训计划类型有4种:长期计划、年度计划、项目计划及课程计划。

---

① 石金涛,唐宁玉,顾琴轩. 培训与开发[M]. 北京:中国人民大学出版社,2003:58.

（一）长期培训计划

长期培训计划是从组织战略发展目标出发，基于掌握组织架构、功能与人员状况，了解组织未来几年(1～3 年)发展方向与趋势，了解组织员工的需求，结合组织现阶段工作重点与需求，明确哪些资源可供利用。长期培训计划一般包含在管理工作制定的组织发展等规划之中。

（二）年度培训计划

年度培训计划概要地表现了组织本年度的培训主题，包括培训对象、培训内容、培训方法和方式以及培训费用的预算编制。但不涉及单一课程的具体细节。年度培训计划与组织长期培训计划总体目标保持一致，同时作为组织全年业务运营计划中人力资源计划的重要部分，它应服务于组织的经营战略目标。

（三）项目计划

项目培训计划是关于特定培训主题的计划，一个培训项目可能由一门课程组成，也可能由几门不同的课程组成，因此，项目培训计划包括项目培训目标、课程组成、每门课程的大致描述等具体信息。

（四）课程计划

课程计划是关于某一培训课程的目标、内容、组织形式、培训方式、考核方式、培训时限、受训对象、讲师等细节的规划。课程目标应明确完成培训后，培训对象应达到的知识、技能水平。设定现实可行的培训课程目标既为培训指明了方向，又可作为评估培训效果的指标。

综上所述，组织的 4 种培训计划间的关系为：长期培训计划由不同的年度计划组成，年度计划由不同的项目计划组成，项目计划由不同的课程计划组成；具体程度从长期培训计划到课程计划依次增大，而概括程度则依次减小。

二、培训目标

在进行培训设计时，首先应确定培训目标，培训目标是培训计划的重要内容，是需求分析结果的体现。

（一）培训目标及其基本要素

培训与开发目标是指既与组织的目标相吻合，又能满足特定员工的培训需求，主要指某一项目的目标。Mager 将培训目标描述为“培训目标是培训者希望受训者在培训之后的行为表现”。在这个意义上，培训目标是关于培训项目的预期结果的描述。

Mager 认为，一个完整的培训目标一般包括 3 个要素：

(1) 业绩表现(组织希望员工做什么)：目标应该指出为了胜任某项工作，受训者需要具备的能力或能够提供的产品。

(2) 环境条件(受训者在什么情况下有望达到理想的培训结果)：目标应该说明某项作业的重要环境条件。

(3) 评价指标(即评价标准,组织可以接受的质量或绩效水平是什么)：目标应该指出明确具体的、可接受的受训者作业水平。

下面介绍两个具体的实例①：

案例1：某企业人力资源部为了提高集团各下属子公司人力资源专业人员确定培训需求的能力,设计了“如何有效地确定培训需求”的培训项目,培训目标界定为：掌握并运用常见的培训需求分析方法,对部门员工的培训需求进行分析,参照人力资源部提供的模板,撰写并提交规范、准确的部门员工培训需求分析报告。“规范”指格式符合人力资源部的基本要求,“准确”是指培训需求评估的准确率不低于90%。

案例2：某集团人力资源部在完成了“企业人力资源机制建设”管理咨询项目之后,为了增加各级主管对该机制的了解,策划了“集团人力资源管理体系概况介绍”的培训活动,培训目标为：受训者在接受培训之后,能够明确阐述企业人力资源管理体系的构成模块及相互之间的接口关系,能够清楚表达自己在企业人力资源管理工作中的基本职责,能够理解HRM与组织文化建设的关系。

(二) 拟定培训与开发项目目标的注意事项

通过比较上面两个项目目标实例的描述,可以看出,拟定一个有效的培训目标应该注意：第一,要有明确、具体的标准可依,如案例1中的培训目标;要避免语言模糊、容易产生歧义的、笼统的、让受训者无所适的目标,如案例2中的目标。第二,培训项目直接源于培训需求,因而,培训项目的目标应服务于员工的培训需求,但是,它又不同于培训需求。通常情况下,组织都是按照培训需求的要点组织相应的培训项目,即一个培训项目通常只能支持某一特定的培训需求,不要企图通过一次培训活动满足多个培训需求,实现多个培训目标。第三,如果要达到上述案例1中的目标,可以说有多种途径,如讲座、角色扮演等,但培训目标不包括这些具体的技术与途径,即培训目标是用于确定采用哪种培训方式的基础。最后,在编写培训项目目标时,为了使目标更加准确、有效,在初步拟定之后,要仔细思考Mager提出的一个完整培训目标所包含的三个要素②。

(三) 编写培训项目目标的操作指南

确定项目目标并准确表述出来是一项十分艰巨而重要的任务。培训项目能否真正对受训者的行为从而对绩效产生影响,能够产生多大的影响,与项目目标的设置息息相关。虽然,编写培训项目目标是一个具有挑战性的任务,但对于有效的人力资源培训与开发来说又是必须的工作,表6-1提供了编写培训项目目标的主要操作③。

---

① 徐芳. 培训与开发理论及技术[M]. 上海：复旦大学出版社,2005：145.

② 徐芳. 培训与开发理论及技术[M]. 上海：复旦大学出版社,2005：145-146.

③ 德西蒙 R L,沃纳 J M,哈里斯 D M. 人力资源开发(第3版)[M]. 北京：清华大学出版社,2003：169-170.

表 6-1 编写培训项目目标的操作指南

编号	操作指南
1	培训目标是文字、符号、图画或图表的组合，它指出了受训者应该从培训中获得的成果
2	培训目标应该从业绩表现、环境条件和评价标准三要素来传达培训的意图
3	在编写培训目标的时候，需要不断修改初稿，直到培训目标的三要素都有了明确的答案
4	逐条写出组织期望受训者取得的每一个培训成果，直到充分表达了培训的意图
5	传递给受训者培训项目的目标就足够了，不必做多余的事情。通常，受训人员能够按照组织所希望的去做事，并且乐意证明他们的能力，因为，他们知道组织对他们的期待

资料来源：改编自 Mager R F. Preparing instructional objectives[M]. Atlanta: Center for Effective Performance, 1997, (3rd ed.): 136.

三、培训费用预算

基于培训需求分析的结果，在制定培训目标时必须考虑预算问题。如果企业的培训预算不能支持培训计划，培训目标制定得再规范、再有效也没有意义。对于推行了预算管理的企业，对培训预算则会更加在意。培训预算问题，不同的企业处理方式也不尽相同，一般而言有以下 3 种处理方式[①②]：

（一）参考同行业关于培训预算的数据

在预算培训费用时，最通常的做法是参考同行业关于培训预算的数据。首先是同行业企业培训预算的平均数据，人力资源经理可以与同行业中的同行关于培训预算问题进行一次沟通，相互了解一下对方企业的情况，然后取平均值(由于各企业的规模不同，建议取人均培训预算)。另外，同行业内不同企业的培训预算也存在显著的差别。据统计，民营企业的培训经费为：892 元/人/年，国有企业为 1 362 元/人/年，外企为 5 020 元/人/年[③]。特别是优秀企业的培训预算数据非常重要，将平均培训预算与优秀企业培训预算相比较，就可以看出培训费用对企业发展的贡献。

另外，如果企业有历史预算，参考这些数据会更有意义。采用这种方法进行预算时，可将总费用分成几块来计算，如教师、教具与管理费等。

该方法的优缺点：该方法具有很强的可操作性，但它无法精确地确定出本企业的培训预算。

（二）比例预算法

比例预算法包括两种，方法一是指承袭上年度的经费，再加上一定比例的变动，这种预算法的逻辑是，假设上年度的每个支出项目均为必要，而且必不可少，因而在下年度里都有延续的必要，只是需要在其中的不同支出项目的成本方面有所调整；方法二是指那些

---

① 杨生斌，肖平，高恺元. 培训与开发[M]. 西安：西安交通大学出版社，2006：70-71.

② 徐庆文，裴春霞. 培训与开发[M]. 济南：山东人民出版社，2004：88-90.

③ 徐庆文，裴春霞. 培训与开发[M]. 济南：山东人民出版社，2004：86.

预算管理较严格的企业,可能会事先划定培训预算的范围,例如,按企业上年度纯利润的5%计算,或者按人均1 000元/年计算等,人力资源部门要根据企业既定的培训预算来制定培训计划。

这种方法首先要确定年度培训预算的核算基数,可将企业过去一年的销售收入,利润额、工资总额作为比例计算的基数。

国际大公司的培训总额预算一般占上年总销售收入的1%~3%,最高的达到7%,平均为1.5%,而国内企业,这个比率一般要低得多。在市场竞争比较激烈的行业,如IT、家电行业,有些大企业培训费用能够占到销售额的2%左右,而一般规模在十几亿左右的民企,其培训费用大概就是0.2%~0.5%,甚至不少企业在0.1%以下。

比例预算法的优点:这两种预算法核算较为简单,且核算成本低,所以很多企业都采用这一方法。另外,方法二其实是一种特殊形式的零基预算法,所以,方法二的优点类似于零基预算法。

比例预算法的缺点:方法一的缺点是,每次在做预算时,以上年实际支出为基础,再增加一笔金额,经巧妙掩饰后,作为新计划提交高层领导审批;主持审批的领导由于不能透彻了解情况,常常削减掉一定的培训费用。这样,每年的培训预算就像是讨价还价,形成了预算人员与审批领导之间关于培训费用的博弈过程。方法二的不足主要是没有参考历史数据。

(三)零基预算法

所谓零基预算法就是在每个预算年度开始时,将所有还在进行的管理活动都看作重新开始,即以零为基础,根据组织目标重新审查每项活动对实现组织目标的意义和效果,并在成本—收益分析基础上,重新排出各项管理活动的优先次序。资金和其他资源的分配是以重新排出的优先次序为基础的,而不是采取过去那种外推办法。零基预算对证明培训的正当性和有效性提出更严格的要求。培训经理只有通过证据证明培训对企业有积极的作用才能争取到资金。

零基预算法编制的前提:公司目标是什么?培训要达到什么目标?各项培训课程可以获得什么收益?这项培训是不是必要的?可选择的培训方案有哪些?有没有比目前培训方案更经济、更高效的方案?各项培训课程的重要次序是什么?从实现培训目标的角度看,到底需要多少资金?

零基预算的优点:有利于管理层对整个活动进行全面审核,避免内部各种随意性培训费用的支出;有利于提高主管人员计划、预算、控制与决策的水平;有利于将组织的长远目标和培训目标以及要实现的培训效益三者有机结合起来。

零基预算的缺点:企业不但要花费大量的人力、物力和时间,而且对培训需求与培训有效性评估要求较高,难免在安排培训项目的优先次序上存在相当程度的主观性。

第二节 培训项目设计

德西蒙等认为,培训设计可分为6个模块:根据培训需求优先指标,定义培训目标、甄选培训者、开发课程计划、选择培训方式与技术、开发/获得培训材料、制定培训项目的日程安排[①]。这是一个逻辑性的操作流程。在确定了培训目标之后，HRD专业人员面临的下一个任务就是决策由谁来执行这些项目，即甄选培训者。

一、甄选培训者

培训师资是培训活动的关键环节，培训师资水平的高低不仅直接影响到具体培训活动的实施效果，还可能会影响到企业领导对人力资源部门和企业培训开发工作的基本看法。无论是自行开发或设计培训项目还是外部购买培训项目，优秀培训者的素质要求是一致的。

（一）优秀培训教师需要具备的素质和技能

1. 素质

选择培训者是组织决定自己设计培训或者外购培训项目都必然要完成的工作。若组织拥有一支素质高、具备相关专业知识的多元化培训人员队伍，则他们选择培训者就非常容易。培训者的素质主要包括知识水平，各种用来设计、实施培训项目的技能。一个富有成效的培训者能够清晰地传递他的知识，灵活使用各种指导技术，具备很好的人际交往技能，并能不断激励他人。一些学者主张在选择培训者时应该注意培训者对待学习者的正确态度、准备的时间、介绍知识和控制讨论的能力及策略、耐心和开放性思维，以及来自学习者的尊重。

2. 专业技能

专业技能是指对相关课程知识、内容的掌握程度，这是选择培训者的一个重要标准，但是，具备相关专业知识的人并不一定能成为高效培训者，例如，一些专家(SME)(如部分高校教授)。理论上来说，他们是某一课程方面的专家，应该有能力来培训他人。但若他们缺乏设计与实施高效培训项目的能力，则会过度依赖单一指导方式，这种指导方式又不适合于相关的培训课程；或者他们缺乏人际技能来有效地与他人沟通或激励受训者。理想的情况是，一个人既是SME，又是出色的培训者，他所传递的培训才是最有效的。

相对应地，对于那些缺乏专业知识水平、过度依赖教材或其他培训资料、不能解释一些重要理念如何在工作中应用的培训者，组织除了与外部的供应商合作外，还可以通过下列途径来获得帮助[②]：

第一，组建内部培训者教学团队，将有经验的培训专家与专门项目专家集合在一起，形成既具备组织内所需要的专业知识与技能，又是一支具有指导能力的团队；

第二，利用除面对面指导之外的其他培训技术，如程序化指导或计算机辅助指导技术；

第三，开发培训培训者项目(train-the-trainer，TTT)，确定内部缺乏培训技能的培训师，并培训他们成为高效的培训者。

---

① 德西蒙 R L，沃纳 J M，哈里斯 D M. 人力资源开发(第3版)[M]. 北京：清华大学出版社，2003：165-166.

② 德西蒙 R L，沃纳 J M，哈里斯 D M. 人力资源开发(第3版)[M]. 北京：清华大学出版社，2003：174.

(二)培训内部培训师

内部培训师在组织中的作用越来越显著。企业开发内训师不仅可以扩大培训范围、节约培训开支,还可以创造学习型组织氛围、实现知识共享,更重要的是成为内训师的这部分员工将成为未来企业核心竞争力的组成部分。因为能够成为内训师的员工肯定是某一领域内的专家或优秀的从业者,同时从另一个角度来说内训师也在不断复制出各种专家和优秀从业者。所以说内训师队伍不仅仅是为单纯的培训活动而建,这支队伍对于企业的未来发展也有着重要的作用。

培训内部培训师的目的是给专门项目专家提供设计与实施培训项目必须的知识与技术。这些项目可通过当地的协会、高校和咨询机构获得,项目包含的内容从单一指导技术到培训项目的综合设计等多种内容。很多企业正在积极建设员工培训开发体系,更有一些企业基于长远的发展目标而建立了自己的内部培训师队伍。组织开展培训内部培训师项目应该关注以下4方面的问题①:

(1) 开发课程计划并设计受训者的个人学习目标;

(2) 选择与准备培训资料;

(3) 选择与使用培训的辅助设备(例如,PowerPoint幻灯片的播放、录像、投影仪等);

(4) 选择和使用不同的培训方法与技术。

组织中出色内训师的人才数量很少,企业要自行开发内训师培训项目就必须付出大量的财力和物力。当组织没有能力或不能设计一个培训内训师的项目时,一些组织则开发一套培训手册,囊括了设计与实施培训项目过程中的多种技术和操作要点。当组织内专门项目专家人数不足或可能的培训者分布在不同的地域时,培训手册是非常有价值的。

例如:在20世纪90年代早期,位于美国马萨诸塞的亚历山大咨询集团培训中心的培训则是依靠他们的专门项目专家提供的技术与财务方面的大量培训服务。这些个人都拥有讲授一些必要课程能力,但是经常缺乏一些设计、实施高效培训课程的必要技能。在这种情况下,该组织创建一个自我导向的引导者指南,能够提供一些信息、技术来实施需求评估、确定课程目标、开发课程内容、选择适应的指导技术与视觉工具。当这些培训者完成了自我导向的培训后,深感收益很大。有数据进一步表明,90%的专门项目专家发现,这些自我引导式指南对他们成长为培训师具有不可估量的价值②。

总的来看,对任何人力资源培训工作来说,选择和培训培训者是一项非常重要的决策。当一个不能胜任的、不能激发他人积极性的、不能唤起他人兴趣的培训者实施培训项目时,即使该培训项目本身能够明确反映组织需求,也将以失败告终。一个合格的培训者应该是具有培训者所必需的素质和别人认可的专业水平,否则,为了培训内容与设计之间的高效匹配,在项目设计阶段该培训者与其他专门项目专家进行合作是

---

① 德西蒙 R L,沃纳 J M,哈里斯 D M. 人力资源开发(第3版)[M]. 北京:清华大学出版社,2003:175.

② 德西蒙 R L,沃纳 J M,哈里斯 D M. 人力资源开发(第3版)[M]. 北京:清华大学出版社,2003:175.

非常必要的[①]。

二、开发课程

培训项目目标对于获得培训的预期结果是必要的，但凭借这些去界定培训项目的内容、方式与技术，以及培训资料是远远不够的。在明确了培训目标及培训者之后，下一阶段的主要任务就是制作、购买或修改培训资料，准备学员教材和教师教学资料包以及测试题目等。

无论是自主开发还是购买培训项目，为了将培训目标转变成可操作性的培训，需要开发设计课程计划。有时，有些组织特别是大的公司，可能在选择培训者之前，就进行了课程的开发。

（一）课程描述

课程描述主要是提供培训项目的基本信息，具体包括课程名称、目标学员的基本要求、培训的主要目的、本课程的主要目标、培训时间、场地安排以及培训教师的姓名等。表 6-2 是一个具体的课程描述的举例[②]。

表 6-2 课程描述举例

项目名称	如何进行有效的绩效考核与绩效管理
课程名称	绩效考核与绩效管理——以战略为导向的企业 KPI 指标体系设计
课程时间	6 小时
课程目的	1. 能够明确阐述绩效考核和绩效管理的重要作用 2. 掌握设定绩效考核指标的基本流程 3. 能够准确表达自己在绩效考核与绩效管理中的基本职责
目标学员	各级管理人员
学员规模要求	16～24 个人
前期准备	受训者：整理、收集部门绩效考核与绩效管理中存在的问题 培训者：熟悉绩效考核指标设计流程，准备研讨案例
培训教室要求	座位按扇形摆放
所需资料和设备	计算机、投影仪、白板、话筒
培训教师姓名	×××

资料来源：徐芳．培训与开发理论及技术[M]．上海：复旦大学出版社，2005：147.

（二）课程的具体计划[③]

一份详细的课程计划主要是设计培训的内容和活动，安排活动的前后顺序，以帮助培

① 德西蒙 R L，沃纳 J M，哈里斯 D M．人力资源开发（第 3 版）[M]．北京：清华大学出版社，2003：175.

② 徐芳．培训与开发理论及技术[M]．上海：复旦大学出版社，2005：146-147.

③ 诺伊 A R．雇员培训与开发[M]．徐芳，译．北京：中国人民大学出版社，2001：81-83.

训教师顺利完成本课程的教学内容,达到培训的目标。课程计划的设计可以是为期一天、一周或仅仅几个小时。如果培训要进行若干天,那么每天都要准备一个独立的课程计划。

详细的课程计划是培训者用来传递有关培训活动内容和顺序的指南(见表6-3)。课程计划包括培训期间将要进行的各项活动的先后次序及管理细节。课程计划提供了培训活动的一览表,有助于保持培训活动的连贯性,而不论培训教师是否发生变化;课程计划还有助于确保培训教师和受训者了解课程和项目目标。大多数培训部都有拟好的书面课程计划,被存入计算机或输入电子数据库。由于课堂计划可以以文件形式分发,因此受训者和培训部门的客户可以共同分享有关信息,以便了解课程计划的活动和课程目标的详细信息。

课程计划包括课程名称、学习目的、包括的专题、目标听众,培训时间、培训教师的活动(教师在培训期间会做些什么)、学员的活动(如倾听、实践、提问),以及其他必备事项。表6-3的示例指出,培训教师要向受训者演示关键行为,为讨论提供便利并监督角色扮演的练习,受训者在培训期间既要参与被动式学习(倾听),又要参与主动式学习(讨论、角色扮演的练习)。

表6-3 ××课程计划举例

项目名称	进行有效的绩效反馈面谈
课程名称	反馈面谈中问题解决法的应用
课程长度	一整天
课程目的	1. 准确描述绩效反馈的问题解决法的8个步骤 2. 准确演示绩效反馈角色扮演的8个步骤
目标学员	管理人员
先决条件	受训者方面:无 培训教师方面:熟悉用于绩效评估反馈面谈的倾听与反馈技能及问题解决法
场地布置	座位按扇形摆放
所需资料和设备	录像机、幻灯片投影仪、铅笔、幻灯片、“绩效评估面谈”录像带、角色扮演练习
备注	在培训前两周将预读文章发下去

课程活动内容	培训教师活动	学员角色	时间安排
课程介绍	主讲	倾听	8:00~8:50 am
观看三种绩效反馈类型的录像		观看	8:50~10:00 am
休息			10:00~10:20 am
讨论每种方法的优缺点	辅助者	参与	10:20~11:30 am
午餐			11:30~13:00 pm
讲解问题解决法的8个步骤	主讲	倾听	1:00~2:00 pm
角色扮演	看学员演练	练习使用关键行为	2:00~3:00 pm
结束	回答问题	提问	3:00~3:15 pm

资料来源:诺伊 A R. 雇员培训与开发[M]. 徐芳,译. 北京:中国人民大学出版社,2001:82.

三、选择培训方式与技术

（一）选择培训方式的一般原则

当考虑要采用何种培训方式时，首先要考虑受训者当前具有的专业水平。图 6-1 描述了学习连续体，表明如果受训者是一个新手，通常情况下需要更多指导式的或以指导为中心的培训方式；相反，如果受训者具有一定的专业水平和工作经验，一般情况下需要更多探讨式的或体验式的培训方式。

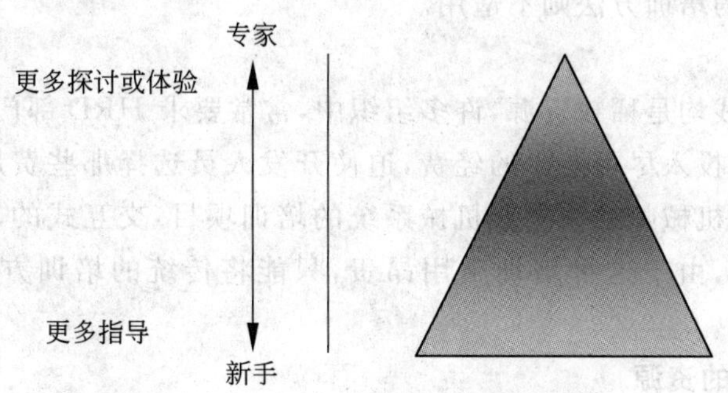

图 6-1　学习连续体与培训方式选择

资料来源：Yin L G. http://facstaff.uww.edu/yinl/edmedia2000/dlp-ppt/sld018.htm. In：德西蒙 R L，沃纳 J N，哈里斯 D M. 人力资源开发(第 3 版)[M]. 北京：清华大学出版社，2003：192.

从图 6-1 中可以看出，随着专业水平的增加，理想的培训方式从更多的指导转向更多的探讨或体验的方式。由于体验式或探讨式的培训需要较多的时间才能完成，当受训者人数较多时，这种方式就变得不适用了。因此，为了保证培训与开发项目的有效性，在培训设计时，首先要确定目标学员处于这个连续体的什么位置，据此设计相应的培训方式，以期给所有受训者提供指导和帮助，使他们能够提高到专家水平。通常，需将培训设计成探讨体验式和指导式结合运用的过程。例如，综合运用讲座、讨论、案例学习、角色扮演、行为模拟、商业游戏等方式。

（二）选择培训方式与技术时需考虑的问题

不同的培训方式与技术的使用频率有着较大的区别，而且使用频率处于动态变化之中。1998 年，ASTD 的一项调查显示，78.4％的培训采用培训师引导的课堂式培训；1999 年，《培训》杂志调查表明，90％的组织采用课堂培训的方式；但是，到了 2001 年，课堂式培训明显下降，降至 64.5％，同时，基于计算机、多媒体，以及公司内部局域网的培训大增①。

基于受训者在培训过程中要求或期望参与活动的多少，可将培训分为两极，一极是被动的、活动最少的，如，讲座式和观看录像式培训，另一极是主动的，高体验式培训，如，户

---

① 德西蒙 R L，沃纳 J M，哈里斯 D M. 人力资源开发[M]. 北京：清华大学出版社，2003：177.

外培训、角色扮演、商业游戏、行为模拟等,其他的如基于计算机的培训指导、视频会议式培训等则处于两个极端的中间。

培训的方式多种多样,为了使培训效果最大化,HRD 专业人员在设计培训项目所采用的方式与技术时,应考虑以下几个问题①:

1. **培训项目目标**

在培训中,为达到培训目标,有些方法比另一些方法更有效一些。例如,为了改善和提高人际技能,诸如观看录像、角色扮演或行为模拟等比较积极主动的方法更适合,而讲座式或基于计算机的培训方法则不适用。

2. **时间与费用**

由于时间和金钱均是稀缺资源,许多组织中,常常要求 HRD 部门迅速地设计和实施培训项目,而同时只投入尽可能少的经费,迫使开发人员选择那些费用较低的培训方式。例如,要设计一项对机械师维修复杂机械系统的培训项目,交互式的、基于计算机的培训是比较理想的,但是,由于这种培训费用昂贵,只能将传统的培训方法和在职培训结合起来。

3. **其他可获得的资源**

有一些培训方式要求高水平的培训者、专门的设备和机构的配套才能取得成效。这属于需要较多组织资源支持的项目。由于可获得资源的条件不同,开发人员权衡之后,也会选择对资源依赖程度较低的培训方式作为替代。

4. **受训者的特征与偏好**

这一问题涉及受训人员的准备状态和目标人群的多样性。基于计算机的培训要求较高的文化程度,如果文化水平或识字率等较低,则视频培训方式较适合,或先进行文化课培训。如果受训者的文化价值观和学习风格差异较大,在选择培训方式时要加以考虑,如跨国组织培训中的跨文化因素的影响。

四、开发/获得培训材料

培训方式与技术选择之后,下一个逻辑性操作步骤是准备/购买/开发培训资料。

(一) 课程教材及课前阅读资料

培训课程教材及课前阅读资料必须是事先精心准备的材料,必须切合学习者的实际需要,要包括该领域最新信息的资料。这种要求使得培训课程为了适应这种快节奏、高要求的标准,除用教学大纲说明课程意图外,还可以用报纸、杂志、期刊论文与案例作为教材,并配有音像教材、参考读物,组成一个资料包。在准备课程教材等培训资料时,要明确传递的信息要素有课程目标、课程内容、教学模式、教学策略、课程评价、时间、地点以及空间要求等②。

---

① 德西蒙 R L,沃纳 J M,哈里斯 D M. 人力资源开发(第 3 版)[M]. 北京:清华大学出版社,2003:180.

② 杨生斌,肖平,高恺元. 培训与开发[M]. 西安:西安交通大学出版社,2006:79.

另外，版权等问题是该阶段值得特别注意的问题，没有开发者/商的许可，不能随机使用出版物（如教材、杂志、案例、论文等）及计算机应用软件（如阅读器、处理软件）等。然而，令人遗憾的是，“借用”培训资料的现象很常见。

例如：有一个教授，他同时也是一个咨询师。一次，他的一个学员带来的培训资料竟然是该教授以前为另一个客户开发的，教授告诉该学员，他的雇主根本没有使用该套资料的权力，这种使用是违法的[①]。

随着计算机辅助教学的普遍应用，许多相关人员为了节约成本，常常使用盗版软件。目前，计算机操作软件的版权问题已变得日益突出与严重。

（二）辅助性材料

培训的主要目的是使学员理解培训内容，保持学员的兴趣，并且使学员能够记住所学习的技术和知识。为了达成这一目标，必须基于学习理论，了解什么能够帮助人们记忆。学员往往容易记住那些出现频率高的信息。而不同来源的信息，人们接受的概率也有所差别[②]：

- 20%是听到的；
- 30%是看到的；
- 50%是看到并听到的；
- 70%是做过的。

为了使培训真正有效，必须让学员能够看、听，并同时参与到课程中。因此，培训的辅助性材料包括阅读材料、视听材料、感觉材料（包括情绪、实践活动、可以闻到的、可以品尝的、可以触摸的、可以体验到痛苦的/舒适的）以及培训教师的个人备注资料。培训师通常要仔细准备的材料具体包括时间安排和需要注意的细节、在 PowerPoint 的幻灯片下使用注释、清楚的表格表示出学习要点和要做的事情等以及详细的手稿等。

（三）测试题目

1. 测试的作用与细则

测试是衡量受训者学习收获的一种有效方法。测试的主要作用是：评价受训者所面临的问题以及困难；对学员进行激励；考察培训中的指导材料、培训内容、培训方法以及活动设计是否存在问题；评价学员培训后的收获与表现。

测试细则是评估个人完成培训目标程度的具体说明。主要是：明确测试的用途、明确测试的目标和目的、明确如何进行测试、说明测试结果的应用。

2. 测试题目的设计

测试题目是用于检验学员受训后知识、技能以及绩效状况的一系列问题或评价方法。

---

① 德西蒙 R L，沃纳 J M，哈里斯 D M. 人力资源开发（第 3 版）[M]. 北京：清华大学出版社，2003：183.

② 徐芳. 培训与开发理论及技术[M]. 上海：复旦大学出版社，2005：158-160.

加涅将学习成果分为 5 类：言语知识、智力技能、运动技能、态度、认知策略[①]。不同类型学习成果的测试题目的设计也具有不同的要求。

(1) 言语知识。

言语信息分为 3 个亚类：符号、事实和有组织的整块知识[②]。对于这类知识测量的方法最简单，一般采用填空题或选择题测量。设计原则是：测验情景与原先的学习情景相同，或只有细微的变化，即强调学习或培训的近迁移。

(2) 智力技能。

对于这类技能的测量，一般采用分析应用题或辨别题等间接测量方法。设计原则是：测验情景与原先的学习情景有不同程度的变化，变化程度小的测验情景，测量的是领会和运用能力，变化程度高的测验情景，测量的是分析、综合和评价能力，即强调学习或培训不同程度的远迁移。

(3) 运动技能。

对于这类技能的测量，一般采用现场演示或角色扮演等形式测量。设计原则是：这些属于程序性知识，采用操作形式测量比较适宜。

(4) 态度。

真实的态度有时比较内隐，也许与外部的行为表现不一致，仅从言语表达和行为上不能判断一个人的真实态度。态度的测量有一定的困难，所以，对于态度的测量一般从认知、情感与行为表现或行为倾向上去测量。目前，心理学已发展出采用内隐联想测验来测量一个人的真实态度。

(5) 认知策略。

认知策略的测量比较困难，一般来说，采用口头报告法(也叫出声思考)进行测量。即使这样，有些学习者虽然运用了很成功的策略，但不一定能用语言报告出来；另外，即使采用了语言报告，其语言表达的也不一定是其真实的策略。所以对于认知策略的测量，更多的学者强调，采用观察法，从学习者解决问题的过程中间接推测认知策略[③]。

五、制定培训项目的日程安排

与其他培训设计步骤相比，制定培训日程安排看似简单，其实并非如此。一个组织可能很繁杂、忙碌，许多事情无法预测，这使制定培训日程安排或其他支持性活动变得异常困难。制定培训日程安排的目标是为了确保培训参加者(包括培训者与受训者)的参与，并使他们的注意力放到当前的学习任务上。制定程序主要涉及工作时间与非工作时间的日程安排[④]。

---

① 加涅 R M. 学习的条件和教学论[M]. 皮连生，王映学，郑葳，等译. 上海：华东师范大学出版社，1999：47-49.

② 皮连生. 教育心理学(第 3 版)[M]. 上海：上海教育出版社，2004：465.

③ 皮连生. 教育心理学(第 3 版)[M]. 上海：上海教育出版社，2004：467.

④ 德西蒙 R L，沃纳 J M，哈里斯 D M. 人力资源开发(第 3 版)[M]. 北京：清华大学出版社，2003：184-185.

（一）工作时间的日程安排

培训项目通常选择在正常工作时间内实施，这种时间安排主要是为避免外界的干扰与冲突，例如，交通问题、家庭和个人的事务等。这种安排也是为了给员工传递一个信号：学习与培训是工作的一部分。如果培训安排在正常工作时间，人力资源专业人员应考虑每周工作日、每天工作时间、工作高峰、员工会议以及交通旅行的要求等。

1. 每周工作日

每周中不同的工作日对于员工来说也许有不同的意义，这一问题需要考虑，因为，周一和周五与周末和假期相临近，许多员工为了延长其假期，常常偏爱每周一和周五。因此，尽量不要把培训安排在周一和周五。

2. 每天工作时间

每天工作时间也是需要考虑的一个因素。培训时间不应安排在午餐等就餐时间内，否则，不是培训人员在培训期间就餐，就是要求参加人员提前或推后就餐时间，这样会影响培训效果。人们的生物钟在一天中也有所不同，大多数人在午后处于一天工作效率的低谷，这一段时间，个体会注意力分散，打瞌睡等。因此，在这一段时间应安排一些积极参与的活动、适当的茶歇等。另外，有些员工可能会在培训快结束时提前离开或无心参加培训等，这些现象也需要培训者明智地应对。

3. 其他因素

除上述两个因素外，对于一些特定的组织或职业群体，还要考虑诸如工作高峰、员工会议和交通旅行等方面的因素。工作高峰可能是每天的高峰、每周的高峰或每年的高峰期等，这段时间组织内的工作是非常繁忙的，如果在这段时间内安排培训，可能与工作发生冲突。例如，如果在财务年度结算期安排培训，肯定会有相当一些人不能参加。相关工作人员在安排培训日程之前，应与经理或主管们沟通，以确定培训安排与员工会议、交通旅行安排等其他相关特殊日程安排是否存在冲突。做到上述这些，可以帮助培训组织人员选择一个最佳培训时间，并制定一个应对潜在冲突的计划。

（二）非工作时间的日程安排

有时，HRD项目也要对业余时间或周末时间进行日程安排，以避免组织的一些限制。但是，这种方法可能又会引起其他的问题。对于一些员工来说，延长工作时间和利用周末时间可能存在困难，特别是那些承担家庭事务或已经与其他人有约在先的员工。即使提前知道这种安排，家务事也可能使员工失去参加重要培训的机会。另一个问题是员工精力和体力的问题也需要考虑，因为，员工工作一天后身体会特别累，此时的体力和精神状态较差，精力欠充沛，这样会影响培训效果。

例如：通用动力公司电船部(Electric Boat Division of General Dynamics)应员工的要求，为下午班(4:00 pm～12:00 pm)的员工安排了一项培训项目，培训时间安排在深夜12:00点至凌晨2:00点之间，结果培训参加率极低。最终公司不得不放弃这一培训项目①。

---

① 沃纳 J M，德西蒙 R L. 人力资源开发(第4版)[M]. 徐芳，董恬斐，等译. 北京：中国人民大学出版社，2009：160.

即使下班后或周末的培训没有上述的困难,许多员工也不愿意放弃自己的休息时间。这种情况下,组织经常采取一些激励机制,如提供加班费,或另外给予补休时间。

第三节 培训项目的后勤设计

一、相关文书工作

(一)培训项目通知[①]

培训项目通知是项目确定后通知员工的重要信息渠道。这一通知应该让目标受训者知道有特定的项目即将进行。通知应该包括项目的目标、内容、开展的时间、地点及员工报名资格。通知应该留出足够的时间,这样对项目感兴趣的人才能将自己的事情安排妥当。

通知可以通过多种渠道发布,公司刊物和报纸、公司的内部网等是常见的渠道。有的公司还会有专门的布告栏用于公布培训信息。

(二)培训报名与注册

对于培训报名与注册过程的管理是一个令许多培训组织者头痛的实际问题。对于培训参加者(培训者与受训者)和经理来说,怎样注册、谁负责后勤工作(行程安排、食宿)、怎样取消原来的培训、如有变动怎样重新注册等问题必须是十分清晰的。由于计算机网络系统的应用,目前,报名注册过程已变得相当轻松了,可以说,信息技术的发展为HRD人员节省了宝贵的时间和精力。

报名是培训组织者开始实际启动一个项目的重要活动,而注册过程是一个项目实地展开的起点。报名决定着会有多少人参与一个特定的培训项目,这一数量确定后,培训项目就可以进入实施的准备过程了。这是事务性很强的工作,会涉及培训时间的确定,培训教室的租用,受训者的交通、饮食和住宿。当然报名人数并不一定就是最终可能的出席人数。因此,在这个阶段一定要清楚地说明如果已经报名,需要取消原来的培训应该与谁联系等[②]。

(三)其他文书的准备[③]

1. 准备并印刷所需要的材料

这些材料包括培训前所需要的材料(如阅读材料)及培训过程中需要的指导练习材料(如案例等),这些资料无论是内训还是外训,一般均应在培训开始前2～3天发放至受训者手中。如果是较远的异地培训,应在报到时随同资料包一起发放。

2. 分发评估资料

培训的效果要得到保证,就必须对最终的培训结果进行评估,这就需要大量的评估资料。

---

① 谢晋宇. 人力资源开发概论[M]. 北京:清华大学出版社,2005:178.

② 谢晋宇. 人力资源开发概论[M]. 北京:清华大学出版社,2005:178.

③ 谢晋宇. 人力资源开发概论[M]. 北京:清华大学出版社,2005:178.

项目小组一定要把评估的调查问卷、测验题和效果反馈表等准备好并在合适的时间分发。

3. 提供联系方式

为培训者和受训者互相提供他们的电话和E-mail,利于他们相互沟通。同时,应提供组织者与参加者间的联系方式。

4. 受训者档案记录的前期管理工作

组织者应将登记受训者培训情况的完整资料准备就绪,因为,这可能是受训者今后工作安排、职位晋升、薪酬调整的一个很好的依据。此项工作一定要细心认真,不能出现一丝疏忽。例如,对于采取了技能薪酬体系的组织,如果丢失了一个员工的培训记录档案,则对该员工的技能薪酬调整带来麻烦。

二、培训环境准备

培训环境的设计是保证学习效果的重要的外部条件。好的外部学习环境的设计能从自然环境、实践机会和保证学习反馈等各个方面来强化学习的效果。

(一) 培训场地的选择与准备

1. 场地选择

培训场地指实施培训的场所。一个好的培训场地应是:

(1) 舒服的且交通便利的。

(2) 安静的、独立的且不受干扰的。

(3) 为受训者提供足够大的空间使他们可自由移动,让他们清楚地看到其他同事、培训人员和任何想看到的东西或培训中使用的范例(例如,录像,产品样品,图表,幻灯)。

另外,如果是外训,培训场地的地理位置也是要考虑的因素之一。例如,场地所在之处要有比较便捷的交通,或提供专门交通服务。有些大型的培训项目,组织方或承办方的财务规则可能要求必须在两地实施,组织者不得已,常常是将培训场所与住宿场所分开,那么,场地的选择就要特别注意,住宿与培训地点间的距离不易太长,两地之间的交通要有保障等。

2. 场地准备

场地选择好之后,场地的准备是一项非常细致的工作。在场地准备过程中需要注意的细节见表6-4。

表6-4 培训场所准备时应考虑的细节

噪音	检查空调系统噪音,临近房间和走廊及建筑物之外的噪音
色彩	轻淡柔和的色彩,如橙色、绿色、蓝色和黄色属于暖色,不同种类的白色属于冷色,黑色和棕色会使心理产生排斥而变得疲倦
房间结构	使用近似方形的房间。过长或过窄的房间会使受训者彼此难以看见、听见和参与讨论
照明	光源应主要是日光灯。白炽灯应分布于房间四周,并且在需要投影时用作微弱光源
墙与地面	会议室应铺地毯,使用相同色调,避免分散注意力。只有与会议有关的资料才可以贴在墙上

续表

会议室的椅子	椅子应有轮子、可旋转,并有靠背可支撑腰部
反光	检查并消除金属表面、电视屏幕和镜子的反光
天花板	天花板最好10英尺高(约3米高)
电源插座	房间里间隔6英尺(约1.8米)设置一个电源插座。电源插座旁边还应放一个电源插头。培训者应能够很方便地使用电源插座
音响	检查墙面、天花板、地面和家具反射或吸音情况。与3~4个人共同调试音响,调节其清晰度和音量

资料来源:Finkel C L. Meetmg facilities[M]. ASTD Training and Development Handbook, 3rd ed., Craig R L. (New York: McGraw-Hill): 1996: 978-989.

由于技术会影响培训项目的信息传递,许多培训场地包括供培训教师和受训者控制的设备。

例如:位于伊利诺伊州芝加哥市的微软公司客户中心,共有16种不同的计算机平台,从笔记本电脑到大型机,均可供培训使用。还有两间具备电视会议技术的房间,可将培训课程从微软公司在华盛顿州雷蒙德市的总部传送到芝加哥。芝加哥可与微软25个不同地点的任何一个培训机构,或一次不超过11个机构进行链接。培训场地还应拥有录像机、CD、录音机和摄像机,以及用来控制视听设备和房间环境的可触屏系统①。

(二)座位安排

培训场地座位的安排要根据学员之间及培训教师与学员之间预期的交流类型来定。图6-2给出了几种座位安排的形式。

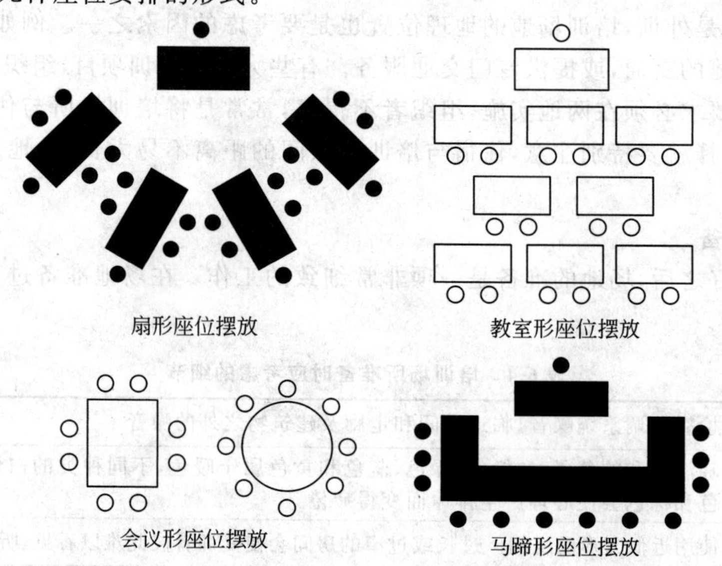

图6-2 几种座位摆放方式

资料来源:诺伊 A R. 雇员培训与开发[M]. 徐芳,译. 北京:中国人民大学出版社,2001:80.

① 诺伊 A R. 雇员培训与开发[M]. 徐芳,译. 北京:中国人民大学出版社,2001:79.

扇形座位摆放形式可以让受训者在房间内从任意一个角度观看,可以方便地从倾听讲座转向分组实践,且可以很容易地与房间里的每个人交流。扇形座位对培训是很有用的,它使受训者能够参与小组和团队讨论,共同分析问题,组织信息进行交流。

传统的教室形座位安排比较适合于获取知识,适用于以讲座和视听演示作为主要培训技术的培训。因为传统的课堂指导可让受训者与培训者之间展开交流。但其不足是很难使受训者参与团队讨论,特别是在房间内的座位不可移动的情况下。

如果培训强调整个小组的讨论,只进行有限的发言且没有分组交流,会议形座位摆放方式是最有效的。如果培训既有发言又有分组讨论,那么马蹄形座位摆放方式最好。

思考与操作训练

思考题

1. 简述培训计划的类型。
2. 举例说明培训经费的预算方法。
3. 如何制定一份有效的培训目标?
4. 简述选择培训方式的一般原则。
5. 论述培训设计的程序。

操作训练

大一新生入学引导培训方案设计

虚拟一份新生入学引导的培训需求,尝试为你们学校的大一新生设计一份入学引导的培训方案。

中国人力资源开发实践

××公司内部培训师选拔训练计划

一、背景

××公司是我国历史最长、规模最大、网络最完善并在海外上市的特大型国有企业的下属单位,为了向客户提供更满意的服务,需要企业培训的支持及培训管理的进一步完善和提高,具体地说,是需要一支培训力量更集中、人才素质水平有保障的内部培训师队伍。为此,公司开展了"内部培训师选拔训练计划",拟在各职能岗位选拔出潜质优秀的员工担任内部讲师队伍成员。公司期望该计划能结合外部有经验培训师的讲授与培训,引进一些先进的管理方法,从根本上提高电信服务系统职工的素质及工作能力,满足长远规划职工成长及电信工作发展的需要。

二、计划内容

(一)目标学员

通过主动报名和部门推荐的方法,各部门参加报名的人数共70人。

(二) 培训目标

承担该项目的培训咨询机构经过与公司人力资源部负责人讨论,确定该项目的目标为:

(1) 以学习知识为主要目的,通过课堂表现及参与情况选出最合适人选20名左右;

(2) 认知培训师职责与角色,以及卓越培训师的成长规律;

(3) 认识培训的心理规律;

(4) 掌握培训师应具备的基本知识与技能;

(5) 超越自我,展现思想,结合自身专长组织内部讲授课程。

三、计划实施过程

整个计划实施分4个阶段:项目实施前准备、项目实施、培训效果评估与培训后跟踪。

(一) 阶段1:项目实施前准备

通过以下程序来充分了解学员的背景:

1. 培训需求调查

培训实施前一个月,通过电话和面谈确定培训需求,提出培训方案。在进一步讨论的基础上对方案进行相应的修正。

深入开展前期调研:进行培训前问卷调查,以便更好地了解学员面临的挑战、他们的目标和对培训的期望。安排与学员领导及部分学员访谈,以便深入了解学员的工作环境和工作细节,并列举出3~5个工作实践案例。

2. 共同调整并确定方案

根据深入调研所获得的信息,培训咨询机构与公司培训组织者深入沟通,设计并确认下列培训方案:

选拔标准:有较强烈的表达欲望;有较好的表达基础;有成为培训师的积极态度;有较好的领悟力。这四点多与天生及平时的养成有关,应当成为测试、选拔讲师的基础指标,同时结合组织工作安排的情况。从第一份调查问卷开始进入评分系统。

选拔训练思路:以让学员学到东西为核心,选拔为辅。先对候选的70名学员就培训的基本概念和培训师的一些基本素质给予启发式的讲解和训练,使所有学员能更理性、更客观地判断自己与培训师之间的距离,也使学员能更充分地表现出相关的特质。在此基础上,进行第一轮双向选拔。然后对选出的学员继续进行培训表达技巧的训练。在此基础上,再进行最后一轮选拔。

(二) 阶段二:项目实施

1. 第一轮选拔

第一天:上午、下午

- 讲解、说明企业内部讲师的职业生涯规划与发展前景,减少选择的盲目性;
- 培训的基本概念、培训常见的典型问题、讲义的编写;
- 培训师的声音、着装、表情和肢体语言。

第一天:晚上

已准备的学员登台演讲3~5分钟。讲师提出第一轮选拔建议名单。

2. 第二轮选拔

第二天：上午、下午、晚上

培训师的语言规律、感染力的奥秘、互动规律、体验之旅。

第三天：上午、下午

- 结业演练：16 位学员登台演绎了自己准备的 15 分钟的课程（相当于毕业设计——含课程设计、PPT、完整的授课流程等），培训师对每一位演练者给出即时点评；
- 培训师自我创新和提高；
- 培训师与学员进行自由互动问答；
- 培训师根据三天的课堂互动提出第二轮选拔建议名单。

（三）阶段三：培训效果评估

(1) 学员对培训收益、课程内容、讲师等方面进行总体评估（满分为 10 分）；

(2) 讲师对学员的参与、领悟等方面进行评估，同时提出课程应用及提高建议；

(3) 学员对于课程的收获及应用：

- 学会了作为培训师要注意把复杂-简单-抽象-具体-间接-直接的问题说清楚；
- 掌握了培训技巧，讲义创作，增强了个人自信，并能不断在实践中提高；
- 能将所学的知识用于以后的学员指导中；
- 增强了对学员的高度责任感，能激励学员掌握培训中的知识与技能；
- 体验并认识到教学互动和场面控制的重要性及积极的作用。

（四）阶段四：培训后跟踪

将参加结业演练的学员录像片段制作成光盘赠送给学员，以便他们自我发现、提高和复习。

课后 3～6 个月内电话跟踪随访工作行动计划，并就他们的行动结果提供建议辅导。

定期提供培训师需求的参考素材和网络资源服务。

资料来源：内部培训师选拔训练计划成功案例分享. http://bbs.vsharing.com/Article.aspx?aid=322551.

第七章

培训实施技术

本章导读

- 培训方式与技术
- 在职培训技术
- 课堂培训技术
- 远程教育技术

培训实施是将培训设计付诸实践的过程，培训实施中所采用的方式与技术对培训的有效性具有重要的影响。在科技发展日新月异的今天，新的培训技术不断出现。目前，远程教育技术中的E-Learning及其最新的MOOC实践模式，以及正在兴起的M-Learning，由于其较高的实践应用价值，正以惊人的速度增长，这已成为企业培训与开发的趋势和鲜明特征。相对于E-Learning和M-Learning，在职培训（J-Learning）和课堂培训(C-Learning)的发展可能会受到挑战，但是，它们仍具有E-Learning和M-Learning不可替代的优势，仍是目前员工培训的主要形式。从当前的发展态势看，未来培训与开发技术领域的发展方向应该是J-Learning、C-Learning与远程教育技术(D-Learning、E-Learning与M-Learning)的有机结合。

技术改变人力资源开发

——网络化学习项目

网络化学习的实现得益于技术的发展，目前许多员工都在以不同的方式利用网络化学习或者用它进行各种培训。例如，美国保险业犯罪管理局监管的美国国家保险业犯罪培训研究院就给保险从业人员、起诉人员以及执法人员提供网上课程，教他们如何预防犯罪。目前已有上千人使用了该课程。W. R. Grace在Grace全球学习中心使用了网络化学习，对分布在世界各地的6 000名员工全天候开放。海岛虾屋也在其七家餐馆使用了网络化学习，从而缩短了高人员流动率行业中经理们花在员工适应期上的时间，而且课程资料英语版和西班牙语版都有。

在运输业，网络化学习的使用遵从强制性培训规定。美国航空每年为其24 000名航空服务人员提供有关飞行安全证书方面的在线课程，课程修满情况由一个中央数据库进行监控。Union Pacific 铁路公司利用网络化学习确保其 18 000 名铁路乘务人员通过培训达到联邦政府的要求。该铁路公司对通过技能测试的员工给以奖励，因为他们的网络化学习和薪酬支付系统是联系在一起的。

其他产业也有效地使用了网络化学习。国际独立杂货商联盟通过 IGA 学院提供网络化学习机会，并设立了杂货商资格的三个等级。银行、金融和会计行业也开设多种课程，包括导数、信用、固定收入证券等。所有这些例子中，员工们都认为相对于传统的课堂培训，网络化学习大大降低了学习成本。

资料来源：赵曙明，马希斯，R，杰克逊，J. 人力资源管理[M]. 第 11 版. 北京：电子工业出版社，2008：185.

第一节 J-Learning

培训项目的实施是培训的第三阶段。本节将讨论实施培训过程中具体的培训方式与技术。

一、培训方式与技术概述

培训可以采用在职培训(J-Learning)或课堂培训(C-Learning)的方式，也可以采用远程教育技术，如远程培训(D-Learning)、电子培训(E-Learning)和移动培训(M-Learning)等方式。不同的培训方式常用的培训技术也有所不同，表 7-1 罗列了不同培训方式常用的培训技术。

表 7-1 培训方式与技术

方式	技术
在职培训 (On-the-Job Training/Learning) —— J-Learning	• 工作指导培训 • 工作轮换 • 教练式 • 导师制
课堂培训 (Classroom Training/Learning) —— C-Learning	• 讲座 • 讨论会/讨论 • 视听教学——静态媒体(分发资料、书籍等) 动态媒体(电影、录像等) • 体验技术——案例学习、商业游戏、角色扮演、行为模拟、头脑风暴
远程培训	• D-Learning——计算机辅助教学 智能计算机辅助教学 • E-Learning——网络(局域网/互联网)教学 MOOC • M-Learning——基于手机或其他移动互联网终端的学习

资料来源：改编自德西蒙 R L，沃纳 J N，哈里斯 D M. 人力资源开发(第 3 版)[M]. 北京：清华大学出版社，2003：193.

多数教科书采用二分法,将培训方式及其所包含的培训技术分为“传统的培训技术”与“新兴的培训技术”,前者包括在职培训与课堂培训,后者是指 E-Learning。实际上,用“新兴培训技术”指代 E-Learning 已有 20～30 多年的时间[①]。另外,也有学者采用 C-Learning 来指代课堂培训[②],故本书放弃了传统与新兴培训技术的概念与框架,采用平行的三分法,将培训方式及其所包含的培训技术分为 J-Learning(On-the-Job Training/Learning)、C-Learning(Classroom Training/Learning)和远程培训(包括 D-Learning、E-Learning 与 M-Learning)。本节只介绍 J-Learning。

J-Learning 也就是传统意义上的在职培训,是常用的培训方式,是指员工并不脱离工作岗位接受培训的一种方式,常用的培训技术包括:工作指导培训、工作轮换、教练式与导师制。

二、工作指导培训

工作指导培训(job instruction training,JIT)是在职培训的一种形式,是指培训者对员工在工作场所进行的一系列指导过程,同时,培训者与受训者均需要完成其工作任务。工作指导包括 4 个步骤(见表 7-2)[③]。

表 7-2 工作指导培训步骤

步骤	内容
步骤一:准备受训者 (了解受训者的情况,提供培训手册、资料和其他培训或工作所需要的协助)	• 使受训者体验到放松氛围 • 了解受训者期望学习什么 • 激励受训者 • 确定培训任务
步骤二:呈现任务 (在要求受训者重复任务或操作之前,呈现受训者能够理解和再现的任务)	• 简要说明 • 展现 • 解释 • 演示
步骤三:练习/实践 (培训者应注意给受训者提供练习的机会)	• 受训者执行培训任务 • 受训者解释说明操作步骤 • 练习/操作反馈 • 强化正确行为
步骤四:跟踪/随访 (培训者应重视培训效果与质量的跟踪)	• 受训者独立执行培训任务 • 鼓励提问 • 定期检查 • 逐渐减少指导

资料来源:德西蒙 R L,沃纳 J N,哈里斯 D M. 人力资源开发(第 3 版)[M]. 北京:清华大学出版社,2003:195.

① E-Learning 有广义与狭义之分。广义的 E-Learning 概念应用已有 30 余年,狭义的 E-Learning 概念大约是在 1998 年提出来的,也已超过 20 年了。

② Farrell J N. Long live C-Learning [J]. Training & Development,2000,54(9):43-46. In:德西蒙 R L,沃纳 J M,哈里斯 D M. 人力资源开发(第 3 版)[M]. 北京:清华大学出版社,2003:216.

③ 德西蒙 R L,沃纳 J M,哈里斯 D M. 人力资源开发(第 3 版)[M]. 北京:清华大学出版社,2003:195-196.

成功的工作指导培训取决于培训者对不同培训过程的适应能力，特别是培训者是受训者的同事或主管时，在正式培训之前，培训者就应该支持受训者的培训需求，在培训过程中，培训材料太难或太简单都不利于培训，这就要求培训者及时调整培训材料。

三、工作轮换①②

工作轮换亦称轮岗，指根据工作要求安排新员工在不同的工作部门工作一段时间，通常时间为1～2年，以丰富新员工的工作经验。这种培训方法期望员工更多地是观察学习和“干中学”。员工轮岗期间，通常由所在部门的主管负责对员工进行管理、培训及考核等。

工作轮换起源于日本，主要目的是培养企业主的继承人，而不是较大范围内推行的一种培训方法。现在，许多企业采用工作轮换是为培养新进入企业的年轻的管理人员或有管理潜力的未来的管理人员。

工作轮换的作用主要体现在3个方面：第一，工作轮换能丰富培训对象的工作经历，使其在短时间内从事不同的工作；第二，工作轮换能识别培训对象的长处和短处，通过工作轮换，企业能了解培训对象在不同工作中的表现、专长及兴趣爱好，从而更好地实施员工开发；第三，工作轮换能增进培训对象对各部门工作的了解，改进各部门之间的合作，在工作轮换培训中，员工能了解并掌握各种不同的工作和决策情境，这种知识面扩展对完成跨部门的、合作性的任务是很有必要的。

然而，这种方法也有一些潜在的问题。因为员工在每一个工作岗位上停留时间太短，所学不精，以至于他们觉得自己更像是某个部门的参观者而不是该部门中的一员。由于他们的工作水平往往不高，所以可能影响整个工作小组的效率。同时，员工认识到他目前的环境是临时性的，不久就会换到别的岗位上，这样他们很可能在工作上敷衍了事。此外，其他员工观察某个轮换到他们部门的人或与该人一同工作时，可能会对其产生不满，而将来该人可能会成为他们的主管，因而可能影响将来的工作关系。

为提高工作轮换的有效性应在3个方面加以注意：首先，在为新员工安排工作轮换时，应考虑培训对象的个人能力、需要、兴趣、态度和职业偏爱，从而选择与其合适的工作；其次，工作轮换时间长短取决于培训对象的学习能力及学习效果，而不是机械地规定某一时间；最后，工作轮换所在的部门经理应受过有关的专门培训，具有较强的沟通、指导和督促能力。

例如：美国橡胶和轮胎公司在新员工工作轮换培训方面做得很成功。该公司工作轮换培训的主要特点是：工作轮换与培训对象的经历、教育、职业爱好相匹配；培训时间跨度为6～15个月，每个培训对象工作轮换的具体时间取决于该对象学习的速度和效果；工作轮换开始前有3个星期是新员工导向培训，其中有一个项目是与高层管理者讨论他们的职业兴趣，然后选择一些专业部门，分配安排6项任务，一项任务通常为一个月；培训对象选择分配的某个专业工作作为自己的职业开端③。

---

① 石金涛，唐宁玉，顾琴轩．培训与开发[M]．北京：中国人民大学出版社，2003：77-78.

② 德西蒙 R L，沃纳 J N，哈里斯 D M．人力资源开发(第3版)[M]．北京：清华大学出版社，2003：196.

③ 石金涛，唐宁玉，顾琴轩．培训与开发[M]．北京：中国人民大学出版社，2003：78.

四、教练与导师制

教练和导师制都是一对一的指导方式。教练技术一般是指一个员工和他的主管之间的指导关系,关注点是检测员工的绩效及保持有效绩效的行为,同时纠正存在的绩效问题。而导师制则是指一位高级经理或主管与一位新员工或没有资历的员工之间一对一的指导关系,目的是给员工以支持,帮助员工学习工作角色并为增加工作职责做准备①②。

(一)教练③

教练技术源于运动项目,一些具有远见卓识的企业管理者将该技术应用到企业培训上,并形成一种崭新的培训技术。特别是近几年来,经过国外学者的悉心研究与实践,"教练"已成为欧美企业提高生产力最新的有效培训技术。专业教练应是有承诺、有热诚、有丰富人生经验和事业成功的人士。他们不仅个人拥有杰出的成就,更能通过教练去支持他人创造成绩。

教练的职责有三点:一是指导培训对象作出计划、策略,以及引导培训对象思考为什么要做,如何做,后果如何;二是指出培训对象所不能或没有设想到的状况等;三是持续的引导与客观的反馈。为完成教练的职责,教练必须掌握的技能包括4个方面:聆听能力、发问能力、区分能力与回应能力。

在组织中,适于采用教练培训方式的员工主要有三类:①希望工作更有效率,向往成功的人;②希望生活改变,但尚没有方向、目标和手段的人;③长期在工作压力下生活的人。

1993年,随着胶卷技术的成熟,柯达公司的竞争对手越来越多,全球的业务受到很大的压力,公司被迫精简人力,导致员工面对工作环境的迅速变化而感到焦虑不安,故利润减少。为此,柯达公司策略性地引入教练技术,运用"企业教练"评估领导的效率,为高层管理者提供教练服务和领导教练技术培训。通过教练,公司的目标明确了,企业的生产力得到了很大的提升,各阶层人员之间的沟通得到了加强,员工愿意分享自己对企业和管理的意见④。

(二)导师制

导师制是对过去师带徒培训技术的丰富和发展,它使师带徒培训从手工艺领域扩展到所有知识、技能等领域,导师对员工的指导不仅包括知识、技能的指导,还包括品行、态度、员工个人的职业发展等方面的指导。

一般而言,导师制培训的有效性与师带徒培训有效性的决定因素一致,取决于3个方面:导师、员工和组织。导师应具有较强的沟通能力、监督和指导能力,以及宽广的胸怀;员工应虚心好学,积极主动和导师建立并保持友好的工作关系;企业组织应为新员工选择

---

① 石金涛,唐宁玉,顾琴轩. 培训与开发[M]. 北京:中国人民大学出版社,2003:78-80.

② 德西蒙 R L,沃纳 J N,哈里斯 D M. 人力资源开发(第3版)[M]. 北京:清华大学出版社,2003:196-197.

③ 石金涛,唐宁玉,顾琴轩. 培训与开发[M]. 北京:中国人民大学出版社,2003:78-80.

④ 石金涛,唐宁玉,顾琴轩. 培训与开发[M]. 北京:中国人民大学出版社,2003:80.

合格的导师，并对导师的培训工作给予充分的肯定和必要的奖励。例如，苹果电脑公司、联邦快递以及芝加哥联邦储备银行，都建立了正式的指导计划，其中导师及其门生都是由组织进行安排的。其实，在许多组织中导师关系常常是双方互相吸引的结果①。

目前，社会的知识总量增长迅猛，信息来源多元化，对知识、技术的获取越来越依靠信息技术，而信息技术发展速度也是日新月异，所有这些特点决定了知识生命周期极大地缩短。在这种情况下，个体只有坚持学习才能不断地更新自己的知识。因此，要求导师要有更为开放的治学、敬业精神，明确导师与学习者的关系是一种合作关系，是“教”-“学”互动、“教”-“学”角色互变的动态合作过程。

第二节 C-Learning

C-Learning 也就是传统意义上的课堂培训。课堂培训是指所有正式工作场所之外的培训，在这个意义上，课堂的含义是指任何工作场所之外的空间，可以是会议室、礼堂等。一些大的公司投资设立培训中心，如，摩托罗拉、麦当劳等。这些培训中心像企业大学那样运作，提供丰富的培训内容。课堂培训常用的技术有讲座、讨论、视听教学及体验培训等。

一、讲座法

讲座法是指培训者用语言表达他(她)想传授给受训者的内容。这种学习的沟通主要是单向的——从培训者到听众。不论新技术(例如，互动式录像和计算机辅助培训)如何发展，讲座法一直是受欢迎的培训方法。

讲座法是成本最低、最节省时间且又具有一定的组织形式、可以有效传递大量信息的培训方法之一。讲座形式之所以有用是因为经它可向大批受训者提供培训。除此之外，讲座法还可作为其他培训方法的辅助手段，如采用行为模拟和商业游戏等技术的培训。讲座法可用于培训前向受训者传递有关培训目的、概念模型、关键行为或游戏规则的信息，以便更符合他们的特定需要②。讲座法有不同的变式，表 7-3 对不同讲座方式进行了概括的描述。

表 7-3 不同的讲座方式

方 式	具体描述
标准讲座	培训者讲，受训者听，并汲取知识
团体教学	两个或两个以上的培训者讲不同的专题或对同一专题的不同看法
客座发言	客座发言人按事先约定的时间出席并介绍讲解主要内容
座谈小组	两个或更多的发言人进行信息交流并提问
学生发言	各受训小组轮流在班上发言

资料来源：诺伊 A R. 雇员培训与开发[M]. 徐芳，译. 北京：中国人民大学出版社，2001：133.

① 沃纳 J M，德西蒙 R L. 人力资源开发(第 4 版)[M]. 徐芳，董恬斐，等译. 北京：中国人民大学出版社，2009：435.

② 诺伊 A R. 雇员培训与开发[M]. 徐芳，译. 北京：中国人民大学出版社，2001：133.

表7-3描述的几种不同标准的讲座方法,它们各有利弊。团体教学为培训带来了更多的专业技术和不同观点与看法,但团体教学会占用培训者更多的时间,不仅用于准备特定的培训内容,还要用于与他人的合作与协调上,尤其当各题目之间相关度较大时就更需要相互协调了。客座发言人可带给受训者一些相关的例子和实际应用,从而激发他们的学习动机。为使客座发言这种方法更有效,培训者应为发言人设定一个有关他发言的内容与课程内容相关的框架。座谈小组适合于让受训者在讨论中充分表达自己的立场、观点,但座谈小组法的一个潜在弊端是那些对某一部分不甚了解的受训者会产生理解整体内容的困难。学生发言可提高资料的价值及受训者的注意力,但如果受训者不具备发言能力将会使学习受阻[①]。

讲座法也有其不足之处。它缺少受训者的参与和反馈,与工作实际环境联系不密切——这些会阻碍学习和培训成果的转化。讲座法在吸引受训者注意时有一定的困难,因为它强调的是信息的聆听,并且讲座法很难迅速有效地把握学习者对培训的理解程度。为克服这些问题,讲座法常常会附加问答、讨论和案例研究。这些方法使培训者能在讲座中为学员提供更多的参与机会,以及与工作有关的案例和实践练习,从而有利于学习和培训成果的转化[②]。

二、讨论法

讨论法是一个双向沟通的过程,包括培训者与受训者之间、受训者与受训者之间的交流与沟通。这种方法鼓励受训者积极参与,给受训者提供参与、反馈、肯定以及分享各自观点的机会,因此,它能够克服传统讲座的局限性与不足。有效的讨论取决于培训者激发和管理课堂讨论的能力。培训者常常通过提问以下问题来增强讨论的效果[③]:

(1) 直接性问题:可用作说明或引发特定反应。

(2) 思考性问题:可用作反思或思考其他人已经确定的信息或问题。

(3) 开放性问题:可用来挑战受训者,以增强他们对特定问题的理解。

讨论的参与者在讨论时偏离主题是很常见的,培训者对此要进行有效的管理。在讨论过程,应给每一位成员机会,注意避免个别滔滔不绝的人成为发言的主角,当受训者人数较多时(例如,30人或更多),对讨论的管理则变得比较困难,有一些受训者会感到怯场而不愿意参与讨论,此时分成小组讨论会比较有效。

讨论法也有它的局限性。第一,对培训者管理讨论的要求高,要求培训者事先进行充分的准备,并具有丰富的实践经验。第二,有效的讨论需要充足的时间。第三,受训者要有较多的参考资料和一些共识。讨论之前分发相关资料有助于解决此类问题。

如果能有充分的资源和时间,以及培训者与受训者均有积极态度和较高动机的话,那么,培训者与受训者在体验讨论法的趣味和活力的同时,能使培训收到良好的成效。

---

① 诺伊 A R. 雇员培训与开发[M]. 徐芳,译. 北京:中国人民大学出版社,2001:132-133.

② 诺伊 A R. 雇员培训与开发[M]. 徐芳,译. 北京:中国人民大学出版社,2001:133.

③ 德西蒙 R L,沃纳 J M,哈里斯 D M. 人力资源开发(第3版)[M]. 北京:清华大学出版社,2003:198-199.

三、视听教学

视听教学包括投影胶片、幻灯片和录像等，该方法也是最常用的培训技术之一，使用频率仅次于讲座法，它可以用来提高学员的沟通技能、谈话技能和顾客服务技能，并能详细阐明一道程序（如，焊接）的要领。但是，录像方法很少单独使用，它通常与讲座法一起向员工展示实际的生活、工作经验和例子。例如，在一些专题（如，领导技能、人际关系、面试程序等）的培训中，可以采用著名的电影或电视剧的片断，也可以制作专门的教学录像，以帮助受训者理解培训主题[①]。

在培训中使用录像有许多优点。第一，可重播、慢放或快放课程内容，这使得培训者可以根据受训者的专业水平来灵活地调整培训内容；第二，可以让受训者接触到不易解释说明的设备、难题和事件，如设备故障、顾客抱怨或其他紧急情况；第三，受训者可以受到前后连贯一致的指导，使项目内容不会受到培训者兴趣和目标的影响；第四，通过现场摄像可让受训者亲眼目睹自己的绩效而无需培训者的过多解释。这样，受训者就不能将绩效差归咎于外部评估人员身上（培训者或同事）。

采用录像法的不足之处一般来自于创作本身，如录像中涉及过多的学习内容，演员之间的对话效果不好，过多使用笑话或背景音乐，均会阻碍信息的可信性及明确性，如果剧情过于复杂，则使受训者无法搞清录像中强调的学习重点等。

目前，基于电子信息技术，传统的视听教学已逐渐发展为现代视听教学法。

四、体验培训

上述讨论的课堂培训技术主要关注培训内容的演示，其中，受训者处于被动地位。教育研究者提出，有效的学习要求学习者的积极参与。体验法是要求受训者积极参与培训过程的方法。这种方法可使学习者亲身经历一次任务完成的全过程，或学会处理工作中发生的实际问题。常用的体验式培训技术包括案例学习法、角色扮演法、商业游戏法与头脑风暴法等。

（一）案例学习法[②]

案例学习法通过一个真实或虚构的案例培养受训者分析问题和解决问题的能力。案例学习可以是个体形式的单独学习，也可以是团队或小组学习，学习讨论之后，受训者要将自己的观点在其他受训者面前陈述。案例也有不同的形式，有真实案例、虚构案例。案例分析时，应给受训者提供足够的信息，并且希望他们提出自己解决该问题的观点。为了解决问题，要求受训者逐渐学会理性地思考与解决问题。理性解决问题的过程包括：

①重新陈述案例中的重要事实；②从事实中抽象出结论或推论；③陈述案例中存在的问题所在；④开发出不同于案例的问题解决思路，并预测其结果；⑤制定或支持新的问题

---

① 诺伊 A R. 雇员培训与开发[M]. 徐芳，译. 北京：中国人民大学出版社，2001：133-134.

② 德西蒙 R L，沃纳 J M，哈里斯 D M. 人力资源开发（第 3 版）[M]. 北京：清华大学出版社，2003：206-207.

解决思路的行为过程。

案例分析的优点是：可以对学生必须学习掌握的概念进行解释说明；可以改善沟通技巧；可以促进理论与实践的联系；由于允许受训者讨论、分享，甚至辩论一些问题、观点、结论及不同的行为，因此，可以开发受训者分析问题的技能与整合新信息的能力。

案例分析的不足之处是：容易诱发集体思维；过于关注过去；制约培训者讲授职能的发挥；减弱受训者的抽象概括能力；强化了部分受训者的被动性；强调互动的数量，而忽略互动的质量等。

要克服案例分析的局限性，培训者在必要时要明确说明案例分析的要求和希望，并提供必要的指导，培训者要有效地指导案例讨论，以保证受训者有机会探讨他们对该情景的新假设，以及该情景中的理性而有效的反应。需要明确的是：案例讨论不是要找到一个所谓的正确答案，而是要开发出一套逻辑的、理性的行为模式。

(二) 角色扮演法

角色扮演(role playing)最常用的方法就是让受训者根据简单的背景资料(如剧本或规定的情景)扮演分配给他们的角色。通常将受训者分成两部分，一部分进入角色情景中处理各种问题和矛盾，让其通过表演去体验他人感情或别人在特定环境中的反应和处理问题的方式。对扮演者来说，从角色扮演中获得的影响是很大的。他或她实际上获得了一个自我发现和自我认知的机会；而另一部分受训者则要认真观察扮演者的行为，在表演结束后要对扮演者的行为进行评价，发表自己的看法。这样就保证了台上台下的受训者都能从这一过程中受益[①][②]。

角色扮演的角色设计要有层次、有结构，有时甚至要有冲突。受训人员可以扮演一个或多个角色。例如，在一项管理培训中，角色设计应该包括经理与下属之间人际关系的冲突，受训者应该有机会扮演经理和下属两种角色，这样才能对管理的动态性有更多的理解，同时加强人际技能的训练。有条件的组织，还可以将角色扮演过程录制下来，以便回放，这有助于讨论和评价过程。

角色扮演是在管理培训中使用最广的一种体验性方法。其优点决定了它的受欢迎程度。角色扮演的优点包括：具有互动性和行为性；能够教会受训者的换位思考；能够重塑或改变受训者的态度或行为。这种方法的缺点也同样明显：在角色扮演中角色扮演者所能获得的情景信息是比较少的，这不利于扮演者的正确参与；受训者的主观反应直接影响培训效果；不适用于团队精神的开发；受训者按照固定的角色行动，限制了他们的发挥空间和创新行为；角色扮演对培训者和受训者都有比较高的要求[③]。

(三) 商业游戏

商业游戏(business games)是由两个或更多的参与者在遵守一定规则的前提下相互

① 谢晋宇. 人力资源开发概论[M]. 北京：清华大学出版社，2005：190.

② 诺伊 A R. 雇员培训与开发[M]. 徐芳，译. 北京：中国人民大学出版社，2001：141.

③ 谢晋宇. 人力资源开发概论[M]. 北京：清华大学出版社，2005：190-191.

竞争达到预期目标或者是众多参与者通过合作克服某一困难实现共同目标。商业游戏要求受训者在游戏中收集信息、进行分析和决策。商业游戏主要用于商业管理中决策类型的培训。

商业游戏通常分为三个基本阶段：第一阶段的游戏参与；第二阶段的反馈；第三阶段的反馈后练习。根据游戏的具体情景，阶段的划分会有所变化，但是，一个有效的商业游戏都必须包括这三个最基本的阶段。

例如：一个叫"晶莹剔透"公司(Looking Glass，Inc.)的管理开发项目，由领导中心开发设计。游戏中让参与者扮演一个虚构的玻璃制造厂的决策者，并运用一些真实的企业数据(例如，成本、收益、市场等)让"决策者"进行多种决策。这个培训为期三天，每天的培训活动侧重点不同，第一天侧重于运作公司，第二天侧重于给予反馈，即分析第一天的行为情况，第三天侧重于练习第二天反馈阶段所强调的技能[①]。从相关研究分析，受训者在游戏中表现的行为与现实中的经理行为类似，说明这类培训至少在短期内是有效的[②]。

商业游戏的优点是：具有趣味性和竞争性；能激发参与者的兴趣和学习主动性；游戏强调的是解决问题和决策，在管理开发中运用广泛；游戏可以使受训者充分发挥自己的想象力，在改变自我认知、态度和行为方面效果显著；游戏有利于营造团队。商业游戏的缺点是：比较花费时间；游戏的复杂性与真实性不能与真实组织相比，为了增强商业游戏的真实性，在设计上，有时事先需要进行比较复杂的情景设置等准备工作；企业的历史、文化、社会压力等很难采用游戏法进行模拟；游戏毕竟不是现实，容易使受训者做出比较随意的决策；许多游戏都过分强调决策的数量方面，例如，成本、收益与市场份额等结果性的指标，而忽视达到这些结果的过程、手段及企业应当承担的社会责任[③]。

传统商业游戏有多种形式，而且也随着技术的发展而发展。例如，篮中练习、基于计算机的商业游戏等形式已被广泛应用。

(四) 头脑风暴法[④]

头脑风暴法是指在平等、无批评的氛围中逐渐发现最优解决方案的过程。典型的头脑风暴法通常在5～12人中展开。这些人围桌而坐，群体领导者以一种明确的方式向所有参与者阐明问题的初始状态，并明确要解决的问题。然后成员在一定的时间(一般为20～60分钟)内"自由"提出尽可能多的方案，不允许任何批评，即组织者和参加者都不能评价他人的建议和方案，并且所有的方案都被当场记录下来，留待稍后再讨论和分析。事后再收集参加者的建议，交给全体参加者。然后针对重复的、明显不合理及表达含糊的方案进行澄清，并组织全体参加者对可行方案逐一评价，选出最优方案。

头脑风暴法的特点是培训对象在培训活动中相互启发思想、激发创造性思维，它能最

① 谢晋宇．人力资源开发概论[M]．北京：清华大学出版社，2005：194.

② 沃纳 J M，德西蒙 R L．人力资源开发(第4版)[M]．徐芳，董恬斐，等译．北京：中国人民大学出版社，2009：180.

③ 谢晋宇．人力资源开发概论[M]．北京：清华大学出版社，2005：195.

④ 赫尔雷格尔 D，斯洛克姆 J W，伍德曼 R W．组织行为学(第9版)[M]．俞文钊，丁彪，译．上海：华东师范大学出版社，2001：390-391.

大限度发挥每个参加者的创造能力，更多地提供解决问题的更佳方案，鼓励任何种类的奇特观点，同时禁止对各种观点的任何批评。

头脑风暴法的关键是排除思维障碍，消除心理压力，让参加者轻松自由、各抒己见。因此，头脑风暴法的优点有：①培训能为企业和受训者解决实际问题，大大提高培训的收益；②一般情况下，培训中受训者的参与性强；③小组讨论有利于加深学员对问题理解的程度；④能激活集体的智慧，达到相互启发的目的。

但是，头脑风暴法也存在一些缺点：①对培训者要求高，如果不善于引导讨论，可能会使讨论漫无边际；②培训者主要扮演引导的角色，讲授机会较少；③研究的主题能否得到解决也受培训对象的水平限制；④主题的挑选难度大，不是所有的主题都适合讨论。

目前，在计算机和网络技术的影响下，传统头脑风暴法也发展成为网络头脑风暴法，它的出现是令人惊奇的，在网络头脑风暴法软件(例如，维它那公司的软件)支持下，消除了传统头脑风暴法的主要障碍：参与者清楚哪些观点是谁提出来的，可以说，网络系统保证的匿名制可以使参与者自由地产生更多更新的奇特观点。

第三节 D-Learning、E-Learning 与 M-Learning

计算机和网络等信息技术的发展，带动学习方式的变革。对组织中的员工来说，除了接受课堂培训的方式外，如今的培训越来越多的是通过远程教育来实现。爱尔兰著名的教育技术专家“基更”(Desmond Keegan)[①]将远程教育划分为三个阶段：远程学习(Distance Learning，D-Learning)、电子学习(Electronic Learning，E-Learning)与移动学习(Mobile Learning，M-Learning)。基更认为，远程学习、电子学习和移动学习共同描述了当今远程教育系统的丰富性和复杂性。

一、D-Learning

当今的 D-Learning 发展依然兴旺，应用的主要技术是印刷材料、录音带、录像带、磁盘、实验箱和其他在教育中使用的技术。这种学习是个体化的，时间和空间具有很大的灵活性，远程的学生通过电话和其他现代通信手段与学校进行教学交流[②]。

(一) 计算机辅助教学

从电子图书、训练方法，到将传统培训项目压缩到光盘中均可采用计算机辅助教学(CAI)。CAI 的过程是：受训者在特定的软件环境下，向计算机提出有关学习项目的请求，计算机接受信息后，通过显示装置向受训者提供其所需要的信息，受训者依此评估自己对学习材料的掌握程度，了解需要进一步学习的内容。CAI 软件可以包括各种各样的题目，而且一旦开发出来，成本是很低的。它所包含的内容从基本的阅读和打字，到高级的技术培训，工程设计和机械维护等，直至目前开发的许多管理行为、决策行为等模拟程

---

① Keegan D. 从远程学习到电子学习再到移动学习[J]. 丁兴富，译. 开放教育研究，2000(5)：6-10.

② Keegan D. 从远程学习到电子学习再到移动学习[J]. 丁兴富，译. 开放教育研究，2000(5)：6-10.

序。现在,计算机辅助教学与多媒体和网络进行结合,使学习更加生动有趣、更加具有互动性和吸引力[①]。

与传统培训方法相比,计算机辅助教学软件的优点是:具有互动性,很容易"流通",即人—机沟通和在线沟通;可以根据学习者的水平提供不同层次的学习材料,可以自设进度,从而提高学习者的自我效能;学习者可以在内部学习系统中获得资料,或者从网络下载学习材料,减少旅行;最后,计算机辅助教学本身就带有教学管理功能,能实现指导和教学的管理、记录,自动将学习者的进度、学习材料使用情况、学习成绩和问题记录在案。许多利用 CAI 来开展培训活动的企业发现,这是一种能为企业节省不少开支的方法。相关研究也证明采用 CAI 可以减少学习者的学习费用和学习时间。但是,这种方法虽然可以在线与其他人进行互动,但缺乏面对面的人际交流。而面对面的人际交流对学习来说是必须的,例如,培训者和受训者之间,受训者和受训者之间都需要面对面的交流[②]。

CAI 包括的形式有个人练习方式、游戏方式、模拟方式(虚拟现实)、考试方式等。

例如:摩托罗拉公司为了让雇员学会操作寻呼机自动装配设备的高级生产,对于该课程采取了虚拟现实的培训方式,这种培训方式可以为受训者提供三维学习方式。培训课为每个学员配有一台显示屏,学员可以看到实际的实验场所、机器人、工具及装配操作等虚拟世界。学员能听到真实的声音,也能看到实地场景,因此感觉就像在现场使用设备一样。而且,机器设备也能对学员的行动(如打开开关或拨号)有所回应[③]。

(二) 智能计算机辅助教学

智能计算机辅助教学(ICAI)也叫智能指导系统(ITS),是 CAI 的升级与发展,是指运用人工智能进行指导的系统。智能指导系统有三种类型:指导、训练和授权。个别指导旨在提高受训者对某项内容的理解力;训练则可以让受训者在人造环境中灵活运用技能;授权指学员能自行开发培训项目内容的能力。智能指导系统有使用者界面、某领域专家、受训者模型、培训管理人员及情景发生器 5 个构成部分(见图 7-1)[④]。

图 7-1 表明,使用者在自己的界面能与系统进行互动式的沟通。使用者(学习者)在进入系统后可以进入专家领域,从某个虚拟的专家处获得如何完成任务的信息。专家系统是根据专家多年对知识、技能和能力的积累开发出来的。专家系统具备某个领域的事实资料、图表和规则的知识库。专家系统还应该具备决策能力,可以模拟某个专家的推理,并可以从事实和图表中获得信息。

学习者也可以进入受训者模型领域,通过完成测试来确定自己的水平。

学习者在进入培训管理领域时,可以报告自己的学习行为,汇报学习成绩和结果。系统会自动提供指导,学习者将知道自己下一步应该做什么。

学习者在情景发生器的界面里,可以对问题的难度进行评价。ICAI 在灵活性和定量

---

① 谢晋宇. 人力资源开发概论[M]. 北京:清华大学出版社,2005:209.

② 谢晋宇. 人力资源开发概论[M]. 北京:清华大学出版社,2005:210.

③ 诺伊 A R. 雇员培训与开发[M]. 徐芳,译. 北京:中国人民大学出版社,2001:163.

④ 诺伊 A R. 雇员培训与开发[M]. 徐芳,译. 北京:中国人民大学出版社,2001:163-164.

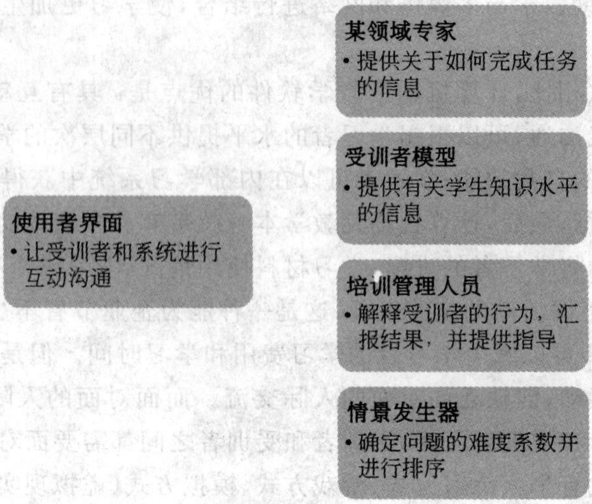

某领域专家
• 提供关于如何完成任务的信息

受训者模型
• 提供有关学生知识水平的信息

使用者界面
• 让受训者和系统进行互动沟通

培训管理人员
• 解释受训者的行为，汇报结果，并提供指导

情景发生器
• 确定问题的难度系数并进行排序

图 7-1 智能计算机辅助教学

资料来源：诺伊 A R. 雇员培训与开发[M]. 徐芳，译. 北京：中国人民大学出版社，2001：164.

化测量学习绩效方面超越了一般计算机辅助教学。CAI 可以让学习者从几个水平的学习材料中选择一个适合自己水平的材料，例如，初级、中级和高级。而 ICAI 却可以做到在学习前对受训者进行测试，根据学习者对计算机所提问题的回答来确定学习者的能力。ICAI 更接近于像是给学习者请了一位电子化的“老师”。这个“老师”会给学习者提供个性化的学习建议，鼓励他所进行的学习实践，通过测验来激励学习者的学习动机和好奇心。对于具有创造性的学习者来说，这种方法能提供个别的指导。更好的 ICAI 甚至允许学习者自己开发培训项目的内容①。

ICAI 项目比 CAI 项目开发起来更困难，但是，ICAI 的潜力却是巨大的，是技术培训和高级技能培训最有效的方式。

例如：NASA(美国国家航空航天局)在进行飞行员培训时就使用了 ICAI。远程演习智能指导系统可以让飞行员学会如何在飞机上使用武器，飞行员必须学会如何完成任务，并掌握对付炸弹的有关程序。ICAI 所设计的过程能满足飞行员的个人需求，提供的绩效反馈也与飞行员的学习进程相吻合。该系统为每个飞行员作了有关绩效数据的记录，它按照受训者的理解水平作出相关决策，并利用这些决策为其提供合理的绩效反馈②。

总之，D-Learning 已经实现了教师与学生的时空分离，“教”与“学”活动的非同步性，为学生开发学习材料和提供学习帮助服务的远程学习系统起到了举足轻重的作用。但是，D-Learning 也有自身的弱点，主要包括缺少面对面的接触，学生不能对教学进行观察学习，以及不能与教师进行交流互动等。

二、E-Learning

E-Learning 利用网络和信息技术，在原来作为 D-Learning 特征的个体化远程教学系

---

① 谢晋宇. 人力资源开发概论[M]. 北京：清华大学出版社，2005：211.

② 诺伊 A R. 雇员培训与开发[M]. 徐芳，译. 北京：中国人民大学出版社，2001：164.

统上增加基于集体的远程教学系统，它所采用的面授教学不仅使得D-Learning的一些主要弱点得到补偿，还第一次使得远程集体教学成为可能。E-Learning的兴起和发展，是人类学习方式、学习观念转变的最重要的标志之一[①]，其主要形式是基于网络教学的培训。

（一）传统的网络培训

1. 网络培训概述

网络是一种广泛使用的通信工具，是一种快速廉价收发信息的方法，也是一种获取和分配资源的方式。网络的普及率很高，对人的学习方式影响很大，它能提供极有价值且内容十分广泛的信息。人们可以同本地或全球的其他相关人员进行沟通，发送信息或文件，探讨某些专题等。

例如：有一位加拿大魁北克水力发电站的经理利用网络来研究公司的全面质量管理和业务流程再造。当需要了解多元化和妇女问题的有关信息时，该经理可以访问康奈尔大学的网址，并可迅速下载相关内容。当公司需要展开调查时，该经理则可以通过网络来了解同等规模的其他公司的有关综合性调查情况。仅在一天之内，就有30名人力资源专家（包括联邦快递公司和联合邮包服务公司）作出了回应。另外该经理还可同摩托罗拉、IBM和其他公司的人力资源经理探讨有关事项[②]。

网络包括互联网和局域网，相应的网络培训也分为互联网培训与局域网培训。互联网培训指由公网进行传递，并由浏览器进行演示的培训方式。局域网（内部网）培训指通过公司内部网络开展的培训，它只面向公司内部雇员，公司外部人员则不能获得这种培训。ASTD的一项调查显示，1998年，局域网培训占网络培训的32.2%，到2001年，局域网培训占网络培训的百分比上升至77.1%。互联网和局域网培训内容都可以储存在计算机内并通过计算机网络系统来运用。

例如，阿姆戴尔公司（一个大型计算机制造商）已经开发了一个企业内部网，雇员可以利用Netscape和公司研制的网络浏览器来对网络进行浏览。阿姆戴尔公司的每个部门都有自己的网页，网页描述了部门所提供的服务类型。培训部门的网页包括它提供的一系列培训课程，生产部门的网页可以让雇员通过内部网来查阅技术手册。许多雇员甚至还拥有自己的私人网页[③]。

网络培训可以为虚拟现实、动感画面、人际互动、员工间的沟通以及实时视听提供支持，它可分为5个水平，如表7-4所示。

最简单的层级是加强培训者和受训者之间的沟通，较为复杂的层级是对培训进行实时传送。此外，受训者可以利用网络上的其他资源，与其他受训者一起分享信息，并将自身的知识和对培训的感悟储存到数据库里，从而为公司其他雇员提供帮助。

---

① 谢晋宇. 人力资源开发概论[M]. 北京：清华大学出版社，2005：211-212.

② Greengard S. Catch the wave as HR goes Online. In：诺伊 A R. 雇员培训与开发[M]. 徐芳，译. 北京：中国人民大学出版社，2001：159-160.

③ 诺伊 A R. 雇员培训与开发[M]. 徐芳，译. 北京：中国人民大学出版社，2001：160.

表7-4 网络培训的层次

层 次	具体描述
沟通交流	用于培训者与受训者的沟通,如课程通知、作业、问题等,也可用作合作型教学,如小组讨论、论坛、甚至放松聊天等
在线学习	凭借超文本(网络通用语言),培训者可以创建一个超链接图书参考资料库,受培训者可以使用所有类型的培训材料,包括产品手册、安全手册以及技术资料等
需求评估管理与测试	通过网络,培训者可以进行培训需求评估(例如,人员分析)、在线注册、培训前测试、培训后测试、评分、评价以及保存记录等,并且,测验分数可以高效快速地反馈给学习者和管理者
计算机辅助培训	有权限的员工在任何需要的时候(无论白天或夜晚)可以下载并实施基于计算机的培训项目,培训文件资料包及其发送方法均可通过网络实现
多媒体培训	实时的互动媒体可以通过新的程序语言发布,受训者可以体验到具有声音、动画和视频的互动课程

资料来源:Kruse K. Five levels of Internet-based training[J]. Training & Development, 1997(2): 60-61. In: 德西蒙 R L,沃纳 J N,哈里斯 D M. 人力资源开发(第3版)[M].北京:清华大学出版社,2003:213.

2. 网络培训项目的设计规则

培训人员和管理人员在开发网络培训时需考虑表7-5所示的设计规则,这些规则分为5类。开发规则与网络培训的建立方式有关;指导成效规则与创造积极的学习环境有关;学习者自行控制规则与受训者对进度、传递方式以及项目参与程度的控制能力有关;链接规则指对其他资源的获取能力;共享规则指彼此沟通的机会①。

表7-5 网络培训项目的设计规则

规 则	具体描述
开发	• 培训项目的目标是提高工作绩效 • 项目的开发应以对受训者的需求、技能、知识和工作环境分析为基础 • 音乐、图表、画面、动画和录像应促进学习而又不会产生负作用 • 培训内容要与现实紧密结合 • 要对终端用户(经理、潜在的受训者、专家)进行培训检测 • 要通过雇员和专家来提供与内容相关的案例、练习及作业
指导成效	• 受训者拥有练习的机会,并能通过问题、练习、作业和测试来获得反馈 • 项目中要加入对学习结果的评估 • 通过真实的案例来阐明抽象的概念 • 要让受训者了解在工作中运用培训成果将会遇到的障碍,以及克服这些障碍的方法 • 要通过多种案例、练习和实践来达到培训目标
学习者自行控制	• 要为受训者提供学习内容安排表,从而让受训者按照自身的需求自行控制培训进度,并便于了解其他资源 • 受训者可以就某些问题的答案、解答方法及反应与他人进行比较 • 在对受训者的知识、技能、相关经验评价的基础上,受训者可以选择在任何时间、地点开始培训

① 诺伊 A R. 雇员培训与开发[M]. 徐芳,译. 北京:中国人民大学出版社,2001:162.

续表

规 则	具体描述
链接	• 受训者可以充分了解和获取相关材料和其他附加资源(例如,图、表、其他网址)
共享	• 受训者有机会同培训人员、同事、其他受训者和专家进行网上沟通,这些均可以通过电子信箱、聊天室或公告栏进行

资料来源:诺伊 A R. 雇员培训与开发[M]. 徐芳,译. 北京:中国人民大学出版社,2001:162.

表 7-5 中的设计规则强调,使用网络这种培训方式并不能确保培训的有效性。有效的网络培训首先应对需求进行彻底的评估,对学习目标有充分的了解,而且,还应将声音、语句、图表进行综合,从而确保其能对大多数使用者产生吸引力,并且通过提供有益的培训资料,设定沟通目标,为受训者创造练习和获得反馈的机会等方式来创造一个良好的学习环境。

3. 网络培训的优缺点

互联网或企业内部网培训与其他多媒体培训方式有着相似的优点。互联网培训的优势在于使培训不受时间和空间的限制,节约成本,能提高培训管理的效率,能实现自我导向和自设进度的培训指导,能监控受训者的绩效,并能使培训易于管理和控制。

从学习的角度来看,网络培训的优点在于:网络培训可以让受训者完全控制培训传递,能与其他资源相结合,并能与其他受训者和培训者彼此共享信息,进行有效的沟通,或是将数据存储在数据库内,无论在培训前、培训中和培训后都可进行信息共享。由于受训者可以积极参与学习过程,材料也是直接针对雇员所面临的问题,因此,学习者的自行控制、与其他资源的联系、对资源的共享等几个方面都能促进学习和培训成果的转化。网络培训还可以同时为多人提供不同步的培训资料。

从费用的角度来看,网络培训通过使用日益流行的网页文档格式来简化培训项目的更新过程,并且,培训者能以较低的费用快速更新其培训项目,且这些变化能立即产生效用。

网络培训的缺点在于计算机网络无法解决广泛的视听问题(通常指频带宽度问题),需要控制和预先通告使用者,多采用线性学习方式;学习者缺乏归属感;有的学习者难以适应网络学习。

(二)网络培训的新进展

1. MOOC 概述

目前,比较有影响的网络培训的新进展体现为大型开放式网络课程(massive open online courses,MOOC)。2008 年,加拿大第一次使用 MOOC 这一术语,用于描述一门通过网络对任何人开放的课程。2012 年,MOOC 悄然兴起,它是一种个性化的E-Learning,是一种满足个性化学习需要的在线课程,其目标是借助网络,公开的、无限制的进入,除传统的视听资料、阅读资料和问题模式外,MOOC 还提供用户互动论坛,该论坛能够帮助建立一个集学生、教师和助教为一体的互动社区[①②]。MOOC 一经产生便在全球范围内刮

① Pappano L. The year of the MOOC [EB/OL]. The New York Times. Retrieved 18 April 2014.

② Lewin T. Universities abroad join partnerships on the web[EB/OL]. New York Times. Retrieved 6 March 2013.

起一阵远程学习的狂潮。尽管早期的MOOC项目常常强调学习内容、结构和目标的公开进入等特征,以促进学习资源的重复使用和融合。但是,一些新近开发的有影响的MOOC项目在学习者免费进入的同时,则强调其课程资料的封闭式管理,即需要有效认证后方可获得相关课程资料①②③。

El-Hmoudova④ 认为,目前讨论较多的 MOOC 有两类:cMOOC 与 xMOOC。cMOOC建立在联结主义学习理论的基础之上,认为知识是网络化连接的,学习者基于同一话题,在网络社区中通过讨论、交流建立知识节点,并最终在知识网络中形成多群体学习路径的生成式课程,每个学习者在活动探究中拥有对知识的个性化建构;即cMOOC倾向于学习者的自发性与建立网络知识结点的非正式性。xMOOC的理论基础是行为主义理论,xMOOC是指基于学习内容的、更接近于传统教育模式的MOOC。一项xMOOC一般包括一个到多个讲师,通常通过网络开展讲座、布置学习任务、进行讨论等。与cMOOC相比,xMOOC的结构化课程体系和系统化支持服务平台更容易被学习者所接受。虽然xMOOC具有传统课堂教学的一些特征,但它又具有不同于传统课堂教学和传统网络教学的特征,它是在先进技术支持下课程模式的突破和创新⑤。

目前,MOOC多为国际知名大学的网络视频公开课,如网易公开课,它包括国外的Khan Academy(可汗学院)、redX等非营利项目,Coursera,Udacity等商业收费项目;以及中国大学的MOOC(慕课)免费进入的项目等。这些MOOC项目旨在倾心打造顶尖大学的在线学习平台。

2. MOOC对组织培训的影响

在实践中,所有行业都非常看好MOOC在员工培训方面的应用前景,并且MOOC在现有的员工专业技能拓展方面已经得到应用。美国杜克大学和美国北卡三角洲国际研究院(RTI international)的最新研究显示,已经有7%的雇主在使用MOOC课程对员工进行技能培训,还有5%的雇主正打算开展类似计划,另外71%的雇主希望自己的机构也能在不久的将来把MOOC应用于员工的培训与开发⑥。目前,虽然大多数雇主还不知道什么是MOOC,但当他们了解MOOC之后,他们都有意愿将MOOC纳入员工的培训之中。

我国管理学博士邱昭良⑦认为,MOOC毫无疑问将会对企业培训产生重大而深远的影响,主要原因如下:

---

① Wiley D. The MOOC misnomer[EB/OL]. July 2012.

② Cheverie J. MOOCs and intellectual property: Ownership and use rights[EB/OL]. Retrieved 18 April 2013.

③ Carr D F. Udacity hedges on open licensing for MOOCs[EB/OL]. Information Week. Retrieved 21 August 2013.

④ El-Hmoudova D. MOOCs motivation and communication in the cyber learning environment[J]. Procedia-Social and Behavioral Sciences, 2014, 131: 29-34.

⑤ 王颖,张金磊,张宝辉. 大规模网络开放课程(MOOC)典型项目特征分析及启示[J]. 远程教育杂志,2013(4): 67-75.

⑥ Park T. Study: MOOCs viewed positively by employers for hiring, training [EB/OL]. PRWeb, http://mooc.guokr.com/opinion/437623/.

⑦ MOOC将对企业培训产生重大影响[EB/OL]. http://wenku.baidu.com/link?url=7wYV1ZgP5Eew8_LSXhhMwy5Rq_YntpFZhTnwUJVIalh5ODc8YT9DfRG5tyOBm3_rQWt3FbpOgVvpv84vD93q3HUB9_0xMc1ZpHVTJDqtX5S.

第一，MOOC是适合"新人类"的教学模式——随着"90后"或"00后"进入职场，这些"新人类"迅速成为组织的主力，因此，组织在职培训方式必将更多地采用MOOC模式。

第二，设计精良的MOOC学习体验好于传统的E-Learning，甚至一些面授培训的效果。目前，一些MOOC项目已经展现出精良的设计与制作，学习者从中获得了很好的学习体验和学习效果。

第三，MOOC主要提供者多为世界一流名校，这些名校的积极参与正在引领MOOC的成熟与发展，加之，呼吁承认其学分的强烈呼声，这将在更大程度上推动MOOC的发展及其在组织培训中的应用。

第四，传统面授培训的成本高、覆盖能力有限、培训迁移程度低，传统E-Learning则缺乏互动、学习效果不佳等，因此，组织学习面临转型，而MOOC将是必然的选择。

第五，随着虚拟教室、即时通信、虚拟现实、智能穿戴式设备等技术的快速发展与应用，类似MOOC学习培训模式的供应量、可用性和学习效果将显著提高，成为企业不可忽视的重要学习资源。

MOOC对组织培训的影响表明，MOOC对组织确实存在潜在的价值。但是，MOOC还是一个新生事物，一方面MOOC的发展还远不成熟，也受到一些质疑和挑战；另一方面它在组织培训中的应用价值还有待进一步的研究和实践探索。

三、M-Learning

（一）M-Learning概述

从D-Learning到E-Learning再到M-Learning是远程教育领域逐渐发展和细分的过程。E-Learning的开发者必须清楚地意识到随着新技术的发展与可选择使用的新设备的出现，学习者的偏好已经发生了转变：从E-Learning转向了M-Learning。作为一个新兴发展中的学习领域，M-Learning的概念目前尚未形成较为统一的共识。简言之，M-Learning是一种在可携带小型移动计算设备的支持下跨时间、跨空间的教师与学习者之间双向交流的学习，它的特点是可以随时、随地进行自由的学习，并能增强学生和教师的体验。

在由大型互联网企业提供的远程教育越来越多的背景下，随着上网成本的下降，远程学习者希望拥有更灵活的学习与培训方式。当前，3G\4G网络普及，Wi-Fi广泛铺设，可以说，移动互联网时代已经到来。国际电联（ITU）的分析指出，从全球范围来看，每百户家庭中，固线宽带用户约为9.8户，而移动宽带用户约为29.5户[①]；《2013年中国移动互联网统计报告》显示，截至2013年12月，中国移动互联网网民达到6.52亿，移动网民呈现爆发趋势[②]。截至2014年6月，中国网民上网设备中，手机使用率达83.4%，首次超越传统PC（使用台式机和笔记本）整体使用率（80.9%），手机作为第一大上网终端设备的地位更加巩固[③]，这为远程教育向移动平台转换打下了最坚实的基础。

---

① 全球网民年底将达27亿，移动设备量等同人口数[EB/OL]. http://tech.qq.com/a/20131008/004847.htm.

② 2013年中国移动互联网统计报告[EB/OL]. http://topdigitalworld.com/?p=1040.

③ 第三十四次中国互联网络发展状况统计报告（2014年7月）[EB/OL]. http://news.xinhuanet.com/ziliao/2003-01/22/content_702667.htm.

早在2000年,英国伯明翰大学的Sharples教授指出:先进且快速发展的移动技术正推动E-Learning向M-Learning转变,这种转变不是数字化学习的简单扩展和延伸,而是基于M-Learning的可移动性和情境性相关的特点,使得M-Learning成为一种全新的数字化学习技术和形式。

(二)M-Learning的三个阶段

随着通信技术和网络技术的不断发展,以及M-Learning交互方式的不断变化,M-Learning经历了以下3个阶段[①]:

M-Learning的第一阶段主要是利用移动设备的便捷性、移动性和无处不在的无线通信技术,把学习内容由网络传递方式变为无线通信传递方式,以"推"送方式来实现知识的传递,注重学习内容的呈现,学习者成为学习"拉"的对象。这一阶段虽然在学习内容设计上考虑了如何符合学习者的认知结构和认知规律,但注重的还是知识的传递和服务消息的发送,与课堂教学无本质上的差异;常见的学习形式有:基于短消息的M-Learning形式、基于学习内容浏览的学习、课堂及时信息反馈的学习等;其理论基础体现了行为主义和认知主义学习思想,移动设备在学习过程中的主要功能是呈现学习材料和提供适当的反馈途径。由此可见,该阶段的交互方式是被动的、单向的与机械的。

M-Learning的第二阶段主要强调如何利用移动技术来增强M-Learning内容的管理和自适应性,把移动设备视为认知工具来支持、改进和扩展学习者的心智模型和思维过程,为学习者实现积极的知识建构提供有效的工具。这一阶段常采用流媒体技术,以流(streaming)的形式进行多媒体数据的传输,实现"边下载,边学习"的流式学习,其特点是学习者既可以实时播放多媒体学习内容,又可以对多媒体内容进行点播;典型的学习方式有:移动环境中的PBL学习(problem-based learning,PBL)、移动探究式学习、基于移动技术的非正式学习等;其理论基础体现了建构主义的学习思想。由此可见,该阶段具有一定的内容交互性,能让学习者摆脱被动接受学习内容的方式,灵活自主、随时随地选择自己所需学习的内容,从而实现个性化学习。

M-Learning的第三阶段得益于无线技术系统的发展和移动设备进一步智能化。该阶段强调了在生活环境和实践情境中进行学习,认为学习是一种在特定情境中发生的,真正实现了情境学习的理念。该阶段的学习理论基础是情境认知学习理论,即关注情境是整个学习过程中重要而有意义的组成部分,关注物理情境和社会情境与学习者的交互作用。

(三)M-Learning与E-Learning的比较

M-Learning是一种新的学习方式,是E-Learning中细分出来的一种学习方式。两者之间的关系如表7-6所示。

---

① 该部分的内容主要参考:罗洁.信息技术带动学习变革——从课堂学习到虚拟学习、移动学习再到泛在学习[J].中国电化教育,2014(1):15-34.

表 7-6　M-Learning 与 E-Learning 的比较

比较的内容	E-Learning	M-Learning
术语运用	计算机、带宽、多媒体、交互、超链接、合作性、富媒体、远程学习、更正式的学习、模拟情景、超级学习	移动、GPRS、3G、4G、蓝牙、自发性、联结、网络式、轻便式、情景学习、非正式学习、现实情景、建构主义、情景主义、合作性
学生沟通	面对面的沟通特征如下：共同的音频电话会议、邮件沟通、专用沟通地点、花费时间到网络所在地、专门的团队碰面时间、由于群体意识导致的无效沟通	更灵活的沟通特征如下：视频-音频电话会议、接入即时性、无地域限制、随时随地的无线链接、时间灵活性、由于个体意识而使沟通更加丰富有效
评估方法	教室或计算机上完成的作业和测验特征：专门的时间、严格的时间长度、标准测验、通常滞后的反馈、固定的测验长度	任何地点完成的作业和测验特征：即时性、任何时间长度、个体化测验、即时的反馈、灵活的问题数量及长度

资料来源：见附页信息及相关的电子文档。

表 7-6 表明，作为新兴起的一种学习潮，M-Learning 与 E-Learning 两者之间既具有共性，又具有差异性，M-Learning 能够弥补 E-Learning 的许多不足。但是，已有的文献表明，M-Learning 自身在拥有突出优势的同时，也具有一些劣势，例如，网站打开速度慢，访问不够流畅；所采用的微视频破坏了知识的系统性，导致知识碎片化；缺乏移动资源建设标准，使学习资源的质量难以评估；灵活方式的背后意味着学习具有较大的随意性，学习质量难以保障。相信，随着技术的发展和移动学习系统的完善，M-Learning 在实践应用过程中能不断克服其弱势，变得越来越成熟，并能充分发挥其在组织培训中的价值。

思考与操作训练

思考题

1. 常用的培训方式与技术有哪些？
2. 简述常用的 J-Learning 技术。
3. 工作指导培训有哪几个步骤？
4. 简述常用的 C-Learning 技术。
5. 举例说明常用的 D-Learning、E-Learning 与 M-Learning 技术。

操作训练

1. 请访问一家网站搜索一种 E-Learning 培训技术，并对其网页结构进行分析，指出该网页的合理之处与不足，并提出改进意见。

2. 请将第六章“操作训练”中制定的“大一”新生引导性培训方案付诸实施。

中国人力资源开发实践

多样屋：E-Learning 先行的店长培养模式

多样屋的英文名 TAYOHYA 源自于日语：是多种多样的意思，由台商潘淑真女士

1998年创建于中国上海。成立之初,多样屋就致力于为中国家庭提供实用性强、时尚新颖、体贴入微的时尚家居商品,希望持续为千家万户带来多种多样的家居商品和完美的生活体验。目前,多样屋商品已经覆盖厨房客厅、卫浴系列、家纺床品、居家摆设等家居生活的各个方面,在全国160个城市开设了400多家门店,成为国内时尚家居行业的领军品牌之一。

一、店长100%来自内部培养

2009年12月,多样屋人力资源总监史庆新告诉《培训》杂志,在多样屋600多名员工当中,65%都在门店工作,“400多家门店完全依靠总部来管理难度很大,因此店长的角色非常重要,对上要向总部传递市场的终端信息,对下要领导好门店员工的各项执行落实”。

多样屋商品数量超过5 000多种,如果从外部招聘店长,很难在短时间内适应门店的管理工作,因此多样屋的店长100%来自内部培养,即使要开新店,也是从老店调人过去担任店长。史庆新介绍说,多样屋只招聘店长的储备人选,他们都要从导购开始做起,这些导购30%～40%来自网上招聘,其他则是由员工推荐或从其他品牌搜寻。

史庆新表示,多样屋招入的导购如果自身素质比较好,那么半年左右就可以升任实习店长,如果绩效符合要求的话,3～6个月后就能够转正。这样对于优秀的导购来说,只需要半年到1年的时间,她就能够实现自己的店长梦。

要想担任多样屋的店长,首先,要满足“多样屋人”的通用胜任模型,即诚信务实、乐观进取、积极创新、不畏艰难。其次,店长要在执行力、亲和力和领导力这三个方面满足多样屋的能力需求。在性格上,多样屋要求店长达到行动性、持续性、挑战性、情绪的稳定性和柔软性(即对环境的适应能力)这五个方面的要求。对每一名即将担任店长的员工,多样屋都会进行工作性格能力测试,综合得分在8.5分以上的员工才能被录用为店长。

二、立体多维度的培训支持方案

在通往店长的发展历程中,多样屋提供了多种方式的培训:一种是现场培训,由业务督导在巡视各门店时进行;此外是人力资源部组织的培训,上海的店长直接到上海总部参加培训,外地店长则通过视频或E-Learning的方式进行学习。用史庆新的话来说,多样屋构建了集教战学习手册、区域中心培训、教练实时教导、信息平台发布、培训督导体系、区域视频会议、E-Learning学习平台于一体的立体多维度的培训支持方案,来支持员工的成长和企业发展所需要的人才储备。

史庆新表示,所有这些培训都必须通过相应考试才算正式完成。考试方式有三种:首先是现场行为观察考试,由督导执行;其次是知识题库的上级考试,这个题库是由人力资源部自己构建,针对导购、店长等不同职位都有不同的题库;最后是情景模拟的测试。

三、E-Learning先行助推店长成长

针对多样屋员工地域跨度大、知识更新频繁等特点,多样屋采取了E-Learning先行的培训战略。2007年,多样屋的E-Learning平台正式上线,当时拥有15门核心课程系列,经过了2008年的建设期和2009年的整合期,该平台的核心课程系列数量达到了25门,多样屋计划到2010年使核心课程系列达到35门。

多样屋的核心课程包括公共类、专业类、管理类、加盟类、品牌知识类5个大类。其中公共类培训多样屋的规章制度、企业文化等内容,专业类则按员工从属的不同职能分别培训人力资源、供应链、市场营销、店装工程等内容，管理类按照员工所处级别培训初级管理或中高级管理，加盟类则涉及加盟管理、门店终端等内容，品牌知识类则介绍多样屋自有的三个品牌，即多样屋（TAYOHYA）、SPLUS、SUSAN'S GARDEN 以及在多样屋经销的阿原肥皂、CRISTEL 等品牌的知识。这五大类的课程基本上涵盖了店长能力素质要求的各个方面的内容。

通过多样屋有效的培养体系，很多从导购成长起来的店长已经升到了更高职位。

资料来源：许金晶，许英哲．连锁业店长培养方略．http://www.chinahrd.net/zhi_sk/jt_page.asp?articleid=186448.

第八章

培训评估

本章导读

- 培训的有效性评估
- 事前评估、试验性测试与事后评估
- 柯克帕特里克评估模型
- 培训有效性评估的方案设计
- 培训评估的数据类型
- 培训评估数据的收集方法

管理者是忙碌而理性的，他们总是希望将投资投向能为组织带来最大利润的投资活动上。培训的有效性评估能证明培训的绩效与贡献，能为管理者的决策提供依据。目前，培训评估面临两方面的考验。一方面，如何在动态变化的运营环境中，通过科学、全面的评估方案设计，采用相对严格的评估方法达到培训评估的目的；另一方面，全球倡导的低碳经济更加强调企业的社会责任，这无疑给培训评估工作提出了一个新的挑战——如何使培训评估从组织绩效层次上升至社会责任层次。

麦当劳的员工培训

在麦当劳的企业里，有超过75%的餐厅经理、50%以上的中高层主管，以及1/3以上的加盟经营者与平台雇员在麦当劳的职业生涯是由计时员开始的。麦当劳的培训“魔法”一直令外界好奇。

一、价值观与培训

企业的价值观会影响培训的成效。麦当劳最主要的价值观就是“以人为本”，在培训过程中注重如何把麦当劳“以人为本”的价值带入到每一个人每一次的用餐经验中、如何落实到每一天的实际工作中去。员工在传递服务的过程中，如果有一些互动，有一些关怀，有一些感受，会做出更好的结果，而这也就是麦当劳“以人为本”的要义。麦当劳在人员的发展上，就是要“传授一生受用的价值与技能”。让每一个学习者在每一段不同的经验里学到一生受用的价值观和技能，这是麦当劳人员发展的一个很重要的观念。也就是这样一个价值观，支持麦当劳培训与人员发展系统的成功。

二、认定培训利益

麦当劳创始人雷克罗克先生说过一句经典的话："If we are going to anywhere, we have got to have some talents. And I am going to put my money into talents. "（无论在哪里，我们都需要人才，我们要不断为人才投资）。1976 年麦当劳的创始人就开始在人员的发展上做投资。麦当劳认定培训能带来利益。第一，相信有最好培训、最好生产力的麦当劳团队能够在顾客满意与员工满意上达成企业目标。第二，强调在正确的时间提供正确的培训，因为培训的价值在于对员工生产力的大幅度提升，同时由于麦当劳的培训也提供给加盟经营者，而加盟经营者在麦当劳的系统里占有很大的部分，这对加盟经营者的生产力也有很大帮助。第三，如果可以有效率地运用培训投资，对于麦当劳的股票投资人也会产生一定的效益，这也是麦当劳企业对投资人的责任。第四，通过良好的培训，就能将麦当劳的标准、价值、信息以及想要的改变达成共识，这对整个系统的持续经营相当重要。

三、培训不只是课程

麦当劳的培训发生在真实的工作里面，而不是一个课程。强调对人员策略的重视，主动地执行培训计划，并且把麦当劳的培训和员工自我的梦想期望结合在一起。培训还强调员工的参与、认同和高度责任感。在麦当劳香港汉堡大学的课程中，有一堂课叫做"与成功有约"，目的是让高层主管有机会分享成功经验，同时也帮助未来经营领导者的成长与培训。

四、四个层次的评估

培训的最后一个过程就是"衡量"合理培训的结果与企业的成果有没有结合，这是一个关键。麦当劳有很好的培训需求分析，针对需要培训的部分去设计，同时要评估培训的成果是否达到组织的需要。

第一是"反应"，就是检查在上课结束后，大家对于课程的反应是什么，例如，评估表是收集反应的一种评估方法，按反应调整课程。

第二是对讲师的评估和对学员的测试。每一位老师的引导技巧，都会影响学员的学习。每一次课程结束后，都会针对老师的讲解技巧来做评估。在知识方面，汉堡大学也有考试，上课前会有入学考试，课程进行中也会有考试，主要想测试大家通过这些方式究竟保留了多少知识，以了解培训的内容是否符合组织所要传递的内容。汉堡大学还非常重视学生的参与，会把学生的参与度量化，并成为员工评估方法。大学还对每天的课程做调整以适应学生的学习需求。

第三是"行为"，检查员工在课程中学到的东西能不能在回到工作岗位以后改变行为，达到更好的绩效。麦当劳有一个双向的调查，上课前会先针对学生的职能做一些评估，再请他的老板或直属主管做一个评估，培训三个月后，再做一次评估。以便把职能行为前后的改变进行比较来衡量培训的成果。这样评估所花费的成本较大，而且分析起来也比较困难，所以很多企业都放弃了。

第四是"绩效"，课后行动计划的执行成果和绩效有一定的关系，每一次上完课，学生都必须设定他的行动计划，回去之后必须执行，执行之后会由他的主管来为他做鉴定，以确保培训与绩效结合。

资料来源：改编自彭建峰. 人力资源管理概论[M]. 上海：复旦大学出版社,2003：487. In：杨生斌,肖平,高恺元. 培训与开发[M]. 西安：西安交通大学出版社,2006：122-124.

第一节 培训评估概述

一、培训评估的内涵

(一) 定义

培训有效性(training effectiveness)是指公司、员工个人从培训中获得的收益。对员工个人来说,收益意味着学到新的知识或技能,对于公司来说包括销售的增加、顾客满意度的提高等。在目前的社会经济环境下,这一定义已显得过于狭隘,需要扩展至社会层面,需要关注培训对社会效益的影响,即培训有效性体现在员工层面、组织层面与社会层面①。

关于培训评估的定义,在戈尔斯坦定义的基础上可以这样界定：培训评估是指系统地收集必要的描述性和判断性信息,对培训的收益进行评价,或帮助做出选择、使用和修改培训项目的决策。

(二) 培训项目的价值判断

培训评估关注的是价值判断。不同的研究者或实践者会从不同的利益角度来判断培训的价值,因此会采用不同的评估标准衡量培训项目的价值。这些标准也被称为培训成果或标准,是指用于评估培训项目有效性的准则或尺度,这些标准必须是与工作相关的。总体上,对一个培训项目的价值判断有以下4种②：

(1) 对培训活动本身进行价值判断。例如,“你学到了什么?”或者“培训师的教学方法是否有效?”

(2) 在培训结束后,对学员实际工作情况进行价值判断。例如,“学员在工作中使用了什么新技术?”或者“为什么学员没有能够在工作中运用他们在培训中学到的新技术?”

(3) 在培训结束后,对组织绩效指标进行价值判断。这些指标包括经营指标(如废品率、质量);财务指标(如给定资源水平下的产量)和人事指标(如时间观念的增强)。

(4) 对学员与工作没有直接关系的一些表现进行价值判断。例如,评估学员的道德表现、社会责任感等;评价学员的行为是否符合“机会均等”的理念。

表8-1总结了上述4类评估价值判断的内容、关注的重点和适用的价值标准。

---

① 本书将培训有效性定义为：培训有效性是指员工个人、公司/组织与社会从培训中获得的收益。在员工个人层面,收益意味着学到新的知识或技能;在组织层面,收益包括销售的增加、顾客满意度的提高等;在社会层面,收益表现为社会责任的增加,社会公平的提升等社会效益。

② 纽拜 T. 培训评估手册[M]. 戴晓娟,译. 北京：中国劳动社会保障出版社,2007：22-27.

表 8-1 评估的价值标准

内 容	评估的重点	价值标准
1. 培训活动中的评估,中心是学员或培训师	• 判断学员的表现 • 告诉学员其学习成果 • 测量培训中学员的变化 • 告诉培训师其培训方法和培训方案的优缺点 • 课程结束后对学员能力的评价	• 快乐/兴趣 • 知识或行为变化的结果 • 知识或行为变化的结果 • 方法和方案的有效性 • 知识水平或行为表现
2. 培训后对学员工作情况的评估,中心是学员和工作场景	• 学习目标是否与培训需求一致 • 学员运用知识或完成工作任务过程中表现出来的行为变化 • 影响学员在工作中运用所学知识的因素 • 个人学习和进步	• 培训与工作的相关性 • 设计和方法的有效性 • 设计和方法的有效性 • 个人进步或成长;职业发展
3. 对组织效益的整体评估,中心是绩效评估	• 组织绩效的变化 • 学员实施个人行动计划的情况 • 培训的成本效益 • 培训与组织战略使命的一致	• 经营/财务/人事指标的变化 • 工作中新知识的运用;绩效指标的变化 • 成本—收益比较 • 政策间的一致性
4. 对组织经营所处环境的评估,中心是社会、文化、政治或伦理因素的评估	• 培训对国家繁荣的贡献 • 社会成本和收益 • 培训伦理、哲学或政治的基本原理	• 可获得的训练有素的劳动力;培训政策和国家战略之间的配合 • 培训社会效果的成本-收益比较 • 态度变化;组织文化变化;社会—经济趋势变化;雇佣模式变化(如"机会平等"的影响)

资料来源:纽拜 T. 培训评估手册[M]. 戴晓娟,译. 北京:中国劳动社会保障出版社,2007:26-27.

二、培训评估的原因

(一)培训评估的目的

培训评估的目的主要体现在[①]:

(1)通过有效性评估,反映培训对于组织的贡献,并以此体现人力资源部门或培训部在组织中的重要作用。人力资源管理部门在组织中向来被认为是"成本中心",通过有效性评估,特别是如果能够做一些定量的分析,可以看到培训投资的收益。

(2)决定继续进行或停止某个培训项目。在组织的实际运作中,一方面,企业或组织的发展是动态的,由此所引起的培训需求也具有动态性;另一方面,培训项目的内容和主流的培训方式与技术也不断地发生变化,因此,组织通过有效性评估,可以觉察哪些培训项目已经不再适用组织的实际情况,应该停止,哪些培训项目还值得继续实施等。另外,培训的有效性评估还和培训需求评估有关,即培训有效性评估的信息可以为下一轮的培训需求评估提供信息和参考。

(3)获得如何改进某个培训项目的信息,这是培训有效性评估最普遍的意义。通过

① 石金涛,唐宁玉,顾琴轩. 培训与开发[M]. 北京:中国人民大学出版社,2003:136-137.

评估,可以对培训设计、培训内容、讲授方式等方面有进一步的了解,并可以对现有的培训课程、所选用的培训方法和技术进行修改完善,以使其能够更好地满足学员的要求。通常会从以下几个方面来获取这样的信息:

① 课程内容满足学员要求的程度如何?

② 讲师是不是最合适的?

③ 讲师是否采用了最有效的方式来保持学员的兴趣?

④ 培训设施怎样?

⑤ 培训时间安排合适吗?

⑥ 培训项目协调得怎样?

⑦ 其他改进建议。

(二)事前评估、试验性测试与事后评估

根据培训评估的时间选择差异,可以将培训评估分为:事前评估、试验性测试与事后评估①。这三种培训评估的具体作用差异显著。

1. 事前评估

事前评估(formative evaluation)指改进培训过程的评估。事前评估有助于保证:①培训项目组织合理且运行顺利。②受训者能够学习并对培训项目满意。事前评估提供了有关如何使培训项目更理想的信息。事前评估通常用于收集培训项目的定性数据,包括对培训项目的看法、信任和感觉。这些信息的收集是通过调查问卷以及与潜在受训者/或管理人员的访谈来进行的。这些管理人员是购买或者说是为受训者参加培训计划支付经费的人。进行事前评估,要求雇员和管理者实际参与计划或预演培训内容。

2. 试验性测试

试验性测试(pilot testing)是指与潜在受训者、管理者或其他顾客(购买培训项目的人)预先试行一项培训项目的过程。例如,要求他们预演或试验性测试一项网上培训计划。当他们结束这项计划后,让受训者和管理者就项目中使用的图表、录像、声音、界面或进入方式是否有助于(或干扰)学习进行评价。通过培训理解计划内容,完成练习,评估并反馈培训质量及培训的难易程度。从预演中获得的信息可由项目开发人员用于在向全体受训人员推行项目前对项目进行改进。

3. 事后评估

事后评估(summative evaluation)指用以衡量受训者参加培训项目后改变程度的评估,即受训者是否掌握了培训目标中确定的知识、技能、态度、行为方式或其他成果。事后评估还包括对公司从培训中获取的货币收益(也称作投资回报)的测量或培训效用(非货币收益)的测量。事后评估通常应用测试、行为打分或绩效的客观评价标准如销售额、事故发生次数或开发专利项目等来收集定量数据。

通过上述三种评估的描述,明确以下问题:

(1) 明确培训项目的优势和不足,包括判断项目是否符合学习目标的要求,学习环境

---

① 诺伊 A R. 雇员培训与开发[M]. 徐芳,译. 北京:中国人民大学出版社,2001:106-107.

的质量状况，以及培训成果在工作中是否得到了运用。

(2) 评价培训项目的内容、日程安排、场地、培训者及使用的资料，看看它们是否有助于学习和培训内容在工作中的应用。

(3) 明确哪些受训人员从培训中获益最多，哪些人员获益最少。

(4) 通过了解参与者是否有意愿向他人推荐该培训项目，为何要参与该项目，以及对该项目的满意度，收集有助于推销该培训项目的信息，从而明确项目的成本和收益。

(5) 比较进行培训与不进行培训(例如，重新设计工作或优化雇员甄选系统)的成本与收益。

(6) 对不同培训项目的成本和收益作一比较，从而选择一个最优计划。

(三) 培训评估的干预作用

上述原因是基于单个培训项目而言的，从整个组织的培训有效性上分析，一个组织的培训兴衰取决于该组织的大气候。组织内培训的发展可以表现为恶性循环，也可以表现为良性循环(见图 8-1)。人力资源培训与开发的实践表明，系统的培训评估能使企业的培训发生巨大的变化，使培训从恶性循环转到良性循环。

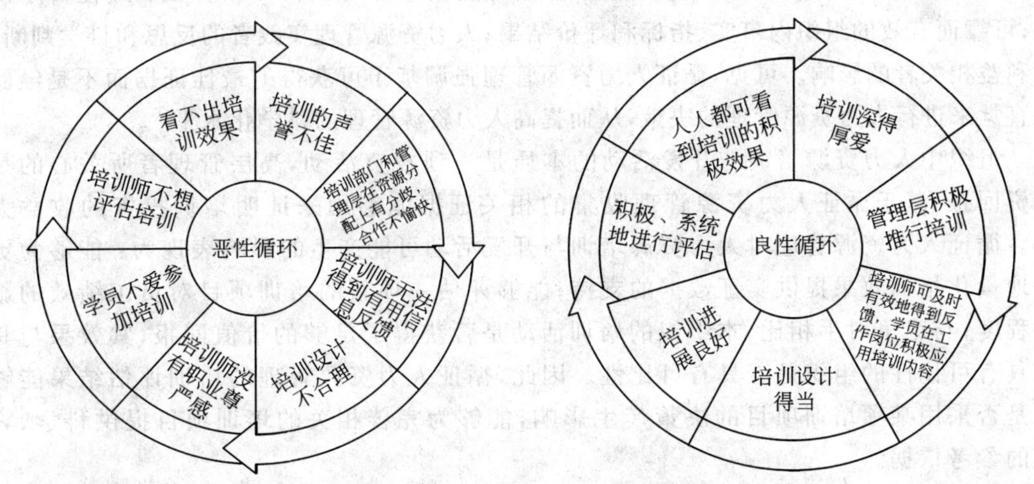

图 8-1 培训的恶性循环与良性循环

资料来源：纽拜 T. 培训评估手册[M]. 戴晓娟，译. 北京：中国劳动社会保障出版社，2007：50.

"恶性循环"中列出的情形可能持续好几年，由于培训声誉不高，人们对它的期望值也很低。这一循环的最终结果就是培训部被解散。良性循环则恰恰相反，评估资料树立了培训部门的信誉。即使通过评估找出了现有培训的问题，那也表明培训师在认真提高培训水平。在寻求组织中其他部门的支持时，对以前业绩的诚实评价再加上想做得更好的愿望，比假装什么都不需要改变更能打动人。在能打破恶性循环模式方面，系统的评估是一个强有力的工具。而在刚开始的时候可以通过使用外部咨询专家来进行这一工作，因为他们能将新思想带入一个僵化的、一切都"想当然"的环境①。

① 纽拜 T. 培训评估手册[M]. 戴晓娟，译. 北京：中国劳动社会保障出版社，2007：49.

当然,良性循环和恶性循环只是极端状态,多数组织表现出的是介于二者之间某个位置的状况。但是这些循环确实反映了现实生活,因此对经理和培训师来说,关键问题是利用系统的培训使组织的培训情况更接近良性循环[①]。

三、培训评估的新趋势

在管理领域,循证式变革正在兴起,循证式变革包括5大原则:在信息过载时代开展逻辑驱动分析;基于人才战略分类标准实施人才细分;在颠覆风险传统认知的基础上合理利用风险为组织创造价值;通过人才投资组合让组织的整体价值大于部分之和;通过挖掘不同员工群体的区别来实现组织自身与某个特定人才群体之间最优的价值交换方式[②]。可见,循证式变革是人力资源管理的必然趋势,即循证人力资源管理(evidence-based human resource management),它对人力资源规划、人才选拔与招聘、绩效管理、培训与开发等人力资源的职能均产生显著的影响。

循证人力资源管理正逐渐成为人力资源管理领域的一个新趋势。Rousseau[③]认为,循证人力资源管理是指"通过4个信息来源的有意识结合来提升人力资源的决策水平、实践水平以及组织领导力",循证人力资源管理的证据来源可归为4个方面:最佳科学研究;可靠而有效的组织内事实、指标和评价结果;人力资源管理实践者的反思和科学判断;对利益相关者的影响。可见,循证人力资源管理强调基于可获得的最佳证据而不是经验和直觉来进行人力资源管理的决策,从而提高人力资源管理的科学化水平[④]。

组织中人力资源培训与开发活动的本质是一项投资活动,高层管理者所关心的是投资回报,基于循证人力资源管理收集的相关证据能够用来证明培训投资的收益大小。循证人力资源管理对人力资源培训与开发活动可能产生的影响表现为:能够为更好地量化培训效果提供实证数据的支持;能够评估一项新的培训项目对员工绩效的影响程度;与竞争对手相比,本组织的培训活动是否获得了足够的价值回报,其效果与其他具有可比性的组织是否具有可比性。因此,循证人力资源管理的培训评估结果能够对是否采用某项培训项目的决策产生影响,能够为完善相关的培训项目提供科学、客观的参考依据。

现有的文献表明,从宽泛意义上讲,要成为一名循证人力资源管理者包括3个步骤:从理念上开始、每天坚持实践与学习、整合循证人力资源管理与组织管理。但是,循证管理方法无论是理论研究还是实证研究尚处于早期阶段[⑤],要运用循证方法开展人力资源培训效果的评估还有许多理论与实践问题需要进一步探讨。

---

① 纽拜 T. 培训评估手册[M]. 戴晓娟,译. 北京:中国劳动社会保障出版社,2007:49.

② 布德鲁 J W,杰苏萨桑 R. 变革创造价值:人力资源循证式管理[M]. 陈丽芳,译. 北京:中国电力出版社,2012.

③ Rousseau D M, Barends E G R. Becoming an evidence-based HR practitioner[J]. Human Resource Management Journal,2011,21(3):221-235.

④ 刘昕,江文. 循证人力资源管理:研究及启示[J]. 华东经济管理,2013,27(4):124-127.

⑤ Marler J H,Fisher S L. An evidence-based review of e-HRM and strategic human resource management[J]. Human Resource Management Review,2013,23(1):18-36.

第二节 培训评估模型

一、培训评估模型简介

组织可以从多个角度来评价人力资源开发项目。对于培训有效性的系统性评估的探讨始于 1967 年柯克帕特里克(Kirkpatrick)提出的培训评估模型,迄今为止,国外学者提出的主要的 13 种有关人力资源开发项目的评估框架体系见表 8-2。

表 8-2 人力资源培训评估模型

模　型	培训评估指标
1. 柯克帕特里克(Kirkpatrick)(1967,1987,1994)	4 个层次:学员反应、学习成果、工作行为、经营业绩
2. CIPP(高尔文,1983)	4 个层次:情境、投入、过程、产品
3. CIRO(沃尔等,1970)	4 个层次:情境、投入、反应、产出
4. Hamblin(1974)	5 个层次:反应、学习、工作行为、收益、组织目标支持
5. 布林克霍夫(Brinkerhoff,1987)	6 个阶段:目标设定、项目策划、项目实施、及时的产出、中间产出或结果、产生的影响和价值
6. 布什内尔的系统方法(Bushnell,1990)	4 个活动集合:输入、过程、输出、结果
7. 克里格尔、福特和萨拉斯(1993)	学习结果的分类框架:将学习结果分为认知、技能和情感 3 类,提出了测量每一类结果的指标
8. 考夫曼和凯勒(Kauferman, Keller,1994)	5 个层次:反应、获取、应用、组织产出、社会贡献
9. 霍尔顿(Holton,1996)	5 类变量以及它们之间的关系:次级影响、动机要素、环境要素、结果、能力要素
10. 菲利普斯(Phillips,1991,1996)	5 个层次:反应和行动改进计划、学习、学习成果在工作中的应用、经营业绩、投资回报
11. 刘易斯(Lewis,1996)	3 个因素:情境、过程及结果
12. 普瑞斯克和托瑞斯(Preskill, Torres,1999)	把评估性调查与研究作为一种方法,强调评估是一个学习过程
13. 斯旺森和霍尔顿(Swanson, Holton,1999)	结果评价体系包括:绩效结果、学习结果、认知结果;结果评价流程、结果评价计划的制订、衡量结果的工具

资料来源:整理自:① 德西蒙 R L,沃纳 J N,哈里斯 D M. 人力资源开发(第 3 版)[M]. 北京:清华大学出版社,2003:231. ②斯旺森 R A,霍尔顿 E F. 人力资源开发[M]. 王晓晖,译. 北京:清华大学出版社,2008:281-282. ③Lewis T. A model for thinking about the evaluation of training[J]. Performance Improvement Quarterly,1996,9(1):3-22.

表 8-2 列出了培训效果评估领域研究者提出的主要的 13 种培训评估模型,它们之间具有许多相似之处,但也存在显著的差异。其中,最著名的培训评估模型为柯克帕特里克的 4 层次培训评估模型。如今,该模型被全球培训职业经理人所广泛采用,而菲利普斯的 5 层次模型也逐渐成为评估的主导模型。随着社会经济的发展,考夫曼和凯勒的 5 层次模型在人力资源开发领域的重要意义将会得到体现。

二、柯克帕特里克的培训评估模型

(一) 柯克帕特里克评估模型的内容

柯克帕特里克培训评估模型简称柯氏模型,是最著名的评估框架。柯氏模型认为评估必须从4个层次上分别进行评估,即反应、学习、行为及结果(见表8-3)。

表8-3 柯氏评估模型的层次

层次	标准	重点
1	反应	受训者满意程度
2	学习	知识、技能、态度、行为方式的收获
3	行为	工作中行为的改进
4	结果	受训者及组织获得的经营业绩

资料来源:徐庆文,裴春霞.培训与开发[M].济南:山东人民出版社,2004:232.

1. 反应

第一层次评估学员反应,是指受训者在培训中和培训后形成的一些感受、态度及意见,这些反应可以作为评价培训效果的依据。这个层次关注的是受训者对项目及其有效性的知觉,涉及培训的各个方面,如培训目标是否合理,对培训材料、培训师、设备、方法等的感受等均是培训评估设计需要考虑的重要因素。用这个层次的指标来评估培训项目的局限在于,它只能反映受训者对培训的满意度,不能证明培训是否实现了预期的学习目标。

对于学员反应层面信息的收集通常采取问卷、课后会谈、电话跟踪、课后讨论会以及课堂讨论等形式进行。组织通常采用《学员意见反馈表》的形式来搜集这方面的信息。收集信息的时间可以在:每一部分内容结束时,每天结束时,每一课程结束时或几周之后。收集的信息可以帮助课程进行修改,或者做总结和报告。

2. 学习

第二层次评估学习成果,指培训后的测试,是用来衡量学员对原理、事实、技术和技能的掌握程度,即受训者是否掌握了培训目标中要求他们掌握的东西。这是一个非常重要的指标,许多组织都希望有效的培训项目应该满足这个指标。

要了解受训者的学习成果,通常采用测试的方法(包括笔试、技能操作和工作模拟等),或采用角色扮演等形式请学员将所学习的内容表演出来。收集的时间为事前/事后的考试,培训中/追踪效果的考试。该层面评估有利于评估所获得的知识和技能是否能成功地应用于工作中,其结果可以用来改进培训课程。

3. 行为

第三层次评估工作行为,是指员工接受培训后与工作相关行为的改变,即受训者是否在实际的工作中运用了从培训中学到的东西。这一层次实际上评估的是培训迁移的程度。组织培训的目的是为了提高员工的工作绩效,因此,受训员工在培训中获得的知识和技能能否应用于实际工作,能否有效地实现学习成果与实际应用之间的转化,是评价培训效果的重要效度标准。

在测量这个层次的指标时,信息的收集可以采用问卷,与员工、同事或经理的访谈等形式。例如，可以通过受训者的上级、下属、同事和客户对他进行评价(360度评价)以及参与者本人对接受培训前、后与工作相关行为的变化进行评价。信息收集的时间分培训前和培训后两个时间，培训后评估的时间应该在受训者回到工作岗位3～6个月后进行，因为，从培训到行为迁移时间上存在一个滞后的"睡眠效应"。评估设计应采用有对照组的对比设计。

4. 结果

第四层次评估组织绩效是否得到了改善，这涉及对组织绩效改进的监控，例如，经过培训以后，企业的成本是否节省了，产品质量是否提高了，盈利是否增多了，服务水平是否上升了等。对大多数经理来说，他们希望培训工作至少要达到这个标准。然而，这个层次的指标是较难评估的，因为除了员工的绩效还有许多因素会影响组织的绩效。

通常在测量结果层次的指标时需要搜集和分析经济和运营方面的数据，信息的收集可以采取问卷、分析操作的结果、投入—产出分析等形式。这个层面的信息收集的时间分为事前和事后的测试，并应该设立对照组。

柯氏培训评估模型提出后，在企业中得到了广泛应用。许多企业(例如，美国电话电报公司)都采用了类似的4层次评估。但遗憾的是，在长期的人力资源开发评估研究中经常发现大多数的组织并没有同时在这4个层次上去搜集信息。例如，在美国培训与开发协会(ASTD)发布的《美国2000年各州行业报道》中，有一项对500个组织进行的调查，结果发现：77%的组织对受训者的反应进行了测量，36%的组织对学习成果进行了测量，15%的组织搜集了有关工作行为改变的信息，只有8%的组织采集了结果层次的数据。更令人惊讶的是，即使是那些被ASTD誉为"培训投资领袖"的企业，对这4个层次指标的使用情况也只略微高出整体水平，使用率分别是：80%、43%、16%和9%。这些调查结果表明，目前，组织对人力资源开发项目的系统性评估，尤其是对工作行为改变和经营结果这两个层面的评估仍是一个严峻的课题①。

(二) 柯氏模型的假设

1978年，纽斯托经过研究后提出，柯氏模型基于以下4个重要的假设(见图8-2)：

(1) 培训评估有4个不同的准则，分别是反应、学习、行为和结果。

(2) 这4个准则的排列是依据培训评估所获得信息价值的依次递增性。

(3) 反应层次最常采用，因为这个层次的评估非常容易；而结果评估则较少采用，因为该层次评估难度大。

(4) 这4个准则之间存在着层次秩序的交互关系，也就是说，若受训者的反应是正面的，他们可能学习更多；学习得越多，他们行为改变得越多；如果他们的行为改变，这通常是绩效改善的标志。

从上述4个重要假设看，如果受训者对培训项目的评价是积极的，那么说服员工参加以后的培训就比较容易。如果受训者不喜欢这个培训项目，或者认为自己并没有学到什么东西(即使他们实际上有收获)，那么他们在培训中学习动机就会受影响，并且可能不太愿意将学到的知识或技能运用于工作中，这样，培训就无法迁移到实际工作中，因而，培训

① 徐芳. 培训与开发理论及技术[M]. 上海：复旦大学出版社，2005：270.

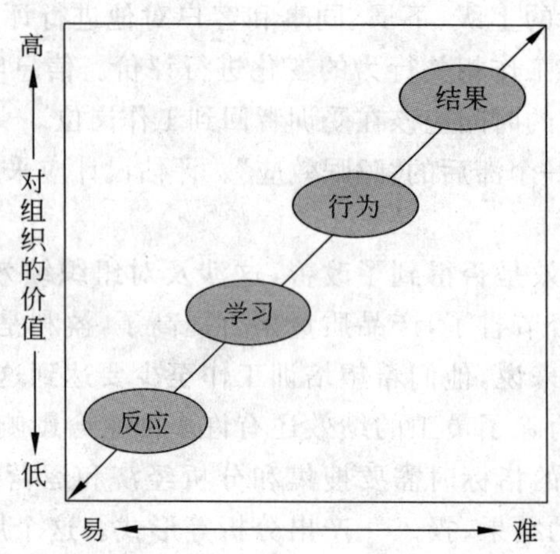

图 8-2　柯氏模型的评价的难度与对组织价值的关系

资料来源：赵署明，马希斯 R，杰克逊 J. 人力资源管理[M]. 北京：电子工业出版社，2008，(第11版)：189.

将不能促进组织效益的增加。

(三) 柯氏模型的拓展

Alliger 和 Janek(1989)的研究发现，有 12 篇文章试图报告各个层级之间的相关关系，但是，这些研究并没有发现反应层次和其他 3 个层次之间存在关联，例如，反应的好坏并不能预测学习、行为和结果的相应变化。Alliger 等在 1997 年再次对培训效标关系进行分析，主要针对柯氏模型中的反应和学习层次进行了扩展(如表 8-4)①。他们认为，柯氏模型中的反应仅仅是从情感上进行评估的，而对培训效用大小的反应则更加重要。因为效用型反应与培训迁移的相关更大。在学习层次上，原柯氏模型仅仅注重受训者当时陈述性知识学习的评估，而受训者的程序性知识掌握得如何直接影响培训迁移的程度，并且他们得出了效用型反应与培训迁移的相关要比传统评估中的学习与培训迁移的相关要大。

表 8-4　拓展后柯氏评价 4 层次模型

层次标准	评估内容
反应层次	• 情感反应 • 效用判断
学习层次	• 瞬时反应 • 知识保留 • 行为/技能在培训情境中的显示
行为层次	• 迁移
结果层次	• 结果

资料来源：徐庆文，裴春霞. 培训与开发[M]. 济南：山东人民出版社，2004：233.

① 关于培训效果评估. http://blog.sina.com.cn/s/blog_53b99fb7010008r3.html 2007-03-06.

三、其他的培训评估模型

（一）考夫曼的5层次评估模型

考夫曼认为培训能否成功，培训前各种资源的获得是至关重要的，因而应该在模型中加上这一层次的评估，并且培训所产生的效果不应该仅仅对本组织有益，它最终会作用于组织所处的社会环境，从而给社会和组织带来效益。因而，考夫曼对柯克帕特里克的4层次模型进行了扩展，即增加了第五个层次——评估社会和顾客的反应，以及培训的可行性（见表8-5）。该评估模型超越了单个组织的范畴，重视培训的正外部性，其目的是评估培训项目给社会带来的价值，这在一定程度上与目前所强调的企业的社会责任相吻合。从这一点上分析，考夫曼的5层次评估模型有可能成为今后企业培训评估所依据的主要模型框架。

表8-5 考夫曼的5层次评估模型

评估层次	评估内容
5. 社会产出	• 社会和顾客的反应、结果和回报
4. 组织产出	• 对组织的贡献和回报
3. 应用	• 组织内个体效用和小群体（产品）效用
2. 获得	• 个体和小群体技能与胜任力
1b 反应	• 方法、手段和过程的可接受度和熟练度
1a 培训可行性	• 人力、财务和物理资源投入的质量和获取性

资料来源：徐庆文，裴春霞. 培训与开发[M]. 济南：山东人民出版社，2004：233.

基于企业从经济人向社会人的转变，社会要求企业承担的社会责任在增加，特别是在低碳经济时代，社会面临着巨大的减排压力。在这种环境下，企业要主动承担起节能减排的任务，这就要求企业在技术上进行变革。组织的变革，特别是技术或工艺上的变革必然派生出新的培训需求，使企业实施培训活动。对于这类培训有效性评估的关键是要超越单个组织的范围，应该将培训成果放到大的社会环境中去分析，即培训评估的核心是考夫曼5层次模型中的社会产出。

（二）CIRO和CIPP评估模型

1. CIRO评估模型

CIRO最初应用于欧洲，是Contextual（情境评估），Input（投入评估），Reaction（反应评估）和Outcome（结果评估）的缩写。该评估模型认为，评估必须从这4个方面进行。

情境评估是指获取和使用当前情境的信息来明确培训需求和培训目标。这种评估实际上是在进行培训需求分析的过程中，评估3种目标：最终目标（组织可以通过培训克服或消除的特别薄弱的地方），中间目标（最终目标所要求的员工在工作行为上的改变）和直接目标（为达到中间目标，员工必须获取的新知识、技能和态度）。

投入评估是指获取和使用可能的培训资源来确定培训方法。这些资源包括内部资源和外部资源。其中财务预算和管理要求可能会限制目标的选择。

反应评估是指获取和使用参与者的反应来完善培训过程。这个评估过程的典型特征是参与者的主观评价,参与者的主观评价是非常重要的,但是评价质量的好坏在某种条件下依赖于信息收集的方法是否具有系统性和客观性。

结果评估是指收集和使用培训结果的信息。该评估被认为是评估过程中最重要的一个部分。它包括 4 个阶段:界定趋势目标、选择或构建这些目标的测量方法、在合适的时间进行测量和评估结果以改善以后的培训。

2. CIPP 评估模型

CIPP 是 Context(情境评估),Input(投入评估),Process(过程评估),Product(结果评估)的缩写,该评估模型与 CIRO 相似。目前,该模型也被广泛应用,其受欢迎程度不亚于柯氏模型。

情境评估界定相关环境、识别需求和机会、诊断具体问题、确定培训目标。

投入评估可以提供如何最佳使用资源去成功实施培训的信息。投入评估的信息有助于制定培训项目计划和培训设计的一般策略,通常投入评估的结果包括关于制度、预算、时间安排、建议书和程序等方面的内容,形成培训方案。

过程评估可以提供反馈给负责培训实施的人,它可以监控可能的失败来源,或给预先的决策提供信息,从而帮助决策者在众多培训方案中选出有可能获得最大成效的方案,这也是该评估方法的最大效能所在。

结果评估对达到培训目标的程度进行测量和解释。

总之,情境评估有助于形成目标,投入评估帮助计划培训项目,过程评估引导培训实施:结果评估有助于回顾决策。

从上述 CIRO 与 CIPP 的描述中,可以看出,这两个模型均为 4 层次的评估方法,但是,它们比柯氏模型的评估范围更宽泛,包括了培训需求和培训计划,培训成果的有效性只是其中的一部分,而 CIPP 方法还包括培训设计方案等。

(三) Phillips 的 5 层次 ROI 框架

通常在培训结束后,绝大多数的公司只是报告培训费用支出、培训时间、培训覆盖的人员数量,而没有提及培训对公司带来的价值、受训者所学习到的知识技能以及由培训带来的投资回报。由于组织越来越倾向于把培训看作投资活动,特别强调培训的成本与收益评估,因此,ROI 过程成为评估的关键部分。

ROI 过程在柯氏模型之上增加了第五个层次,分别是反应和既定计划的活动评估、学习评估、工作应用评估、组织结果评估和投资回报率分析。前 4 个层次因为与柯氏模型一致,在此不再赘述,下面只对第五个层次的投资回报率进行分析。

第五层次的 ROI 分析认为,培训对组织产生了积极的影响。但是对它们评估的成本也许太高,该层次评估的结果 ROI 通常表示成一个百分数或成本与收益的比率。图 8-3 是 ROI 方法实施培训评估的全过程。从数据收集开始,以 ROI 计算结束。

培训的投资回报 ROI = 培训收益/培训成本

评估目的必须在评估计划之前考虑,因为评估目的常常决定了评估的范围、评估工具

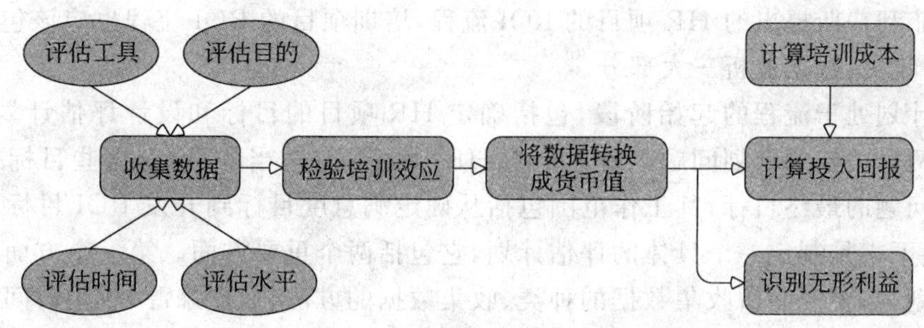

图 8-3 ROI过程模型图

资料来源：徐庆文，裴春霞. 培训与开发[M]. 济南：山东人民出版社，2004：236.

的类型和所收集的数据类型。例如，ROI分析中有一个评估目的是比较培训项目的成本和收益。这就要求收集的数据范围是硬性数据，数据收集的类型是绩效监控，分析的水平是全面分析，结果的报告方法是提交正式的评估报告，数据收集的常用方法有7种，即调查法、问卷法、访谈法、测试、观察法和绩效记录等。在某些情况下，数据收集的时间应在培训实施前后进行。然而，有时培训前的数据无法收集得到，只能在培训后进行跟踪评估。这里的一个重要问题是跟踪评估的时间，通常跟踪评估的时间范围是3～6个月。ROI的其他分析流程参见本章第三节的内容。

由于ROI评估过程是一个困难并且昂贵的过程，在实际操作中，组织很少进行ROI评估。如果要进行第五层次的评估，那么前4个层次的评估都是必不可少的。

第三节 计量与评估培训投资回报

人力资源培训本身是组织的一种投资活动，从上述Phillips的5层次ROI框架可以看出，对于培训活动的收益是可以计量的①。

一、培训投资的ROI计量方法概述

人力资源培训投资的计量是HR计量的一种，与其他HR项目计量一样，它的可计量途径有多种，最前沿的计量方法有：ROI方法、HR有效性指数、人力资本计量及HR利润中心4种，其中，ROI方法可能是最令人信服的HR评估方法，因为它将HR项目的成本与所获得的收益加以比较。

ROI是财务管理中衡量某一项投资成功与否的常用指标。20多年前，菲利普斯第一次将这一投资评价指标引入人力资源领域。近年来，该方法已被广泛应用到人力资源、教育培训和组织变革等投资领域，ROI方法在评估HR项目投资（包括培训项目投资）中发挥着越来越重要的作用②。

---

① 本节主要根据菲利普斯等的《人力资源计分卡——计量与评价HR投资回报率》一书中的相关内容整理而成.

② 菲利普斯 J J，斯通 R D，菲利普斯 P P. 人力资源计分卡——计量与评价HR投资回报率[M]. 黄晨，等译. 北京：人民邮电出版社，2006：3.

按照菲利普斯提出的 HR 项目的 ROI 流程,培训项目的 ROI 流程也应该包括:评估计划、数据收集、数据分析三大部分。

评估计划处于流程的起始阶段,包括确定 HR 项目的目标和设计评估计划,这两个步骤属于两个关键的计划问题。首先是为 HR 计划设定适当的目标,这些目标往往涉及解决特定问题的最终目标,其工作范围包括从确定满意度目标到开发 ROI 目标。目标确定之后,接下来是制定一个具体的评估计划,它包括两个重要方面。第一个方面是制定数据收集计划,需要说明所收集数据的种类、收集数据的方法、数据来源、收集时间和各项责任等;第二个方面是制定 ROI 分析计划,即如何将培训项目的绩效从其他影响因素中分离出来,如何将数据转化为货币价值,确定适当的成本分类、计量无形收益,以及信息交流的预期沟通对象等。总之,HR 项目的 ROI 分析计划对流程的顺利推进至关重要,这一部分的内容也是培训项目计量分析与其他评估分析方法的关键区别,可以说,ROI 分析计划所包含的内容是该评估方法的特征。

数据收集处于流程的中间阶段,主要包括实施中的数据(如反应与满意度、学习)及实施后的数据(如应用与实施、经营业绩),这些与柯氏模型的数据收集的信息类型相同。

数据分析是 ROI 流程的结束阶段,是对评估计划实施的结果进行分析,包括分离培训项目的效果、将数据转化为货币价值、计算培训项目成本、计算投资回报率以及辨析无形收益。数据分析是 ROI 的特征性流程,是与其他评估方法相区别的标志。下面将展开对 ROI 特征流程——数据分析的介绍。

二、分离培训项目的效果

分离 HR 项目效果是大多数评估模型时常忽略的一个问题。组织实施培训项目后,确实伴随着绩效的提高,这两方面似乎存在着相关。但是,除培训项目之外,还有其他因素会影响整个组织的经营业绩。因此,需要确定用何种科学可行的方法确定与培训项目直接相关的经营业绩,效果分离这一步骤必不可少,因为采取某些特殊的策略以确认哪些经营业绩是由培训项目带来的,这样可以提高 ROI 计算的准确性和可信度。对此问题组织可以采取的策略有①:

(1) 将参与培训的试验组与没有参与该培训的控制组相比较,以分离项目效果。

(2) 利用分析来估计没有培训项目的绩效情况,并将估计的期望值和培训项目实施后的实际数据进行比较。

(3) 当投入和产出变量之间存在明显的函数关系时,利用预测模型分解培训项目的绩效。

(4) 让培训项目参与者和利益相关者估计与培训项目有关的数量的提高。

(5) 让项目监督者和管理人员估计培训项目的效果。

(6) 利用外部研究成果,获取关于培训项目效果的资料信息。

---

① 菲利普斯 J J,斯通 R D,菲利普斯 P P. 人力资源计分卡——计量与评价 HR 投资回报率[M]. 黄晨,等译. 北京:人民邮电出版社,2006:20.

(7) 通过外部专家估计培训项目的绩效。

(8) 如果能够确定其他有关影响因素,并能够估计出这些因素的效果,那么减去这些因素的影响,剩下来的便是该培训项目的绩效,这是一种变通策略。

(9) 由客户提供关于培训项目在多大程度上影响了他们做出使用某个产品或服务决策的信息。

这些策略共同为分离培训项目的效果提供了一套有效工具。面对多种分离方法,在实际工作中要为具体的项目选择最适合的方法可能是一件比较困难的事情。

三、计算培训项目的投资回报率

要分析培训项目的投资回报,涉及 3 个方面的分析:将数据转化为货币价值、计算培训项目成本及计算投资回报率。

(一) 将数据转化为货币价值

为了计算 ROI,应首先将经营业绩数据转化为货币价值,以便与投资成本相比较,这要求每个与培训项目相关的数据都要被赋予相应的货币价值;另外,如何将数据转化为货币价值,应根据数据的种类和具体情况而定,可采用的转化方法有①:

(1) 将产出数据转化为利润贡献或成本节余,并以货币计量。

(2) 计算诸如事故数量等质量方面的成本,并以货币计量。

(3) 将节约的员工时间转化为工资和福利数额。

(4) 诸如消费者抱怨等方面的预防性支出,可以作为"历史成本"加以处理。

(5) 由内、外部专家估计数据值。

(6) 由外部数据库提供某些数据的大约价值或成本。

(7) 由主管或经理提供估计数值。

(8) 由培训管理人员提供估计值。

(9) 将该计量体系与其他计量体系相连接,以降低开发成本。

对于确定培训项目的货币收益来说,这一步不但重要而且是绝对必要的。同时,这一步骤也极具挑战性,特别是有关软性数据的估计,需要结合运用上述多种方法才能完成。

例如:某一制造企业为减少抱怨而实施了一个培训项目,将从项目中取得的数据通过 5 个步骤转化为货币价值。该企业在实施项目前进行了一次全面评估,其结果显示,由于管理层与工头之间缺少合作,由此导致大量抱怨的产生。实际抱怨数量的减少便成为衡量项目产出的一个标准。由表 8-6 可知,整个项目所取得成绩的货币价值为 546 000 美元②。

---

① 菲利普斯 J J,斯通 R D,菲利普斯 P P. 人力资源计分卡——计量与评价 HR 投资回报率[M]. 黄晨,等译. 北京:人民邮电出版社,2006:3.

② 菲利普斯 J J,斯通 R D,菲利普斯 P P. 人力资源计分卡——计量与评价 HR 投资回报率[M]. 黄晨,等译. 北京:人民邮电出版社,2006:141-142.

表 8-6 某工厂减少抱怨的项目

步 骤	内 容
步骤 1	• 确定改进的单位 改进的单位被确定为抱怨减少一次
步骤 2	• 测定每一单位改进的价值 通过内部专家和劳资关系专员的评估，一次抱怨产生的平均成本被估计为 6 500 美元，它考虑了时间和直接费用(V=6 500 美元)
步骤 3	• 计算绩效数据的变化 项目完成后 6 个月，发现抱怨平均每月减少了 10 次。主管认为减少的 10 个中有 7 个与项目有关
步骤 4	• 确定绩效变化的年度数值 使用 6 个月的数据得出年度抱怨减少数量为 84 次($\Delta P=84$)
步骤 5	• 计算绩效改进的年度货币价值 年度价值$=\Delta P\times V=84\times 6\,500=546\,000$(美元)

注：V 代表每一单位改进的价值，ΔP 代表绩效数据的变化值。

资料来源：菲利普斯 J J，斯通 R D，菲利普斯 P P. 人力资源计分卡——计量与评价 HR 投资回报率[M]. 黄晨，等译. 北京：人民邮电出版社，2006：142.

从上述述案例可以看出，将数据转化为货币价值的主要步骤如下。

1. 确定计量标准的组成

首先，应当确定有哪些方面取得了进步。对产出数据来说，评价指标可能包括所生产的产品、提供的服务和销售额等。时间指标的范围很广，通常包括完成项目的时间、周转时间和顾客响应时间，这一指标通常用分钟、小时和天表示。质量是一个常用的评价指标，包括错误、拒绝、缺陷和返工。软性数据指标的范围更为广泛，包括抱怨、缺勤率、员工流动和某一时点顾客满意指数等。

2. 研究指标的货币价值(V)

对于 V 的确定涉及两类数据，一类是硬性数据，如产出、质量、成本和时间，对于这些指标来说，确定价值是很容易的，因为大多数组织都有反映某一单位产出的货币价值或某一缺陷所产生的成本等方面的数据记录；另一类是软性数据，如缺勤、抱怨等，将软性数据转化为货币价值是比较困难的，因为一次缺勤、一次抱怨或在某一时点上员工态度的变化所产生的成本是难以确定的。当所得到的价值估计不止一个时，应选用可信度最高或最保守的一种数据。

3. 计算绩效数据的变化(ΔP)

在将培训项目的效果分离出来以后，应计算产出数据的变化。这一变化(ΔP)便应归因于培训项目带来的绩效提高。这一价值代表了某个参与者、某个团队、某个小组或几个小组的参与者所取得的绩效进步。

4. 确定年度数量变化

得出 ΔP 后，需要将其年度化，即计算出一年中绩效的总改变量。这一过程是确认培训项目收益过程中不可缺少的一步。很多项目的收益很难在一年中全部实现，使用年度化的收益被认为是一种保守的做法。

5. 计算所取得绩效改进的总价值

年度绩效改进量（ΔP）乘以每单位绩效改进的价值（V），便得到年度绩效改进总价值。

（二）核算培训项目的成本

编制培训项目成本表需要考察与项目有关的成本，一些可供参考的成本种类如表 8-7 所示。

表 8-7 项目成本的种类

成本类型	成 本 项 目	待摊成本	一次性成本
分析成本	各种分析成本，如需求分析	√	
开发与采购成本	各种开发与采购成本	√	
实施成本	• 辅助人员的工资和福利		√
	• 协调者的工资和福利		√
	• 项目材料和费用		√
	• 旅行/住宿/食品		√
	• 会议/培训设施		√
	• 参与者的工资和福利		√
	• 参与者替代者的费用		√
	• 产出的损失		√
运营成本	• 参与者及辅助人员的工资和福利		√
	• 项目协调者的工资和福利	√	√
	• 项目经理的工资和福利	√	√
	• 供应、材料、设备和设施成本		√
	• 旅行/住宿/食品		√
	• 外部服务	√	√
评估成本		√	√
管理成本		√	

资料来源：菲利普斯 J J，斯通 R D，菲利普斯 P P. 人力资源计分卡——计量与评价 HR 投资回报率[M]. 黄晨，等译. 北京：人民邮电出版社，2006：157.

培训项目的成本计算要求记入所有与项目相关的直接和间接成本，主要包括[①]：

（1）初步分析和估计成本。

（2）开发处理成本。

（3）制定解决方案的成本。

（4）项目实施和应用的成本。

（5）维持和监控项目的成本。

（6）评估和报告成本。

---

① 菲利普斯 J J，斯通 R D，菲利普斯 P P. 人力资源计分卡——计量与评价 HR 投资回报率[M]. 黄晨，等译. 北京：人民邮电出版社，2006：21.

(7) 项目管理成本。

稳妥的做法是全面考虑以上所有成本项目,通过成本统计和估计得到真实的成本汇总结果。

(三) 计算ROI

1. BCR与ROI

计算ROI需要有利润和成本的数据,而收益/成本比率(BCR)就是用培训项目的收益除以成本,用公式表示如下:

BCR=项目收益/项目成本

有时这个比率以ROI表示,虽然ROI的公式与BCR相似。但是,ROI是用净利润除以成本,净收益是培训项目的收益减去成本,其公式如下:

ROI(%)=培训项目净收益/培训项目成本×100%

这是评估投资常用的一个基本公式,传统上,ROI以收入除以投资来反映。

BCR与ROI反映的基本信息是相同的,但看问题的角度有细微的差别。

例如:一个培训项目取得了581 000美元的收益,相应的成本为229 000美元,收益/成本比率应当为:

BCR=581 000/229 000=2.54(或2.5∶1)

该计算结果说明:1美元投入可以带来2.5美元的回报。

而在这个案例中,净收益是581 000-229 000=352 000(美元)。这样,ROI将为:

ROI(%)=352 000/229 000×100%=154%

这意味着,在该HR项目中,1美元投资,扣除成本后,可以获得1.5美元净收益①。

2. 效用分析

除ROI分析外,评价培训项目有效性的方法还有效用分析,效用分析也可以评估培训项目的经济贡献。Schmidt、Hunter和Pearlman建立了下面评估培训项目货币价值的模型:

$$\Delta U = T \times N \times \mathrm{dt} \times \mathrm{Sdy} - N \times C$$

其中,ΔU——培训项目的货币价值

T——培训项目对绩效产生影响的持续年限

N——受训员工数量

dt——受训员工和未受训员工在每一个标准差下的工作绩效差额②

Sdy——未受训员工以货币计量的工作绩效的标准差

C——人均培训成本

上式所有变量中最难确定的是工作绩效差额和目标工作的价值。培训项目的有效性

---

① 菲利普斯 J J,斯通 R D,菲利普斯 P P. 人力资源计分卡——计量与评价HR投资回报率[M]. 黄晨,等译. 北京:人民邮电出版社,2006:21-22.

② $\mathrm{dt}=(Xt-Xc)/\mathrm{SD}$,$Xt$,$Xc$分别是受训人员和非受训人员的工作绩效,SD是样本所在总体工作绩效的标准差。

可以通过受训员工和未受训员工的绩效差额来反映，获取这些信息最简单的方法是让主管来评判两个组(培训组与对照组)的绩效。目标工作的价值也可以让主管和专家来估计。但是这种方法的缺陷是它仅仅适用于销售类的培训评估，如何将这一方法运用于其他类型的培训评估则需要做进一步的研究[①]。

四、确定无形收益的计量指标

除了明确的货币收益，大多数培训项目会产生无形收益。有些无形收益常常与硬性数据一样重要，往往有极高的价值。在数据分析过程中，应当力图将所有数据转化为货币收益，包括硬性与软性数据。然而，对于软性数据如果转化的方法很主观或不准确，那么得出的数据可能缺乏可信度。为此，应将数据以无形收益并附带适当解释的形式列出。无形收益通常包括以下部分[②]：

(1) 整体绩效改善。

(2) 工作满意度提高。

(3) 组织承诺增加。

(4) 保持技术领先地位。

(5) 团队工作改善。

(6) 客户服务改进。

(7) 客户反应时间缩短。

无形收益的指标确定可以在不同的阶段通过不同的方法进行确定。首先，无形收益计量指标可以在培训项目早期(即需求分析期间)确定；其次，可以通过与培训项目发起者讨论来确定无形收益的指标；再次，无形收益计量指标可以在货币转化期间确定；最后，无形收益计量指标可以在后续评估中确定。

第四节　评估方案设计与数据收集

组织在培训上投入了大量的时间、经费和人力等，为了对培训效果进行分离，更好地对培训有效性进行评估，从而使评估结果更科学，培训管理者和培训讲师可以通过一些方案设计和数据收集来对培训有效性进行评价。

一、培训有效性评估设计方案简介

根据评估对象是否包括控制组(对照组)，可将培训有效性评估的设计方案分为两大类：单组设计(无对照组设计)与对照组设计，每一类中均有不同的设计方法。表 8-8 总结了常用的培训评估设计方案。

---

① 企业培训投入产出分析综述，http://blog.chinahrd.net/showtopic-64432.aspx.

② 菲利普斯 J J，斯通 R D，菲利普斯 P P. 人力资源计分卡——计量与评价 HR 投资回报率[M]. 黄晨，等译. 北京：人民邮电出版社，2006：22.

表8-8 培训有效性评估方案设计

设计方法	评估对象	评估(测量)是否进行	
		培训前	培训后
单组设计			
后测设计	培训组	否	是
前测-后测设计	培训组	是	是
时间序列设计	培训组	是,分时间进行多次	是,分时间进行多次
对照组设计			
后测对照组设计	培训组和对照组	否	是
前测-后测对照组设计	培训组和对照组	是	是
时间序列对照组设计	培训组和对照组	是,分时间进行多次	是,分时间进行多次
所罗门设计	培训组A 培训组B 对照组A 对照组B	是 否 是 否	是 是 是 是

资料来源:石金涛,唐宁玉,顾琴轩.培训与开发[M].北京:中国人民大学出版社,2003:149.& 诺伊 A R.雇员培训与开发[M].徐芳,译.北京:中国人民大学出版社,2001:117.

二、无对照组设计

(一)后测设计

1. 后测设计模式

组数——1组

评估过程:培训组　　T　　X1

(T表示培训,X表示测量,1表示时间序列)

这类评估仅在学员参加培训后对其进行测量。这种方式得到的信息可以了解学习效果,但由于不知道培训前学员的知识和技能水平如何,所测量的结果很难说是学员在培训中学到的东西,因此,不能说明培训的有效性。

2. 应用举例

例1:某企业打算在公司内部进行全面的绩效考评与薪资结构的调整,这一调整包括市场营销部。由于公司的绩效考评与薪资结构一直都执行向市场营销部倾斜的政策,因此,市场营销部现行的绩效考评与薪资结构与公司内部其他部门之间具有较大的差异,而这次调整将取消对市场营销部的倾斜政策。为了防止这一变革在市场营销部内部引起不满,人力资源部对该部门的全体员工(56人)进行了关于绩效考评与薪资结构调整重要性的教育培训。基本数据与结果见表8-9。

从该案例中,无法得知该部门培训前的赞成性反应,也无法知道该部门与其他部门赞成性反应的差异,因此,无法分析培训是否有效。这提示在培训评估的实践中应该避免采用这种方案设计。

表 8-9 后测设计的应用(n=56)

组 别	平均赞成性反应(M)	最高分	最低分
培训组(培训后)	7.69	9	6

注:"9"分为非常赞成,"1"分为非常不赞成,从"9"分至"1"分赞成性依次减小。

(二) 前测-后测设计

1. 前测-后测设计模式

组数——1组

评估过程:培训组 X1 T X2

(T表示培训,X表示测量,1,2表示时间序列)

这种设计是指在培训前对学员在某方面的知识、技能或态度进行测量,在培训后,再对其进行测量,通过前后的变化来解释培训的效果。这种设计比第一种后测方案进步的地方在于它多了前测,这样就可以进行前后的差异检验,通过统计分析来说明培训的效果。不足之处在于,由于没有控制组,分析出来的差异可能不是由于培训造成的,而是由于公司中其他方面的变化,如工作态度的变化很可能不是由于企业文化培训导致,而是由于公司的经营条件发生改变,或采用了新的奖金制度所致。

2. 应用举例

例2:某银行在全行内开展"以客户为中心,开展优质服务"活动,在各支行的柜台工作人员中随机抽出部分员工(n=32),对他们进行了为期一周优质服务的脱产培训,培训内容为怎样改善服务质量,提高客户的满意度。从工作记录中可知,培训前一年,这些参与者的平均投诉为6.22次,培训后一年之内平均投诉为3.28次。经过统计学检验发现,培训前后的平均投诉次数具有非常显著的差异($p<0.001$)。基本数据与统计结果见表8-10。

表 8-10 前测-后测设计的应用(n=32)

组 别	投诉平均数	SD	t值	P值
培训组(培训前)	6.22	3.97	7.099	0.000***
培训组(培训后)	3.28	2.61		

注:***表示 $p<0.001$。

该案例的统计结果表明,培训前、后的顾客投诉率具有非常显著的差异($p<0.001$),说明培训是有效的。

(三) 时间序列设计

1. 时间序列设计模式

组数——1组

评估过程：培训组　　X1　X2　　T　　X3　X4

(T表示培训,X表示测量,1,2,3,4表示时间序列)

这种设计将时间因素引入方案设计,是为了在评估培训效果时排除其他非培训因素的干扰效果(例如,雇员自身的成熟因素等)。时间序列设计指在培训前一段时间和培训后一段时间里对学员在某方面进行多次测量,以观测培训的效果。它的一个假设是如果学员在培训前变化与培训后变化两者之间存在差异,则可以认为这种变化是由培训引起的。

2. 应用举例

例3：2003年1月,某邮局决定全年在全局内开展"减少挂号邮件的投递差错"活动,4月招聘了一批新投递员。他们到岗工作满3个月时投递错误仍然较高。8月,总局在各支局新进的这批投送人员中随机抽出部分投递员,对他们进行了为期2周的脱产培训,培训内容为怎样减少投递差错。基本数据与统计结果见表8-11。

表8-11　时间序列设计的应用(n=32)

培训组 测量时间	错投次数(M±SD)		培训前变化	培训后变化	t值	P值
	培训前/后3月	培训前/后1月				
培训前	3.22±2.08	3.00±2.06	0.22±1.18	/	−0.983	0.333
培训后	1.38±1.10	1.94±1.66	/	0.56±1.27		

统计结果表明,虽然培训后错投次数减少量比培训前减少量要大,但是,培训前错投次数变化量与培训后错投次数变化量之间没有显著性差异($p>0.05$),说明培训没有效果,可能是员工自身业务熟练的原因,即成熟因素导致的行为变化。

三、对照组设计

(一)后测对照组设计

1. 后测对照组模式

组数——2组

评估过程：培训组　　T　　X1

　　　　　对照组　　—　　X2

(T表示培训,—表示无培训,X表示测量,1,2表示时间序列)

这种设计中增加了对照组来比较两组的差异。但在培训前没有对培训组和对照组进行测量,只在培训后对两组在某方面的知识、态度或技能进行评估,这两组在这些指标上的差异被认为是由于培训导致的。该设计的假设是培训组和对照组在培训前没有差异,两组都经历了除培训外的其他组织过程,这样可以恒定一些培训外的干扰因素。但和第一种仅有后测的设计存在同样的问题,即对培训学员以往的水平并没有测量,很难评估到真正的学习效果。

2. 应用举例

例4：续例2题。因在全行开展该活动,许多员工的优质服务意识都有所增强,为了分析培训是否有助于提高顾客的满意度,随机在全行内抽取64名员工,其中1/2(32人)

为参加培训的员工，另外32人为未参加培训的员工作为对照组，根据柜台上服务评价器的记录进行分析。基本数据与统计结果见表8-12。

表8-12 后测对照组设计的应用(n=64)

组　别	顾客满意度(M)	SD	t 值	P 值
培训组(培训后)	4.81	2.91	2.217	0.030*
对照组(培训后)	3.28	2.61		

注：1. *表示 $p<0.05$。
2. "5"分为非常满意，"4"分为比较满意，"3"分为满意度一般，"2"分为不太满意，"1"分为非常不满意。

统计结果表明，培训后的两组顾客的满意度具有显著的差异($p<0.05$)，说明培训是有效的。

(二) 前测-后测对照组设计

1. 前测-后测设计模式

组数——2组

评估过程：培训组　X1　T　X3

　　　　　对照组　X2　—　X4

(T表示培训，—表示无培训，X表示测量，1，2，3，4表示时间序列)

在这种设计中，采用一个对照组来和培训组进行比较。对这两个组都有培训前的测量和培训后的测量，这样就可以剔除那些可能由于公司中其他方面的条件发生变化而导致的变化。在这种设计下，如果前测培训组和对照组之间没有显著性差异，而后测有显著差异的话，就可以认为这种差异是由培训所产生的。

这种设计可以更明确地看出培训的效果，同时也使得培训管理者或培训讲师更有把握确定培训的效果。前测-后测对照组设计是在研究设计中应用较多的设计，它不仅可以用于评估单一培训的效果，同时还可以用来衡量不同培训方式的效果。

2. 应用举例

例5：某企业在实行计件工资制后不久发现，他们生产出来的产品销售出去后，返修率比以前增加了。人力资源部就此问题用随机抽样的方法抽取64名一线工人，并对其中1/2的员工(32人)进行在岗培训，培训内容为生产工艺的规范化操作，培训时间为1个月。培训结束后的3个月，培训人员跟踪了这64名工人的产品质量，基本数据与统计结果见表8-13。

表8-13 前测-后测对照组设计的应用(n=64)

测量时间	返修产品件数(M±SD)		t 值	P 值
	培训组	对照组		
培训前	6.22±3.97	6.00±3.33	0.239	0.812
培训后	3.28±2.61	5.13±2.84	−2.708	0.009**

注：**表示 $p<0.01$。

统计结果表明,两组在培训前返修产品件数无差异,但在培训后差异非常显著($p<0.01$),说明培训是有效的。

需要注意的是,在这一方案的统计方法选择上,孟庆茂等指出,一些人选择比较两组变化量间差异的方法(即先分别计算培训组培训前-后的差值,以及对照组培训前-后的差值,然后再进行两组差值的差异性检验),这种分析的结果是不可靠的①。

(三) 时间序列对照组设计

1. 时间序列对照组设计模式

组数——2组

评估过程:培训组　X1　X3　T　X5　X7

　　　　　对照组　X2　X4　—　X6　X8

(T表示培训,—表示无培训,X表示测量,1,2,3,……8表示时间序列)

这种设计将时间因素和对照组同时引入设计方案,是时间序列设计和前测-后测设计的一种扩展,兼有时间设计与前测-后测对照组设计的优点,它既可以排除雇员发展因素的影响,又可以剔除公司历史因素的影响,能比较好地反映培训的有效性。

2. 应用举例

例6:2000年1月,某出版社新购进的电脑排版系统开始投入使用,同时招聘一批没有排版经验的电脑排版人员。4月,由于大多数新员工的工作效率较低,为了提高新员工的工作效率,培训部在这批员工中随机抽取64人,并对其中1/2的人员(32人)进行为期1周的培训,另外32人作为对照组。培训结束后的3个月内,培训人员跟踪了这64人的工作效率,基本数据与结果见表8-14。

表8-14　时间序列对照组设计的应用(n=64)

组　别	排版错误次数(M±SD)				培训前差值	培训后差值	t值	P值
	培训前3月	培训前1月	培训后1月	培训后3月				
培训组	5.47±0.72	5.00±0.76	4.75±0.76	3.53±0.67	0.47±0.76	1.22±0.75	−4.176	0.000***
对照组	5.31±1.03	4.88±1.07	4.50±0.72	4.22±0.71	0.44±0.76	0.28±0.63	0.867	0.393

注:***表示$p<0.001$。

统计结果表明,培训组培训前错误次数变化程度与培训后错误次数变化程度之间具有非常显著的差异($p<0.001$),而对照组差异则不显著($p>0.05$),说明培训具有明显的效果。

(四) 所罗门设计

1. 所罗门设计模式

组数——4组

① 孟庆茂,常建华. 实验心理学[M]. 北京:北京大学出版社,1999:36-37.

评估过程：培训 1 组　X1　T　X3
　　　　　培训 2 组　O　T　X4
　　　　　对照 1 组　X2　—　X5
　　　　　对照 2 组　O　—　X6

（T 表示培训，—表示无培训，O 表示无测量，X 表示测量，1，2，3，……6 表示时间序列）

该实验设计将前面提到的几种设计结合起来，这种设计方案可以证明培训测验有没有缺陷，因为有些测验本身就是一种练习，会产生练习效应。采用该方案的好处是可以把干扰培训效果的其他因素的影响减少到最低程度。在具体操作的时候，可以把培训学员随机分成两组，接受培训，同时另外设置两个对应的对照组。这种设计还可以用于评估不同培训方式的效果。但是，这种设计所选研究对象多，费用较大，一般情况下不轻易使用这种设计。

2. 应用举例

例 7：某企业在培训中采用互动式与传统的演讲法两种不同的培训技术，人力资源培训部想了解这两种培训技术对培训效果有何影响，可以采用下面的设计（见表 8-15）。

表 8-15　所罗门 4 组设计的应用

组　别	前　测	培训技术	后　测
第一组	有	互动式	有
第二组	有	传统演讲	有
第三组	没有	互动式	有
第四组	没有	传统演讲	有

资料来源：石金涛，唐宁玉，顾琴轩．培训与开发[M]．北京：中国人民大学出版社，2003：151.

表 8-15 表明，将参加培训的员工分为 4 组，两组参加互动式培训，另外两组参加传统演讲法培训，如果参加互动式培训的员工比参加传统演讲法的员工学习的多一些，则表明互动式培训的效果比传统演讲法培训的效果好；反之则相反。

四、评估数据的收集

（一）数据类型

上述评估方案的应用性分析案例中采用了投诉次数、错投次数、返修产品件数、排版错误数、赞成性反应、顾客满意度等数据，这些数据可以归纳为 2 大类：硬性数据和软性数据。其中，前 4 个指标为硬性数据，后 2 个指标为软性数据。硬性数据与软性数据为培训评估的两类主要数据来源。

1. 硬性数据

硬性数据是指那些客观的、理性的、无争论的事实，是培训评估中非常希望掌握的数据类型。硬性数据一般具有以下特点：

（1）一般是定量化的数据。

（2）容易测量。

（3）是衡量组织绩效的常用标准。

(4) 比较客观。

(5) 比较容易转化为货币价值。

(6) 衡量管理业绩的可信度较高。

硬性数据的4种主要来源见表8-16。

表 8-16 硬性数据的4种主要来源

产出	质量	成本	时间
• 生产的数量	• 废品	• 预算的变化	• 运转周期
• 制造的吨数	• 次品	• 单位成本	• 对投诉的应答时间/次数
• 装配的件数	• 退货	• 财务成本	• 设备的停工时间/次数
• 售出件数	• 出错比率	• 流动成本	• 加班时间
• 销售额	• 返工	• 固定成本	• 每日平均时间
• 窗体加工数量	• 缺货	• 营业间接成本	• 完成所需时间
• 贷款批准数量	• 产品瑕疵	• 运营成本	• 贷款的处理时间
• 存货的流动量	• 与标准的差距	• 延期成本	• 管理时间
• 探视病人的数量	• 生产故障	• 罚款	• 培训时间
• 对申请的处理数量	• 存货的调整	• 项目成本节约	• 开会时间
• 毕业的学员数量	• 工作完成的比例	• 事故成本	• 修理时间
• 任务的完成数量	• 事故数量	• 规划成本	• 效率
• 订货量	• 客户投诉	• 销售费用	• 工作的中断时间
• 奖金		• 管理成本	• 对订货的回应时间
• 发货量		• 平均成本节约	• 晚报告时间
• 新建的账目数量			• 损失的时间天数

资料来源:徐芳. 培训与开发理论及技术[M]. 上海:复旦大学出版社,2005:278.

2. **软性数据**

由于培训效果有时有一定的滞后性,因此硬性数据的结果需要经历一段时间后才能表现出来,因此,有时组织还必须借助于软性数据进行评估。软性数据具有以下特点:

(1) 有时难以量化。

(2) 相对来讲不容易测量。

(3) 作为绩效测评的指标,可信度较差。

(4) 在多数情况下是主观性的。

(5) 不容易转化为货币的价值。

(6) 一般是行为导向的。

软性数据通常来源于组织氛围、满意度、新技能、工作习惯、发展以及创造性(见表8-17)。

(二) 数据收集方法

要进行有效的评估,必须要采用一定的方法来搜集相关数据,具体选择什么样的方法收集数据,一方面,要根据评估目标及需要收集的评估数据类型而定;另一方面,还要考虑评估者的时间和偏好。表8-18是一些常用的评估数据采集方法,包括问卷调查、访谈、关键事件评估、测验。

表 8-17 软性数据的主要来源

组织氛围	满意度	新技能
• 不满的数量 • 歧视次数 • 员工的投诉 • 工作满意度 • 组织的承诺 • 员工的离职比率	• 赞成性反应 • 工作满意度 • 态度的变化 • 对工作职责的理解 • 可观察到的业绩变化 • 员工的忠诚程度 • 信心的增加	• 决策 • 问题的解决 • 冲突的避免 • 提供咨询的成功机会 • 倾听理解能力 • 阅读速度 • 对新技能的运用 • 对新技能的运用意图 • 对新技能的运用频率 • 新技能的重要性
工作习惯	**发展**	**创造性**
• 旷工 • 消极怠工 • 看病次数 • 违反安全规定 • 沟通破裂的次数 • 过多的休息	• 升迁的数量 • 工资的增加数量 • 参加培训的项目数量 • 岗位轮调的请求次数 • 业绩评估的打分情况 • 工作效率的提高程度	• 新想法的实施 • 项目的成功完成 • 对建议的实施量 • 设定目标

资料来源：徐芳. 培训与开发理论及技术[M]. 上海：复旦大学出版社，2005：278-279.

表 8-18 培训与开发项目评估的数据收集常用方法

方法	方法描述
1. 问卷调查	是一种搜集主观信息的问卷，旨在了解学员对培训的主观评价，包括培训的反馈问卷
2. 访谈	通过和一个或多个人进行交谈，以了解他们的信念、观点和观察到的东西
3. 关键事件评估	通过直接观察人们在关键条件下的工作行为来收集信息
4. 测验	在结构化条件下了解学员已掌握的培训知识和完成某项任务的熟练程度，包括书面测验和操作性测验

资料来源：纽拜 T. 培训评估手册[M]. 戴晓娟，译. 北京：中国劳动社会保障出版社，2007：79、95、122、167.

1. 问卷调查

问卷调查适用于：检查培训目标与工作任务相匹配的程度；评价学员在工作中对培训内容的应用；了解学员偏爱的学习方法以及对培训师所使用教学方法的态度。如果已经确定问卷是最合适的评估方法，其主要操作步骤有以下 6 个。

（1）明确要通过问卷调查了解什么信息。

（2）设计问卷。

（3）进行预调查，并对问卷进行修改与完善，必要时重新设计问卷。

（4）正式实施问卷调查，实施对象应该是从相关总体中抽出的一个具有代表性的样本。

（5）对回收的有效问卷资料进行分析。

(6) 报告调查结果。

设计好的正式调查问卷应具有一定的结构(如表 8-19)。结构包括指导语、记分标准、问卷项目等。注意在问卷中尽量少使用开放性问题。

表 8-19 调查问卷举例

这是一份快速反馈培训评估的问卷。希望通过这份问卷来了解你的学习状况,了解你对培训教师以及组织者的看法,了解你对课程内容和培训方法的意见和建议。请在每道题后最能代表你看法的相应选项上画圈。对于开放性问题,请在相应的位置写出,如果空间不够,可另页补充。 "1"表示"完全不同意" "2"表示"不太同意" "3"表示"不确定" "4"表示"比较同意" "5"表示"完全同意"					
1. 你认为这部分的培训内容对你有用。	1	2	3	4	5
2. 你认为培训教师的讲授很好。	1	2	3	4	5
3. 你认为培训学员的参与积极性高。	1	2	3	4	5
4. 你对培训环境满意。	1	2	3	4	5
5. 你对培训有什么意见或建议?					
6. 请说明本次培训中应该删减的内容与应该增加的内容。如果方便,请说明原因。					

问卷调查法的优缺点如下。

优点:单位成本较低,允许从大样本中搜集信息;资料编码更直接,更可能以匿名的方式进行;回收的资料比较便于分析处理,例如,可以事先设计成机读卡;当调查对象分散在各地时也可很方便地进行;可避免访谈人员的偏见,例如,有选择地提问;当需要封闭式提问时是最适合的方法。

缺点:可能回收率很低和/或需要大量的事后"催促"才能收回资料;依赖于调查对象对自己所处环境、个性特点和思考能力的认识,例如,他们必须能够简单地表达出相当清晰的观点;问题受到调查对象文化水平的限制;不具有灵活性,例如,不太容易改变已经完成的问卷设计;有过于简化资料且存在设计盲点的可能;设计和测试都很花费时间。

2. 访谈

访谈方法的应用范围很广,可以了解学员对某培训方案或学习方法的反应;了解学员对培训目标、内容与自己实际工作之间相关性的看法;检查学员将培训内容在工作中应用的程度;了解影响学习成果转化的工作环境因素;了解学员的感觉和态度;帮助学员设立个人发展目标;比较组织战略和培训之间的一致性;为下一步的问卷调查做准备。

设计与实施访谈的步骤与问卷调查方法十分相似:

(1) 决定需要何种信息。

(2) 设计访谈方案。

(3) 测试方案效果,必要时重新设计。

(4) 全面实施。

(5) 对访谈资料进行分析。

(6) 报告调查结果。

访谈方案是指评估人员在访谈中要提问的问题清单。访谈问题分开放性问题、封闭性问题和反馈性问题3类。开放性问题如"你对这样的培训有什么感受?""你能说出你的工作现在发生了什么样的变化吗?",封闭性问题如"你什么时候参加的谈判技能课程?(①1981年　②1982年　③1983年　④1984年)",反馈性问题如"你对培训师有一些……的看法?"[①]。

访谈法的优缺点如下。

优点:可以及时对问题做出解释并检查理解是否准确;访谈可以实现双向沟通,以确保对问题的解释和澄清;可以进行事先没有设计到的询问,以便对问题进行深入的追踪调查;当需要开放式提问时是最合适的方法。

缺点:访谈成本较高,不是经济的调查方法;实施访谈和分析资料非常耗费时间,这通常限制了样本规模;访谈效果更多地依赖于访谈者的能力,如与访谈对象迅速建立融洽关系的能力,使访谈对象倾诉真言的能力等。

3. 关键事件评估

关键事件评估可以完成多种任务,特别适用于根据行为变化来进行培训评估时,可以说,没有其他方法能像关键事件评估这样检验培训对学员绩效的影响。

搜集关键事件评估的资料时多采用访谈法。搜集资料的过程应遵循以下原则:

(1) 提供资料者(调查对象本人或者观察调查对象行为的人)只需要对所描述行为的成功或失败进行简单的判断。

(2) 对观察者进行培训。

(3) 必须观察实际行为,这样能最大程度地减少主观性。

(4) 和绝大多数评估活动一样,如果把分析与适当的控制和培训前/后的变化测评结合起来,调查结果的可信度将会得到提高。

访谈由一名有熟练访谈技巧的人员和对工作行为非常了解的观察者或当事人在一对一的基础上共同工作,一起探询关键事件行为的细节。对观察者和当事人的访谈提纲内容基本相同,只是问题的提问方式有一些改变。应用举例见表8-20和表8-21。

关键事件评估的优缺点如下。

优点:它的突出优点是具有很高的表面效度,它以行为作为标准来评价调查对象的工作业绩,因此,观察过程中主观推测成分较少;这种方法允许调查对象用他们自己的语言和根据自己的观点报告他们的经历,而不是由评估人员强加的观点。因此,调查对象提供的信息往往能够十分全面地描述细节和涵盖关键的工作任务。

---

① 纽拜 T. 培训评估手册[M]. 戴晓娟,译. 北京:中国劳动社会保障出版社,2007:97-99.

表 8-20　关键事件评估举例(访谈观察者)

1. 引言：包括访谈目的;保密条款;访谈记录方法;与访谈对象建立融洽关系。
2. 请考虑你最优秀的职员：你认为他们最出色的做法是什么？要描述实际行为——他或她做了什么和结果是什么。(必要时深究更明确具体的细节)
3. 具体做了什么?
4. 该行为在什么时候发生的?
5. 该行为发生的背景是什么?
6. 该行为的结果是什么?
7. 为什么你会觉得它说明了员工的工作是有效的?
8. 你所说的员工职位是什么?
9. 你自己直接观察到了该行为吗?
10. 你直接看到了行为的后果吗?

结束语

非常感谢您的合作！请您在访谈记录上签名，以确保访谈记录内容的真实可靠。

资料来源：改编自纽拜 T. 培训评估手册[M]. 戴晓娟，译. 北京：中国劳动社会保障出版社，2007：124.

表 8-21　关键事件评估举例(访谈当事人)

指导语

您好！现在总部培训机构正在评价内部顾问技能培训项目(IASP)的效果。我们希望通过对参加过 IASP 的人员的访谈来了解该项目。您正好是我们选出的访谈对象中的一员，所以需要占用您的一些时间，请您抽出一些时间来支持我们的工作。谢谢您！

这次访谈的内容只作为培训有效性评估之材料，不涉及其他目的和用途，请您打消顾虑。对于访谈内容我们会严格保密，请您放心。在访谈结束时，我们会请您在访谈记录上签字，以证明记录内容的真实可靠性。

1. 简要描述参加 IASP 后，您作为一名内部顾问成功地解决过的最难问题(发生了什么？和什么人有关？结果是什么?)。
2. IASP 中的哪些内容有助于您应对您在 1 中描述的困境?
3. 您认为该困境给您带来的最大障碍是什么?
4. 简要描述参加 IASP 后，您作为一名内部顾问处理得最不成功的一件事(发生了什么？和什么人有关？结果是什么?)。
5. 指出由于培训不足对您在 4 中描述的失败有什么影响。
6. 您是否经常(? 日、? 周、? 月、? 年)遇到 1 和 4 中描述的情形?

   1. ____________　4. ____________

结束语

非常感谢您的合作！请您在访谈记录上签名。

资料来源：改编自纽拜 T. 培训评估手册[M]. 戴晓娟，译. 北京：中国劳动社会保障出版社，2007：125.

缺点：评估效果要依靠观察者和访谈者的能力;很容易由于语言表达不当导致信息扭曲;访谈对象在提供关键事件的例子时，有可能没有说出真相;由于对事件资料进行有效和无效分类是一个主观过程，可能由于访谈对象的能力而发生错误和偏见;该方法需要花费大量的时间和精力，特别是主要依赖访谈方法时更为费时费力;该方法由于只评价关键要素，不能达到对全部日常工作进行评价的目的。

4. 测验

测验评估包括书面测验与操作测验。书面测验用于了解学员已掌握的知识，它们对培训和评估的贡献有：在培训期间向学员反馈有关信息;考察一段时间内的学习成果;培训师可借此了解学员是否消化了他们所学的知识;因而可以判断教学方法是否奏效;书面测验可以对能力进行验证。培训初期的书面测验可以起到鼓励讨论的作用,还可以使学员对学习目标敏感起来,书面测验还可以强化学习效果。

操作测验的作用在于让学员了解他们的学习成果,只要学员需要把知识转化为实践,就要用到操作测验。通过测验可以看出学员完成任务的质量(不管该任务是用车床制造出一个椅子腿还是用打字机打一封信)。它们也可以测量体力或脑力劳动作业的准确性、完成的速度和完整性、计划能力以及识别(比方说,机械部件)能力。

书面测验和操作测验是互补的,单一的书面或操作测验都是绝对不够的。

无论是书面测验还是操作测验的设计都要遵守相关的操作步骤,纽拜提出书面测验的 7 个步骤①以及操作测验的 15 个步骤②。详细信息参阅纽拜的《培训评估手册》。

无论是书面测验还是操作测验,都存在各自的优缺点。

书面测验的优点:购买成本低;容易记分;可迅速批改;容易实施;可进行大样本的评估。

书面测验的缺点:可能会带来威胁感;测验分数也许与工作绩效不相关;测验结果可能会受到文化因素的影响。

操作测验的优点:具有较高的表面效度;能强化学习效果;鼓励学员在工作中应用培训内容;能让指导老师和学员了解教学效果。

操作测验的缺点:耗时;成本高;需要做大量的现场准备与监督工作;学员之间难免互相观察;评分的可靠性不强;中途可能会损坏设备。

除上述常用的评估方法外,有时还采用行动分析法与成本收益分析等。行动分析法是根据行为培训目标,用结构化、前后一致的方式观察行为,从而对特定技能或技能组成部分的使用情况进行客观判断。成本收益分析是通过识别预期成本,并对预期成本和预期结果的货币价值进行权衡。这些方法也都有各自的优缺点,所以在评估时注意选择,应当考虑几种方法的综合运用。

思考与操作训练

思考题

1. 什么是培训有效性与培训有效性评估?
2. 简述事前评估、试验性测试与事后评估。
3. 系统介绍柯克帕特里克评估模型。
4. 举例说明几种常见的培训有效性评估的设计方案。
5. 举例说明培训评估的数据来源及数据收集方法。

操作训练

全班分为 5 组,分别采用问卷调查、访谈、关键事件评估及测验法(包括书面测验和操

① 纽拜 T. 培训评估手册[M]. 戴晓娟,译. 北京:中国劳动社会保障出版社,2007:167-179.

② 纽拜 T. 培训评估手册[M]. 戴晓娟,译. 北京:中国劳动社会保障出版社,2007:180-196.

作测验)对你们所进行过的一个培训项目的效果进行评估。

中国人力资源开发实践

宝钢的岗位培训

1元=6.4元

2002年上半年,宝钢股份炼铁厂的49名作业长接受了宝钢集团教育培训中心(以下简称教培中心)的"4+1"综合研修培训。培训结束后,财务人员对培训效果进行了核算,得出的结果是1元的培训投入带来了6.4元的经济效益。

宝钢的"4+1"综合研修,是指岗位培训中,将管理新概念、技术创新思维、相关专业知识拓宽和前沿技术应用4个教学单元与一项生产现场应用成果相结合。教培中心经济管理研修院副院长王晓红女士称,由于2001年年底宝钢股份在作业现场推行"单职制",管理重心下移。如何提高作业长的综合素质就显得十分迫切。而作业长由于未接受过系统的继续教育,知识老化,对现代化大生产专业化分工的上、下道工序缺乏了解,系统思考和横向协作的能力较为欠缺,因而必须用一种全新的培训模式来迅速改变这种状况。

据了解,"4+1"综合研修从课程设置、教学方式到考试方法,都不同于以往的培训。它的课程包括系统工程学、现代信息检索、管理系统思考与创新、专利法、知识产权以及技术创新等12个方面。教学方式上采取理论讲座与案例分析、专家答疑相结合。考试则采取课堂与岗位考核相结合的方式进行。每次课程结束后,学员上交一篇小结,全部课程结束,上交一篇论文。结业论文要求学员结合专业和岗位特点,运用专业技术知识,运用计算、绘图、实验等基本技能解决实际生产问题。

炼铁厂财务人员核算后认为:学员的论文或围绕公司降本增效工作开展,或结合了科研、合理化建议和技改项目的实施,合计效益约879万元。按照国际通行的培训占产出效益的10%至15%的份额计算,此次培训的初步产出最低应为87.9万元,而培训的总投入为13.7万元,其投入产出比为1∶6.4,即每1元的培训投入带来了6.4元的经济效益。

培训像生产一样列入计划

宝钢的教培工作如同宝钢的生产经营一样,都采取了集中管理和实施的办法,形成了"统一领导、集中管理、分工协作、精简高效"的管理体制。专门设立了教育委员会,负责统筹规划、统一管理;集团人事部负责制定宝钢的中长期人才培养规划和年度教育培训计划;教培中心负责实施具体的教育培训项目;各子公司负责学员的选送和使用工作。

让宝钢人引以为豪是,宝钢用20世纪80年代初的技术装备,保持了90年代的先进生产水平。其原因何在?教培中心副主任、党委书记樊纯诗称,宝钢已经形成了一套行之有效的办学机制:

一是将教育培训规划、生产、经营、科研规划、计划一起列入公司中长期发展规划和年度计划,并规定企业各级领导亲自抓,将员工接受培训的情况列入各级领导任期内的业绩考核内容,接受职工代表大会的监督;

二是以文件的形式规定宝钢的职工享有根据工作需要参加教育培训的权利和接受培训的义务；

三是实施了教师年度业绩考核制、骨干教师津贴制、教育培训“用户”满意单位考核制度等企业教育培训动态激励机制；

四是建立了激励员工岗位成才的制度，包括建立了培训-考核-使用-待遇一体化、选人-育人-用人相结合的职业资格和岗位资格制度，将员工获得学历证书、技术等级证书、岗位资格证书的情况列为职工上岗、任职、聘用和晋升的依据；

五是设立了总额为500万元的“宝钢企业教育奖励基金”，用于每年奖励宝钢的优秀教师、教培工作者、学生、自学成才者、教材、教学成果和教育培训先进单位；

六是以文件的形式规定宝钢每年按职工年工资总额的1.5%提取年度教育培训经费，其中，用于技术工人培训的经费比例不低于一半。

岗位培训提高绩效

宝钢认识到，要创世界一流技术经济指标，永久保持先进，要靠一流人才，一流培训来保障。宝钢通过岗位培训，提高和扩大职工操作技能，达到实现减员提高劳动生产率的目的。宝钢自1989年起，5年多来对4 374名中级工，进行了为期4～5个月的大工种培训，教材是宝钢组织编写的，培训结束还要跟踪考核。培训工程完成，收到减员增效的效果。如宝钢70万千瓦的发电厂目前只有400多定员。有些工种比日本同口径岗位的人还少。现又在深化大工种的区域工培训。

宝钢一、二期定员为4万人。达到3万人时，停止了进人，并逐年裁减2 000人。1995年定员已减到12 835人，实现劳动生产率人均年产钢达650吨，是全国其他重点钢铁企业平均水平的12倍多，创造了世界一流的劳动生产率。

资料来源：宋莉军. 宝钢的岗位培训. 21世纪人才报. http://www.51cmc.com/article/200310/200310191813001581632.shtml.

辅导与咨询篇

第九章

员工辅导与咨询

本章导读

- 员工辅导与员工咨询的基本含义
- 员工辅导分析
- 员工辅导讨论
- 典型员工咨询的内容
- 常见的咨询服务
- 常用的咨询技术
- 员工咨询涉及的法律与保密性问题

ASTD新近资助的一项研究开发的“新学习与绩效轮”表明，现代人力资源培训与开发的研究应当涵盖工作场所的学习与绩效领域，人力资源未来的开发趋势是驱动组织的绩效改进。这种绩效定位使人力资源培训与开发进一步扩展了对员工个人的关注范围，因此，作为培训向开发(包括职业开发和组织发展)过渡的环节，有关绩效的员工辅导及与之相关的员工咨询就成为人力资源开发必不可少的研究对象。

为不同环境中的变革进行员工辅导

彼得·克卢特(Peter Clute)曾经描述了美国中西部的一个炼油厂的一次主要变革尝试。这个炼油厂是一个国际石油公司的分部，大约有500名员工，其中大致有300名是工会的成员。这个特殊的工厂被描述为：“难以进行工作的地方”，“不跟其他分部进行合作”，“操作标准执行状况平庸”，并且其劳动力队伍是“顽固的而且反对变革的”。基于这些既定的现实，这个厂被看作是全公司资产组合的“边际资产”。这意味着该工厂的前途具有很大的不确定性。

变革是在1996—1998年进行的，主要是基于彼得·圣吉(Peter Senge)的学习型组织理论。就像在1990年和1993年尝试过的两个早期变革一样，这个被称为先导者计划的变革受到了特别的挑战，并且这个炼油厂的员工“对那些看起来像文化变革过程的任何事物都保持高度的冷嘲热讽”。

克卢特先生以前曾经是石油公司的组织发展咨询顾问,并且被聘请为这个炼油厂的计划学习领导。两个从咨询公司聘请的咨询师也协助进行这个计划。在18个月中,他们进行了很多变革来改进炼油厂的整体绩效。地方工会领导参与设计部分计划,并执行整体变革(在以前,管理层和工会之间的关系是对抗性的)。

变革的另一个方面,是由克卢特先生向设备商务部门的经理提供的个人辅导。这种辅导特别强调的是,该部门经理在部门内部开展"市政厅"会议中的行为方式。例如,在一个由该工厂中60个具有影响力人物参加的晚宴上,这60个人启动了该先导者计划,该部门经理的表现被录了像,用以向他反馈他是怎么进行沟通的。正如克卢特说的,这树立了一个看得到的真实案例,用以说明"如果老板愿意学习怎样做得更好,我们就能学习怎样做得更好。"

这个变革还包括其他诸多方面。然而,克卢特总结到:这个案例的主要经验说明员工辅导是有用的。这个部门的管理者善于接受并且愿意学习,而且确实通过强有力的辅导改变了他们的行为方式。地方工会领导评价了与管理层沟通的改善情况,并认为创建了管理层和工会之间的前所未有的信任水平。就炼油厂的绩效来说,在安全、操作绩效以及1997年和1998年的利润方面都有了显著的改进与提高。这一趣闻式的证据表明,该工厂大部分员工的心智模式和态度发生了巨大的变化。

尽管并不是所有的员工辅导计划和变革努力都能如此成功,但是这篇文章突出了员工辅导在提供积极行为改变和促进陷入困境炼油厂状况好转方面的力量。

资料来源:Clute P W. Change at an oil refinery: Toward the creation of a learning organization [J]. Human Resource Planning, 1999, 22(2): 24-38.

第一节 员工辅导与咨询概述

一、员工辅导的基本含义

在人力资源研究领域,组织对绩效管理的强调,使研究者开始关注人力资源开发中的绩效范式。大量的研究文献表明,绩效的改进需要把员工辅导和员工开发作为绩效改进努力的重要方面,同时,绩效管理和员工辅导又必须与组织目标和战略联系成为一个整体①。

关于员工辅导(employee coaching),目前尚无统一的定义。一些学者把员工辅导狭义地界定为绩效改进技术。例如,福尼斯(Fournies)把员工辅导定义为在管理者和下属之间进行的面对面的讨论,其目的是让下属停止不合适的行为并开始组织期待的行为。金劳(Kinlaw)把员工辅导定义为,基于设定的程序,管理者和员工之间进行的互动式交流,目的是获得更优异的绩效、维持绩效的认同感以及积极的关系。

另一些研究者则将员工辅导定义为更加宽泛的含义,如柯克帕特里克、泽姆克等认为

---

① 本章第一节与第二节的内容主要参考:沃纳 J M,德西蒙 R L. 人力资源开发(第4版)[M]. 徐芳,董恬斐,等译. 北京:中国人民大学出版社,2009. 德西蒙 R L,沃纳 J M,哈里斯 D M. 人力资源开发(第3版)[M]. 北京:清华大学出版社,2003.

员工辅导与体育教练间具有相似性；彼得斯、奥斯汀将员工辅导看作是更宽泛的推动绩效管理的具体技术，还有一些学者将员工辅导看作是主要为执行官开发的方法。

综合多种员工辅导的定义，目前，有两个定义被广泛地认同。其一是福尼斯、埃弗雷德和塞尔曼提出的员工辅导理念，他们认为，有效的员工辅导需要乐观的、人文的信念，即员工在没有强迫的情况下认同任务和组织的期望。员工辅导不仅仅局限于技术，它还是一种日常管理绩效的方法。管理者或主管的角色是作为一个绩效改进的辅导员与支持者，与员工是伙伴关系。

其二是沃纳等的定义，他们认为员工辅导分为员工辅导分析与员工辅导讨论两个截然不同的活动，通过这两个活动来鼓励员工对自己的绩效负责，用以帮助员工达到和保持更优异的绩效，以及把员工作为实现组织目标和绩效的工作伙伴。

二、员工咨询的基本含义

（一）员工咨询的定义

随着组织对员工健康问题的关注，组织把员工咨询(employee counseling)作为促进员工健康状况的一种主要的方法。员工咨询服务的文献中，咨询被用来指多种活动，从与主管进行的非正式的讨论，到与受过培训的专业人员进行一对一的深度面接[①]。戴尔·马西(Dale Masi)对心理健康咨询的定义包括4个方面[②]：①在受过培训的咨询师和员工之间建立联系；②针对员工经历的个人问题进行关切的和公正的讨论；③推荐一个合适的人员来提供必要的帮助；④如果没有必要推荐一个专门人员来提供帮助时，可以采用提供短期咨询的方法。马西定义中的这些活动通常是在工作场所进行的。

沃纳等将员工咨询定义为：组织运用大量的不同形式的活动和方案，来帮助员工并确保员工心理和生理上的健康。这些活动的范围从健康风险的评价到现场咨询和减少工作场所的压力。

员工咨询作为促进员工健康的方法，也是一种人力资源开发活动，它和其他人力资源开发干预活动一样，都服务于同样的目标：保证每一个员工现在和将来都为组织的有效性做出积极的贡献。员工援助和健康提升方案经常与其他的人力资源开发干预运用同样的技术。这些技术包括车间实习、角色扮演、行为示范、讨论、演讲、员工辅导和视听演示。除此以外，开展咨询服务的过程也类似于其他人力资源开发的干预过程，包括需求评价、计划/设计、实施和评价。

（二）员工咨询与员工辅导的关系

员工辅导过程中的员工分析和讨论更加关注员工的工作绩效，以及如何进行绩效的改进。然而，许多工作绩效问题很明显都与员工的个人生活相关，例如，如果员工习惯性

---

① 面接是心理援助技术，是一种面对面的咨询关系。面接过程中，咨询师帮助来访者面对自己的问题，使其将自己的语言、态度表情和动作展现在心理咨询师的面前。面接的基本技术可参考徐兴光的《临床心理学》。

② 沃纳 J M，德西蒙 R L. 人力资源开发(第4版)[M]. 徐芳，董恬斐，等译. 北京：中国人民大学出版社，2009：360.

的拖延,那么这很可能与员工在非工作时间嗜酒的情况相关,同时,拖延习惯在心理上可引起员工的焦虑情绪,焦虑又会泛化到工作和生活的其他方方面面……员工咨询的关注点是确定这些个人问题,特别是那些影响员工绩效的问题。员工的这些个人问题如果得不到解决,员工辅导则难以奏效。本质上,员工辅导和咨询往往互相涵盖,互相影响。例如,当一个主管处理员工绩效问题时常常需要面对员工的个人问题。可以说,没有员工的辅导,无法让员工认可不良绩效的存在,无法使其得知不良绩效的原因;没有员工咨询服务,员工辅导制定的任何绩效改进行动都只是可能。员工辅导与咨询不可分离,只有对员工辅导与咨询过程的共同关注,才能改进员工的不良绩效。

第二节 员工辅导

员工辅导作为员工绩效改进的一种方法,主要关注3个问题:①不良绩效的界定;②怎样通过员工辅导分析来确定不良绩效出现的原因;③怎样用员工辅导讨论来改善不良绩效。

一、不良绩效的界定

在大部分组织中,总有一些员工的绩效不符合期望。正如维盖(Viega)所说,对于管理者来说如果存在普遍事实的话,那就是所有管理者都有"问题下属"存在。"问题下属"是指那些绩效不良的员工。管理者的工作是面对和处理不良绩效,并创建条件来减少重新出现不良绩效的机会。

界定不良绩效并不是一件简单的事情。不良绩效的界定取决于为绩效设定的标准以及这些标准的运用。不良绩效是指对期望绩效的具体的、一致同意的背离。这个定义包含两个要点。首先,用来判定绩效不良的尺度,即背离绩效标准的程度必须具体地界定。如果任何程度的背离都不能容忍,那么界定时就必须说明这一点;如果一些背离是可以容忍的(例如每个季度缺勤两次),那么这样的数量也必须设定清楚。其次,构成不良绩效的背离范围应该得到评价者和实施者的一致同意。这并不是说每一个绩效标准都要通过协商来确定;而是执行者必须知道用来评价绩效的标准是什么,且员工必须认同这些标准是有效的。

不良绩效背离倾向于主要针对与任务相关的行为,即工作行为背离。罗宾逊和贝内特将工作行为背离界定为"严重违背组织规章的自愿性行为,并且其行为危害到组织、组织成员或两者的福利"。罗宾逊和贝内特根据工作背离行为的激烈程度(从轻微到严重)和行为的本质(组织或个人)对背离行为进行了分类。工作背离行为包括以下4种[①]。

① 生产背离:例如,早退、故意低效工作;

② 财产背离:例如,破坏设备、怠工;

③ 政治背离:例如,表现出偏袒、责备或传播流言蜚语;

---

① 德西蒙 R L,沃纳 J M,哈里斯 D M. 人力资源开发(第3版)[M]. 北京:清华大学出版社,2003:372.

④ 个人侵害：例如，性骚扰、语言侮辱、危害或盗窃同事财物。

二、员工辅导分析

基于绩效不良的界定，对于筛选出来的“问题员工”要进行员工辅导分析，以确定绩效不良产生的原因。员工辅导分析是一个过程，在分析不良绩效产生原因的基础上确定改进绩效的适当反应。基于马杰和派普(Pipe)的绩效分析模型以及福尼斯描述的9个步骤，员工辅导分析的过程可包括判断、诊断、反馈、反应、归因、强化与预测7个步骤。通过这7个步骤可以用来确定不良绩效的原因、可能的解决方案，以及对员工未来绩效进行预测。经理或主管在每个步骤中，都要回答与绩效情况相关的关键问题(见表9-1)。

表 9-1 主管开展员工辅导分析的步骤

步 骤	绩效相关问题
1. 判断	确定不满意的员工绩效
2. 诊断	这个情况是否值得经理或主管花时间和精力去关注
3. 反馈	下属是否知道他们的绩效不令人满意
4. 反应	下属是否知道什么是期望的工作行为
5. 归因	是否存在超出员工控制范围的障碍
6. 强化	a. 有效的绩效是否反而得到否定的结果 b. 不履行职责是否得到肯定的结果
7. 预测	如果下属想做一项工作，他(或她)的胜任力如何

资料来源：改编自 Fournies F F. Coaching for improvedwork performance. New York: Van Nostrand Reinhold. 1978.

在员工辅导过程中，主管可以检验“问题员工”绩效的一般性问题的成因。如果员工辅导揭示了原因，主管应该采取适当的行动，并对绩效进行监控来判定其是否得到了改进。如果绩效没有改进，主管应该继续分析原因并采取相应的行动，直到员工的绩效得到改进为止。员工辅导分析过程的步骤如下①：

步骤1：判断

判断，即确定不良的员工绩效。因为，只有主管界定了员工存在不良绩效以后，员工辅导才能够开始，所以，对于员工是否存在不良绩效的判断是员工辅导的第一步。在确定构成不良绩效的具体行为或绩效结果方面，管理者和主管只有仔细地观察和记录特定的行为或行为模式，才能对不良绩效进行很好的描述。如果主管关注员工的拖沓，就应该对员工迟到的细节进行观察和记录，例如，每次迟到的日期和到达的时间。在这一步骤的数据收集中，信息来源应多元化，例如，来自同事、下属、客户和其他方面的信息(360度绩效评估)。根据这些信息，主管可以判断问题的程度，即员工在多大程度上违背了公司的规定。

① 本书将沃纳、德西蒙等提出的9个步骤合并为7个步骤。

步骤 2：诊断

诊断,即员工的个体绩效情况是否值得经理或主管花时间和精力去关注。主管对问题的严重程度进行估计,以确定绩效问题是否值得注意。例如,主管认识到员工只是偶尔迟到,并不是一个固有的或严重的问题。总之,如果一个所谓的"问题"并没有妨碍个人、小组或组织的效率,那么在这些问题上花费时间和精力是不值得的。如果问题是严重的,下一步就需要向员工进行反馈。

步骤 3：反馈

反馈,即下属是否知道他们的绩效不良。员工没有意识到他们存在的绩效问题可能是造成不良绩效的原因之一。这种情况,可能仅仅指出错误的行为并说明正确的绩效,就足以解决问题了。例如,只有向商店发货员提供绩效反馈结果或绩效评价标准之后,他或她才能意识到自己发送的货物中有8%的错误。除此以外,如果没有反馈,员工可能会认为所有工作都进展顺利,没有必要进行变革或改善。因此,应该了解员工本人是否意识到自己的绩效问题。如果他们能够意识到问题的存在,则进行下一步骤的询问。

步骤 4：反应

反应,即下属是否知道期望的工作行为是什么。在这一步骤的分析中,经理或主管应该向员工了解他们是否知道应该做什么,如何完成任务,以及何时完成任务等期望的工作行为,并了解他们是否具有自己解决绩效问题的措施和能力。如果员工对工作要求不清楚,可能是员工无法准确完成任务的一个原因,主管应该进行相应的解释说明,或者确定让员工接受必要的培训,并提供培训成果转化的支持,则员工的不良绩效问题就能改进。

步骤 5：强化

强化包括两个方面,即有效的绩效是否得到否定的结果,不履行职责是否得到肯定的结果。这两种强化都是不恰当的,是无效强化。在工作中员工可能知道要做什么以及怎么做,但是如果员工表现出期望的工作行为没有得到相应的强化,则有利于有效绩效结果的行为将不太可能重现;相反,如果员工的工作背离行为得到正强化,则与不良绩效相关的行为将得以维持,绩效将很难改进。因此,在这一步骤中,主管应该通过检查不良绩效来检查工作绩效行为与强化间的关系是否恰当,主管应该排除不良绩效的肯定性结果,为有效绩效准备肯定的结果,通过采取有效强化来促进绩效的改进。

步骤 6：归因

归因,即是否存在超出员工控制范围的障碍。对于不良绩效的原因进行分析即为归因,不良绩效的归因可以从原因的部位(内外因)、原因的可控性(可控与不可控)与原因的稳定性(稳定与不稳定)三个方面进行分析。一件事情的成功与失败(如,不良绩效)有时可归结为不能控制的外界客观因素——外因,有时可归结为员工个人因素——内因。如果不良绩效是由于外因引起的,组织则应该对诸如工作条件等与员工个人工作相关的因素进行变革,如果不良绩效是由于员工个人原因引起的,组织则应该采取针对员工个人的措施,如提供培训或开发机会,进行辅导或咨询服务等。如果一个员工的不良绩效是由于可控制的原因导致的,则绩效改进的可能很大;如果是由于不可控制的因素导致的,则绩效改进比较渺茫。如果一个员工的不良绩效是由于稳定的因素导致的,如技能退化,不能胜任工作等，则不良绩效是不可避免的，应该给其提供培训机会等改进措施；如果是由于不稳定的因素导致的，则不良绩效可能是偶发的。主管对于不良绩效的不同归因可能会产生不同的应对措施。

步骤 7：预测

预测，即如果下属想做一项工作，他（或她）的胜任力如何。对员工的不良绩效进行归因分析后，可以对员工的胜任力进行估计，并对其将来的绩效状况进行预测，以便采取相应的措施。

例如：一个信贷员贷出了一笔不良贷款，究其原因是由于银行提供的错误信息或者是因为信用报告机构向银行提供了错误的信息[①]。这一原因应归结为外因、不稳定的、可控的，因此，该信贷员的不良绩效是暂时的，再次出现的可能很小，并且他的绩效是很容易改进的，他应该有能力做好下一笔贷款。如果情况不是这样，而是相反，这笔业务不是由于其他原因造成的，而是由于这个银行信贷员缺乏有效的工作技能、知识或能力引起的，且该信贷员学习能力差、参加培训与学习的动机不强，那么，即使对他在进行大量的培训之后，他将仍然不能有效地开展工作，不能改进不良绩效。因此，这个员工应该被调换到他能够胜任的工作岗位上，或者被组织辞退。

三、员工辅导讨论

在确定了“问题员工”不良绩效产生的原因之后，要通过员工辅导讨论来帮助员工改进绩效，有效地完成工作。员工辅导讨论可能是组织正式绩效评价系统的一部分，但是也可以用来对员工出现的绩效问题做出反应。开展员工辅导讨论常用的两种方法：金劳的3 步骤过程和福尼斯的 5 步骤过程[②③]。金劳和福尼斯都提出在员工辅导讨论中要让员工口头接受改进绩效的责任，并且强调要让员工参与到提出解决问题所需行动的过程中来。

（一）金劳的方法

金劳的方法突出与员工讨论绩效时情绪方面的情况，并且向主管提供了怎么处理员工情绪和阻抗的指导。金劳认为员工辅导讨论包括 3 个步骤：认可或展现（confronting or presenting）、采取行动收集信息（using reaction to develop information）、解决或决定（resolving or resolution）。

步骤 1：认可或展现

该阶段的目标是：防止任何员工对问题可能产生的负面情绪，详细地描述需要改进的绩效，并设定帮助员工进行改变和提高的目标。在这一阶段，应该把员工辅导讨论限制在特定问题上，并通过关注未来的情况来避免过失的转移。

---

① 沃纳 J M，德西蒙 R L. 人力资源开发(第 4 版)[M]. 徐芳，董恬斐，等译. 北京：中国人民大学出版社，2009：336.

② 德西蒙 R L，沃纳 J M，哈里斯 D M. 人力资源开发(第 3 版)[M]. 北京：清华大学出版社，2003：378-381.

③ 沃纳 J M，德西蒙 R L. 人力资源开发(第 4 版)[M]. 徐芳，董恬斐，等译. 北京：中国人民大学出版社，2009：338-340.

步骤 2：采取行动收集信息

该阶段主管必须帮助员工检查不良绩效的原因。金劳注意到即使员工认可了问题，也有可能拒绝变革，可能会反对主管提出的处理这些问题的措施。因此，金劳建议主管可以通过关注员工关心的问题，而不是主管自己关心的问题来减少员工的反对或阻抗。接着，主管可以通过关注员工解释、认定关键点、进一步探究信息以及总结讨论这样的方式来收集信息。通过这些行动，该阶段应该实现员工和主管对问题实质及其成因达成一致性意见。

步骤 3：解决或决定

在该阶段，员工明确了问题的归因，并就解决问题所需要的步骤达成了一致意见。员工和主管在这一阶段应该都表达出对改进绩效和建立积极关系的承诺。要达到这个阶段的目标，可以通过三个方面来实现：替代行动方式、回顾讨论的关键点及持有成功改善绩效的肯定态度。

（二）福尼斯的方法

与金劳的方法相比，福尼斯的方法更加理性，他强烈地坚持员工对所面临绩效问题事实的感受，并认为几乎总是员工愿意去处理这个问题。福尼斯提供了一个5个步骤的员工辅导讨论过程。讨论的目的是让员工认可绩效问题的存在，并认同解决问题的行动方案。

步骤 1：让员工认可绩效问题的存在

除非员工相信存在绩效问题，否则员工将认为没有理由进行改变。为了得到员工的认可，需要对有问题的行为及其带来的结果进行描述。福尼斯建议主管向员工提出的绩效问题应该具有针对性，主管应该专门设计针对有问题的行为及其后果的问题。例如，“当你午餐回来迟了，谁替你接电话?”“如果没有人替你接电话，会发生什么情况?”当员工明确地同意存在问题的时候，第一步就结束了。这个步骤需要耗费整个员工辅导讨论所需时间的50%。如果员工认可了绩效问题的存在，则进行下一步的讨论。

步骤 2：共同讨论可行性问题解决方案

在这个辅导讨论部分，主管向员工询问解决问题的可行性方案。如果必要的话，主管应该鼓励员工进行思考。福尼斯相信员工更倾向于认同他们自己提出的选择方案，主管的角色是帮助员工形成并明确可以选择的方案。

步骤 3：共同就解决问题的行动达成一致

在讨论出备选方案后，主管和员工进一步就选择什么行动方案来解决问题进行讨论。该阶段要求员工和主管应该清楚地知道需要做什么以及什么时候做，并就继续讨论的具体时间达成一致意见。主管应该对员工为解决问题做出的努力表示感谢，并增加其解决问题的信心。

步骤 4：继续对结果进行测量

该阶段的目的是为了确定所选择的行动方案是否得以采用。在规定的时间内，主管必须进行跟踪随访，了解方案的实施情况及结果，即问题是否得到了解决。如果没有这一继续讨论的过程，主管就不会了解实际发生的情况，且员工也可能据此认为主管并不是真正关注自己的绩效问题。

步骤 5：认可取得的任何进步

许多绩效问题并不会突然消失，即使问题没有完全消失，员工所做的任何努力和改进都应该被认可，这样可以激励员工进一步改进。在必要的时候，应该进行进一步的讨论来确定解决问题所需的其他步骤。跟踪随访、认可改进结果及不断更新改进计划等应该不断地进行下去，直到员工能够有效地完成工作为止。

以上两种方法尽管所强调的方面不同，都为讨论绩效问题提供了建设性的方法，主管在实际中如果能综合应用两种方法则能取得好的成效。当然，并不是所有的绩效问题都能通过员工辅导成功地解决。如果一些员工不愿意改进绩效，主管应依照组织的相关规定进行处理，如果仍不奏效，则予以辞退；如果员工没有能力执行双方讨论的行动方案，主管应将该员工调至他/她能胜任的工作或予以辞退。

第三节 员工咨询

现代社会存在着大量的压力、酒精和毒品、心血管疾病、肥胖、心理疾病以及情感问题。这些问题在影响个人生活的同时，也会对个人的工作产生影响。例如，引发事故、缺勤、离职、不良决策、产量减少及成本增加等。有这些问题的员工属于“问题员工”，“问题员工”对组织绩效的消极影响引起了组织对员工健康的关注。

一、典型员工咨询方案的内容

员工咨询是促进员工健康的方法，典型的员工咨询包括 6 种活动：问题确认、教育、咨询、推荐介绍、干预与跟踪随访①。

问题确认：问题确认通常通过一些筛查工具（例如，问卷或诊断检查）和/或一些培训，使员工能够自查自己存在的个人问题，使主管对员工的个人问题能够进行确定。例如，员工可能愿意把检查胆固醇水平作为自己健康方案的组成部分；或者主管通过接受培训，学习鉴定个体是否存在一些不健康的行为模式，如员工是否滥用药物等。

教育：教育通常包括提供关于员工个人问题的相关信息，如该问题的性质、罹患率（该问题在人群中的发病率）、可能的原因与可能导致的后果，以及避免问题的方法等。例如，针对高血压的方案可以采用员工手册、录像带或讲座等形式来提高员工对问题的认识，提供处理或避免的方法。

咨询：咨询最少应该涉及这样的人——员工可以与之讨论其面临的问题与困难，并（或者）可以寻求帮助。咨询的类型有很多种，例如，从与主管坦率地讨论与工作绩效相关的问题到接受专业心理咨询人员对抑郁或药物滥用等的诊断和心理干预等不同的形式。

推荐介绍：推荐介绍涉及为员工提供合适的援助资源。例如，向有药物成瘾症状的员工推荐专业治疗机构。

---

① 德西蒙 R L，沃纳 J M，哈里斯 D M. 人力资源开发（第 3 版）[M]. 北京：清华大学出版社，2003：401-403.

干预：干预包括为解决问题而进行的实际干预活动。例如，员工营养方案可能包括烹调班以及通过自助餐厅或快餐自动售卖机提供健康食品。

跟踪随访：跟踪随访就像其他的组织/人力资源开发活动一样，需要一定形式的监督来保证员工执行干预方案，并获得关于员工取得改进的信息。例如，如果员工同意把酒精滥用治疗作为努力改善绩效协议的一部分，那么确定这个员工是否实际参加并完成治疗是很必要的。

上述活动，并不是所有的员工咨询方案都采用这6种活动，而是根据员工问题的类型、对问题的恰当反应、所选择的解决问题的方案与资源等因素，组织采取相应的措施。

二、常见的员工咨询服务

Masi认为，员工咨询服务(employee counseling services，ECS)是应对员工由于个人问题而影响工作绩效的一种有效方法①，常见的咨询服务有3种：员工援助方案、压力管理干预与员工健康促进方案。

(一) 员工援助方案

1. 员工援助方案的界定

员工援助方案(employee assistance programs，EAPs)是指在组织内由雇主提供的、旨在为其员工提供与工作相关的压力和个人问题帮助的方案，其目的是确定困扰员工的问题、激励员工解决自己的问题以及为需要这些服务的员工提供咨询或干预方法。员工援助方案起源于20世纪40年代的岗位酒精中毒方案。在20世纪70年代，这些方案的运用扩展到其他问题，特别是非法毒品使用和其他药物滥用问题。此后，员工援助方案扩展了涵盖的范围，包括：帮助有心理健康问题(例如焦虑、沮丧、饮食不规律以及强迫性赌博)的员工；其他可能会影响员工工作的个人、婚姻或财务方面的问题。

2. EAPs的类型及其优缺点②③

EAPs和其他HRD项目一样，如果组织内具有相关的专业人员，则可以提供内部EAP服务，如果组织内的人员不具备相关的能力与资质，则需要从外部购买服务，即契约EAP服务④。一般来说，内部EAP服务常常只提供给主管或经理，以便于他们发现问题并向问题员工提供援助或推荐介绍外部援助的资源与信息。而契约EAP服务则是问题员工到自己企业以外的其他专业咨询机构或人员处寻求援助的服务形式，这种形式能提供高质量的EAPs服务，而且由于问题员工不会直接暴露在上司的视线中，容易被员工接受。契约EAP服务可采用多种形式。例如，英格兰北部的邮政局建立了一个心理健康改

① Masi D A, Teems L A. Employee counseling services evaluation system: Design, issues and conclusions[J]. Evaluation and Program Planning, 1983, 6(1): 1-6.

② 德西蒙 R L，沃纳 J M，哈里斯 D M. 人力资源开发(第3版)[M]. 北京：清华大学出版社，2003：403.

③ 沃纳 J M，德西蒙 R L. 人力资源开发(第4版)[M]. 徐芳，董恬斐，等译. 北京：中国人民大学出版社，2009：363-365.

④ Barak M E M, Travis D J. Employee assistance and counseling [M]. 2nd Ed. Encyclopedia of Stress, 2007, 922-926.

善方案，其成员是咨询方面的专家，这些专家的职责是：向员工提供保密性咨询，并且向管理层提供与心理健康问题相关的建议。组织也可以把 EAPs 服务外包给第 3 方，包括聘用地方专家或组织来提供 EAPs 服务，以及/或者与心理学家合作，帮助员工处理情感方面的问题，或者是采用一个独立的援助方案来帮助嗜酒或毒品上瘾的员工。

内部 EAP 服务和契约 EAP 服务两种方式都有各自的优缺点。内部 EAP 服务的优点包括：①对方案的内部控制；②对组织熟悉（例如，组织的规定、程序和劳动力特征）；③对方案进行更协调的干预和后续的跟踪随访；④对方案具有自主性；⑤可以加强对一些主管的认识和信任。然而，内部 EAP 服务也包括如下缺点：①真实存在或可以感知的保密问题；②缺乏需要的资源；③一些员工不愿意接受这种形式的服务（例如，主管财务的副总裁可能不愿意去一个较低层级的员工那里去承认自己在饮酒或婚姻方面存在的问题）；④从事该工作的人员在技能和专业技术方面可能存在限制性。

契约 EAP 服务的优点是：组织可以依靠受过培训的该领域专业从业人员来提供 EAPs 服务，而且，更容易保密，费用也更低，并且可以更好地发现并确定问题及更好地利用社区资源。其缺点包括：缺乏现场咨询；可能会出现沟通问题；专业人员缺乏关于组织及其员工的相关信息。

3. 典型的员工援助方案的组成

典型的员工援助方案可以根据组织政策、推荐方式、内外部资源的使用情况、要处理问题的类型以及人员配置等的不同而有所变化。Luthans 与 Waldersee 认为，典型的员工援助方案由以下几部分组成①：

① 政策和程序陈述：清楚陈述组织和员工在影响工作的个人问题与健康问题上的职责；

② 员工教育运动：包括信函、海报或广泛的培训方案；

③ 主管培训方案：向主管讲授问题识别和绩效归档；

④ 临床服务：可以由专业的内部人员提供服务，或者由外部或社区机构提供服务；

⑤ 后续监控：确保出现的问题能够真正得到解决。

Prince 等认为，尽管目前对 EAPs 服务的需求比较高，但是，最近却发生了许多变化。例如，许多 EAPs 服务被归到了一个更为广泛的标题下，即“行为健康保健管理”。从好的方面来说，EAPs 服务将与其他新措施综合在一起，例如压力管理、员工健康提升等。而一个潜在的不好的趋势是：员工援助方案强调“积极的面对”，意味着员工必须首先处理他们的问题对工作绩效的影响，然后再寻找方法处理他们的心理、行为或私人问题。健康保健组织通常不直接处理工作绩效的问题，特别是对于不主动寻求治疗的员工来说更是如此。这样，为了处理工作绩效的问题，主管要向员工推荐援助方案。这种将 EAPs 包含在行为健康保健之中，就可能会使独特的 EAPs 失去方向。

---

① Luthans E, Waldersee R. What do we really know about EAPs?[J]. Human Resource Management, 1989 (28): 385-401.

(二)压力管理干预

1. 压力的界定

压力(stress)是工作经历中常见的一个方面。对于压力的界定是一个比较困难的工作。尽管目前还没有完全统一的概念,但是已经达成一致意见的是:压力定义中至少要包括3个主要方面的内容——压力来源、压力应对以及两者之间的交互作用。压力常伴有强烈的情感表达,如生气、挫折、对抗和愤怒,也可能是一些被动的反应,如疲劳、厌倦、厌烦、精疲力竭、无助、失望、缺乏精力以及情绪压抑。与这些情感相联系的是工作压力与较少的自信和自尊之间的关系。许多当事人、研究者、保健工作者都相信:虽然压力与疾病两者之间更多地是间接关系,但最终结论是压力会导致疾病。

2. 压力与工作绩效的关系

压力与工作绩效的关系表现在两个方面。一方面,压力通过引起疾病而影响绩效,例如,高血压、抑郁症等。压力所引起的疾病可分为两大类,一类是心因性疾病——由于心理和社会因素导致的身体上的疾病,例如,高血压、冠心病、消化系统溃疡、紧张性头痛、某些癌症等多种慢性疾病,以及身体抵抗力下降引发的感冒等;另一类是心理疾病,如工作/职业倦怠、抑郁症、创伤后应激障碍综合征、忧郁症、妄想、失眠、焦虑等。另一方面,压力通过相应的行为反应影响工作绩效。卡恩和波亚斯尔认为,压力引起五种类型的行为反应:降低/破坏自身的工作角色(例如,工作失误)、工作中的攻击性行为(如盗窃)、脱离工作岗位(如缺勤)、降低/破坏其他的生活角色(例如,虐待配偶、骚扰他人)、自我伤害行为(例如,抽烟、酒精或毒品的滥用、自杀)。

与工作相关的压力与绩效关系的研究由来已久。叶克斯(Yerkes)与杜德逊(Dodson)两位心理学家,经实验研究归纳出一项法则,用以解释心理压力、工作难度及工作绩效三者间的关系:因动机而产生的心理压力,对作业表现具有促进作用,其促进作用的大小,因工作难易与压力高低而异,表现为倒"U"形的关系。在简单易行的工作任务情境下,较高的心理压力将产生较佳的工作绩效;在复杂困难的工作情境下,较低的心理压力将产生较高的工作绩效,在中等难度的工作任务情景下,中等强度的心理压力将产生较高的工作绩效。这一法则被称为叶杜二氏法则(Yerkes-Dodson law)(图9-1)

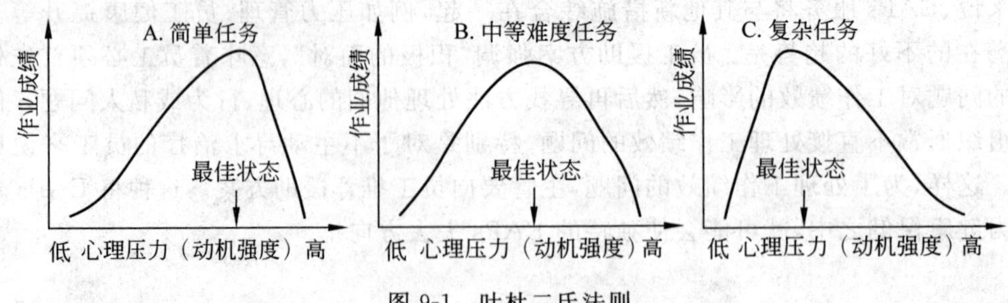

图9-1 叶杜二氏法则

资料来源:张春兴. 现代心理学[M]. 上海:上海人民出版社,1994:562-563.

3. 压力应对过程与压力干预介入

个体对压力的应对是一个过程。加拿大学者舍利(Selys)对持续高度压力对身体的影响进行了研究，他认为每一个人对压力来源的适应能力是有限的，如果耗尽就无法抗拒压力，从而产生疾病。

舍利认为除了对某特定压力来源会有特定反应(例如，遇冷血管会收缩)，如果较高的压力持续存在，个体的身体会产生一种非特异性的适应性生理反应，被称为“一般适应综合征”。一般适应综合征包括 3 个阶段：警觉反应阶段、抗拒阶段与耗竭阶段(见图 9-2)[①②③]。

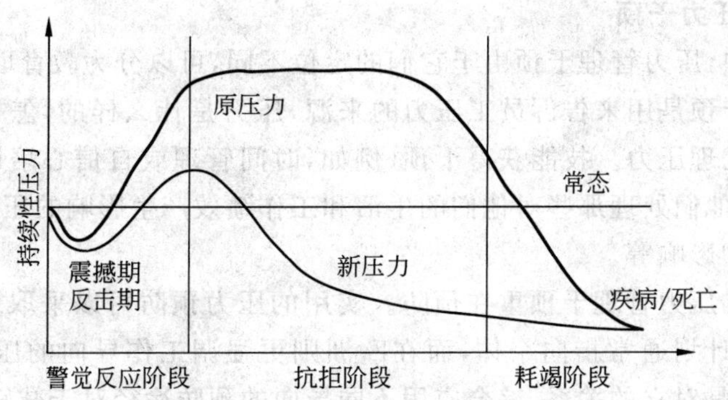

图 9-2 持续压力下的一般适应综合征

资料来源：改编自张春兴. 现代心理学[M]. 上海：上海人民出版社，1994：560.
朱敬先. 健康心理学[M]. 北京：教育科学出版社，2002：319.
艾森克 M. 心理学——一条整合的途径[M]. 阎巩固，译. 上海：华东师范大学出版社，2002：943.

在“警觉反应阶段”，个体会产生各种生理改变。因压力突然出现，机体最初发生惊恐反应，产生情绪震撼，这时身体的抵抗力暂时降低，表现出暂时缺乏适应能力，称为震撼期；继而机体进入应激反应，肾上腺素分泌增多，全身生理功能增强，多数个体产生头痛、发烧、疲乏、没有胃口等症状，称为反击期。这些反应的目的是使受威胁的个体迅速恢复正常。

如果个体持续在此压力环境中，“抗拒阶段”就会出现，尽管困扰个体的刺激继续存在，第一期所出现的症状却消失，生理功能反应渐趋正常。不过对原刺激的抗拒力增加，但对其他压力来源的抗拒却反而降低。如果压力持续下去，个体适应能力下降，进入第三阶段。

如果压力情景持续过久，个体无法抗拒下去，进入“耗竭阶段”。伴随着生理资源的耗竭，机体抵抗力下降，此时，个体在第一阶段的许多症状又重新出现，如果压力来源持续存在，长久的资源消耗导致疾病，最终会导致死亡。

了解个体的压力应对过程与压力干预的介入相关。如果在第一阶段或之前对个体进行压力管理的干预则相对比较容易开展，而且干预的效果比较显著，可以称之为预防性干预。因为在此阶段开展此项干预工作，能够使个体在应对压力的早期反应适当，并且能够缩短警戒期。如果在个体刚进入第二阶段就开始干预，则可以帮助个体成功地抗拒压力，

① 张春兴. 现代心理学[M]. 上海：上海人民出版社，1994：560-561.
② 朱敬先. 健康心理学[M]. 北京：教育科学出版社，2002：319-320.
③ 艾森克 M. 心理学——一条整合的途径[M]. 阎巩固，译. 上海：华东师范大学出版社，2002：943.

可以称之为治疗性干预。因为在此阶段开展干预,使个体对压力刺激的抗拒力很快下降,这样,可以极大地缩短抗拒阶段,使机体不至于消耗过多的资源,避免进入耗竭阶段,不至于使机体产生心因性疾病。如果一旦机体发展到了第三阶段,干预措施只能是事后弥补性的,工作的难度则显著增加,干预效果也具有很大的不确定性。因此,可以看出,在不同反应阶段采取干预措施,干预工作的难度和效果则存在很大的差异。

4. 实践中的压力干预

在实践工作中,压力管理干预由于它们的定位不同,可以分为教育取向与技能获得取向的干预。教育干预是用来告诉员工压力的来源,压力是什么样的,怎么避免压力,以及个人怎么更好地处理压力。技能获得干预(例如,时间管理或自信心培训)是用来向员工提供新方法,帮助他们处理那些对他们的生活和工作绩效产生影响的压力源,并且帮助员工记录压力产生的影响等。

与工作相关的压力管理干预重在预防。实用的压力预防可以采取多种不同的方式。在美国,压力管理计划通常指向个体,而在欧洲则更强调工作导向的压力预防措施。但是,两种导向并不是对立的关系,综合应用不同导向的预防途径对于减轻压力问题可能更有效[①]。

第一,减少压力源。压力源可以借助技术和组织方式得以减少,如减少噪音,改变生产线的速度以适应员工的生产节奏,减少工作中断的机会。这种从制度上减少压力源的做法是很有用的。因此,减少压力源主要是工作导向的预防措施。

第二,增加资源。控制感或社会支持方面的资源,使个体能对如何工作和如何适当地增加或减少压力源产生影响。提供资源可以解决由新技术带来的压力源;增加工作内容和责任,重新组织工作可以起到预防压力的作用。但这种做法必须伴随着员工提高自己的技能。因此,增加资源则需要个体导向与工作导向的干预措施相结合。

第三,减少紧张。设计压力管理计划是为了减少把某事看成压力,重新评价并把它看成挑战;指导人们增加应对策略的质量,减少紧张,提高压力免疫或放松技术。压力免疫通过帮助人们运用更加理性的自我教育而发挥作用。如当工作出错时,一个人可能会夸大压力情境,把它看成一场大灾难,对此要进行自我训练。例如,所出现的问题并不是什么大灾难,因为大部分人经常都会遇到这样的事情。因此,减少紧张是个人导向的压力干预措施。

(三) 健康促进方案

1. 健康促进方案的含义

健康促进方案(health promotion programs,HPPs)由一些促进员工行为和组织实践的活动构成,这些活动可以保证员工的健康和快乐[②]。按照世界卫生组织(WHO)关于健康的定义,健康乃是一种在身体上、精神上的完满状态,以及良好的社会适应力,而不仅仅

① 艾森克 M. 心理学——一条整合的途径[M]. 阎巩固,译. 上海:华东师范大学出版社,2002:1016-1017.

② Gebhardt D L, Crump C E. Employee fitness and wellness programs in workplace [J]. American Psychologist,1990(45):262-272;Tergorg. supra note 4,1986.

是没有疾病的状态，即健康包含躯体健康、心理健康与社会适应良好三方面的含义。相应地，健康促进方案中健康的含义也比较宽泛。

现代科学研究表明，威胁人类健康的原因已发生重大变化，很多传染病不再是主要原因，而生活习惯不良则与人类的健康密切相关。美国预防医学杂志发表的一项长期研究结果表明，人类健康的生活习惯是[①]：

① 每天睡眠 7～8 小时；

② 每天按时吃早餐；

③ 正餐之外不吃零食；

④ 保持适合于自己身高的体重；

⑤ 不吸烟，不酗酒；

⑥ 经常运动。

组织的健康促进方案应该覆盖上述生活习惯的 6 个方面，以及一些其他的相关疾病等，努力鼓励员工个人采用最有益于促进身心健康的生活方式。目前，健康促进方案对于员工和组织均具有很强的吸引力，因此，工作场所各种各样的健康促进活动增加很快。一些最常用的健康促进活动包括营养与锻炼（健身）、戒烟与戒酒、压力管理、血压教育以及颈肩腰背部等疾病的预防。

2. 运动与健身干预

公司的锻炼和健身方案是最流行的员工健康干预之一，特别是在那些大型企业中更是如此。组织常把健身方案作为减少健康保健成本的一种方法。这些方案向员工提供很大范围的服务，从慢跑跑道和健身中心到安排休息时间进行锻炼和公司赞助的运动团队。像施乐、金伯利—克拉克、固特异轮胎等公司，都赞助了这样的方案。锻炼和健身方案背后的强烈驱动力，源于这样一些证据，即通过采用一种健康的生活方式可以防止或减少颈肩腰背部等疾病的发生、控制体重等，更重要的是可以减少发生冠心病、癌症和其他可能导致死亡疾病的风险。支持健身和健康方案的组织都期望能够借此获得某些好处，如增强吸引和保留员工的能力、使员工态度更积极以及通过减少缺勤、流失和提高完成工作的身体能力来增加生产率。可以肯定的效果是：一个设计完善的工作场所锻炼和健身方案对员工生理和心理都有好处。健身和锻炼方案的主要障碍可能是劝说那些最可能从中获益的员工加入方案[②]。

3. 戒烟戒酒等解决药物问题运动

药物滥用问题包含多方面的内容，如服用兴奋剂、镇静剂、咖啡、烟草、酒等物质，其中烟草与酒是最常见的两种。

吸烟是不良习惯之最。在社会和工作场所中，抽烟是最常提到的健康风险之一。科学研究证明，抽烟与更高的冠心病、中风、癌症和肺气肿发病率有关。抽烟的危害不仅仅在于危害吸烟者本人，而且危害周围暴露在烟雾之中的人群，即被动吸烟。被动吸烟对健

---

① 张春兴. 现代心理学[M]. 上海：上海人民出版社，1994：704.

② 沃纳 J M，德西蒙 R L. 人力资源开发（第 4 版）[M]. 徐芳，董恬斐，等译. 北京：中国人民大学出版社，2009：380-381.

康的危害已经被证实。组织对戒烟方案的支持正在增加,并将这种方案作为一种帮助员工获得更加安全的工作场所的途径①。吸烟的习惯源于心理依赖。所谓心理依赖是指吸烟能够满足人的心理需求,如果心理需求存在而不及时吸烟时,就会使人感到不安、焦虑甚至痛苦。吸烟一旦达到成瘾的程度,在心理依赖之外又增加了生理依赖。所谓生理依赖是指吸烟成瘾之后,在人体内形成一种生理性的内驱力,使人对香烟有强烈的需求,就如同饮食需要一样,如果需求不能得到满足,就会引起一系列的生理症状,如头晕、神经紧张、急躁、注意力不集中等现象。如果及时吸烟,此症状则及时消失。因此,戒烟的困难主要在于生理依赖②。对于戒烟运动来说,如何消除心理依赖与生理依赖是该项方案需要解决的关键问题。

饮酒是一般人最常使用的改变人们知觉、情绪、意识状态的药物,用来满足人们生理和心理上的需求。酒精在极微量时可以算是一种兴奋剂,会刺激交感神经,使心跳加快、血压增高,血液循环加速,提高一个人的活动量。但当酒精浓度增加时,就成为一种镇静剂,会使神经系统活动降低。酒精进入人体后,最初的反应使人感到轻松、压迫感降低,之后知觉会受到轻微影响,警觉程度降低,意识状态逐渐减弱,思维能力也随之下降。当酒精浓度进一步增加,则会严重影响人的生理反应、信息加工过程和情绪情感体验。在生理上,大量酒精会引起剧烈的头痛、呕吐等现象;在视觉上,辨别人、事、物的能力降低;在情绪与行为上,会表现出愤怒、攻击性,易被激怒的特征,最后使人昏沉入睡③。长期饮酒会引起慢性酒精性肝病。戒酒方案常运用集体讲座、情景模拟、心理剧等心理干预形式,提高戒酒者的自我效能和自尊心以达到戒酒的目的。戒酒方案不但包括个体方面的干预,而且更重要的是涉及酒文化的教育。

其他的药物滥用包括迷幻药(大麻、LSD、强力胶等)、兴奋剂(安非他命、可卡因等)以及镇静剂(巴比妥类、海洛因等)。这些药物的滥用会在人的注意力、精神状态、情绪体验、行为反应等方面产生影响,对身体健康、生活质量及工作绩效具有消极的影响作用。如果个体滥用多种药物,因为有很多药物成分参与反应,药物间的交互效果很难预测,例如,酒精和巴比妥盐或安非他命的组合,特别容易致死。研究表明,长期的药物滥用,可使大脑产生病变,可能产生中毒性精神病等。因此,药物滥用方案不仅仅是关注戒烟戒酒运动,而应该关注多种药物的滥用现象。

4. 营养、体重与高血压控制

肥胖是影响健康的重要原因之一。肥胖是指超过个体理想体重(基于每个人的身高和性别)的25%~29.9%。肥胖已经与肌肉和骨骼的问题、高血压、高血糖和胆固醇以及某些癌症联系起来。由于肥胖引起的健康成本问题以及员工对外貌的关注,体重控制和营养干预在工作场所中变得普遍起来。现在,不同规模的工作场所都在一定比例上实行了营养教育和(或者)体重管理方案。这种方案的内容范围很宽泛,可能包括:实时通信、

① 沃纳 J M,德西蒙 R L. 人力资源开发(第4版)[M]. 徐芳,董恬斐,等译. 北京:中国人民大学出版社,2009:381.

② 张春兴. 现代心理学[M]. 上海:上海人民出版社,1994:708-709.

③ 朱敬先. 健康心理学[M]. 北京:教育科学出版社,2002:395.

传单、烹调示范、体重计量以及关于开发减肥方案的建议等教育活动。组织也可以通过快餐厅和自动贩卖机来提供健康的和低脂肪的食品，并且在组织餐厅宣传购买营养食品的信息。就像在其他健康改善方案中的情况一样，员工参与是方案有效性的一个重要方面①。

高血压的风险在于与之相联系的健康问题，包括心脏病和中风的高发病率。尽管高血压存在潜在的灾难性影响，但是它可以通过锻炼、减肥、药物治疗、减轻压力和低盐饮食来控制。高血压的高发病率及其相对容易跟踪和控制的特点，使得高血压的检查和控制方案在工作场所中被普遍使用。不同规模的工作场所都在一定比例上提供关于血压控制方面的具体信息，包括血压筛查、身体检查、向患有高血压的员工推荐医师、公司实施监督并(或者)促进这些员工进行后续治疗等。工作场所控制高血压方案在降低血压和增加参与者相关知识方面的有效性是很容易建立起来的，组织不需要通过很完善的健身或健康促进方案来帮助员工降低高血压。典型的检查和控制方案可能包括：提供教育材料、通过血压筛查确定患高血压的员工、推荐员工接受治疗、为员工安装血压筛查装置以便于员工检测自己的血压、通过自助餐厅和自动贩卖机提供低盐食品以及定期监控员工血压变化等②③。

三、常用的咨询技术

员工咨询干预技术有多种，按照有影响的心理学流派可以划分为 4 大类：精神分析干预方法、行为主义干预方法、人本主义干预方法及认知干预方法。这 4 类干预方法基本上又可分为 2 种方式：领悟式干预和行为干预。领悟式干预重点强调个体对其自身问题的理解，主要通过谈话进行，如精神分析干预法与人本主义干预法。与此相反，行为干预很少重视领悟，更多地强调改变当前的行为与思想，虽然在干预过程中，它也包括对问题本身的讨论，但这更多的是干预期之外进行的活动，如认知干预法和行为干预法(现多已合并为认知行为干预法)。

(一) 精神分析干预方法

精神分析的一个主要观点和贡献是提出人的大部分精神生活发生在意识之外，代表人物是弗洛伊德。精神分析认为，无意识并不是一个储存记忆和知识的消极仓库，而是在意识之外积极地活动着。无意识中的期望、冲动对日常生活有着深远的影响。精神分析的另一个主要观点是强调早期经验对无意识发展的重要性。弗洛伊德认为，人的心理能量是稳定的，心理能量如果被阻塞，就会以抑郁、焦虑、强迫或者其他心理问题形式表现出来。弗洛伊德的精神分析被称为经典的精神分析，也被称为当代心理动力学干预。

精神分析干预旨在使当事人心理的内在冲突上升至意识层面，但这一从无意识到有

---

① 沃纳 J M，德西蒙 R L. 人力资源开发(第 4 版)[M]. 徐芳，董恬斐，等译. 北京：中国人民大学出版社，2009：382.

② 德西蒙 R L，沃纳 J M，哈里斯 D M. 人力资源开发(第 3 版)[M]. 北京：清华大学出版社，2003：428.

③ 沃纳 J M，德西蒙 R L. 人力资源开发(第 4 版)[M]. 徐芳，董恬斐，等译. 北京：中国人民大学出版社，2009：383.

意识的过程是极其困难的，因为它必须绕过多年来一直对这些冲突进行压抑的防御机制。由于当事人并不能明确无意识冲突是什么，干预者直接询问并不能得到有价值的信息，所以干预者需要运用许多特殊技巧，如自由联想、对梦的解释等技术使无意识中的观念和情感绕过正常的防御机制浮现到意识层面。

当干预者对当事人无意识冲突的性质有了认识或形成了某些假设时，需要对当事人的行为或经验进行启发性解释，使当事人了解这些冲突。在这一过程中，有时当事人可能不同意干预者提出的解释，通常称之为"阻抗"。精神分析的问题之一是如何化解当事人与干预者之间的分歧，即解决"阻抗"问题。

在干预者与当事人之间的关系上，精神分析强调"移情"的作用。"移情"是指在干预过程中，当事人要把干预者看作是权威人物，这样他才能把幼年时期对权威人物(如父母中的一方)的看法和感受再现出来，这样，源于幼年时期的一些无意识冲突转向或转移到干预者身上。可以说"移情"是区分精神分析干预方法与其他干预方法的重要所在[①]。

(二) 行为主义干预方法

行为主义认为，心理与行为障碍是由过去习得的经验导致的，这些经验包括经典条件反射和操作性条件反射。行为主义强调过去经验对问题产生的作用，认为当前行为由过去习得的经验控制。行为主义干预强调的是改变当前行为，而不是去揭示过去经验，这一点与精神分析和人本主义干预均有所不同。行为主义干预以学习理论为理论基础，其各种技术也完全来源于学习理论，如系统脱敏法、厌恶制约法、代币强化法与自律训练法等。

系统脱敏法依据经典条件反射的学习理论，主要有两个组成部分：放松和焦虑等级。其基本原理是：当个体想到或面对恐惧、焦虑等情境时，引导他作出松弛反应；让当事人列出容易引发焦虑的一连串事情，并按引起的焦虑程度从低到高进行排列。在想象脱敏中，干预者训练当事人放松，然后在放松的状态下，想象焦虑等级中的某一项。如果当事人在持续的想象中仍能保持放松状态，就进入到下一个等级，直至达到最后一个阶段。这种干预技术的关键是逐渐暴露。

厌恶制约法依据经典条件反射的学习理论，其基本原理是：当个体养成不良习惯后，当事人对根本不值得偏爱的刺激表现出十分偏爱的反应，如酗酒的人见到酒杯就迫切地渴求饮酒。干预技术是通过在个体已经形成的刺激(酒)—反应(饮酒)连接之外，采用一种引起呕吐的药物，建立新的刺激(呕吐药)—反应(呕吐)连接；采用酒和呕吐药相继或同时呈现，形成刺激(酒、呕吐药)—反应(呕吐)连接；最终形成刺激(酒)—反应(呕吐)的反应模式，使酗酒者从"见酒生爱"转变为"见酒生厌"[②]。

代币强化法是操作条件反射原理的应用，它的基本原理是，当个体做出期望的行为时，就给他一个代用币，以示奖励。当事人可以使用代用币兑换成自己想要的东西[③]。

---

① 艾森克 M. 心理学——一条整合的途径[M]. 阎巩固，译. 上海：华东师范大学出版社，2002：884-886.

② 张春兴. 现代心理学[M]. 上海：上海人民出版社，1994：682-683.

③ 张春兴. 现代心理学[M]. 上海：上海人民出版社，1994：685.

自律训练法的原理是：当人处于心理放松的自律性状态时，交感神经系统中的一些过度活动就会被抑制，从而促进血液循环，进而获得身心健康的效果①。

（三）人本主义干预方法

人本主义干预强调个体对自身问题的理解是发生改变的前提，在这一点上与精神分析一样，但这两种方法有很多重要的区别。与精神分析不同，人本主义干预更强调此时此地的即时经验，而不是过去的经验。人本主义重视人生经验中的积极方面，认为人有实现自我潜能的内在动力。实现自我潜能包括探索和接纳自我、人格，以及接受与之相联系的需要和责任。罗杰斯认为，人本主义干预的主要成分之一是：个体对于社会性经验是开放的、自发的和自我指导的，而不仅仅是对他人作出简单反应。

人本主义干预最具代表性的是罗杰斯的来访者中心疗法，这种干预是以当事人为中心的一种技术。虽然名称上采用"治疗"一词，但人本主义并不把来访者当作病人看待，而是将之看作求助者，干预者（或治疗师）不是以治疗专家自居，而将自己当作当事人自我成长的谘商员，倾听来访者的陈述，做出相应的反应，澄清他所说的内容。其基本理念与治疗实施程序是：秉持人本主义的观点，以当事人为中心，重视当事人的人格尊严，将心理干预过程视为谘商员为当事人设置的一种自我成长的教育机会。谘商员并非主导者，而是以平等地位对待当事人，确认当事人具有自我觉醒的能力；只要干预者提供自然、和谐、自由、优良的环境气氛，当事人自然会摆脱自我观念中不真实的外衣，显露出个人人格的真实面，自主实现人格成长和自我完善②③。

罗杰斯提出心理咨询的 6 个条件：①心理干预过程中，咨询师与来访者之间的接触需要彼此信赖，这种相互信赖的关系非常关键；②来访者心中的自我概念与现实经验常常处于矛盾中，由此产生摩擦和不适应现象，心理咨询师的任务是将来访者的自我概念与现实经验统合起来，使其人格达到适应；③咨询师的无条件积极关注；④心理咨询师对来访者心理的共感性理解；⑤真诚一致，即咨询师的态度必须表里如一，不隐瞒自己的观点；⑥来访者对心理咨询师心理的共感性理解和积极关注有所感知④。

罗杰斯认为，只要符合上述 6 个条件，心理干预就达到了圆满的境界。

（四）认知干预方法

认知干预强调个体的内部心理状态对行为有决定作用。当心理学的目光转向人脑的信息加工过程时，心理学研究者和临床学家开始考虑用认知方面的概念理解心理障碍。贝克是最早开展这项工作的先行者之一。贝克最初提出的认知疗法是从干预抑郁症开始的。认知疗法是指经由解说与指导的再教育方式，旨在对当事人的思维方式进行重新建构。

---

① 徐光兴. 临床心理学——心理健康与援助的学问[M]. 上海：上海教育出版社，2001：193-195.

② 艾森克 M. 心理学——一条整合的途径[M]. 阎巩固，译. 上海：华东师范大学出版社，2002：887-889.

③ 张春兴. 现代心理学[M]. 上海：上海人民出版社，1994：689.

④ 徐光兴. 临床心理学——心理健康与援助的学问[M]. 上海：上海教育出版社，2001：175-176.

认知疗法干预的第一步是来访者和干预者就问题的性质和干预目标达成共识。贝克等称之为合作的经验主义,其中经验主义指在干预中将来访者的观念作为一种假设,然后对其进行验证,即干预目标不是用积极观念取代消极观念,而是设计一些方法,对消极观念进行验证。它的基本假设是,大部分的消极观念在现实生活中是没有根据的。

认知疗法是合作式的,因为其宗旨是在干预者与来访者之间建立一种开放的、相对平等的关系,而且在干预开始就有一个经过协商后制定的干预进程表。干预期间,干预者要对来访者的消极观念进行揭露和提出挑战。干预的各个阶段还要布置家庭作业。干预者通常要求来访者记下消极观念,以便在消极观念出现时就能加以辨识,这是挑战的第一步。在干预期间,干预者有时还采用一种富有逻辑性的提问和回答;另外,干预者从来访者进行的某些测验或练习中也能检验出消极观念[①]。

几乎在贝克提出抑郁认知模型的同一时期,艾利斯提出了理性—情绪疗法。同贝克一样,艾利斯也认为心理异常是由错误观念导致的。他认为情绪问题不是外部环境事件导致的,个体对事件的理解和解释才是最重要的。艾利斯的模型可以分为3个阶段,即A—B—C模型。环境中发生的事件(A)会导致情绪性结果(C),但这个结果的性质却是由个体自身的价值信念系统(B)决定的。从这个意义上讲,如果个体的价值信念中包含有不合理的假设和标准,那么,他们就有可能产生情绪障碍,尤其是类似"必须"、"应当"、"一定要"等强制性观念。艾利斯称之为"必须性的意识形态"。因此,干预者旨在使来访者明晰这样的信念,并运用不同的技巧对其进行劝导干预[②]。

四、员工咨询涉及的法律与保密性问题

员工咨询涉及许多相关问题,最重要的是这种服务在法律上的有效性和在道德上的保密性问题[③]。

(一) 涉及的法律问题

在法律上,有一些极端的人认为,整个员工咨询服务事业是不道德的,因为治疗双方处于不平等的地位,即使一些不这么极端的人也认为,咨询服务中存在非自愿性现象、限定刑事责任能力等重要问题,这可能涉及妨碍个人自由等法律问题。这些态度反映了是从社会角度出发还是从个人自由出发的问题。在一定的社会情景下,员工咨询服务受相关法律规定的制约。例如,美国残疾人法案在对残疾人的定义中包括:已经成功完成或目前正在进行有指导的毒品康复的个人以及那些不再使用非法毒品的个人。这导致员工援助专业协会做出这样的决定:员工援助方案应该主要提供评价和推荐服务,而咨询师应该由其他受过培训的专业人员来担当。

从另一个角度看,员工咨询是否能顺利开展,也受到一定社会相关法律的影响。例

---

① 艾森克 M. 心理学——一条整合的途径[M]. 阎巩固,译. 上海:华东师范大学出版社,2002:890-894.

② 艾森克 M. 心理学——一条整合的途径[M]. 阎巩固,译. 上海:华东师范大学出版社,2002:894-895.

③ 该部分的内容主要参考艾森克 M的《心理学——一条整合的途径》及沃纳 J M,德西蒙 R L的《人力资源开发》。

如，美国联邦立法和州立法对员工咨询方案均已起到重要的影响，特别是对开展酒精和药物滥用领域的咨询方案起到了积极的促进作用。员工咨询方案的一些提议者充分利用相关法律方面的优势，指出员工咨询方案可以帮助组织在遵守现存法律的前提下，能够帮助问题员工完成他们的工作任务。

然而，有时组织开展的咨询方案也可能受到起诉。例如，在健身和健康方案实施中，如果员工在参加公司赞助的比赛或者使用组织的健身设施受伤时，很可能引起法律诉讼。所以，在现有法律框架下开展的咨询方案的潜在法律优势在一定程度上可能会被咨询方案所引起的诉讼所抵消。

（二）涉及的保密性问题

员工咨询其实就是一种心理干预。很明显，保密性是咨询干预服务的一项基本原则。保密性原则为暴露隐私和确立治疗关系提供了一种积极氛围。但是，这并不是说咨询服务要绝对保密，任何第三方都不能知道有关情况，或咨询师不能和其他人谈论有关细节。所有的干预方法中都有一个重要部分——同级督导，就是咨询师要与同事互相讨论案例。督导除了有利于咨询师本人提高水平外，而且有助于更多的力量和关注投入当事人的案例中。

那么，在何种情况下，咨询师可以将某一案例的详细情况透露给其机构之外的第三方呢？大多数国家通过立法规定，咨询师在某些特殊情况下应公开案例内容。但在英国，咨询师一般没有向当局公开有关情况的义务，只有几个例外。如果案例中的有关内容涉及恐怖主义活动或危及儿童时，咨询师在法律上有责任通知有关当局。

咨询方案的说明中应该包括保密规定及其执行措施的清楚描述。在员工咨询服务中，所有可利用的记录都应该严格保密，应该与员工个人档案分开保存，而且只有在员工同意的时候才能公开。

思考与操作训练

思考题

1. 什么是员工辅导与员工咨询？
2. 简述员工辅导分析过程的步骤。
3. 介绍金劳和福尼斯的员工辅导讨论方法。
4. 典型的员工咨询包括哪几种活动？
5. 举例说明常见的员工咨询服务。
6. 了解员工咨询常用的技术。

操作训练

假定你的雇主让你为雇员援助计划开发一个方案。你会推荐采用哪种方法：由你们公司的员工执行的内部方案，还是通过外包合同提供服务？说明你选择的理由。假设公司由于存在财务紧缩的限制，只能提供这些服务中的两项（例如，心理健康、药物滥用、赌博、经济问题)。你认为什么服务是最重要的？说明你做出选择的理由。描述你怎么确定你所选择的服务可以给公司和员工带来最大的利益。

中国人力资源开发实践

中国南方电网公司的员工辅导计划

中国南方电网有限责任公司于2002年12月29日正式挂牌成立并开始运作。公司有6个全资子公司——广东电网公司、广西电网公司、云南电网公司、贵州电网公司、海南电网公司、南网国际公司。南方电网公司非常重视员工的培训与开发工作，拥有自己的培训中心(学院)，并且员工培训与开发实践工作发展较快。其中，公司将员工辅导与咨询服务作为企业文化建设的一部分。

为了实现企业文化的有效转化，提高员工个人及组织的绩效，南方电网公司早在2007年就开始对员工的思想和心理状况进行调查。在此基础上，2009年进一步运用科学方法和工具，系统调查掌握公司员工思想、心理状况，完成了《员工辅导计划》相关研究工作，取得若干重要成果(包括班组文化现状调查报告、员工辅导员胜任力模型、员工辅导计划制度规范、员工辅导计划标准培训课程)，这些研究结果提供了宝贵的决策支持。同时，公司开展了一系列的准备工作，如督导员、员工辅导员培训等，使员工辅导和咨询服务计划的顺利开展有了保障。

下面以贵州电网贵阳供电局为例说明南方电网公司的“员工辅导计划”。

2009年11月12日，“员工心理健康工程”援助计划(EAP)试点项目在贵阳供电局成功启动，该项目是贵州省首家EAP创新试点项目，标志着在贵州电网公司乃至贵州省国有企业首家EAP创新试点项目成功启动“运行”。

随着社会对电力行业服务水平的期待越来越高，提升服务质量是当前迫切的需求，面对形形色色的电力客户，员工无法选择，对需要电力服务的人群，他们都要无条件做好服务工作。而在提高技术业务水平的同时，也需要服务态度和技巧这些软件方面不断提升，这就需要窗口人员有健康的心态、快乐的心情去面对每一位客户。窗口部门员工由于长期接触客户，面临巨大的工作压力和生活压力，如果得不到及时的缓解和疏导，久而久之，负面情绪长期潜伏，这些压抑和情绪将会通过各种各样的问题在工作中爆发，对优质服务更是一种潜在威胁，而EAP则能帮助员工解决和缓解这些潜在的威胁。为此，贵阳供电局首次引入并启动EAP试点项目，核心是想通过该项目实施提升员工的心理资本达到提高企业服务质量，为企业增效的目的。具体地说，是通过为员工提供诊断、辅导、咨询等相关心理服务，解决员工在工作、生活和健康等方面的心理问题，消除员工各方面的心理困扰，最终达到工作效能和生活品质的最优化，满足新形势下贵阳供电局优质服务的需要。

该援助计划被公司定位于前沿和创新的管理方式，是公司为员工提供的一套系统的、长期的帮助与福利项目。EAP内容对压力管理、职业心理健康、职业生涯发展、健康生活方式等各个方面都有涉及，能全面系统地帮助员工解决个人问题。

辅导员一般由专业部门人员、政工人员、班组长和一线员工组成，均接受过公司的培训，学习过企业文化知识、思想政治工作实务、员工辅导的基础知识及常用工具、工作心理学、企业人事管理、员工关系、培训师技能等专业知识，能够进行现场演练、情景模拟等辅导方式，基本掌握了一些辅导应用技巧，能够制定员工辅导的实施方案等。

该项目提出后得到贵阳供电局班子成员高度重视和大力支持，授命该局市场营销部和教育培训中心对项目进行精心策划。为解决、提升需求迫切的窗口等部门服务质量问题，首次EAP项目试点在客户大厅、95598等窗口部门首先进行，覆盖一线窗口员工200人左右。如果能取得良好效果，该局将扩大范围并推广运用。

同时，贵阳供电局也意识到实施该计划的困难和条件，例如该计划需要多方参与和合作。在启动会上，贵阳供电局方雄书记对今后试点项目的开展提出了两个要求。一是希望项目涉及的部门领导要重视和支持。首先希望领导们认真了解这个项目，学习相关的内容，认真组织开展，对部门选定的联络员和具体参与项目的人员给予大力支持。二是具体参加这个项目的人员要通过快速学习，转变观念，接纳和配合EAP项目的开展，因为EAP项目的成效和成败的关键在于参与各方是否真心的接纳、参与和配合。

在启动仪式上，贵阳供电局谭小青副局长与第三方易普斯咨询公司总经理郑华辉签署意向性协议之后，郑华辉给领导及与会员工上了第一堂EAP课程。启动会取得圆满成功，达到预期的效果[①]。

EAP在国外和我国较发达地区的企业中开展时间较早，贵阳供电局EAP的成功启动对于其他类似企业具有显著的示范效应。事实上，贵阳供电局EAP的成功启动在南方电网公司绝不是偶然，也不是一种特例，它是南方电网公司长期坚持科学规范地开展人力资源管理实践活动的结果，是南方电网公司充分研究和准备的成果体现，具有一定的代表性。

资料来源：本书作者根据相关网站的资料整理。

① http://www.gz.csg.cn/rlzy/show.aspx?id=9630&cid=254；http://tgla89.mail.126.com/a/j/readdata.jsp?sid=rBztcYPTshhwUDuuBX. 2009-11-27.

开　发　篇

第十章

职业开发

本章导读

- 职业生涯概念及其最新进展
- 人生发展阶段理论与职业生涯阶段理论
- 职业选择的方法
- 个人导向的职业生涯规划
- 组织导向的职业生涯规划
- 职业生涯管理
- 职业生涯各阶段的管理

谋求一个职业并在职业岗位上获得良好发展，是人生的一个重大问题。从个人的角度看，职业生涯是人们投入时间、精力最多的人生组成部分，是人生的主线，对人的一生有很重大的影响。目前，就业环境已发生变化，个人有了越来越多选择职业的机会和越来越大的发展空间。但同时也面对着更大更复杂的职业风险。为此，科学、合理的职业生涯规划与管理对每一个人而言都是非常重要的。在现代的职业开发中，虽然更多地强调员工个人的职能，但是，人力资源管理工作的落脚点依然是对人的发展。注重员工的发展前途，帮助员工塑造成功的职业生涯，能够实现组织与员工共同发展的双赢战略，是当今各类组织提升竞争力的重要途径。

摩托罗拉公司的更员/继任规划

在摩托罗拉公司，员工的职业生涯规划和发展与公司的业务发展密切挂钩，两者做到了有机协调地向前推进。该公司正是由于推行了一套公司采取主动、员工积极参与、旨在发挥每位员工所长的职业生涯规划和发展机制，才使员工的职业生涯得到良好的发展、公司的人力资源得到很好的利用。在摩托罗拉公司，员工的职业生涯规划与发展被纳入公司的长远规划中考虑。为了支持公司战略的实施，公司设计了相应的组织结构，制定了相应的人员需求计划，其中包括需要哪些类别的人员、各需要多少、需要多少年的工作经验、职位有多复杂、有多大的职责。在此基础上，形成相应员工数量的年度财务预算。公司设计的组织结构如果提供了职业生涯发展机会,公司就会首先考虑给予内部员工,然后才考虑从外部招聘人员加盟公司。

摩托罗拉公司每年还要举行一次组织发展和管理评审会,对员工的职业规划和发展进行动态管理。届时,公司的每一个事业部都会对各自的长远业务计划和组织结构进行审查和评估,评估内容主要包括:目前的组织结构是什么样的?五年之后的组织将会是什么样的?要分成多少个部门或是多少个小的营业单位?与此同时,也要了解上一年的发展遇到了什么样的问题,例如,培训够不够?发展机会够不够?有没有不断的工作轮换?在内部的导师制(mentorship program)执行过程中,各个导师对新员工进行帮助的成效如何?同时,还要考虑怎样才能实现今年的组织发展目标,例如有没有足够的人员去填补职位空缺。

如果组织结构发生新的变化,那么每个员工就有潜在机会开始岗位轮换,其中的关键就是接班人问题。在摩托罗拉公司,每一个职位一般有三个接班人,第一个(A)是直接接班的;第二个(B)计划在3～5年内接班;第三个(C)要么是少数民族,要么是女性。第三个接班人涉及摩托罗拉公司目前实施的员工多样性发展计划,也就是需要形成多民族、多种族和性别平衡的人员发展结构(见表10-1)。公司将所有的接班人,根据其工作表现和发展潜力进行排名,然后针对不同排名给予相应的培训,以满足其未来发展的需要。

表10-1　人员配置与继任模型

员　工							继任人员			目前情况				
职务	任职者姓名	任职时间	级别	业绩表现	潜能	特殊群体	姓名	职务	任职时间	业绩	级别	潜能	特殊群体	处所或单位
							A							
							B							
							C							

对于继任规划中继任人选的选拔一般采用业绩—潜能分析法进行分析。根据员工的工作业绩和潜能,将员工分为9类(见图10-1),然后根据员工的业绩与潜能的综合情况,决定继任人选,并对不同情况的雇员采取不同的激励与培训开发措施。

从员工的角度而言,每个员工在每个季度都可以同各自的主管就"你在公司是否有明确的个人发展前途"、"你是否因性别和文化传统等因素受到歧视"等问题进行沟通,或者是在公司的计算机系统上对这些问题进行回答。

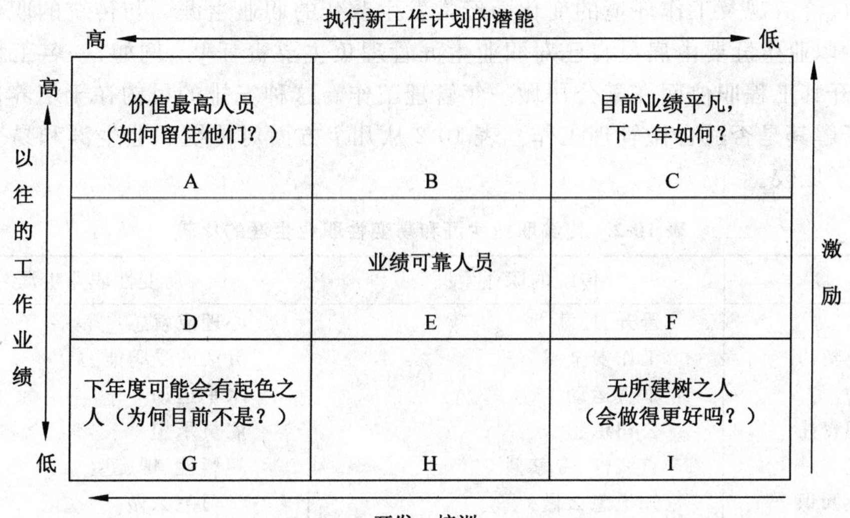

图 10-1 雇员业绩—潜能分析图

同时，员工个人在每季度同主管进行绩效评估的时候，也可以谈到自己的职业生涯发展机会。每次绩效评估的最终结果，都会包括员工及其主管达成共识的员工个人职业生涯发展规划的内容。这些信息都会汇总上报，供公司对员工的职业生涯规划和继任规划进行必要的调整。此外，员工还可以通过公司的内部职业机会系统查询各个部门的人员招聘信息，一旦发现有新的机会，如果觉得自己也符合条件，那么随时可以提出申请，而且在申请的时候，不需要经自己主管同意。

资料来源：杨河清. 职业生涯规划[M]. 北京：中国劳动社会保障出版社，2005：225-227.

第一节 职业开发概述

一、职业生涯的基本含义

格林豪斯(Greenhaus)等认为，职业生涯(career)是"贯穿于整个生命周期的、与工作相关的经历的组合"。该定义不仅包括客观部分(例如，工作，这构成了职业)，还包括对工作的主观感受(个人的态度、价值观和期望)①。由此可见，职业生涯与职业两者之间存在一些差别。法国学者丹尼也强调指出职业生涯的主观感受不应被忽略。

当今的职业并不像几年前那样，快速升迁至某一组织高层的时代已经过去了，在同一个组织中工作一辈子的观点也不复存在。目前，社会经济环境要求精干的组织，组织照顾员工的家长观念不再存在，一些人的职业更像是受个人驱动的，而非组织驱动，并随着人和环境的变化，个人也不时地对职业进行调整和变动，因此，一个新的职业生涯理念——易变性职业生涯(protean career)的概念便应运而生。易变性职业生涯是指由于个人的

---

① Greenhaus，et al. (2000)，supro note 12，p. 9. In：沃纳 J M，德西蒙 R L. 人力资源开发(第 4 版)[M]. 徐芳，董恬斐，等译. 北京：中国人民大学出版社，2009：410.

兴趣、能力、价值观及工作环境的变化而经常发生改变的职业生涯。与传统的职业生涯不同,易变性职业生涯要由雇员自己对职业生涯管理负主要责任①。例如,一名工程人员可能暂时离开其工程职位而在某公司做一年管理工作。这种安排的目的在于培养他的管理能力,并了解其是否适合做管理工作。表10-2从几个方面对传统职业生涯和易变性职业生涯进行了比较。

表10-2 传统职业生涯和易变性职业生涯的比较

维 度	传统的职业生涯	易变性职业生涯
目标	晋升、加薪	心理成就感
心理契约	工作安全感	灵活的受聘能力
运动	垂直运动	水平运动
管理责任	公司承担	雇员承担
方式	直线性、专家型	短暂性、螺旋型
专业知识	知道怎么做	学习怎么做
发展	很大程度上依赖于正式培训	更依赖人际互助和在职体验

资料来源:Based on Hall, D T. Protean careers of the 21st century[J]. Academy of Management Executive, 1996(10):8-16; Nicholson, N. Career systems in crisis: Change and opportunity in the information age[J]. Academy of Management Executive, 1996(10):40-51; Brousseau K, Driver M J, Eneroth K, and Larsson R. Career pandemonium: Realigning organizations and individuals[J]. Academy of Management Executive, 1996(10):52-66. In:诺伊 A R. 雇员培训与开发[M]. 徐芳,译. 北京:中国人民大学出版社,2001:235.

上述这种职业现状对人力资源意味着什么?职业生涯的目标不同,现在的员工追求心理成就感,这表明,与传统的职业生涯相比,员工的职业生涯目标更多地由员工自己控制。由于组织结构的"扁平化",在雇主和员工之间的心理契约已经发生了变化。以前,员工用忠诚换取工作的稳定,现在,员工用工作绩效换取培训、学习和开发等这些可以帮助他们更适应市场的东西。过去职业生涯以一个组织为界限,现在,职业生涯的运动方式由垂直运动变为水平运动,表明职业生涯不仅仅局限于一个组织之内,最恰当的表述应该是职业生涯的"无界性",包括跳槽和更换职业等。由于职业生涯的无界性,决定了职业生涯管理由过去更多地由组织承担转变为更多的由员工个人承担;决定了职业生涯的方式呈现暂时性和螺旋式的特征;决定了学习方式以主动、连续的动态学习代替传统的相对静态和被动的学习等,相应地学习与培训方式也发生较大的转变。因此,为了满足组织的需要,HRD的活动必须设计得可以服务于员工的长期兴趣,尤其是必须鼓励员工成长和实现他们的全部潜能。

二、职业开发

(一)职业开发的界定

职业开发也叫职业生涯发展,在传统职业生涯的概念下,职业开发是指确保个人职业规划与组织职业管理的目标一致性来实现个人与组织需要的最佳结合。它的两个基本活动——职业规划与职业管理共同构成了职业开发循环的两端。职业规划是一项经过深思

① 诺伊 A R. 雇员培训与开发[M]. 徐芳,译. 北京:中国人民大学出版社,2001:235.

熟虑的计划，是个人为了了解和控制自身的职业生涯而实施的一项行动，它包括个人评估和了解自身的优势与劣势，组织存在的机会与限制，从而选择和确定自己的职业目标，并为了实现这些目标而进行的一系列准备工作，如接受教育，积累工作经验等。职业管理是指组织为了促进员工职业生涯的发展，所采用的一个督导与监控员工个人职业规划和发展的持续过程，通常与组织的职业生涯管理系统相适应。虽然职业生涯管理包括了组织帮助个人设计和实施职业规划的活动，但其重点在于提高满足组织预期的人力资源需求的机会，尤其是满足组织未来的高级管理人员的需求计划，在大多数组织中，职业管理的主要形式体现为管理人员的继承计划。

但是，在易变性职业生涯理念下，职业开发是员工个人与组织共同进行的开发活动，无论是职业规划还是职业管理，员工本人都是职业开发的主角。因为，当前的个人职业规划与管理是以自我价值实现和增值为目的的，而且，并不局限于特定的组织内部，员工可以通过跳槽实现个人发展目标。

（二）职业开发中考虑的两个基本问题

从职业生涯概念的最新发展可以看出，思考职业开发问题应该同时考虑两个方面：一是组织所面临的外部环境条件，二是组织内部的组织与管理状况。传统条件下，组织所处的外部市场竞争程度还不太激烈，组织所处的环境是相对静态和稳态的，组织内部的架构和流程在相当长的一段时期内可以保持不变，运营活动基本上可以做出预测，并购重组、兼并破产非常少见，在这样一种平和的内外环境之下，企业可以为员工设计出稳定、长期、可预测、组织驱动以及纵向移动的职业生涯路径。事实上，至今仍有许多组织仍然奉行这种观点，倡导并力行“家长式”的组织管理模式，组织与员工的心理契约反映了只要员工踏踏实实为组织工作，组织将为其提供长期、稳定、安全的职业保障，员工在进行职业选择的时候看重的是组织能否为其提供一份终身就业的机会。但是，现在，组织面临的内外部环境已经发生了巨大的变化。组织运营环境变化迅速、竞争激烈、商务全球化；组织内部结构扁平化、并购重组与兼并破产随时都可能发生、并由此派生出裁员和人员外聘等管理活动。在这样变化不定和高度不确定性的环境下，形成短期的、缺乏忠诚纽带的雇佣关系。这表明“家长式”雇佣关系存在的两个基本条件——外部市场环境变化不太剧烈，基本上是可预测的，组织内部结构十分稳定——在当今时代都已荡然无存。为了雇主和雇员共同的利益，“家长式”管理模式让位于交换关系，长期工作保障的承诺让位于员工自己负责的职业开发，传统的获取某种头衔的目标也已让位于保持雇佣能力的目标。正如国外一家公司在实施大规模裁员时所称：

“我们不能向你保证我们将会在此商业领域维持多长时间；我们不能向你保证我们不会被收购；我们不能向你保证这里有提升的空间；我们不能向你保证当你到达退休年龄时，你的工作将会存在；我们不能向你保证有足够的钱支付你的养老金；我们不敢期望你永恒的忠诚。”[①]

---

① Hall，D T，Mirvis，P H. The new protean career：Psychological success and the path with a heart[J]. 1996. In：沃纳 J M，德西蒙 R L. 人力资源开发（第4版）[M]. 徐芳，董恬斐，等译. 北京：中国人民大学出版社，2009：409.

基于上述两个基本问题新变化之上形成的新型雇佣关系,客观上要求组织与员工双方共同承担起职业开发的重任。在员工方面,强调员工应主动承担职业开发的责任,增强自己的技能,提高自己终身就业的能力,认真研究所在企业和所处行业的性质,发现并把握其中的职业机会。在组织方面,无论是在传统行业还是在新兴行业,大力倡导并身体力行员工职业开发的组织将极大地增加自己吸引优秀人才的砝码,有效的员工职业开发机制是企业吸引人才的有力措施之一。

三、职业开发中的角色

员工个人、经理和组织在职业开发中承担着不同的角色[①](见表10-3)。

表10-3　职业开发的角色

角　色	角色职能	角　色	角色职能
个　人	• 承担自己职业的责任 • 评估自己的兴趣、技能和价值 • 找出职业信息和资源 • 建立目标和职业规划 • 利用开发机会 • 与经理谈论自己的职业 • 遵循现实的职业规划	经　理	• 提供及时的绩效反馈 • 提供开发的任务和技能 • 参加职业开发的讨论 • 支持员工的开发规划
		组　织	• 沟通任务、政策和程序 • 提供培训和开发机会 • 提供职业信息和职业计划 • 提供多样的职业选择

资料来源:Adapted from Otte F L and Hutcheson P G. Helping employees manage careers[M]. Upper Saddle River,NJ:Prentice Hall,1992:56. In:德斯勒 G,曾湘泉,文跃然等. 人力资源管理(第10版)[M]. 北京:中国人民大学出版社,2007:331.

(一)员工的角色

在职业规划中,强调员工个人在职业生涯发展中的主观能动性。员工除了选择职业与变换职业之外,还需要了解自己在工作中的追求,现在的工作在多大程度上能实现自己的需要;员工应摆脱那些高耗能、低效果的责任;增强自己的关系网络,例如,工作时加入一个多功能团队,与行为榜样讨论自己的职业目标,与一些拥有自己向往的工作的人就有关信息进行面谈等。如果你对自己的职业和所服务的组织满意,但对工作的组织结构不满意,那就重新考虑其他的工作安排,寻求一项"拓展任务"来做一些挑战性的工作。

研究表明,员工拥有一个指导者——一个关注自己职业成长并能为自己释疑解惑的资深人士,得到与职业相关的指导和帮助,可以极大地提高其职业开发的满意度和成功率。这表明雇主对职业开发的重要作用,例如,鼓励和奖励年长的经理充当指导者。但是,寻找指导者并与之保持富有成效的关系最终还是员工的责任。要做到这一点,相关建议包括[②]:

第一,选择一个合适的、潜在的指导者。这个指导者应该能客观地提供好的职业建

① 德斯勒 G,曾湘泉,文跃然等. 人力资源管理(第10版)[M]. 北京:中国人民大学出版社,2007:331.
② 德斯勒 G,曾湘泉,文跃然等. 人力资源管理(第10版)[M]. 北京:中国人民大学出版社,2007:332.

议，所以，对员工个人并不负直接监督责任的人可能是最佳选择。例如，许多人会寻找比他们当前老板高一两级的人，甚至是另一公司的人。

第二，如果选择人拒绝承担指导者的职能，员工个人不应气馁。并不是每个人都愿意承担这个费时且专业的义务，所以，当员工个人被第一、第二个选择人拒绝时，不要感到惊讶和气馁。

第三，制定一个日程安排。将此安排带到相关事项和议题的指导会议上讨论。

第四，尊重指导者的时间。员工个人对在会议上讨论的工作问题要有选择性，因为指导者并不是自己个人的管理咨询顾问。而且，指导关系不应该掺杂个人因素。

（二）经理与组织的角色

经理与组织的角色常常交织在一起，很难清晰地分离。他们对员工职业生涯发展的作用主要体现在职业管理方面。Yehuda Baruch 与 Maury Pieperl 的一项调查表明①，雇主在职业生涯管理实践中，"公布职业空缺"使用频率最高，其他较常使用的管理手段按排名先后分别是：正式教育；职业导向的绩效考核；经理的建议；横向的发展性变动；人力资源的建议；退休准备和继任计划。

美国的太阳微系统公司有一套相对正式的、考虑成熟的计划。它有一个职业开发中心，在那儿有执业的指导者去帮助员工跨越发展的差距，选择在该公司的职业发展机会。公司相信，该项计划解释了为什么本公司普通员工的任职年限是其他硅谷公司的两倍多②。

雇主的职业开发责任在一定程度上取决于员工在公司工作的时间长短。在雇佣前，实际工作预览可以帮助未来的员工更精确地确定工作是否真的适合他们，工作的需求是否很好地与工作候选人的技能和兴趣相吻合。尤其对于刚刚毕业的大学生，第一份工作对于建立信心和选择未来职业都非常关键，即提供充满挑战的第一份工作，并且提供一个经验丰富、能帮助新员工学习规则的指导者都非常重要。这种管理实践叫预防现实冲击(reality shock)——当一个新员工的高期望和热情遭遇无聊的、不具挑战性工作的现实时所发生的一种现象。当一个新员工在组织中工作了一段时间后，雇主可以逐步地采用一种积极的方式为员工的职业开发做些事情，例如，进行职业倾向性评估，提供定期的、有计划的工作轮换；公司提供正式或非正式的指导(mentoring)机会等③。

第二节　职业开发的理论与模型

一、人生发展阶段

个体在发展过程中社会和文化环境与生物学意义上的老化过程之间相互作用，使得

---

① Baruch Y, Pieperl M. Career management practices: An emperical survey and implications[J]. Human Resource management, 2000, 39 (4): 347-366.

② Career guidance steers workers away from early exits. BAN Bulletin to Management, Sep. 7, 2000: 287.

③ 德斯勒 G，曾湘泉，文跃然等. 人力资源管理(第10版)[M]. 北京：中国人民大学出版社，2007：333.

一生中的每个阶段都面临着独特的特征。

(一) 艾里克森的心理社会发展阶段

艾里克森强调社会和文化因素在个体每一个发展阶段中对自我的影响,他将人的社会性发展的全程分为8个阶段,每一个阶段都会出现一个主要冲突或危机,他强调个体必须成功地通过一系列的心理社会性发展阶段,虽然每个危机不会完全消失,但如果个体想要成功应对后面发展阶段的冲突,就需要在特定阶段充分地解决其主要危机(表10-4)。

表10-4 艾里克森心理社会发展理论的8个阶段

年龄阶段	危　机	充分解决	不充分解决
0～18个月	信任对不信任	基本信任感	不安全感、焦虑
1岁半～3岁	自主对自我怀疑	知道自己有能力控制自己的身体	感到无法完全控制事情
3～6岁	主动对内疚	相信自己是发起者、创造者	感到自己没有价值
6～青春期(6～12岁)	勤奋对自卑	丰富的社会技能和认知技能	缺乏自信心,有失败感
青春期(12～19岁)	同一性对角色混乱	自我认同感形成,明白自己是谁、接受并欣赏自己	感到自己是充满混乱的、变化不定的,不清楚自己是谁
成年早期(19～25岁)	亲密对孤独	有能力与他人建立亲密的、需要承诺的关系	感到孤独、隔绝,否认需要亲密感
成年中期(25～50岁)	繁殖对停滞	更关注家庭、社会和后代	过分自我关注,缺乏未来的定向
成年晚期(50岁以后)	自我实现对失望	完善感,对自己的一生感到满足	感到无用、沮丧

资料来源:格里格 R J,津巴多 P G. 心理学与生活(第16版)[M]. 王垒,王甦,等译. 北京:人民邮电出版社,2003:305.

艾里克森提出的这8个发展阶段的前4个阶段都涉及的是儿童和少年时期的心理发展过程,第5个阶段——青春期是个体向成人发展的过渡期。艾里克森认为青春期的基本危机是要面对不同人扮演不同的角色,并在这种混乱中发现自己的正确身份(同一性)。解决这个危机使个体培养出对自我的一致感觉;如果失败则导致缺乏稳定核心的自我形象。

成年早期的危机是解决亲密和孤独之间的矛盾,即发展对他人做出充满情感、道德和性的承诺的能力。做出这种承诺要求个体克制一些个人的偏好,承担一些责任,放弃些许隐私和独立。解决这个危机时如果遭遇失败,则很可能导致心理学意义上的孤独感和没有能力与他人交流的感觉。

成年中期是人一生中的一个重要发展时机。30～40岁时,个体把对自己和伴侣的承诺扩展为对整个家庭、工作、社会以及后代。那些没有妥善解决前6个阶段主要矛盾的个体,现在仍然沉湎于自我中心,质疑以前的决定和目标,不顾安危地追求自由和无拘无束。

成年晚期的危机是自我完善和绝望。对前7个阶段危机的解决使成人可以回顾往事而没有遗憾,可以享受一种完整感。如果前7个阶段的危机没有解决,个体的愿望仍没有实现,那么,个体会有挫折感、绝望感和自卑感。

艾里克森的人生 8 个阶段中的成年早期、成年中期和成年晚期 3 个阶段属于成人的心理社会性发展,与人力资源的职业开发密切相关。

(二) 施恩的成人发展阶段理论

当代著名的职业生涯管理专家施恩教授,根据人生的不同年龄段以及不同时期个体所面临的问题和承担任务的不同,对个体的生活和发展阶段作了如下划分[①]:

第一个主要阶段——大约从少年开始至 30 岁前后,是离开家庭进入成人世界的时期。在这一时期,既要成家又要立业,充满了能量、理想与热情,往往非常自信,但是,所做的承诺事实上在相当程度上是暂时性的,有待以后重新进行评估。

第二个主要阶段——进入 30 岁后的一段时间,是重新评估的第一个主要时期。对于大多数人来说,在这一时期,一个人要认真测试自己二十几岁时所做出的诸多承诺,重新审视自己并确定新的理想、价值观与行为取向,人生进入或稳定或发生重大改变的一个时期,工作的现实情况,婚姻家庭以及自我发展的实际状况,要求做出慎重的抉择。之后,便进入了一个更长的"持久性承诺"时期。

第三个主要阶段——40 岁左右,多数人面临某种"中年"过渡或"危机"。此时,要做出"永久性的承诺",并把这些永久性承诺的结果同早年的梦想、抱负进行对比、评估,如果出现较大的不一致性实属正常。在这一时期,个体不仅要继续做出选择,还要以客观、平和的心态去接受早年所做抉择产生的后果,人将变得更加开朗,更容易接受外部世界。而且,在这一阶段个体将了解自己成年或未成年的子女。至关重要的一点是,个体将在重新审视自己、自我接纳的基础上寻找到问题与结果、理想与现实的平衡点。紧接着是 40 多岁到 50 岁前,将第一次认识到"空巢"这一现实的问题,子女业已长大成人,另立门户,抚养儿女的义务及父母的角色已经完成,重新确立与配偶的亲密模式,开始新的生活方式,如更多地与下属或其他人交往,并做出一生最后一次职业抉择,继续努力向上、讲求安稳或重新选择职业。

第四个主要阶段——个体接近 50 岁时,上述问题得以解决,便进入了相对稳定和自我满足的时期。这时,人变得持重、宽厚,比以往更珍惜老友关系,同时感到体力不支,身心衰弱,可能会有一种岁月如流、时不我待的感觉,不得不为日后的健康和养老做些准备。60 岁至去世是人生的一个重要时期,不仅要面临主动退休或被迫离职的问题,还要正视身体愈发衰弱,配偶或亲友去世的创伤等诸多现实,因此,保健是最主要的问题。

二、职业开发的理论

(一) 罗宾斯的职业生涯阶段

美国学者罗宾斯博士认为,大多数的成年人,不论他们从事什么类型的工作,都可将

---

① 徐芳. 培训与开发理论及技术[M]. 上海:复旦大学出版社,2005:342-343.

其职业生涯分为 5 阶段：探索期、建立期、职业中期、职业后期和衰退期①(见图 10-2 及表 10-5)。

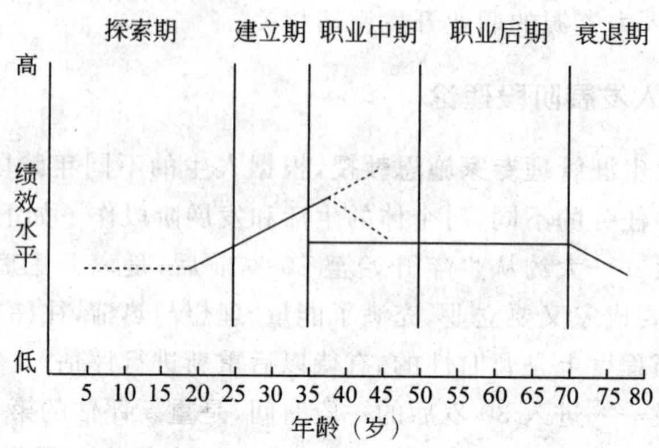

图 10-2 罗宾斯的职业生涯五阶段

资料来源：罗宾斯 S P. 管理学(第 4 版)[M]. 黄卫伟，等译. 北京：中国人民大学出版社，1997：299.

表 10-5 罗宾斯的职业生涯 5 阶段

职业生涯阶段	主要任务
探索期	受环境影响，想象和缩小职业选择范围，并朝着一定方向发展
建立期	找到第一份工作，学习如何工作，第一次体验在现实中的成功和失败，不断发生错误，不断从错误中吸取教训，改进工作表现
职业中期	绩效水平持续改进，或保持稳定，可能出现需付出巨大代价的错误，对自身能力再评价，成功地接受转换阶段的挑战，或变换工作、生活方式
职业后期	以自己多年日积月累并经过多次经历的判断力，以及与其他人共享其知识和经验的能力，向组织证明自己存在的价值。减少工作流动，放松、愉快地安心于现有工作
衰退期	对早期阶段持续获得成功的人尤为艰难，需要战胜失落感

资料来源：罗宾斯 S P. 管理学(第 5 版)[M]. 黄卫伟，等译. 北京：中国人民大学出版社，1997：230.

1. 探索期

人们往往在开始工作挣工资前就对他们的职业作出了关键的决策。亲人、老师、朋友以及电视节目和电影录像的影响，使人们在生命的早期就逐渐缩小了自己职业选择的范围，并指导他们朝着一定的方向发展。

对于绝大多数人而言，职业探索期会在 20 多岁从学校步入工作岗位时结束。因为职业探索阶段发生在就业之前，所以从组织的立场来看，组织似乎与这一阶段并无关联。但实际上，组织与职业探索阶段是不无关系的。人们正是在这一阶段形成了对其职业生涯的一种预期，其中有许多预期是很不现实的。这种预期当然可能在前几年潜藏不露，后来突然暴露出来，使员工本人和雇主都遭受不应有的挫折和损失。

2. 建立期

建立期始于寻找工作和找到第一份工作，包括被同事所接受、学会如何做工作，以及

① 罗宾斯 S P. 管理学(第 4 版)[M]. 黄卫伟，等译. 北京：中国人民大学出版社，1997：299-230.

取得在现实中成功或失败的第一次真实体验等历程。这一阶段的特征是:不断发生错误,也不断从错误中汲取教训,逐渐改进工作表现。

3. 职业中期

许多人面临第一次严重的职业危机是在进入职业中期阶段以后。在这一时期,一个人的绩效水平可能持续改进,也可能保持稳定,或者开始下降。这一阶段的重要特征是:职业中期的人已不再是一个"学习者",错误容易使人付出巨大的代价,常常面临职业高原。成功地经受住这一转换阶段挑战的人,可能获得更大的责任和奖赏。而其他人可能要面临自身能力再评价和变换工作,以及重新安排优先考虑的事项或者寻求另一种生活方式(例如离婚、重返学校念书、迁居到外埠等)。如今,处于职业中期的人的晋升机会减少,该阶段已日益成为一个充满焦虑和挫折的艰难时期。

4. 职业后期

对那些通过了职业中期阶段继续发展的人来说,职业后期阶段通常是个令人愉快的时期。这时,他们可以有所放松,并且扮演一种元老的角色。他们以自己多年日积月累并经过多次经历验证的判断力,以及与其他人共享其知识和经验的能力,向组织证明其存在的价值。

对于那些在前一阶段绩效水平已经停滞或有所下降的人,在职业后期阶段将会认识到这样一个事实,即他们对于现实世界将不再拥有曾经想象的那样一种持久的影响或改变能力。正是在这一时期,人们会意识到需要减少工作的流动,从而可能安心于现有的工作。

5. 衰退期

职业历程的最后阶段对每个人都是艰难的,但富有讽刺意味的是,对那些在早期阶段持续获得成功的人来说,它可能更为艰难。伴随着几十年的成就和高水平的绩效表现,现在猛然间就要被迫退出这个充满光辉的舞台,容易使人感到失去了一种重要的认同感。而对那些早年绩效表现一般,或已经看到自己的绩效水平在下降的人来说,这或许还是一个令人舒心的时期,他们将远远地把工作中的烦恼抛在身后。

但是,一些学者(如,杨河清)并不认同罗宾斯职业生涯衰退期的观点,认为这种观点过于悲观。事实上,现实中,一个人在这一时期也完全可能做出更大贡献。

例如:美国的一个典型案例是亚科卡的奇迹。亚科卡在1978年底以54岁的年龄受聘于严重亏损、濒临倒闭的克莱斯勒汽车公司,他以惊人的勇气和丰富的管理经验克服种种困难,挽救并振兴了克莱斯勒,使该公司在短短几年内扭亏为盈,1984年获利润24亿美元,超过该公司前60年的总和,被解雇的4.1万名工人重回公司工作。许多美国人认为克莱斯勒的振兴是美国经济界的一大奇迹。由此可见,在职业生涯的最后阶段完全可能再创辉煌,对这一阶段的职业生涯开发与管理仍不容忽视①。

(二) 金兹伯格职业成熟理论

通过研究美国富裕家庭的人在成长过程中的有关职业选择的想法和行动,金兹伯格

① 杨河清. 职业生涯规划[M]. 北京:中国劳动社会保障出版社,2005:71.

将青年的职业选择观念分为幻想期、尝试期和现实期3个阶段,即个人的职业成熟度分为3个阶段[①]。

1. 幻想期

11岁之前的儿童时期。该时期以儿童想象"早日长大成人,成人后干某种工作"的空想或幻想为特征。这个时期,儿童对大千世界,特别是对他们所看到的或接触到的各类职业工作者(例如,教师、医生、护士、警察、军人、飞行员、演员、售货员等)充满了新奇、好玩之感,幻想着长大成为什么样的人,并在游戏中,常常扮演他们各自所喜爱的角色,甚至在日常服饰打扮、语言行动上进行效仿。该时期的职业需求特点是:单纯由自己的兴趣爱好所决定,并不考虑也不可能考虑自身的条件、能力水平和社会需要与机遇,完全处于幻想之中。

2. 尝试期

这一时期大约从10～12岁之间开始,到16～18岁之间结束,为接受初等和中等教育并由少年向青年过渡的时期。此时,个体已经脱离了儿童的盲目、随意性幻想,开始考虑未来个人的需要,考虑职业选择。在这一时期,人的心理和生理均在迅速成长、发育和变化,有独立的意识,价值观念已经形成,知识和能力显著增长与增强,初步懂得社会生产与生活的经验。在职业需求上的特点是:不仅注意自己的职业兴趣,而且更多地、客观地审视自身各方面的条件、能力和价值观;开始注意职业角色的社会地位、社会意义,以及社会对该职业的需要。但这一时期,青年人所依据的是自己的兴趣、智力、价值观,并依据这些主观范畴对待职业选择的目标调节等问题。

尝试期又可分为四个阶段:①兴趣阶段:11～12岁,开始注意并培养其对某些职业的兴趣。②能力阶段:13～14岁,开始以个人的能力为核心,衡量并测验自己的能力,并将其表现在各种相关的职业活动上。③价值观阶段:15～16岁,逐渐了解自己的职业价值观,并能兼顾个人与社会的需要,以职业的价值选择职业。④综合阶段:17岁左右,将上述三个阶段进行综合考虑,并综合相关的职业选择资料,以此来正确了解和判定未来的职业生涯发展方向。

3. 现实期

17岁以后的青年和成年期,即人们正式的职业选择决策阶段。在这一时期,个人即将步入社会,能够客观地把自己的职业愿望或要求,同自己的主观条件、能力以及社会现实的职业需要密切联系和协调起来,寻找适合自己的职业角色。这种承认客观、从现实出发的选择是一种折中和调适。现实期的特征是:缩小个人选择的范围。这一时期的职业需求不再模糊不清,已有具体现实的职业目标,表现出的最大特点是客观性、现实性和实际性。

现实期又可分为三个阶段:①探索阶段:根据尝试期的结果,试探各种职业机会和可能的选择。青年人试图把自己个人的选择与社会的职业岗位需要等现实条件联系起来。②结晶阶段:青年人对一种职业目标有所专注,并努力推进这一选择。③特定化阶段:青年人为了特定的职业目的,进入更高一级学校或接受专业训练。已有工作但不满

---

① 杨河清. 职业生涯规划[M]. 北京:中国劳动社会保障出版社,2005:77-78.

意者，想重新进修，再找工作，也属于这个阶段。

（三）现代职业生涯发展模型

1. 易变性职业生涯模型[①]

易变性职业生涯的主要特征是：个人而不是组织掌控自己职业生涯发展，个人可以根据自己的需要彻底改变自己的职业生涯，个人在力求实现自身价值与理想的过程中所做出的选择（参加培训、接受教育、寻找工作等活动）就构成了职业生涯。易变性职业生涯观点指出，任何一个工作有高峰也有谷底，个人会经常从一个工作族转换到另一个工作族，个人的职业生涯由一系列的“探索—试验—掌握—离开”的“微小阶段”构成。因此，个人的生理年龄并不是区分职业生涯发展阶段最好的标志，而个人的职业年龄可能更加合适。易变性职业生涯观点突出和强调了终身学习以及自我开发是职业生涯发展的重中之重，其基本寓意是职业生涯管理要具有前摄性。

2. 多元职业生涯模型[②]

多元职业生涯模型认为存在四种不同的职业生涯模式。这四种职业生涯模式分别是：线性的——提升到组织等级结构中责任更大、职权更高的职位上，个人被权利和成就期望所激励。线性职业生涯被认为是传统的职业生涯观点，在许多传统企业中仍然十分常见。专家的——热爱一个职业，着重于在一个特定领域获得知识和技能，个人受到能力和稳定性的激励，在传统的等级结构中很少能获得提升，更多的是从学徒到专家。螺旋形的——通过在相关职业、专业和学科进行阶段性（通常是7～10年）移动而取得进步，有足够的时间以便在移动之前在特定领域内获得较高的能力水平，激励因素包括创造性和个人成长。过渡的——通过在毫不相关的工作或领域之间进行频繁（通常是3～5年）转换而取得进步，这是一种非传统的职业生涯发展路径，其激励因素主要包括寻求变化与独立性。

传统的职业生涯管理模型用线性或专家型职业生涯模式来满足个体职业发展的需要，现代组织一般用过渡型或螺旋型的职业生涯模式来满足个体职业发展的需要，这就要求组织在充分考虑到战略与职业生涯文化发展需要的基础上，有效满足员工个性化的职业发展要求。多元职业生涯模型的出现顺应了组织结构扁平化变化的需要。

第三节 职业生涯规划

一、职业选择

职业生涯规划首先涉及的是职业选择问题。常用的职业选择方法有职业——人匹配、人格类型——职业类型匹配与职业锚定位三种[③④]。

---

① 徐芳. 培训与开发理论及技术[M]. 上海：复旦大学出版社，2005：346-347.

② 徐芳. 培训与开发理论及技术[M]. 上海：复旦大学出版社，2005：347.

③ 本章第3节的内容主要参考：杨河清. 职业生涯规划[M]. 北京：中国劳动社会保障出版社，2005.

④ 杨河清. 职业生涯规划[M]. 北京：中国劳动社会保障出版社，2005：103-113.

(一) 职业——人匹配

职业——人匹配理论最早由美国波士顿大学的帕森斯教授提出,是用于职业选择与职业指导的最经典的理论之一。1909年,帕森斯在其所著的《选择一个职业》一书中,明确阐明职业选择的三大要素和条件:一是应该清楚地了解自己的态度、能力、兴趣、智谋、局限和其他特征;二是应清楚地了解职业选择成功的条件,所需知识,在不同职业工作岗位上所占有的优势、劣势、补偿、机会和前途;三是上述两个条件的平衡。帕森斯的理论是在清楚认识、了解个人的主观条件和社会职业岗位需求条件的基础上,将主、客观条件与(对自己有一定可能性的)社会职业岗位相对照,最后选择一种职业需求与个人特长相匹配的职业。

职业——人匹配分为两种类型:条件匹配和特长匹配。条件匹配,即所需专业技术和专业知识的职业与掌握该种特殊技能和专业知识的择业者相匹配,如劳累、危险的职业,需要吃苦耐劳、体格健壮且勇敢的劳动者与之相匹配。特长匹配,即某些职业需要具有一定的特长,如具有敏感、易动感情、不守常规、有独创性、个性强、理想主义等人格特性的人,宜于从事审美性、自我情感表达的艺术创作类型的职业。

帕森斯的职业——人匹配理论,作为职业选择的经典性原则,至今仍然有效,并对职业生涯管理学和职业心理学的发展具有重要的指导意义。

(二) 人格类型——职业类型匹配

美国著名职业指导专家霍兰德从心理学价值观理论出发,经过大量的职业咨询指导的实例积累,1959年,提出了以人格类型学说为基础的职业指导理论[①]。他于1973年指出,个体的人格特征和背景因素决定了他的职业选择方向,职业选择是个体人格的一种表现方式。该理论的核心思想是,个体趋向于选择最能满足个人需要、实现职业满意的职业环境。理想的职业选择使人格类型与职业类型相互协调和匹配。

霍兰德认为,在美国社会中主要存在6种人格类型和6种与之相对应的环境模式:现实型(R)、研究型(I)、艺术型(A)、社会型(S)、企业型(E)和常规型(C)。各种类型具有各自的主要特征及与之相适应的职业(图10-3)。

现实型的人:遵守规则、实际、安定,喜欢需要基本技能的具体活动。现实型的职业:具有具体的规则和程序,需要特定的技术或技能,如机械、农林、机电、维修等。

研究型的人:内省、理性、创造,喜欢独立分析与解决抽象问题。研究型的职业:需要系统观察、科学分析和一定程度的创造性,如数学、物理、化学、生物、天文、生理学等。

艺术型的人:想象、直觉、冲动、无序,喜欢用艺术形式来表现自己的思想与情感。艺术型的职业:通过非系统化的自由活动进行艺术表现,如绘画、音乐、写作、表演等。

社会型的人:助人、合作、责任感、同情心,喜欢并善于社会交往,乐善好施。社会型的职业:对人进行说服、劝导、帮助、教育和干预活动,如心理咨询、教育、法律、宗教和社会服务等。

---

① 郑日昌,蔡永红,周益群. 心理测量学[M]. 北京:人民教育出版社,2001:273-275.

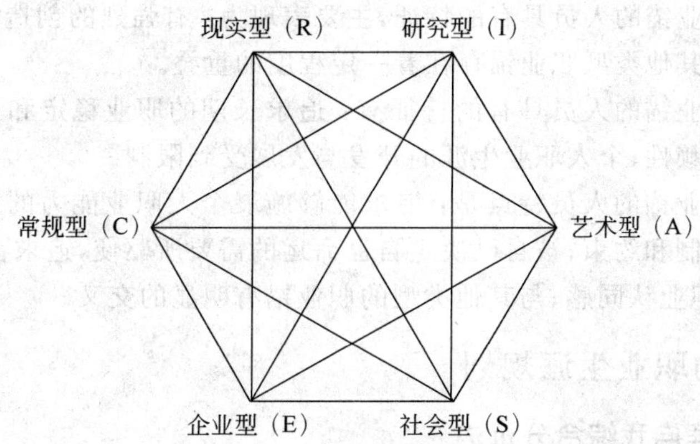

图 10-3　霍兰德职业、人格类型理论的六边形模型

资料来源：郑日昌，蔡永红，周益群. 心理测量学[M]. 北京：人民教育出版社，2001：275.

企业型的人：支配、自信、精力旺盛，喜欢指挥、劝导别人接受自己的意见。企业型的职业：需要动员、组织和领导他人实现既定目标，如工商与行政管理、市场营销、保险业等。

常规型的人：有条理、稳定、顺从、有序，喜欢程序化的条理性工作。常规型的职业：具有固定规则的习惯性、重复性工作，如秘书、档案、会计、出纳、总务、数据录入等。

霍兰德用六边形模型来表示 6 种人格与职业的相互关系，一般来说，相关程度较高的职业性向是在六角形中相临近的两侧，那些极不相关的方面则位于六角形中较远的位置。模型的六角形状暗指，当人们无法在个人所偏好的部门找到合适工作时，往往在六角形相邻近的部门找到工作比在与之位置较远的部门更能成为令人满意的选择。

（三）职业锚定位

职业锚(career anchor)的概念，最初产生于施恩教授的职业生涯纵向研究。职业锚是在个人工作过程中依循着个人的需要、动机和价值观经过不断搜索，所确定的长期职业贡献区或职业定位。人的职业生涯发展实际上是一个持续不断的探索过程，在这一过程中，每个人都在根据自己的天资、能力、动机、需要、态度和价值观等慢慢地形成较为明晰的与职业有关的自我概念。随着自我概念的逐渐形成，个人就会越来越明显地形成一个占主要地位的才干和贡献区域，即选定职业锚，完成自己的职业生涯定位。职业锚不可能提前预测，也不是固定不变的。

职业锚主要有 5 种类型：技术功能型职业锚、管理能力型职业锚、创造型职业锚、安全型职业锚和自主型职业锚。

以技术功能型为职业锚的人员有特定的工作追求、需要、价值观和晋升方式，主要特征有：强调实际技术或功能等业务工作；拒绝一般管理工作，但愿意在其技术、功能领域管理他人；追求在技术、功能能力区的成长和技能的不断提高。

以管理能力型为职业锚的人员的特点有：追求承担一般管理性工作且责任越大越好；具有很强的升迁动机和价值观，以提升等级和收入作为衡量成功的标准；具有分析能力、人际沟通能力和情感能力的强强组合；对组织有很强的依赖性。

以创造型为职业锚的人员具有的特征,主要表现为：有强烈的创造需求和欲望;意志坚定,勇于冒险;同其他类型职业锚存在着一定程度的重叠。

以安全型为职业锚的人员具有的特征有：追求长期的职业稳定和工作的保障性;对组织具有较强的依赖性;个人职业生涯的开发与发展受到限制。

以自主型为职业锚的人员特点是：追求能够施展个人职业能力的工作环境,最大限度地摆脱组织的限制和约束;被自己决定自己命运的需要所驱使,追求在工作中享有自身的自由,有较强的职业认同感;与其他类型的职业锚有明显的交叉。

二、个人导向的职业生涯规划

(一) 职业生涯自我综合分析法

生涯发展潜能分析有许多方法,常用的有橱窗分析法和心理测验法等。通过不同方法的测试,全面了解自己,认识自己,并以此为基础来规划和设计自己的职业目标。

1. **橱窗分析法**

橱窗分析法是自我剖析的重要方法之一。心理学家把对个人的了解比作成一个橱窗,为了便于理解可以把橱窗放在一个直角坐标中加以分析。坐标的横轴正向表示别人知道,负向表示别人不知道;纵轴正向表示自己知道,负向表示自己不知道。坐标橱窗可用图 10-4 表示。

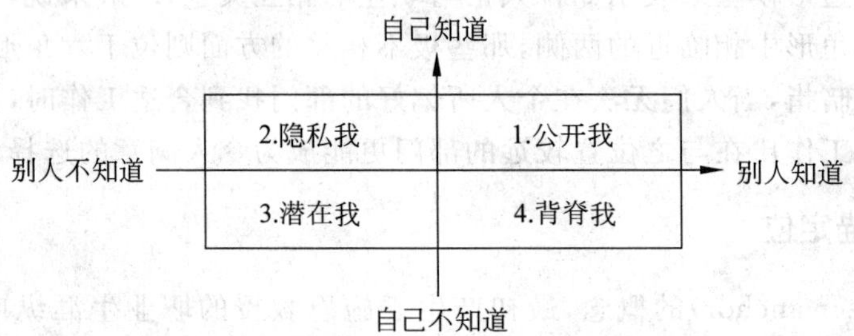

图 10-4 坐标橱窗图

资料来源：杨河清．职业生涯规划[M]．北京：中国劳动社会保障出版社,2005：145.

坐标橱窗图明显地把自我分成了 4 个部分,即 4 个橱窗。

橱窗 1："公开我"。自己知道,别人也知道,属于个人展现在外、无所隐藏的部分。

橱窗 2："隐私我"。自己知道,别人不知道,属于个人内在的隐私和秘密的部分。

橱窗 3："潜在我"。自己不知道,别人也不知道,是有待进一步开发的部分。

橱窗 4："背脊我"。自己不知道,别人知道,就像自己的背部一样,自己看不到,别人却看得很清楚。

"我"的核心内容包括影响职业生涯选择的那些内容,如能力、知识和技能、经验、态度、性格、气质等。

在进行自我剖析时,重点是了解橱窗 3"潜在我"和橱窗 4"背脊我"这两个部分。"潜在我"是影响一个人未来发展的重要因素。下面一些观点说明了每个人都有巨大的潜能。

许多研究都表明,人类平常只发挥了极小部分的大脑功能。如果一个人能够发挥一半的大脑功能，将轻易地学会40种语言，背诵整套百科全书。著名心理学家奥托指出，一个人所发挥出来的能力只占他全部能力的4%。控制论的奠基人维纳指出："可以有把握地说，每个人即使他是做出了辉煌成就的人，在他的一生中利用他自己的大脑潜能还不到百亿分之一。"①

由此可见，认识与了解"潜在我"，是自我剖析的重要内容之一。

"背脊我"是准确对自己进行评价的重要方面，如果你诚恳地、真心实意地听取他人的意见和看法，就不难了解"背脊我"。当然这需要开阔的胸怀，正确的态度，有则改之、无则加勉的精神，否则就很难听到别人的真实评价。

2. 心理测验法

心理测验是通过回答有关问题来认识自己、了解自己。测试题目是由心理学家经过精心研究设定的，只要如实回答，就能大概了解自己的有关情况。这是一种比较简便经济的自我剖析方法。自我测试的内容和量表很多，包括如性格、气质、情绪、智力、技能、记忆力、创造力、观察力、应变能力、想象力、管理能力、人际关系、行动能力等方方面面，可供选择使用。心理测验在个人职业生涯规划中应用越来越普遍，也发挥着重要的作用。国内外比较常用的几种测试有人格测验、智力测验、能力测验、职业倾向测验等。

通过自我剖析认识自身的条件，进行比较准确的自我评价，并对此做深层次的分析，以便根据自身的特点设计自己的职业发展方向和目标。

（二）职业生涯发展机会评估

职业生涯发展机会评估是制定职业生涯规划相当重要的阶段，职业生涯发展机会评估的好坏往往关系到以后的发展机会。错误的职业生涯发展机会评估只会使自己耽误时机，错过其他好的发展机会；正确的职业生涯发展机会评估会使自己成功地抓住机会，使事业取得成功。因此，设计良好的生涯发展规划，必须对生涯发展机会进行不可或缺的可行性研究。

1. 职业发展机会评估的内容

(1) 社会环境分析。社会环境对职业生涯乃至人生发展都有重大影响作用。个体应将所选职业放到社会环境中分析才能坚定职业方向和职业目标。通过对社会大环境的分析，了解所在国家或地区的政治、经济、法制建设发展方向，寻找各种发展机会。

(2) 职业分析。对一种职业是否有深刻的认识将关系到能否长期坚定职业方向，能否建立明确的职业目标。职业分析需要认清所选定的职业在社会环境中的发展过程和目前的社会地位，以及社会发展趋势对此职业的影响。

(3) 行业环境分析。职业生涯是在特定的行业中进行的。行业环境分析包括对目前所在行业和将来想从事的目标行业的环境分析。分析内容包括行业发展现状、国际国内重大事件对该行业的影响、目前行业优势与问题所在、行业发展前景预测等。

(4) 组织及其环境分析。组织分析包括组织实力、组织主要领导人的抱负及能力、组织文化和组织制度。通过对组织分析，每个人都应清楚自己对组织发展战略、组织文化和

① 杨河清．职业生涯规划[M]．北京：中国劳动社会保障出版社，2005：146.

管理制度的认同程度,组织结构发展的变化趋势,与自己有关的未来职务的发展预测。组织环境会对一个人的职业发展产生重要影响。因此,在进行组织环境分析时应紧紧抓住一条:在组织内是否有自己的发展机会,是否能满足自己职业发展的需要,即考虑自己在本组织内实现职业生涯目标的可能性有多大。

2. 职业生涯发展机会的 SWOT 分析

在充分认识社会环境与组织环境之后,应评估各种环境因素对自己职业发展的影响,并根据自己的兴趣、爱好与特长,考虑自己的性格、气质与能力等特征是否适合在这样的环境发展,这就需要对职业发展中的各种机会进行评估。

在所有机会的评估工具中,SWOT 分析法可以称得上是最著名也是最基本的一种。SWOT 是 4 个英语单词 Strength,Weakness,Opportunity 和 Threat 的缩写,分别表示优势、劣势、机会和威胁。一般来说,优势和劣势从属于个人本身,而机会和威胁则更可能来自于外部环境(包括组织环境和社会环境)。

优势:自己出色的方面,尤其是与竞争对手相比,具有优势的方面。如语言表达能力强,社会关系资源丰富、身体素质好等。

劣势:与竞争对手相比处于落后地位的方面。如不善于交际,活动能力比竞争对手差等。

机会:有利于职业选择和职业发展的一些机会。如新的职位或岗位的设立,高一级职位的补缺等。

威胁:存在潜在危险的方面。如所在组织走向衰落,不喜欢自己这种性格的人来担任直接上司等。

运用 SWOT 分析方法进行职业生涯发展机会评估时,员工个人要尽可能地对面临的各种职业发展机会进行评估,然后确定职业生涯目标,选出最优发展机会。

三、组织导向的职业生涯规划

虽然传统的职业规划更强调员工个人的作用,但是,组织在职业生涯规划中的作用也不可忽视。组织职业生涯规划的建立是保障组织持续发展的基础,最常用的建立组织职业生涯规划的措施主要有职业生涯发展阶梯规划、更员/继任规划(包括导师计划)及退休计划等方法。

(一) 职业生涯发展阶梯规划

组织职业生涯发展阶梯规划是现代企业人力资源管理与职业生涯管理的关键内容之一,对调动雇员的积极性和创造性,实现组织目标具有非常重要的意义。

1. 职业生涯发展阶梯的内涵

职业生涯发展阶梯是组织为内部员工设计的自我认知、成长和晋升的管理方案。职业生涯发展阶梯在帮助员工了解自我的同时,使组织掌握员工的职业需要,以便排除障碍,帮助员工满足需要。另外,职业生涯发展阶梯通过帮助员工胜任工作,确立组织内晋升的不同条件和程序,对员工职业生涯发展施加影响,使员工的职业生涯发展目标和规划有利于满足组织的需要。职业生涯阶梯的内涵主要包括以下 3 方面的内容：

（1）职业生涯阶梯的宽度

根据组织类型和工作需要的不同，职业生涯阶梯可宽可窄。要求员工在多个职能部门、多个工作环境轮换工作的职业生涯阶梯是宽职业生涯阶梯，它适用于对员工高度综合能力的要求。相应地，要求员工在有限的职能部门和工作环境中工作的职业生涯阶梯是窄职业生涯阶梯，它适用于只要求员工具备有限专业经验和能力的需要。

（2）职业生涯阶梯的速度

根据员工能力和业绩的不同，职业生涯阶梯的设置可以有快慢之分，即快速梯和慢速梯。设置快速梯的前提是，组织不会长久地将具备较高素质和能力的员工安排在同其条件不相称的工作岗位上。事实上大量的大学毕业生的第一份工作都是基础性工作。显然组织有意日后安排更复杂、更困难的工作给他们，可是由于背离了前提，新毕业生的流动率比别的职业人群要高。无论是正常晋升还是破格提升都应做到有政策依据。

（3）职业生涯阶梯的长度

根据组织规模和工作复杂程度的需要不同，职业生涯阶梯可长可短。职业生涯阶梯中的等级在 4 级及以下的可称为短阶梯，在 10 级以上的可称为长阶梯，在 5～10 级之间的可称为中等长度的职业生涯阶梯。组织职业生涯阶梯的长短对雇员的发展和潜力的发挥具有重要影响。

职业生涯发展阶梯包括职业生涯阶梯模式、职业生涯阶梯设置，以及职业策划与工作进展辅助活动等。其中职业生涯阶梯模式与职业生涯阶梯设置是职业生涯阶梯设计的核心内容，也是要研究的重点。

2. 职业生涯阶梯模式

根据当前国内外不同组织职业生涯阶梯设置的实践，目前职业生涯阶梯模式主要有以下 5 类。

（1）单一纵向阶梯模式。

传统的职业阶梯属于纵向职业阶梯，即员工的职业发展主要是由低层级的职位逐渐向较高的管理层升迁。其最大优点是清晰明确、直线向前，员工知道自己向前发展的特定工作职位序列。这种职业阶梯是过去组织经常采用的员工职业发展模式。由于与管理职业生涯路径相比，技术职业生涯路径的报酬与地位偏低，晋升路径短，因此，组织对专业技术人员的奖励往往就是将其提拔到管理层，使他们脱离专业的发展道路。这种单一的“官本位”通道给员工和组织发展带来了诸多弊端①。

（2）横向职业阶梯。

横向职业阶梯是指组织通过采用跨职能、跨部门的横向调动和工作轮换的方式，使员工的工作富有多样性，从而增加员工职业工作的趣味，满足丰富自我、完善自我的内在需求。横向职业生涯阶梯进一步打破了传统职业阶梯对员工行为和技能要求的限制和约束，实现了员工在组织内更加自由的流动，同时焕发员工新的活力，增加其跨职能领域的经验和技能，提高职业的胜任力与适应性。横向职业通道虽然不伴随职位的升迁，但员工

① 张艳丽. 组织职业生涯规划系统和生涯阶梯设计[J]. 社科纵横：新理论版，2007，22(12)：132-133.

在同一级别的职位上水平移动,可以增加员工的职业生活多样性和跨职能领域的经验和技能,为长期职业发展打下基础①。

(3) 双阶梯模式。

目前组织中实行最多的职业生涯阶梯模式是双阶梯模式。为摆脱传统组织职业生涯发展单阶梯单一行政职位系列的弊端,许多组织为雇员提供了两种职业生涯路线和阶梯:一是管理生涯阶梯,沿着这条道路可以通达高级管理职位;二是专业技术人员生涯阶梯,沿着这条道路可以通达高级技术职位。如海尔集团分别设置了管理职务和技术职务的培训和升迁轨道。在实行双阶梯模式的组织中,雇员可以自由选择是在专业技术阶梯上得到发展,或是在管理阶梯上得到发展。在两个阶梯中,同一等级的管理人员和技术人员在地位上是平等的。

作为科技型公司,微软公司非常重视其技术人员的职业生涯阶梯设置,采用技术人员与管理人员的双阶梯职业生涯阶梯模式。

微软公司技术人员的职业生涯阶梯共分15级。低级向高级晋升,必须基于上级主管对该员工的考评,考评每年有两次,一次主要确定能否晋级;另一次确定该年度此员工奖金与股票的多寡。考评的主要内容是该开发人员完成所承担工作的量与质,如软件编程的错误率多少,由高一级主管作1～5分的评定。一般连续三次被评定为4分以上者可考虑晋级,而连续两次被评定为3分或3分以下的员工,被视为"没有进取心"、"没有前途"的员工,很可能被微软所淘汰。获取5分的员工也很少,表明微软对人才的高标准要求。一般的硕士、博士毕业生可获得7～8级的职称,能够升至15级的员工不多,一般要到临近退休时才可能实现。而微软公司的管理人员职称约分12级。技术人员与管理人员的双轨转换不十分明显,这与微软公司的强技术背景有关。②③

(4) 多阶梯模式。

由于双阶梯模式对专业技术人员职业生涯阶梯的定义太狭窄,为此,如果将一个技术阶梯分成多个技术轨道,双阶梯职业生涯发展模式也就发展成了多阶梯职业生涯发展模式,同时也为专业技术人员的职业发展提供了更大的空间。

西部电子公司的职业生涯阶梯模式为一种典型的职业生涯多阶梯模式。公司为了拓展专业技术人员的发展空间,为员工设计了三类职业生涯发展阶梯:技术人员阶梯、技术带头人阶梯和技术管理人员阶梯。

在西部电子公司的职业生涯阶梯模式中,技术带头人是指有较强技术基础、能管理项目的员工,他们进行项目资源的计划、协调与控制,并有预算能力,设立技术开发策略与产品开发方向,他们主要对技术人员的技术要求进行把关,而无直接管理技术人员的权力;而技术管理人员主要对项目的预算以及人员的调动、升迁、考评负责。在技术三轨制中,技术人员分5个等级(技术一级、技术二级、技术三级、高级技术一级、高级技术二级),技术带头人分4个等级(一般技术带头人、高级技术带头人、技术主任、技术执行主管),技术

① 张艳丽. 组织职业生涯规划系统和生涯阶梯设计[J]. 社科纵横:新理论版,2007,22(12):132-133.

② 陈劲,徐笑君. 研究开发人员职业发展轨道与职称评定研究[J]. 科研管理,1999,20(3):34-39.

③ 杨河清. 职业生涯规划[M]. 北京:中国劳动社会保障出版社,2005:218.

管理人员也分 4 个等级(一般管理人员、高级管理人员、管理主任、管理执行主管)[①][②]。

从西部电子公司的职业生涯阶梯安排来看,技术带头人等级与技术管理人员等级要高于技术人员等级,技术人员一般要到 4 级(高级技术一级)才有可能进入技术带头人和管理人员等级,而且这种职业的迁移要取决于公司的内在需要和该员工所拥有的才能。

(5) 网状职业阶梯。

网状职业阶梯是纵向发展的工作序列和横向发展机会的综合交叉,它更现实地描绘了员工在组织中的发展机会,减少了职业通道堵塞的可能性。网状职业阶梯是在更大的职业领域内考量员工的职业发展,实际操作中可以参考双/多职业阶梯的思想,设置多个晋升轨道(多职业阶梯),为员工提供更大的职业发展空间[③]。

3. 职业生涯阶梯设置

组织职业生涯阶梯的设置,对促进雇员的发展、实现组织目标与员工个人目标的整合具有重要意义。因此,如何进行组织职业生涯阶梯的设计就成为当前人力资源管理的一项重要工作。组织在进行职业生涯阶梯模式选择与设计时应注意以下几个方面的问题。

第一,并非所有组织都有必要,或认为需要建立职业生涯阶梯。在决定建立职业生涯阶梯前,组织需要先考虑两个方面的问题:一是组织是否需要建立一个从内部提拔人才的长久机制;二是组织是否有必要建立一套培训与开发方案,以便提供更多的后备人才以供提拔选用。如果组织可以随时自由从外部招聘到需要的各类人才,或者内部晋升只是偶然发生,或者内部晋升只是涉及极少数员工,那么就大可不必建立复杂的职业生涯阶梯。

第二,职业生涯阶梯模式各有利弊。单一纵向的阶梯模式发展道路单一,一定程度上影响了专业技术人员的发展。双阶梯模式、多阶梯模式或网状阶梯在实践运用中会遇到许多困难。

第三,无论实行哪种职业生涯阶梯模式,其理论依据都是施恩教授提出的"职业锚理论"。有些员工的职业锚可能不止一个,不同的职业锚之间可能还会有交叉。因此,组织在进行职业生涯规划时应对网状职业阶梯加以考虑。

第四,组织在选择双阶梯、多阶梯或网状职业阶梯模式的基础上,还要结合不同行业的特点,适当设置职业阶梯内部的长度。如对于在高科技组织来说,选择长职业生涯阶梯,建立多等级技术职称评定体系,越高等级的升迁越难,这样可以高效激发科研人员的创造性,是维系组织忠诚度、保持组织核心能力和核心人才的重要手段。

第五,职业生涯阶梯的设置应与组织的考评、晋升、激励制度紧密结合。组织每年可考评 1~2 次,由高一层主管或技术委员会对员工进行全面的绩效管理。

(二) 更员/继任规划

1. 更员/继任规划的定义与功能

更员/继任规划是组织为保障其内部重要岗位拥有一批优秀的人才能够继任而采取

① 陈劲,徐笑君. 研究开发人员职业发展轨道与职称评定研究[J]. 科研管理,1999,20(3):34-39.

② 杨河清. 职业生涯规划[M]. 北京:中国劳动社会保障出版社,2005:220.

③ 张艳丽. 组织职业生涯规划系统和生涯阶梯设计[J]. 社科纵横:新理论版,2007,22(12):132-133.

的相应的人力资源开发培训、晋升与管理等方面的制度与措施。对于一个健康发展的组织而言,正常情况下都应当有储备干部的措施。更员/继任规划应该成为组织的战略组成部分,并融入组织发展的远景规划。导师计划常常包括在更员/继任规划之中。

组织更员/继任规划的功能主要体现在5个方面:①可以确保在组织内有一批训练有素、经验丰富、善于自我激励的优秀人才接任未来的重要岗位;②可以有效地调整与协调组织的未来之需及现有的资源;③可以为组织的关键员工制定更高的目标,留住优秀人才以确保重要岗位有称职的人可以继任;④可以帮助雇员设定职业生涯发展道路,有助于组织吸引、留住更好的人才;⑤可以改进组织内部程序,优化组织的产品和服务。

2. 更员/继任规划的实施

更员/继任规划是组织未来发展计划的重要组成部分。事实上,组织里的每个重要人员都应是潜在的继任人选。关键在于:在成功提拔或更换一个人之前,一定要给予继任人选以足够的培训与开发,使其能成功接任准备上任的职位。

有效地实施更员/继任规划,必须考虑以下几个方面的问题:组织的长期发展战略、需要不断补充和发展高素质人力资源的主要领域和环节、重点培养以备未来之需的人才储备、后备人才的职业阶梯设置以及职业阶梯与后备人才的匹配情况。

需要指出的是,更员/继任规划不能机械地施行。组织在实施更员/继任规划时应注意:一是组织要采取积极主动的态度;二是要意识到这一问题的长期性与复杂性。

在进行更员/继任规划时,组织搜集到某些雇员即将或退休或流动或提升的信息之后,必须有一个系统来对这些职位进行调配。多数组织采取的做法是:把一个集中式人事记录系统或罗列了员工的职业经历、技术区和评定的储备库和某种要求所有的经理培训自己的继任者的系统相组合。有些公司开发了搜集和储备各个管理层面信息的系统,这些系统能够评定现有技能和发展潜力、个人与他人相比的现有实绩或发展潜力的等级等。

当某个职位是开放职位(即职位空缺)时,该职位之上的1～2个层面的管理部门将参与复查所有的候选人。如果组织强调培训继任者,那么,它将不太注意正式记录,而会更多地倾听主管对提升下属的准备情况所作的评估;如果一个主管没有培训出自己的继任者,那么,这个主管就不会被调走或提升。许多组织形成了必须从内部提升的准则,但是,一旦成长速度使组织不可能从内部找到足够的人选时,这种准则就会被打破,招聘与选拔等人事过程则和更员过程合为一体。

重要的是,更员/继任计划要求人力资源储备应该成为长期检测流动速度、提升模式和职业通路序列的依据;人力资源储备的现有内容不能保证它将有助于长期计划或再调配。另外,更员或继任计划通常重视某种人力资源储备和对继任者进行管理培训的某种程序。以往收集到的有关雇员的信息对未来的职位或许是无效的,或者未必贴切,因为,以现任职位为依据的评估不可能提供能预测承担新职位的绩效信息,即使是成长潜力的评定,也可能是有偏差的或非常不真实的。

许多组织把大量的精力放到了实际的数据收集系统上,相对地,则很少注意数据的内容或有效性。数据收集系统的识别程度及其所收集信息的价值可能并不比访谈法了解到的关于继任者能力的信息更有效。更员/继任计划系统太复杂,除非高层管理者认识到有效人力资源储备系统的重要性，并愿意投入管理能量加以建立，否则，组织中形成全面人力储备再设计系统的可能性较小。

（三）退休计划

1. 退休计划的含义

退休计划是组织面对处于职业生涯后期的员工而采取的重要的组织职业生涯规划措施，用于帮助他们准备结束职业工作，尽快适应退休生活。在员工职业生涯的后期阶段，对于即将退休的人员来说，他们的职业生涯尚有10年左右时间，如何发挥员工的潜能和余热，帮助员工顺利度过这段时间，并使员工尽快顺利地适应退休生活；对于非退休人员来说，良好的退休计划，使组织保持更新与活力（例如，保持组织员工年龄结构的正常新陈代谢），并能稳定组织从业人员心理、提供更多的工作和晋升机会。因此，退休计划是组织义不容辞的责任。

退休是一个人停止自己工作的时间点，这是组织进行人力资源更新的重要措施。大量事实表明，退休很可能会伤害员工。对于大多数员工来说，退休是一个苦乐参半的经历；然而，对于另外一些人来说，退休本身却是一种痛苦，因为忙碌了一生突然之间不得不每天无所事事地待在家中，面对这种陌生的、“没有生产率”的生活。事实上，对于许多退休者来说，在不从事全日制工作的情况下，维持一种归属感和自我价值感是他们需要面对的一项最为重要的任务。因此，为了减少和避免可能的伤害与影响，作为职业开发与管理过程在逻辑上的最后一个步骤，对员工退休事宜加以细致周到的计划和管理非常必要，许多组织也越来越注重开展退休计划，以帮助即将退休的员工来应对这一问题。

2. 员工退休计划的落实

即将退休的员工会面临财务、住房、家庭等各方面的实际问题，同时又要应付结束工作开始休闲生活的角色转换和心理转换。因此，退休者需要同时面对社会和心理方面的调节，通过适当的退休计划和管理措施，满足退休人员情绪和发展方面的需要，是组织应承担的一项重要工作。在退休计划中常用的协助方法和措施主要有：

（1）帮助员工树立正确观念，坦然面对退休

员工到了职业生涯后期，年老体衰，甚至丧失了劳动能力，结束职业生活是不可避免的。组织有责任通过多种方式帮助员工认识并心悦诚服地接受这一客观现实。如果即将退休员工有充分的思想准备，则可以减轻退休后所产生的迷茫和失落感。

（2）开展退休咨询，着手退休行动

退休咨询是向即将和已经退休的人提供财务、住房、搬迁、家庭和法律、再就业等方面的咨询和帮助。例如，最近的一项调查显示，大约30%的企业已经制定了正式的退休准备计划来帮助员工顺利完成退休过程。最为常见的退休准备计划的基本做法包括说明各项社会保障福利、退休咨询、财务与投资咨询、健康咨询、生活安排、心理咨询、组织外第二职业咨询、组织内第二职业咨询等。

组织开展的递减工作量、试退休等适应退休生活的退休行动，对员工适应退休生活也具有重要帮助。

(3) 做好退休员工的职业工作衔接

员工退休而组织的职业工作却要正常运作。因此,组织要有计划地分期分批安排应当退休的人员退休,切不可因为退休影响工作的正常进行。在退休计划中,选好接替人员或及早进行接替人员的培养工作,是非常重要的。组织可以采取多种形式对接替员工进行职业岗位的培训与学习,帮助退休员工与其接替者做好具体的交接工作,保证工作正常顺利进行。

(4) 采取多种措施,做好员工退休后的生活安排

因人而异地帮助每一个即将退休员工制定具体的退休计划,尽可能地把退休生活安排得丰富多彩又有意义。例如,鼓励退休员工进入老年大学,发展多种兴趣爱好,多参加社会公益活动和老年群体的集体活动等;组织也可组建发挥余热的团体、经常召开退休员工座谈会等方式增进退休员工与组织的联系和互动。同时,组织要以多种形式关心退休员工。当前的一个重要趋势是允许应当退休的员工兼职工作,以此作为正式退休的一种变通做法。

第四节 职业生涯管理

一、职业生涯管理的概念

由于各国经济发展和组织成长的差异性,各国管理学者对职业生涯管理的认识和定义也不尽相同①。

美国学者罗斯威尔和斯华德认为,职业生涯管理(career management)是指确立、执行和监督个人的发展计划,并将其与组织发展结合起来。

法国学者普雷蒂将不确定性引入职业生涯管理的概念之中,将其定义为:"职业生涯管理是一个人根据自身的潜能和素质,为了引导和进行职业发展所采取的一系列活动的总和,使其在级别或社会角度上达到自己能力与成功的最高水平。"

我国学者程社明提出,职业生涯管理是一个使人的职业潜能发挥、人生价值实现的过程。

综上所述,职业生涯管理是一种终生过程,包括了解自己、工作和组织,设立个人职业生涯目标,订立实现目标的战略,基于工作、生活经历修订目标等。在职业生涯管理中,组织与个人是合作关系,共同管理个人的职业生涯。伴随着重组和再造而来的是对职业生涯管理中个人与组织之间平衡关系的影响与改变,即职业生涯管理是员工与组织的共同责任②。

由于生理心理和职业发展中呈现出的阶段性特征,不同阶段的主要特征也有所差异,大多数人在其职业生涯中要体验一些共同的经历、挑战或任务。职业生涯管理就是对每一阶段上共同的经历、挑战或任务进行引导和管理,因此,职业生涯管理也是确定每个阶

---

① 杨河清. 职业生涯规划[M]. 北京:中国劳动社会保障出版社,2005:242-243.

② 纳尔逊 D L,奎克 J C. 组织行为学:基础、现实与挑战(第3版)[M]. 桑强,王丽娟,蒙欣,等译. 北京:中信出版社,2004:540.

段的职业管理任务与职业发展内容的过程①。

二、职业生涯开创阶段的管理

职业生涯开创阶段是指一个人由学校进入组织，在组织内逐步“社会化”、并为组织所接纳的过程。个人作为组织内的新成员开始了一种职业生涯，个人对工作和组织的了解是一个极度依赖他人的时期。开创阶段一般发生在17～25岁之间，是一个人由学校走向社会，由学生变成“社会人”的过程。在该阶段，新员工对组织尚不十分了解，与上司、同事群体之间尚不熟悉，处于相互适应期，由于未能觉察彼此的需要和适应组织的特点，可能会引起某些矛盾和问题。在这一阶段，职业生涯管理面临的主要任务是：商谈有效的心理契约(psychological contract)、处理社会化的压力与减少从局外人到局内人过渡的困难。

（一）建立心理契约

心理契约是一种个人与组织之间隐含的协议，它规定双方在这样的关系中各自可以期待什么样的付出与回报。个人期望得到工资、地位、晋升机会和富有挑战性的工作来满足自己的需要。组织期望得到时间、精力、才能和忠诚来实现组织的目标。与组织的心理契约的设计开始于进入组织之时，但这种契约在个人职业生涯向前推进时不断得到修正。

新员工与组织间的心理契约：心理契约根据职业生涯范式的变化演变而来。就业能力取代职业稳定性的思想要求员工的技能应该不断增进和更新，这就对培训有了更多的需求。这样一来，一名员工要对自己的就业能力负起责任，不断更新并多样化自己的技能，一个组织要提供培训和学习机会，才能更好地留住优秀员工。

新员工与老员工间的心理契约：心理契约不仅存在于员工与组织之间，也存在于员工个人之间。新员工与组织其他成员建立关系时，形成有效的心理契约很重要。新员工需要各种形式、多种来源的社交支持，这种需求即为心理契约，这种契约的建立可以由新员工与组织中的关键人物一起设计，组织应帮助新员工及早建立关系，鼓励他们和老员工之间建立心理契约。

（二）处理社会化压力

个人的组织化以及个人与组织的相互接纳过程是通过新员工的社会化来完成的。新员工适应新组织时经历三个阶段：预想社会化、磨合、转变和获取。这一过程的各阶段内新员工都体验着社会化的压力。

预想社会化阶段是建立心理契约的阶段，涉及两个主要问题：现实主义与一致性。现实主义是新员工对工作和组织所抱的现实性期望程度；一致性描述的是个人与组织之间存在的两种一致性，第一种是个人能力与工作要求之间的一致性，第二种是组织价值观与员工价值观之间的一致性。因此，该阶段提供工作和组织的准确信息、双方以遵守协议

---

① 本章第4节主要参考：纳尔逊 D L，奎克 J C. 组织行为学：基础、现实与挑战(第3版)[M]. 桑强，王丽娟，蒙欣，等译. 北京：中信出版社，2004；杨河清. 职业生涯规划[M]. 北京：中国劳动社会保障出版社，2005.

的良好意愿进入契约是十分必要的。

磨合阶段是面临现实冲击的阶段,当新员工对角色、任务、人际关系和实际环境等工作要求明确之后,预想社会化阶段形成的期望可能会与组织生活的现实相冲突,从而呈现出现实震撼。这可能会使新员工认为自己的选择存在问题。现实震撼的程度视预想社会化阶段形成的期望而定。

转变和获取阶段,员工开始掌握工作要求,并体验到他们对工作的驾驭能力,例如,熟练地管理自己的工作任务,能够界定并商讨他们的工作角色,并融入工作关系中等。

(三) 减少从局外人到局内人过渡的困难

社会化过程的完成标志着新员工从局外人成为局内人。在从局外人向局内人过渡的过程中,组织内的新员工压力很大,存在许多困难。如果新员工和组织两方面一起努力,由外部人转化为内部人的过程就得到了成功的保证。

个人行动体现在社会化的三个过程中。预想社会化阶段,主要是新员工和其他员工所提供的准确信息,以及两方面信息的良好匹配。磨合阶段主要是新员工对于现实震撼必须有充分的准备,适应新工作时,轻度挫折是自然的。处理现实震撼的计划包括:新员工采取提前计划处理工作压力的方法、从别人那里寻求帮助、与同情自己的新员工结成关系网等都有助于个人处理新工作中的压力。在转变和获取阶段,新员工应该订立现实的目标,从上司和同事那里寻求对工作绩效的反馈,体验因掌握工作后取得的成功与受到的好评。

组织也能协助新员工由外部人向内部人过渡。在预想社会化阶段,工作实情告知以正直和诚实来开始新员工与组织之间的关系,认真选择和招聘新员工有助于保证良好的匹配。在磨合阶段,组织应进行入职培训并尽早分配工作,这样可以使新招聘员工有成功的机会。在此阶段,鼓励新员工并提供反馈极其重要。在磨合阶段,直接上司、同级同事、其他新员工和支持人员都是重要的支持来源。在转变和获取阶段,薪酬及反馈都很重要。组织应当尽可能鲜明地把薪酬与绩效挂钩,并对新员工每天的工作进行连续的反馈,使他们感觉到组织关心他们的进步,想帮助他们尽快适应工作与组织。

总之,开创阶段标志着个人职业生涯的开始,员工自我管理的任务是:职业探索,确立职业目标及策略,继续学习,自我展示,注重关系。组织的主要任务是:做好招聘、选拔和配置工作,组织上岗培训,考察评定新雇员,达成一种可行的心理契约,接纳和进一步整合新雇员,使新员工尽快从局外人过渡为局内人。

三、职业生涯进步阶段的管理

进步阶段是许多人为取得成就而努力奋斗的时期。他们寻求更大的责任和权力,并努力向职业的高处发展。个人将重新评估自己的目标,而且感觉有必要对职业生涯的梦想做出改变,通常会在30岁左右出现重要的生活转变。紧跟30岁的转型期而来的是一个稳定时期,此时,个人尝试着在成人社会中找到一种角色,在职业领域找到自己的职业锚,并想在职业生涯中获得成功。这一阶段的重要课题是:探索职业生涯路径与职业锚、找到职业导师、解决双职工伴侣关系、协调工作与个人生活之间的矛盾。

（一）职业生涯路径与职业锚

1. 职业生涯路径

职业生涯路径(career paths)是指员工在整个职业生涯中的一系列工作经历。在进步阶段,个人审视自己的职业生涯梦想以及实现这些梦想的必经之路。

例如:假定一个女性在大学本科时专攻化学,并在一家国内知名公司任职,她的梦想是成为制药行业的高级主管。在调整工作成为质控药剂师之后,她再次评估自己的职业生涯计划,认为再次深造很有必要。她计划进行兼职 MBA 学习,取得学位,从而获得管理专长。然后,希望在现有公司内获得提拔,担任一个管理职位。倘若 5 年之内这一计划没能实现,她会考虑跳槽到其他制药公司。另外的路径是想办法转到一个销售职位,并由此进入管理序列[①]。

2. 职业锚

职业锚虽然是员工个人的职业定位或者长期贡献区,但是,员工能否实现自己所渴望的定位,并非完全取决于个人,组织是否提供其职业发展和定位的顺畅通道,是决定性因素。因此,组织对员工个人职业锚的开发与实现有着举足轻重的作用。从组织角度来看,组织应分配给员工挑战性工作,给其准备建立职业锚的机会,帮助和指导员工寻觅职业锚,并为员工建立职业锚设置通道。从员工个人来看,要进行自我分析,充分认识自己的真正需要、动机和价值观,经过工作经验的积累,确定自己的职业锚。

（二）职业导师

探索职业生涯路径是进步阶段的一项重要活动。此阶段的另一项至关重要的活动是找到一名职业导师(mentor)。职业导师是为培养对象提供指导、训练、忠告和友谊的个人。导师之所以对职业生涯的成功至关重要,是因为他们既具有职业生涯功能,又具有心理功能。

1. 导师功能

(1) 职业功能。导师提供的职业生涯功能包括扶持、提高可见度、指导和保护。扶持指的是积极帮助个人获得工作经验和提升;提高可见度是指为培养对象提供与组织内关键人物发展关系的机会,从而获得职业生涯的进步;指导是对职业和工作绩效两方面提供建议;保护是指使培养对象幸免于潜在的危害性经历。一项研究表明,培养对象受到的职业生涯指导直接关系到 4 年后的更多晋升和更高工资。

(2) 心理功能。导师是一个示范者,做出供培养对象模仿的行为,起到表率作用。这样可以推动社会学习。接受和确认对导师和培养对象都很重要。培养对象感觉已被导师接受时,就会产生一种自豪感。同样道理,来自下属的关心和感激也会使导师产生一种满足感。导师的忠告对培养对象探索新的需要、帮助解决个人问题非常重要。另外,友谊也是一种使导师和培养对象双方都受益的心理功能。

---

① 纳尔逊 D L,奎克 J C. 组织行为学:基础、现实与挑战(第 3 版)[M]. 桑强,王丽娟,蒙欣,等译. 北京:中信出版社,2004:550.

2. 导师阶段

导师关系经历一系列阶段：开创、培养、分离和再定义。鉴于每种关系的独特性，每个阶段没有固定的时间长度。开创阶段，导师关系对导师和培养对象双方都具有重要性。在培养阶段，关系变得更有意义，培养对象因为有导师提供的职业、心理双重支持开始有了长足进步，培养对象也同样影响了导师。在分离阶段，培养对象感到有宣布独立和自主工作的需要。分离可以是自愿的，也可以是非自愿变化的结果(培养对象或导师获得提升或调动)。因此，分离可能平稳自然地进行，也可能源自于中断导师关系的一场冲突。如果分离成功，再定义阶段就会出现。在此阶段，因为双方自认是同事或朋友，关系就会有新的特点。导师为培养对象而感到骄傲，而培养对象也对导师的支持怀有深刻的感激之情。

(三) 双职工伴侣关系

在进步阶段，许多人面对的另外一个转变是：他们与一名生活伴侣建立关系。这种生活方式的转变要求多方面的调整：学会与另一个人共同生活、关心除自己之外的别人、处理一个扩展的家庭以及许多其他需求。近年来，需要两份收入来维持自己喜欢的生活标准可能成为双职工生活方式渐渐增多的部分原因。双职工伴侣关系(dual-career partnerships)是一种双方都承担重要职业角色的伴侣关系。伴侣关系的双方可以相互受益，但如果双方都以事业为重，伴侣关系便会产生压力。

对双职工伴侣关系中压力的管理主要涉及个人层面，即观念教育、时间管理、决策选择。产生压力的首要原因是固有的偏见或妒忌，即挣钱是男人的责任，而持家是女人的本分。当女人挣钱比男人多时，男人就会产生压力；如果两人中一个人的职业生涯比另一个人发展得好，另一个可能会觉得受到了威胁。时间是双职工伴侣关系中产生压力的一个因素。如果两个人都在外面工作，可能就无法调节工作、家庭和休闲时间。这些因素共同影射到一个潜在的问题是决策选择——谁的职业生涯是需要优先考虑的。其实，工作的每一方都需要另一方的支持，同时，也应当支持另一方，所以，需要双方经常交流，设计出一种恰当而详细的双职工伴侣关系的计划。

(四) 工作—家庭冲突

工作和个人生活的冲突是一个与双职工伴侣关系相关的问题，它在整个职业生涯都需要面对，但这一矛盾常常出现在进步阶段。对工作—家庭冲突的协调与管理主要涉及组织层面，也包括个人层面，即职业女性问题、组织的弹性工作时间制、组织的后勤保障设计、双职工在工作与家庭责任间的协商与平衡等。

工作—家庭冲突对于职业女性而言，尤其是个问题。女性扮演挣钱养家角色的速度要比男性在家中分担责任的速度更快。职业女性遇到工作—家庭冲突时，绩效会下降，压力会更大。因此，职业女性问题应受到组织的重视。为了帮助个人处理工作—家庭冲突，组织可以实行弹性工作时间，给员工以充分的自由，使他们一方面顾及个人需要，另一方面仍然能按时完成工作。组织的后勤保障设计对应对工作—家庭冲突有显著的作用。例如，组织扶持的托儿设施(大公司提供日托服务，小公司可以推荐员工所需的托儿服务)、组织提供的老年关怀项目等。

例如：杜邦公司堪称关心工作与家庭平衡的典型，杜邦提出了23点行动建议，其中包括灵活的工作安排、托儿和老年关怀等更多的福利性选择、在培训课上加入工作和家庭话题等[1]。

另外，经历大量的工作—家庭冲突会对一个人的总体生活质量造成不良影响。工作中的消极情绪会泛化到家庭生活。例如，一个人整天忙于处理顾客投诉、失败的销售拜访、错过最后期限等问题会增加家庭不愉快的发生。当家庭责任与工作责任发生冲突（如，孩子在学校生病了，谁去接孩子，并待在家中照看等问题）时，双方必须一起解决这些冲突。

其他工作安排，例如，压缩每周工作时间、在家办公、兼职工作、工作分担和休假选择等，都能帮助员工处理工作—家庭冲突。

四、职业生涯维持阶段的管理

在维持阶段，有些人的职业生涯尽管没有像早些时候发展得那么快，但仍然在持续发展。一些人带着一种成就感和满足感到达维持阶段，觉得无须再向上努力；另一些人则体验到中年职业生涯危机与中年过渡相伴随。但是，维持阶段无论是危机时期还是满足时期，都有两个问题需要面对：维持绩效和成为导师。

1. 维持绩效

保持高生产率是处在维持阶段的个人关心的主要问题。当一个人达到职业生涯静止期或职业高原（career plateau）——再往上提升的可能性很小的时期时，这个问题尤其具有挑战性。职业高原问题在多个职业生涯阶段都有可能出现，但在维持阶段常常表现得更为普遍和突出。有些人可以很好地处理职业生涯的高原期，但有些人则会沮丧、兴味索然，对自己的工作不满意等。

为了保持员工的生产率，组织可以提供挑战和学习的机会。组织设置横向职业阶梯，让员工能够平行移动是一种较好的选择。另一个选择是让员工参加项目小组，提供新任务和技能发展机会。该阶段职业生涯管理的关键在于使工作富有刺激性和投入性，对处在该阶段的个人对组织的价值需要不断地加以肯定。因为他们需要知道自己的贡献意义重大，而且组织也需要并感谢他们的贡献。需要指出的一点是：要保持绩效，员工个人对组织提供的干预措施应积极响应，对于那些在此阶段已没有学习和接受培训动机的员工，组织应制定一些相应的政策加以管理。

2. 成为导师

在维持阶段，个人可以通过与他人分享自己丰富的知识和经验来做出贡献。成为新员工导师的机会可以保持服务年限长的员工的积极性，使他们投入组织中。组织要为导师所付出的时间和精力而酬劳他们，这一点很重要。有些员工自然地适应了导师角色，但一些人则可能需要接受培训，学会怎样指导和劝告低层职员。

凯西·克拉姆（Kathy Kram）指出，正式的导师项目要想成功，需要具备4个关键条件。首先，参与必须出于自愿，不应该强迫任何人建立导师关系，要重视导师与培养对象

---

① 纳尔逊 D L，奎克 J C. 组织行为学：基础、现实与挑战（第3版）[M]. 桑强，王丽娟，蒙欣，等译. 北京：中信出版社，2004：556.

间的匹配。其次,传达项目意图及其在职业发展过程中的角色时,需要高层主管的支持。再次,导师应该得到培训,以便理解这种关系的功能。最后,错误匹配发生时或导师关系完成使命后,应该允许全身而退。

像所有的职业生涯阶段一样,维持阶段可以由知道怎样保持生产率、有期望和有计划的员工个人来管理,也可以由致力于增加员工工作投入的组织来管理。

五、职业生涯退出阶段的管理

50 岁时人们重新评估自己的梦想,继续为中年过渡时出现的问题而努力。紧跟 50 岁转变的是一个很稳定的时期。在此期间,个人开始严肃地计划从职业生涯中退出,即进入退出阶段。

1. 退休计划

退出阶段通常出现于生命的后期,标志着长期以来持续的职业很快就要结束了。年老的员工可能会面临歧视和偏见。其他人可能会认为他们的生产率不如别人高,认为他们更抵制变革,更缺乏积极性。可以说,年老员工的价值在劳动力中可能最容易被低估。他们可以在变革当中提供连续性,为年青一代员工担当导师角色,起表率作用。因此,组织必须建立一种敬重年老员工贡献的文化。在这一职业阶段,做好职业生涯转变的关键是组织中细致的退休计划。

退休计划不仅要对职业生涯转变本身进行计划,还要计划转变完成后所涉及的活动;为退休做计划应该不仅在经济方面计划,还要计划在心理上从工作中退出。培养一些爱好、旅游、从事志愿者工作,或者是把更多的时间留给儿孙和家庭,都可以是计划的一部分。关键在于要早计划和细计划,同时要对将要到来的变化持积极心态,并准备一系列自己想做的活动。

2. 退休

决定退休时间的影响因素包括:相关劳动政策、组织政策、经济上的考虑、家庭支持或压力、健康以及其他创造性活动的机会。

在退出阶段,个人面临着一种主要的生活转变(60 岁到 65 岁)——人终究要死的这一事实成为主要关心的问题。在这一转变时期,有一种主要的心理发展任务需要实现:当事人努力要获得一种生命的完整感,即努力寻找生命的意义和价值。

退休可能充满压力,组织应帮助退休人员处理好引起压力的相关因素。退休不必是完全停止工作,组织可以灵活性地考虑其他的工作安排。有些组织以创新的方式帮助员工完成退休的过渡,例如,退休人员可以当导师或顾问,帮助计划退休或进行其他职业转变,以此来继续退休员工与组织的联系。这些措施有助于减少有些员工对退休的恐惧感。

思考与操作训练

思考题

1. 什么是职业与职业生涯?
2. 理解人生发展的阶段理论与职业生涯阶段理论。

3. 掌握职业选择的方法。
4. 简述个人导向的职业生涯规划。
5. 简述组织导向的职业生涯规划。
6. 什么是职业生涯管理？
7. 阐述职业生涯各阶段的主要任务及其管理。

操作训练

个人—组织对话

这个练习的目的是帮助你获得经验，从个人和组织两个角度设计出一份心理契约。

学生分成小组，每个小组包括6～8个成员。每个小组中的一半人做职位候选人，另一半代表组织成员（内部人）。

步骤1　每一半人都列出如下的两个清单

清单1，候选人版。作为职位候选人，你应该给组织提供什么信息来开始一个有效的心理契约？

清单2，候选人版。作为职位候选人，你应该从组织中寻求什么信息？

清单1，内部人版。作为组织的内部人，你应该从潜在的员工那里寻求什么信息？

清单2，内部人版。作为组织的内部人，你应该给潜在的员工提供什么信息来开始一个有效的心理契约？

步骤2　在每个小组内，通过搭配清单1的两个版本，比较这些清单。清单中的异同点是什么？比较小组另一半人的清单2。这些清单中的异同点是什么？

步骤3　回顾一下清单，选出最难从候选人和组织那里获得的信息。选一个人扮演候选人，一个人扮演内部人。首先，让候选人与内部人打交道，扮演想从组织中得到难以得到的信息的一幕，然后让内部人尝试从候选人那里获得这些难以得到的信息。

步骤4　重新以班为单位，集合起来讨论下列问题：

1. 你发现候选人问的最难的问题是什么？
2. 你发现内部人问的最难的问题是什么？
3. 有效的心理契约所必需的信息是什么？
4. 是什么阻止了双方开诚布公地给出良好的心理契约所必需的信息？
5. 组织可以怎样推动进程，建立良好的心理契约？
6. 个人可以怎样推动这一进程？

资料来源：纳尔逊，D L，奎克，J C. 组织行为学：基础、现实与挑战（第3版）[M]. 桑强，王丽娟，蒙欣，等译. 北京：中信出版社，2004：565-566.

中国人力资源开发实践

万科的员工职业生涯管理

万科集团的前身是深圳现代科教仪器展销中心，1988年完成股份制改造，1993年改名为万科企业股份有限公司。2003年年底,公司总资产为105.61亿元,净资产为47.01亿元;公司的房地产业务遍布全国16个城市,形成上海、深圳、北京三大区域管理中心。

万科是中国房地产行业的领跑者;是国内首批公开上市的企业之一;是中国"房地产界的黄埔军校";是房地产企业中为数不多公开宣称只赚阳光利润的企业。它是一个受人尊敬的企业,曾入选《福布斯》评选的全球最优秀200家中小型企业,是2003年普华永道评选的中国最受尊敬的6大上市公司之一;在北大光华管理案例中心和《经济观察报》联合推出的"中国最值得尊敬的企业"评比中,万科连续两年名列前20名。

在其辉煌成就和迅猛发展的背后,是其独具特色的人力资源管理体系,而万科对员工职业生涯的关注与重视也是其人力资源管理的重点之一。

万科的人才理念

1991年,万科正式提出了"人才是万科的资本"的人才理念。基于这个理念,万科在制定人力资源政策时以尊重人为前提,尊重员工的选择权和隐私权,避免裙带关系,举贤避亲,努力为员工提供公平竞争的环境。

1995年,万科进一步深化人才理念的内涵,提出了"健康丰盛的人生"的口号,其内涵主要有:

理解人的社会性本质,不能仅仅从企业与个人的经济交换关系来看待人,不能以牺牲人为代价为企业换取利润。

企业要为人创造健康的工作环境、丰富的工作内容与和谐的工作氛围。人生最宝贵的时间是在工作中度过的,工作本身应该给员工带来快乐和成就感。有兴趣地工作、志趣相投的同事、健康的体魄和开放的心态、乐观向上的精神,这是万科追求的价值观。

人非圣贤,每个人都会因错误而造成生活不幸。企业作为健康人的集体,有责任关心、爱护每位成员,在充分尊重个性的前提下,倡导健康的工作生活道德规范。

通过企业,个人不仅要满足基本生活要求,还要实现其理想的生活方式和奋斗目标;通过个人,企业不仅要实现自身的增值和发展,还要完成其承担的社会职责。

这一理念指引着万科的人力资源管理进一步深化。

万科的培训体系

万科注重培训的系统化,从董事长到打字员的所有员工都被包括在培训体系之内,形成完善的动态系统。"这种完善的培训体系是大部分小公司难以模仿的",万科用这样的体系来管理、传承自己的知识系统,逐步构建自己不可替代的竞争力。

万科建立了完善的培训制度,例如,《公司派遣外出学习管理规定》、《个人进修资助规定》、《双向交流管理规定》、《后备干部培养办法》、《第一负责人赴任培训规定》、《培训积分管理办法》等。

万科培训课程丰富,并建立了"E学院"。公司治理结构、业务流程、财务管理、品牌战略、销售力训练、创新管理等课程应有尽有,常规课程教学所需资料、师资全部虚拟化。新员工通过网上的多媒体教学进行学习并完成在线测试,这使员工不仅能尽快了解并认同万科的理念与文化,还可以学习基本的业务知识。加上"新动力"的两周训练,新员工深刻体会到:"来到万科,感觉它更像一个大课堂。"万科与北京大学合办的MBA班,采用卫星基地站支持远程在线教学,使得每时每地的培训成为可能,这比较符合万科职业经理地域流动性大的工作特点。

万科认为,“借助外脑”、“邀请外部培训机构”是很划算的。惠普的“管理流程”、摩托罗拉的“职业生涯规划”及其他根据不同管理层面需求设计的情境领导、管理才能发展等专题培训,充分体现了万科的超前性。

万科不断挖掘和培养内部讲师,创立了以自我设计、自我培训、自我考核为核心的“3S培训模式”。内部师资更加关注企业自身的东西,例如,万科优秀的职业经理的标准,万科的经营观、市场观,如何防范房地产经营的风险等。

公司要求每一位管理者都要成为教练、讲师,成为专业骨干和培训的中坚力量,肩负起工作指导、培训推广的责任。老总亲自带头,言传身教,将开会、交谈、工作交流等方式作为培训员工的机会,不遗余力地向下属传授经营管理思想和经验。

对员工的培训和企业文化的灌输,实际上是一个“万科化”的过程。

万科的后备人才培养体系

万科反对在企业使用“空降兵”,强调独立培养自己的职业经理。经统计,万科84.2%的干部是从内部培养提拔的,空降兵的比例在15%左右。自己培养的干部熟悉公司情况,忠诚度好,具有良好的素质、较高的业务能力和市场经济的观念,是公司非常重要的力量。

因此,万科设立了“万科人才库”,输入每一位员工的教育背景、工作业绩、管理类型、心理需求、群众威信、业务能力、培训成绩、发展潜力等数据,以备人才选拔。自2000年起,万科开始有意识地实行两个计划。

一是TPP计划(Talent Promotion Project),关注有潜力员工向管理岗位的提升,根据其历年业绩、素质测评的结果以及上司认可度,优先任用。将一批思想活跃、素质优良的年轻业务骨干集中起来,成立管理研讨班,对公司发展战略和经营管理问题进行经常性的探讨,并提出可行性方案供决策层参考。对新上岗的经理采用实习制,“先做队员,再做教练”。

二是MPP计划(Manage Promotion Project),关注一线公司或总部职能部门高级管理层的后备人选的培养问题。对高层后备人选,公司每年控制在50人以内,就像惠普的“狮子计划”一样,给他们提供包括出国考察、岗位轮换、集中培训等机会。

万科的职业通道与职业生涯规划

万科关注员工的职业生涯发展。按照万科的理解,若鼓励一个人终身做不适合自己的事情,就是对双方不负责任的表现。不如引导和帮助他,寻求更适合个人发展的职业空间。公司强调“个人自主选择性”和“企业对人的可替换性”。

一边是员工的个人职业发展规划,一边是企业的人力资源规划,当两者吻合或产生交集时,才能实现双赢。万科在“职工工作坊”系列培训课程里设置了职业生涯规划课。

万科推行管理与技术并行的双重职业发展道路,员工可以在一个或几个相关领域里持续深入发展;也可以通过协调、组织团队成员工作,完成团队目标,发展自己在管理方面的能力。个人在企业里的职业生涯推进,往往是以其在企业中的岗位变迁为标志的。2002年以后,万科人力资源部开始描绘公司的岗位地图,试图对全集团所有岗位进行描述,包括职责描述和入职能力描述。员工通过各种测评手段进行自我优势测评之后,对照地图上的岗位描述,就可以找出自己与目标岗位入职要求之间的差距,从而决定个人的职业发展路径。岗位地图使主动的职业发展规划成为可能,同时也使企业高效地进行内部培养成为可能。对照公司的岗位地图,员工可以主动选择自己的方向,万科也可以根据企业发展的步伐,有针对性地对员工进行职业发展引导,同时提高职业发展所需的增值机会,包括各种培训和挂职交流。

万科尊重员工的选择权。公司根据个人能力、工作表现和业务需要征求个人意愿后安排工作和流动。员工在满足了一定工作年限要求后,有选择在不同地域、不同公司,甚至跟随不同上司工作的权利。几进几出,不设障碍。"外面的世界很精彩,外面的世界很无奈。"出去转了一圈,很多员工发现:在万科是不断学习,不断提高,眼界不断开阔;而到外面,往往只是不断付出,个人进步速度却减慢了。每年都有人员回流万科,他们同样得到公司的认可和相应的发展空间。

万科在基层管理人员的选拔上采取竞聘形式。让员工"有意愿,讲出来;有勇气,跳出来"。从"服从命令"到"主动请缨",从"要我去"到"我要去",充分尊重了员工职业发展的自主选择权。

2003年3月,万科在中华英才网首届"中国大学生心目中最佳雇主企业"评选中,与IBM、微软、索尼等跨国公司共同入选"中国大学生心目中最佳雇主企业五十家"之列。22年来持续不断的专业团队建设使万科形成了和谐而富有激情的工作氛围,并得以吸引一大批优秀人才来到这个拥有健康丰富人生的地方。心怀远大理想,引领万科持续超越,这正是万科这个散发人本主义精神的企业之魅力所在。

资料来源:德斯勒 G. 人力资源管理(第10版)[M]. 吴雯芳,刘昕,译. 北京:中国人民大学出版社,2005:346-349.

第十一章

组织发展

本章导读

- 组织变革及其成因
- 组织变革的阻力
- 组织发展的含义及过程
- 组织发展的干预层次与干预方法
- 组织发展与 HRD 的关系
- 组织发展的未来发展趋势与 HRD 的未来发展趋势

在任何组织中，变革就意味着麻烦和困难。但是，为了满足市场、技术发展、社会和员工提出的新要求，组织不得不进行变革。组织变革与组织发展有着十分密切的关系，一方面，组织要发展就必须实行组织变革；另一方面，组织发展是实现组织变革的手段。在实践中，组织发展有多个层面的干预方式，有员工层面的干预、群体层面的干预和组织层面的干预等。不同层面的干预对组织发展所发挥的作用亦不相同，最佳的组织发展干预模式应该是不同层面干预方式的有机结合。

大陆航空公司的新飞行计划

前几年，大陆航空公司(Continental Airlines)几乎濒临倒闭，9 年中两次破产，1978 年以来就没有利润，服务质量也以低劣著称。在准时到达、行李托运、旅客投诉和非自愿拒绝登机(“取消预订座位”)方面在美国十大航空公司中排名第十。公司内部管理混乱，经理们忧心忡忡，员工们深感为大陆公司工作脸上无光，以至于要将公司标识从衬衫上撕掉。公司十年中换了 10 个总裁。

前咨询顾问格雷格·布伦尼曼作为总裁和首席运营官加入了大陆公司，与 CEO 戈登·贝休恩一道领导了一场异乎寻常的改革。其“前进计划”包括了四项内容：“多飞制胜”(市场计划)、“为未来融资”(财务计划)、“使可靠成为现实”(产品计划)和“共同努力”(人员计划)。

大陆公司的新飞行计划也并非没有痛苦：包括管理者在内的人员被裁减了 7 000 人。

由于原有的管理班子成员忙于互相倾轧,所以公司妥善、体面地更换了管理层。公司开展了宽恕行动,管理者将来自乘客的愤怒的投诉信平分,然后致电道歉,并解释正在进行的旨在挽救公司的行动计划。广告预算被削减了一半,管理人员征询客户意见,并提供所需产品。飞机外部重新上漆,内部重新装修。大陆公司原来难看的圆形红色"肉丸子"标识被一个带有金字的蓝色地球取代。为了提高可靠性,公司要求编写航班时刻表,以及执行飞行和机场运营的两个部门互相配合,让这两个部门掌握自己的命运,促使他们共同协作。

过去员工们通过媒体了解公司动态。沟通理念从"除非是绝对需要,对任何人都无可奉告"转变为"事事告于人"。员工们解除了束缚,九英寸厚的"你不可"书被扔进一个55加仑的油桶里,在停车场上烧掉。员工薪酬与公司目标挂钩。

结果:公司再度起飞。员工流失率、病假、工伤和薪酬纠纷都减少了,员工们不再将公司标识从衬衫上撕掉,他们为自己和朋友购买有大陆公司标识的商品。首席运营官布伦尼曼说他学到了三条变革经验:(1)按照你的计划飞行,跟踪你的进步轨迹;(2)清洁自家环境;(3)考虑"钱入"而非"钱出"。

资料来源:Brenneman G. Right away and all at once: How we saved continental[J]. Harvard Business Review. 1998,76:162-178. In:纳尔逊 D L,奎克 J C. 组织行为学:基础、现实与挑战(第3版)[M]. 桑强,王丽娟,蒙欣,等译. 北京:中信出版社,2004:578-589.

第一节 组织发展概述

组织发展(organizational development,OD)与组织变革(organizational change,OC)密切相关,通常将两者合称为OD & OC,组织发展是实现有效组织变革的手段。

一、组织变革

有效的组织必须根据自身功能和环境特点保持适当的变动性和稳定性。组织变革是组织适应环境,保持活力,维持生存与发展必不可少的工作与活动。

(一) 组织变革的含义、分类与成因

1. 组织变革的含义

组织变革是指组织为了适应内外环境的变化,通过有效的系统方法和措施,使其自身从当前状态到目标状态或未来状态的动态平衡过程。组织总是面临各种压力,包括来自内部和外部两个方面的压力。组织变革已成为管理的重要任务之一。

2. 组织变革的分类

组织变革可以分为5类:组织结构变革、技术变革、人员变革、组织管理制度变革以及组织物理环境变革。结构变革涉及对权力关系、协调机制及其他类似的结构变量的改变;技术变革包括对工作流程、方法以及所用设备的调整;人员变革涉及对员工态度、技能、期望、观念和行为的改变;组织管理制度变革包括组织的管理理念与管理方法的改变;物理环境变革包括对工作场所的位置和布局安排的改变。

3．组织变革的成因

很多压力来源都迫使管理者对其所在的组织进行变革。虽然组织变革的因素和过程比较复杂，但是，一般情况下可以分为内、外两方面的压力。内部压力是指变革对象的内在变动与革新。组织变革面对的问题是组织的现实状态与目标状态之间存在的差距，组织原有的稳定和平衡状态不能适应环境变化和自身发展的要求，需要通过变革来打破它们，构建能够适应新形势、新需求的、具有足够的革新性、适应性、持续性的新的组织稳定和平衡。外部压力包括竞争对手、信息技术及客户需求等方面的压力。需要明确的是：各种因素通常是同时发挥作用的，这样，要明确区分各种因素的影响力就相当困难。另外，即使是同一个因素，不同组织对其敏感性也可能存在很大差异，一个因素会引起一个组织的变革，但并不一定会引起其他组织的变革。

例如：那些欧美制度化、规范化的公司基本不因人事变动而受影响。相比较而言，中国的民营企业往往由于高层人员的变动而引起公司大变故。迫使组织变革的力量可能来自于组织内部，也可能来自于组织外部。例如，市场份额的竞争迫使管理者变革组织的战略，而后在实施这项战略时又变革了组织的结构等[①]。

（二）组织变革的阻力及其克服

组织变革是一个除旧布新的过程，必然要打破原有的组织系统形态，改变原有的运作机制，这将关系到组织内部每个员工的切身利益，因而在某种程度上，变革会受到个人和组织不同层面的抵制。要成功实施组织变革，需要认识和分析变革的阻力，并采取相应措施加以克服。

1．组织变革的阻力

任何组织的变革都会直接或间接地涉及对原有制度、惯例、关系、利益和传统的改变，都会触动原有的心理平衡、行为平衡和组织平衡，从而产生对组织变革的阻力。变革阻力的表现多种多样，可以是公开的或潜在的、直接的或间接的、即时的或延后的。变革阻力的形成原因是十分复杂的，大致可以分为源于个人的阻力和源于组织的阻力两大类（见表 11-1）。

表 11-1 组织变革的阻力来源

个体对变革的阻力		组织对变革的阻力	
习惯和性格	对个人损失的担心	结构惯性	对已有权力关系的威胁
对安全的需要	缺乏理解和信赖	变革关注点有限	资源的限制
对未知世界的担心	选择性信息加工	文化与规范	组织间的协议

资料来源：① 苏勇，何智美．现代组织行为学[M]．北京：清华大学出版社，2007：489.
② 杨忠．组织行为学：中国文化视角[M]．南京：南京大学出版社，2006：426.

2．克服组织变革阻力的方法

最著名的克服变革阻力的方法是社会心理学家卢因（Lewin）提出的“力场分析法”[②]。

① 苏勇，何智美．现代组织行为学[M]．北京：清华大学出版社，2007：481.
② 在有的著作中 Lewin 也常常被翻译成勒温。

这是一种考察变革过程的方法。卢因认为变革遇到阻力时,如果用强硬的手段压下去,可能一时平息,但是反抗的因素会积聚力量,卷土重来。因此,他主张把支持变革和反对变革的所有因素采取图示方法排队,分析比较其强弱程度,然后采取措施,把支持因素增强,反对因素减弱,导致变革的顺利贯彻。力场分析法的一般程序如下。[①]

① 确定问题:调查变革的矛盾冲突;

② 分析问题:列出变革的动力与阻力因素(两者的数目不必相等),并按其强弱程度排序,绘制"力场分析图";

③ 制定变革策略:对其中的一些阻力因素或动力因素,找出减少阻力或增加动力的办法,从而使变革顺利进行。

例如:第二次世界大战期间,卢因碰到一家工厂要求全体女工带防护眼镜,受到抵制。他调查、分析了正反两方面的因素,图11-1是卢因对该案例的力场分析图。

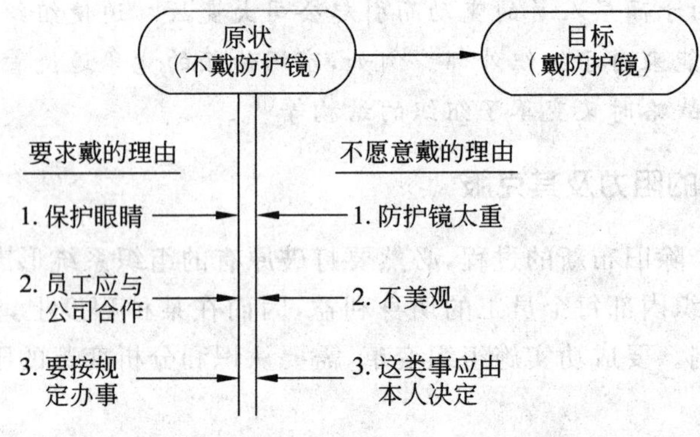

图11-1 力场分析实例

资料来源:苏勇,何智美. 现代组织行为学[M]. 北京:清华大学出版社,2007:492.

对第一个反对因素,经过了解,只要多花5美分就能调换一种比较轻而舒适的镜架。公司同意增加这笔支出。对第二个反对因素,他让女工自己设计美观合适的眼镜式样,并开展评比竞赛,引起了大家的兴趣。这样就使女工们对公司规定从反对变为支持[②]。

注意因变革而引起的员工利益和能力需要的变化,尽量用协商态度解决,某些变革可能会使少数人或团体受到损失,管理者应该同他们充分协商,对变革所引起的技能要求的变化,要组织培训,使人们得到技术补偿。

(三)基于适应性组织人力资源过程的组织变革

组织演进的三个阶段是官僚制阶段、复杂组织阶段和适应性组织阶段。目前,组织正处于"超级竞争"之中,竞争规则的变化极为迅速,竞争发生了质和量的根本性变化。乔伊斯对世界顶级公司以人力资源为基础的组织变革进行分析,明确提出在"超级竞争"条件下,组织需要进行前所未有的、大规模的、全新的、以人力资源为基础的组织变革,即适应

① 苏勇,何智美. 现代组织行为学[M]. 北京:清华大学出版社,2007:492.

② 苏勇,何智美. 现代组织行为学[M]. 北京:清华大学出版社,2007:492.

性组织的变革①。

1. 基于适应性组织人力资源过程的组织变革内涵

基于人能力的组织变革意味着变革是一个崭新的起点，它规定了完全不同的组织过程，在此基础之上的组织变革是一个全方位的整体性组织文化转变的方案。

在组织当中，组织变革会影响到每一个人，并诱发新的思考、行动和合作方式。组织变革不仅仅是组织再造，不仅仅是流程再造，也不仅仅是一个过渡。组织变革是在对人的能力而非人的局限的假设基础之上，通过运用观念、行动和工具的完整结合而产生的。在业绩、能力和满意程度方面，组织变革能够带来组织和个人相结合的最优结果。

表 11-2　基于适应性组织人力资源过程的组织变革

组织的大变革是	组织的大变革不是	组织的大变革是	组织的大变革不是
关注能力	关注局限性	授权式的	控制式的
转型	过渡	思想、措施和手段	缺乏思想的手段
全局的	局部的	理论和实践结合	理论和实践分离
文化的	机械的	改革	仅仅是组织再造或流程再造

资料来源：威廉·乔伊斯. 组织变革：世界顶级公司如何以人力资源为基础改进组织结构[M]. 张成，译. 北京：人民邮电出版社，2003：7.

基于适应性组织人力资源过程的组织变革提供了一个更高的标准。组织的使命是赋予工作以意义，承认员工对于有意义工作与事业的渴望，使员工在工作中得到成长，组织变革应实现员工的满意感和成就感，而不是来实现对人力资源的控制。

2. 基于适应性组织人力资源过程的组织变革步骤

在组织变革中，人们寄希望于获得一种“最佳的方式”，如果真的存在这种最佳方式的话，乔伊斯认为应当锁定在人力资源上，以及人力资源与组织的相互作用上，而不是组织本身，并指出组织变革包括以下 4 个主要行动步骤②。

(1) 向员工授权。

在变革早期的管理措施中，一种是管理层推动的变革，另一种是员工推动的变革，而员工推动的变革对于管理层已经采取或即将采取的措施起着重要的补充作用，其中向员工授权所采用的变革机制均基于组织员工绩效模型，该模型的公式如下：

$$绩效=动力\times能力\times理解力$$

动力是指开展工作的个人动力，能够唤起员工对“项目”包括变革参与的需求。在变革中要激发员工的积极参与，则要求管理者深入理解激励理论中的成熟思想。然而，动力本身不足以保障有效的工作绩效，员工个人必须有能力去开展工作才行，可以说，能力是组织变革中的一种授权措施。组织变革意味着采用新的工作方式，只有组织投入资源去开发陈旧工作方式所压抑的能力，才能极大地推动组织变革。如果员工对自己在组织中

① 该部分的内容主要参考：威廉·乔伊斯. 组织变革：世界顶级公司如何以人力资源为基础改进组织结构[M]. 张成，译. 北京：人民邮电出版社，2003.

② 威廉·乔伊斯. 组织变革：世界顶级公司如何以人力资源为基础改进组织结构[M]. 张成，译. 北京：人民邮电出版社，2003：12-18，54-180.

所处职位的相应要求不理解,即使他们有动力有能力,也不能确保组织获得良好的绩效,因此,员工个人对新方法的含义及其作用的理解力对组织绩效非常重要,组织可以通过培训来提高员工对组织变革中新工作方式真正含义的认知和理解。

(2) 员工参与制度。

组织变革的第一个障碍是制度,其中主要是人力资源的管理制度。由于员工必须在组织的重新设计中发挥关键作用,因此,员工参与制度是与组织变革中向员工授权阶段相适应的。在组织变革中,员工的参与包括自上而下与自下而上两种形式,通过这两种参与方式,管理层和员工起到了相互补充的作用。在变革的早期和中期,员工参与制度是推动制度完善的主要力量。变革早期的员工参与制度主要关注阻碍变革进展、引起不满的问题和政策。这些引起不满的问题和政策可分为四类:无效的政策、过时的政策、被误解的政策和判断力的问题,其相对应的措施分别是:重新制定规章制度、取消相关程序、对员工进行教育、协调并借鉴"最佳实践经验"。变革中期的员工参与制度体现为让员工主动承担起流程再造中的角色和职能,并对自己的工作流程最核心的方面负责,因为在流程再造中,管理者总是知道需要什么样的流程,而员工总是处于最佳的位置来对流程进行修正、改进或重新设计,如战略性流程小组等。可见,流程改善工作应该通过员工参与制度来推动流程的变革。而在变革后期,当员工参与的热情消退时,组织变革则需要冲破各种阻碍,向管理者推动的制度变革过渡。

(3) 改革组织结构。

制度变革需要结构变革相配合。组织结构包括政策、流程和制度。以往的重组和重构对于能力假设的组织结构是无效的,只有通过创设有意义的工作,组织才能获得高绩效,才能激发每一个员工,按照员工对知识的理解力、能力和动力来分配每一个员工的角色。结构再造是组织变革中期和后期的一个主要活动,主要任务是精简组织结构,其理论依据是精简模型。精简模型的基本结构包括5个关键要素和1个基本目标,基本目标是所要执行的任务(即流程),5个要素分别是:部门、规章制度、委派、控制范围与等级(见图11-2)。

这个基本结构具有3个特点。首先,创建基本结构的所有步骤都高度依赖,每一步都建立在前一步的基础之上,如果前一步骤存在偏差,那么这个过程就会产生"放大偏差"的特点;其次,一旦任务确定下来,每一个阶段的选择取决于前一个阶段,而不受外在因素的影响,因此,基本结构的整个过程是相对独立而齐全的;最后,基于前两个特点,如果这个过程是放大偏差的和独立的,那么,要建立一个有效的结构,则需要启动一项清晰的任务。

这个基本结构的关键因素是减少部门、消除规章制度和扩大工作范围,三者综合起来就形成了流程驱动的基本结构。当然,在这个基本结构反映的精简活动中也会存在一些错误,如对精简逻辑的误解、对精简基本原理的误解、过分精简和错误期望等,正确、恰当地处理这些错误是完成精简活动所必须的。

(4) 重新制定战略。

战略的功能是导向作用、激励作用和协调作用。有效的战略是能够调动人的潜能和积极性的战略。过去,战略在没有员工参与的情况下事先被确定下来,然后再传达给员

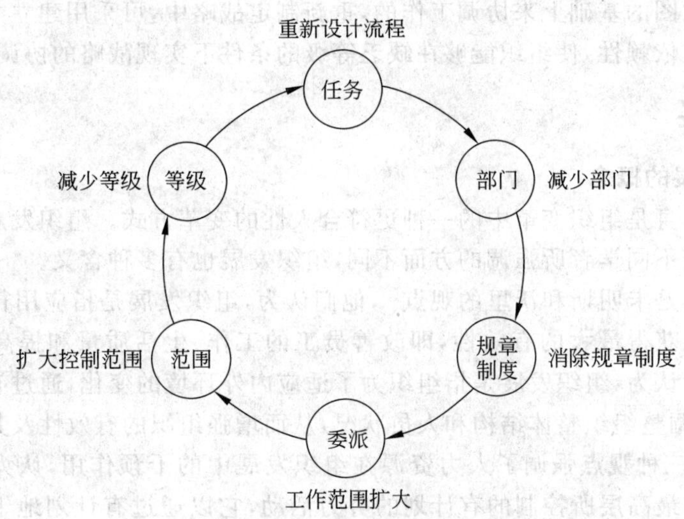

图 11-2　精简模型

资料来源：威廉·乔伊斯. 组织变革：世界顶级公司如何以人力资源为基础改进组织结构[M]. 张成，译. 北京：人民邮电出版社，2003：138.

工，完全忽略了员工在工作中希望获得有意义成果的积极因素。乔伊斯①对适应性组织重新制定战略进行了系统的分析，认为过去战略的困境集中体现在缺乏提升空间的激励、缺乏等级的协作以及缺乏监督的控制，适应性组织重新制定战略的标准直接源于解决这些困境，实现这个战略标准的核心理念是"共享意义"和"公认的相互依赖性"。

共享意义是实现适应性组织的战略导向和激励功能的基本方式。它所创造的目标不仅被所有组织参与者分享，同时还提升了目标对于参与者的意义。只有提升了目标的意义，才能使参与者真正关心它，并努力去实现它，这样的工作才富有意义。对于员工来说，有意义的工作本身就是一种内在的自我激励，能够使其对工作长时期投入，进而通过提高满意度来创建组织的高绩效水平。在重新制定战略中，可采用通过合作实现目标、使组织愿景人性化、认识到组织战略所蕴含的深层含义等措施来建立共享意义，从而实现组织战略的导向和激励功能。

公认的相互依赖性是实现组织战略协调功能的解决方法，它是建立在一致赞同的基础之上的，比协商一致性更有效。组织中每个人在追求目标时不是在对他人活动缺乏了解的情况下进行的，而应在对他人目标及活动均了解的情况下才能追求自己的目标，这样，当环境发生变化时才能及时地进行调整。这种对他人活动了解的最高水平就是个人之间达成一致性赞同，即个体能意识到为了实现彼此的目标，双方之间相互依存。在适应性组织中这种依存性是普遍存在的，它不仅存在于个体层面，还存在于团队层面、群体层面和管理者层面等。因此，一致性赞同意味着管理者与员工之间都获得了双方都支持的解决方案，同时各自的利益也都得到了充分的考虑。可见，公认的相互依赖性是在共同理

① 威廉·乔伊斯. 组织变革：世界顶级公司如何以人力资源为基础改进组织结构[M]. 张成，译. 北京：人民邮电出版社，2003：157-180.

解双方目标和意图的基础上来协调工作的,重新制定战略中,可采用建立共享意图过程来建立公认的相互依赖性,使组织能够在缺乏等级的条件下实现战略的协调功能。

二、组织发展

1. 组织发展的概念

组织发展本身是组织变革中的一种更符合人性的变革方式。组织发展是一个比较模糊的概念。由于不同学者所强调的方面不同,组织发展也有多种含义。

第一种观点是卡明斯和沃里的观点[①],他们认为,组织发展是指应用行为科学知识和实践去帮助组织获得最大的有效性,即改善员工的工作、生活质量和提高组织的生产效率。第二种观点认为,组织发展是指组织为了适应内外环境的变化,通过有计划地改造组织流程,改善和调整组织整体结构和人员状况,从而增强组织的有效性及其成员工作满意度的过程[②]。第三种观点强调了人力资源在组织发展中的干预作用,认为组织发展是整个组织范围内由最高层所控制的有计划的努力活动,它以通过有计划地干预和培训经历来提高组织绩效为目标。组织发展尤其重视组织的人力资源,它寻求改变态度、价值、组织结构和管理实践,以改善组织绩效。组织发展的最终目标是构建一个使管理者和员工都能充分发挥他们已被开发的技能和才智的组织环境[③]。

上述3种观点共同强调变革中对员工的关注,突出强调了人力资源在变革中的干预作用。因此,本章所关注的是以员工为核心的组织发展观,即主要关注组织发展中的人力过程。

2. 组织发展的假设

组织发展深深根植于3个层面的假设:个体层面的假设、群体层面的假设和组织层面的假设[④]。个体层面的假设认为,组织发展是反映组织对员工及其能力尊重的机制,它假设每一个员工个体都需要成长,并且是一种在具有挑战性的工作环境中获得支持的成长;员工具有对自己的行为切实负责、对组织绩效具有积极贡献的能力。群体层面的假设认为,组织发展是反映群体对个体和组织均具有积极作用的信念。为了满足个体与组织的需要,有效的群体由在一起共同工作的个体所建立。它假设群体能够帮助个体满足其重要的需求,同时对支持组织目标的实现具有帮助作用。组织层面的假设认为,组织发展是反映组织的复杂性和各部分相互依赖的系统性。它假设组织的任何一个部分的变化都会影响其他部分,组织的结构或工作应当设计成能够同时满足员工个人、群体和组织的需要。可见,组织发展应当包括个体、群体和组织3个层面的变革。

3. 组织发展过程

组织发展是一个不断向前、逐步展开的过程,如图11-3所示,包括进入、缔约、诊断、

---

① Cummings, T G, Worley, C G. Organization debelopment and change[M]. 8th ed. 2005, Mason, OH: Thomson/South-Western.

② 徐芳. 培训与开发理论及技术[M]. 上海: 复旦大学出版社, 2005: 385.

③ Byars L, Rue L W. Human resource management[M]. 7th ed. Beijing: Posts & Telecom Press, 2008: 217.

④ Sim R R. Human resource development: Today and tomorrow[M]. Greenwrich, CT, USA: Information Age Publishing: 284.

反馈、规划变革、干预、评价和终止①。

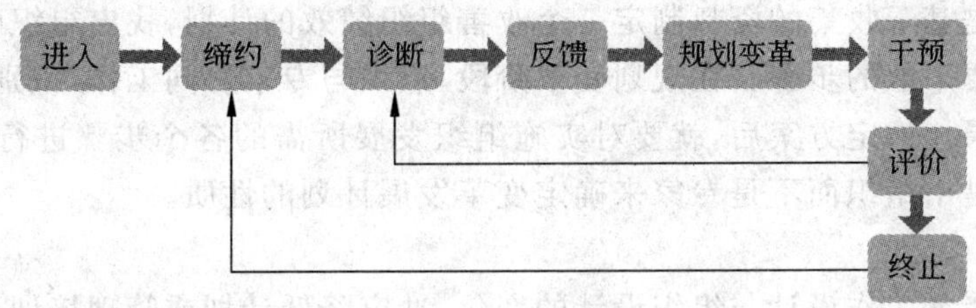

图 11-3 组织发展过程

资料来源：杨忠. 组织行为学：中国文化视角[M]. 南京：南京大学出版社，2006：466.

(1) 进入。

托马斯·卡明斯认为，组织发展过程一般始于某一组织中的重要参与者请求组织发展专家（来自组织内部或外部）解决组织问题。组织发展的进入活动包括建立组织与专家关系的全部动态变化，主要有明晰组织问题、确定相关当事人、选择合适的组织发展专家。其中最关键的是组织和专家双方的相互评价以及对和谐工作关系的预期②。

(2) 缔约。

缔约的重点是说明组织发展的推动者与组织发展专家双方对组织发展的期望。组织发展合同既可以是口头协定，也可以是具有法律约束力的文件。同时，这种合同应该是动态的，即随着组织发展计划的逐步展开、环境的变化和各种特殊情况的出现要求缔约双方都应对合同进行重新检查或谈判。

(3) 诊断。

进行组织诊断时，将组织视为一个开放系统，可以在 3 个层次上进行诊断：组织层次上的诊断——包括对组织战略、结构和程序的设计；群体层次上的诊断——包括对团队成员之间结构性的相互作用而进行的团队设计和策略；个体层次的诊断——包括用来设计岗位以得出必需的作业行为的各种方式。诊断可能被限于发生在特定层次的问题上，也可能在所有层次上同时发生。在为组织系统反馈的准备中，专家要对分析和诊断的结果进行总结。

(4) 反馈。

反馈是十分重要的一步。信息沟通的畅通和高效是反馈信息及时而有效的前提。信息反馈成功与否取决于它能否引起组织行动，以及对组织行动的影响力。组织解决问题能力的大小及其对组织的影响力，则取决于反馈信息的内容及信息反馈过程，即信息反馈过程是否有组织成员的参与和支持。通常，反馈时，专家要对诊断中所收集的各种数据的分析进行陈述，接着在讨论中根据需要回答问题并澄清陈述，然后再给出对组织系统的初步诊断。在这个过程中，有明显的组织发展特征，即组织的协作，组织的积极参与有可能改变专家的最初诊断结果。

---

① 杨忠. 组织行为学：中国文化视角[M]. 南京：南京大学出版社，2006：465-467.

② Cummings T G, Worley C G. Organization development and change [M]. 7th ed. Cincinnati, Ohio: South-Western College Publishing, 2001.

(5) 规划变革。

规划变革是基于收集的资料制定一个改善组织绩效的计划,找出组织中的问题,并且概述解决问题要采取的步骤。在规划变革阶段,组织与专家协同工作,识别行动的各种备选方案及其效果。选定方案后,就要对实施组织发展所需的各个步骤进行布置。此阶段一个显著特征是由组织而不是专家来确定变革发展计划的性质。

(6) 干预。

干预包括诸如工作设计与组织设计的变化、冲突降低计划或管理培训、与受诊断影响的员工分享在诊断中获得的信息并帮助他们认识到改变行为的必要。该阶段常常包括使用外部咨询人员与员工个人或小组共同工作、使用本书前文讨论过的培训开发计划,以及其他干预措施(包括本书前文相关章节提及的方法与技术)。此时,专家的作用是帮助实施措施并且预测不利的结果,这些干预可能受到来自组织系统成员的抵制。提高员工的参与度可以减少阻力①。

(7) 评价。

评价分为过程反馈和结果反馈。评价阶段与诊断阶段十分相似。在诊断、规划变革和干预阶段之后,通过态度调查和问卷收集其他一些信息,以确定组织发展活动对整个组织的影响。此后,这些信息会产生其他规划和干预活动。评价关注的是组织发展的努力是否产生想要的效果。很多经理对组织发展变革提出严格的评价标准,并依据评价结果对组织发展的资源配置做出决策。评价既包括对变革和发展在实际执行中的过程评价,又包括对变革和发展是否实现了预期目标的事后结果评价。评价结果应当为组织系统提供关于下一步行动的信息。

(8) 终止。

终止是指专家在特定措施中的参与活动终止。无论外部还是内部专家,都希望组织系统能独立于专家。但这种独立并不是指永远终止了进一步接触。有效的组织发展专家会和组织建立起长期的关系,从而在同一组织内推动一个又一个组织发展项目。一旦确认组织变革和发展已经有效实施,为了巩固成果并使其长期发挥作用,必须使它们成为组织日常运作的一个长期固定部分。

第二节　组织发展的干预

对组织发展进行干预是为了促进员工成长和改善组织效能。组织发展的干预方式有多种,如人力过程干预、技术结构干预、社会系统干预等,其中,对组织变革影响最大的是组织的人力过程干预,以及新近发展起来的基于组织学习的干预方式。按照组织发展假设的3个层面,组织发展的人力过程干预大致可分为3个层面:员工层面的干预、群体层

① 拜厄斯 L,鲁 L W. 人力资源管理(第7版)[M]. 李业昆,等译. 北京:人民邮电出版社,2004:160-161.

面的干预与组织层面的干预[①②③]。

一、员工层面的干预

以个人为目标的组织发展方法包括敏感性培训、管理开发培训、角色协商、工作再设计、压力管理计划和职业生涯规划。

（一）敏感性培训

敏感性培训(sensitivity training)也叫T组培训，是用来帮助个人理解自己的行为如何影响他人的设计方法。典型的敏感性培训是将10～12个陌生人组成一个小组(T组)，来自同一个组织的参与者被分到不同的T组。培训者只是作为一名支持性人员，并不参与结构化的活动。成员自行解决小组的互动问题，培训鼓励他们对“此时此地”的经验和对其他小组成员的开放态度专心致志。培训人员具备监控小组进展的资质非常重要，他的干预只是为了带动小组前进。

T组培训的训练时间一般为3天至两个星期，大致可以分以下几个阶段[④]：

(1) 不规定正式的讨论议程和领导，由参加者自由讨论，相互启发，增进彼此间的了解。

(2) 培训者不加评论地、坦率地谈出自己的看法，这只是反馈的一个方面。对于参加者的主要反馈，来自其他参加者当时的相应行为。

(3) 着重增进人际关系，相互学习，促进新的合作行为的不断形成。

(4) 根据实际工作中的情景和问题，巩固学习效果。

由于敏感性训练的具体办法各异，针对的问题也不同，因此对训练的评价并不一致。敏感性培训的结果应该是对他人敏感程度的增加，某种情况下已经获得验证；但在另一些情况下，与他人交往的更好的新方法没能在工作中坚持下来，特别是当人们重返奖励旧行为的工作岗位时，新的行为方式很快就消失。T组培训也带来一些副作用，如它常常引起情绪暴露，导致有些参与者对小组互动中极端个性化的特点产生排斥反应。

目前，敏感性培训已不再流行，然而，它仍然可以用来帮助管理者处理当前的文化、性别、年龄和能力多样化等挑战。T组培训可以帮助员工更好地理解他人，知道自己的感觉和知觉，并改善沟通。

（二）管理开发培训

管理开发(management development)包括多种用来增进管理者工作技能的设计方

---

① 卢盛忠. 管理心理学[M]. 杭州：浙江教育出版社，2002：359.

② 纳尔逊 D L，奎克 J C. 组织行为学：基础、现实与挑战(第3版)[M]. 桑强，王丽娟，蒙欣，等译. 北京：中信出版社，2004：588-596.

③ Sim R R. Human resource development：Today and tomorrow[M]. Greenwrich，CT，USA：Information Age Publishing，2006：292-294.

④ 卢盛忠. 管理心理学[M]. 杭州：浙江教育出版社，2002：351.

法。常用的干预方法为方格训练(grid training)①和行动学习②。

1. **方格训练**

方格训练是基于布莱克和莫顿于1964年提出的“管理方格图”基础上设计的。这是一张九等分的方格图(见图11-4),横坐标表示管理者对生产的关心程度,纵坐标表示管理者对人的关心程度。评价管理人员时,按照其两方面的行为,寻找交叉点。这交叉点便是他的管理类型。

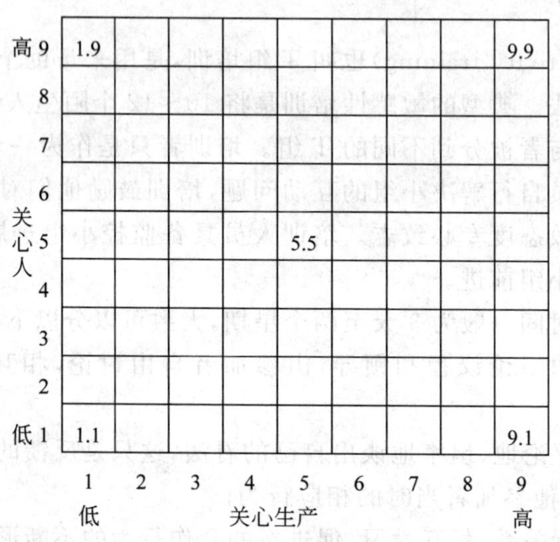

图11-4 管理方格图

资料来源:卢盛忠. 管理心理学[M]. 杭州:浙江教育出版社,2002:287.

例如:某经理关心人的程度很高,达到9,而关心生产的程度很低,只有1,两者的交叉点就在1.9,他就是1.9型的经理。而另一个经理关心人的程度很差,只有1,而关心生产特别强,达到9,两者的交叉点在9.1。他就是9.1型的经理。

布莱克和莫顿在提出这个方格图时,同时列举了5种管理典型,即:

1.1型(贫乏管理):对职工和生产都不关心。

9.1型(任务管理):只抓生产任务,不关心人。

1.9型(俱乐部式管理):企业内充满轻松友好气氛,但是生产任务得不到关心。

9.9型(战斗集体管理):生产任务完成得好,职工关系协调,士气旺盛,职工利益与企业目标相结合。

5.5型(中间式管理):多数是“仁慈式独裁型”,完成任务过得去、不突出③。

方格训练正是从上述领导行为的管理方格理论发展而来的组织发展干预方式,包括6个阶段。

(1) 实验室讨论会式的训练:介绍训练用的资料和几种领导作风的概念。

---

① 卢盛忠. 管理心理学[M]. 杭州:浙江教育出版社,2002:287,352.

② 马奎特 M J,伦纳德 H S,弗里德曼 A M,希尔 C C. 行动学习:原理、技巧与案例[M]. 郝君帅,刘俊勇,译. 北京:中国人民大学出版社,2013:20-37.

③ 卢盛忠. 管理心理学[M]. 杭州:浙江教育出版社,2002:287-288.

(2) 小组发展阶段：同一部门的成员集中在一起，讨论打算如何达到方格中9.9的位置，并把上一阶段学到的知识运用于实际情景。

(3) 群体间的发展阶段：这个阶段开始了整个组织的发展，确定和分析群体之间的冲突和问题。

(4) 订立组织目标阶段：讨论和制订组织的重要目标，增强参加者的义务感。

(5) 完成目标阶段：参加者设法完成所订立的目标，并一起讨论主要的问题。

(6) 稳定效果阶段：即对思想和行为方面的训练结果作出评价。

完成6个阶段所需的时间，按不同实际情况而异，有的可以几个月，有的需要进行3～5年。国外的实际研究表明，这种训练对于提高组织效率有显著作用，并得到广泛应用。

方格训练与敏感性训练的不同之处在于，敏感性训练可以说是作为组织发展的一种工具或手段，而方格训练则不只是工具或手段，而是组织发展的一项全面的计划。

2. 行动学习

行动学习[①]作为一种领导人发展策略正是当代组织最需要的，其公认的创始人是雷吉·瑞文斯，其核心假设是人们在解决实际问题的行动中学习得更快。美国《商业周刊》把行动学习确定为"领导人开发方面最新及成长最快的组织工具。"在当今美国和全球的公司中，绝大多数"高潜力人才"领导力发展计划都包含了行动学习这一要素。高效行动学习的6个成分如下[②]。

(1) 重要紧急的任务、问题或项目。

行动学习集中关注一个问题、项目或任务，这些问题或任务是急需解决的，但没有现成的解决方案，它们不但是挑战，而且更是一种学习的机会，一种发展个人、团队和组织能力的机会。问题是否界定清晰、解决方案是否明确是决定运用行动学习时机的主要参考信息(见图11-5)。

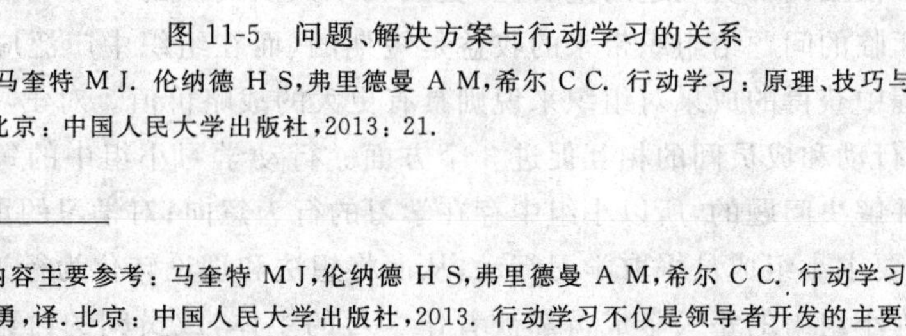

		解决方案的途径 已知、明确	解决方案的途径 未知、不明确
问题目标	明确、清晰	A 其他解决方案	B 行动学习法
问题目标	不明确、不清晰	C 寻找可以解决的问题	D 行动学习法

图11-5 问题、解决方案与行动学习的关系

资料来源：马奎特 M J，伦纳德 H S，弗里德曼 A M，希尔 C C. 行动学习：原理、技巧与案例[M]. 郝君帅，刘俊勇，译. 北京：中国人民大学出版社，2013：21.

---

① 该部分的内容主要参考：马奎特 M J，伦纳德 H S，弗里德曼 A M，希尔 C C. 行动学习：原理、技巧与案例[M]. 郝君帅，刘俊勇，译. 北京：中国人民大学出版社，2013. 行动学习不仅是领导者开发的主要工具，也是团队建设和组织能力提升的主要方法。

② 马奎特 M J，伦纳德 H S，弗里德曼 A M，希尔 C C. 行动学习：原理、技巧与案例[M]. 郝君帅，刘俊勇，译. 北京：中国人民大学出版社，2013：20-37.

图 11-5 表明,如果问题处于象限 B 中,在这种情况下行动学习是一种完美的解决问题的流程;当问题是由高级管理人员发现,但比较笼统和抽象,落入象限 D 中时,则需要由高级管理者,或者最常见的是由行动学习团队进行提炼,使之移入象限 B 中,成为可以由团队处理的切实可行的问题;象限 A 与象限 C 中的问题不需要采用行动学习。

(2) 行动学习小组或团队。

行动学习的核心实体是行动学习小组或团队,理想的团队是包含 4～8 名成员的多元化小组。多元化在行动学习中是非常有价值的,小组成员多种不同的看法能够向以往的思维习惯和基本定势提出挑战,能够产生多种可能的解决方案,在有些情况下,局外人也可以参加行动学习小组,特别是行动学习小组进行决策时,应该邀请局外人参加,局外人的参加或合作能够帮助提供与解决问题相关的信息或支持。

(3) 提出问题和反思的流程。

行动学习强调提问和反思,瑞文斯将学习界定为学习是结构化知识和提问的一种功能,之后的一些学者和行动学习的实践者增加了批判性反思的流程,进而把瑞文斯的行动学习模型扩展为:

L(学习)=P(结构化知识)+Q(提问)+R(反思)

这一公式被公认为是整个行动学习的流程基础和成功的基石,这种富有洞察力的提问和反思性的倾听能够确保个人或小组不会忽略对先前经历进行反思的重要阶段,因而不会从经验阶段直接跳到行动阶段。

(4) 制定并执行行动策略。

行动学习中的行动步骤首先是对问题进行重构,然后确定目标,之后再形成策略并采取行动,因此,行动学习要求小组能够针对正在处理的问题采取行动。行动学习小组成员必须拥有采取行动的权力或确保他们的建议会被执行,这样才能产生有意义的学习。行动学习小组及其成员可以选择两种截然不同的问题解决方式:分析式和发散式。前者是通过系统分析之后找到一个问题解决方案,这是理性解决问题的方式;而发散式问题解决的方式也叫综合式方案,它认为一个问题在多个方向上都能找到答案,即一个问题有多个解决方案,它是一种直觉式的、开放式的问题解决方式。行动学习小组可以根据具体情况在制定行动策略并执行策略时灵活使用两种问题解决的方式。

(5) 对学习的承诺。

行动学习不仅强调解决问题的重要性,更强调个人及团队的学习和发展。通过行动学习解决组织面临的问题给组织带来的收益是短期的,而在组织中广泛应用个人或团队在行动学习过程中获得的成果对组织来说则具有更大的战略价值。对学习的承诺表现在行为意向、学习行动和成员间的相互促进 3 个方面。行动学习小组中的每个成员都知道他们是来学习并解决问题的,所以小组中存在学习的行为意向;对学习的承诺不仅停留在行为意向上,还要求小组成员采取学习行动,从而将想法和理论转化为行为;同时,对学习的承诺还体现为小组中的每一个成员都被看作学习的主体,成员间的讨论、共享、反馈和集中不仅能进一步促进小组学习,同时还能创造一种促进团队协作的环境,这样的小组环境有利于变革和学习。

(6) 行动学习教练。

行动学习教练对小组来说是必要的,为了将行动学习小组及小组成员个人的学习最优化,必须指定一个人专门负责此项任务。行动学习教练的职责是确保上述5个成分所包含的规则和流程能够得到正确的执行,教练的核心任务是确保小组投入时间进行学习,促进小组成员6个方面能力的增长:①获得新的知识和信息;②从不同角度进行推理;③在小组中更有效地开展行动;④更透彻地了解他们的动机;⑤改变信念、价值观和基本假定;⑥认同他们的感觉和他们带来的影响。行动学习教练创建并维持批判性反思和行动学习的环境,在这种环境下,只要小组的学习机会一旦出现,行动学习教练随时进行干预,以引导小组进行学习,从而使学习和知识创造进入高水平状态。

行动学习依赖于一些简单的规则和流程,尽管以上各个成分在现实的行动学习中运用频率会有所差别,但各个成分职能的发挥能确保这些规则和流程得到执行,进而促进组织变革和组织发展。

3. 其他干预方法

(1) 角色协商。

一起工作的人在工作关系中有时对彼此的期望不同。角色协商(role negotiation)是一种简单的干预方法,它可以使人们坐在一起,明确各自的心理契约,使各方明确并协商各自的期望。角色协商的结果是,双方能更好地理解在一种互惠关系中可以期待什么样的施与和接受。双方共同明确了各自的期望后,在一起工作时的不确定性就会减少,能够改善组织中员工个体之间对工作的持续理解。

(2) 工作再设计。

合理的目标管理兴趣对组织的发展是十分必要的,但不应导致对流程管理的忽略。目标管理是管理者所关注的,而工作流程管理是变革者所关心的。

作为一种组织发展干预方法,工作再设计(job redesign)强调个人技能和工作需求之间的协调,是创设一个长期定向的个体目标和组织职业生涯机会相聚合的过程。Hackman 和 Oldham 的工作再设计是一个较好的范例①。Hackman 和 Oldham 的工作再设计是一种调节工作丰富程度的方法,它涉及3个方面的内容:分析工作的核心特点、分析从事该工作的员工的需求和能力,以及采取行动调节工作的核心特点,使之简化或丰富化,以便使工作与员工的偏好之间产生最佳的匹配。

此外,工作设计的方法还有日本的精益生产法、德国的技术中心法与人本主义理念、斯堪的纳维亚的工作环境与职业健康的双推动行动、美国的工作设计与健康福利促进计划等,随着组织对工作压力的日益关注,健康促进计划也成了大型组织发展项目的一部分。这些工作设计的方法可被用作组织发展方法,用来重新结合工作需求和个人技能,或是重新设计工作,以便更好地适应新技术或组织结构。

(3) 职业生涯规划。

职业生涯规划是员工个人与经理或人力资源管理人员/人力资源开发人员共同商讨

---

① Sim R R. Human resource development: Today and tomorrow[M]. Greenwrich, CT, USA: Information Age Publishing, 2006: 294.

达成的关于员工个人职业生涯结构化机会的一种管理形式,职业生涯规划是组织和个人的共同责任,具体内容见本书第 10 章。

二、群体层面的干预

以群体为目标的干预方式强调变革组织中的群体或其中的工作团体。这类干预方式包括团队建设、流程咨询和群体间团队建设。

(一) 团队建设

作为一种组织发展干预方法,团队建设(team building)可以改善工作团队的有效性。团队建设始于诊断过程,成员们找出问题所在,制定行动方案,解决问题。从事 OD 的人在团队建设中起着推动者的作用,团队建设本身由团队成员完成。

团队建设是一种经常采用的 OD 方法。团队建设干预成功的关键是:

(1) 鼓励交流,尊重其他成员的投入和为团队利益工作的愿望;

(2) 鼓励团队成员互相配合,互相依赖;

(3) 强调团队目标,成员要了解彼此的责任,当遭遇危机时可以采取相应措施;

(4) 提供有效和无效工作的样板,并强调灵活性。

团队建设的流行技术之一是拓展训练。参加者要参加一系列的户外活动,例如,攀上几米高的墙等。这类活动对参加者心理和体力都是极大的挑战,而且常常要求参加者以团队为单位,将注意力集中在彼此信任、坦诚交流、制定决策和领导能力上,其目的是希望参加者将拓展训练学到的知识、理念运用到实际工作中。

通过团队建设能够帮助团队改进他们完成任务的方式,帮助成员改进他们处理人际关系和解决问题的技巧;团队建设在促进其他组织变革措施方面具有重要的作用,例如,雇员投入、工作设计、结构再造与战略变革等。事实表明,大多数技术结构、人力资源管理及战略变革都必须依赖团队建设才能得到有效的执行;在当今多元组织文化背景下,团队建设是一种优异的跨文化管理的诊断工具;它能够形成支持高工作绩效和高工作生活质量的团队目标和准则。

(二) 流程咨询

流程咨询(process consuhation)是一种帮助管理者和员工改进组织流程的 OD 方法,由埃德加·沙因首先倡导。最受关注的流程包括沟通、冲突解决、决策、团队互动和领导。

沙因认为,组织发展的流程咨询方式包括的步骤如下①。

(1) 进入组织:这是最初接触,委托人与顾问交换意见,介绍正常程序不能解决的问题。

(2) 定义相互关系:订立正式合同,并就所希望结果和期望达成一致意见。

(3) 选择背景和方法:选择解决问题的突破口,并针对突破口确定咨询的方法。

① 卢盛忠. 管理心理学[M]. 杭州:浙江教育出版社,2002:357-358.

(4) 收集资料,进行诊断：顾问通过问卷、观察和访谈等进行调查,作出初步诊断。

(5) 干预和逐步撤离：包括制订程序、反馈、指导,以及调整组织结构等方式。

(6) 结束咨询、撤离：在达到预定目的的基础上,结束过程咨询,并商定今后需要时再进行咨询。

流程咨询方法最显著的特点之一是聘请组织之外的咨询专家,咨询专家的作用是帮助员工自救,他们检查组织的各个流程,对其去伪存真,并对组织成员加以引导。流程咨询是员工与组织外部咨询专家之间的互动技术,很少被当作唯一的 OD 方法来使用,常常与其他 OD 干预方式结合起来使用。

过程咨询的主要优点：一是可以解决现代组织面临的重要的人际问题或群体问题;二是可以帮助组织自己解决存在的问题。但是过程咨询也有不足之处,例如,组织成员不能像在其他组织发展活动中那样广泛参与整个过程,而且咨询过程一般时间较长、费用较大。

(三) 群体间团队建设

组织中一个群体通常需要与其他群体互动并通过其他群体来实现他们的目标,组织内的群体常常会产生彼此需要的问题和场合,群体之间关系的质量能够影响组织绩效。因此,对于组织发展来说,群体间团队建设是促进群体间协作、解决群体间冲突、消除群体间功能失调的有效途径,其中,微缩群体方法和解决群体间冲突是组织发展中两种常用的干预方式①。

1. 微缩群体

在组织发展中,微缩群体是一个小的具有代表性的群体,由少数来自不同群体背景,代表不同群体利益的个人组成,该群体成员在组织发展专家的协助下,能够发起针对具体问题的项目和过程。微缩群体除了解决多样化问题外,还一直被用来进行组织诊断、解决沟通问题与文化差异问题、实现向新结构的平稳过渡以及解决功能失调的组织过程。

组织中不同群体间相互作用,群体成员常常发现他们的组织角色的特征模式和相互作用发生了变化,并且反映了与他们相联系的群体的角色和动力因素,这种两个或者更多的群体相互作用的过程被称为“平行过程”。微缩群体通过“平行过程”使个体发生无意识的变化,从而能够独立地、很好地理解并解决一个复杂的组织问题。使用微缩群体来解决组织问题的过程包括以下 5 个步骤。

(1) 发现具体问题。这一步要求组织发现一个系统范围的亟待解决的问题。问题可能来自于对组织的诊断,也可能来自于一个组织成员或者任务团队产生的创意。

(2) 形成微缩群体。组织内一旦发现了一个具体的问题,就可以组成一个微缩群体。微缩群体成员必须是该问题的利益相关者,并且具有代表性;微缩群体对其自身成员的资格标准负责;所形成的微缩群体能引起人们对亟待解决问题的注意,微缩群体的地位被组

① 该部分的内容主要参考：卡明斯 T G,沃里 C G. 组织发展与变革(第 7 版)[M]. 李剑锋,等译. 北京：清华大学出版社,2003：274-278.

织成员所认可,这样就提高了组织成员接受他们提出的建议的可能性。

(3) 提供群体训练。形成的微缩群体是组织的一个缩影,它的行为和态度预计能够反映组织范围内的具体问题或问题倾向,在微缩群体内部识别亟待解决的问题是解决组织范围存在的系统问题的第一步,这一步需要组织发展顾问对群体的发展进行观察和指点。因此,微缩群体建立后必须提供给其解决问题和制定决策方面的群体训练,训练的重点是建立群体的宗旨、章程、成员之间的工作关系、群体决策制定的标准以及对需要解决的问题进行定义。

(4) 解决具体问题。这一步包括执行方案和解决问题。组织发展顾问通过微缩群体和组织之间的沟通计划、获取管理者和一线员工必要的支持和资源、组织成员的适当参与等对变革进行诊断、设计、执行与评价,其关键问题在于在组织范围内获取对执行群体的解决方案的承诺。

(5) 解散微缩群体。在成功地执行了组织变革后,微缩群体就可以解散了,这一步通常要求写一个总结报告或者举行一个总结会议。

2. 群体间的冲突与合作

群体间变革的方法是专门设计用以帮助组织内的两个群体或两个部门解决功能失调的干预。群体间的冲突本身无所谓好坏,但当群体间或部门间存在很强依赖性时,冲突可导致功能失调,群体间的相互沟通减少,相互之间所解决问题的数量也随之减少,进而致使一个群体有意或无意破坏其他群体努力成果的趋势上升。为了在组织中促进群体间的合作,改进部门间或群体间的关系,布莱克及其同事提出以下10个步骤①。

(1) 利用中立的第三方的调解作用,通过一个双方都一致认可的外部顾问针对群体间的关系开展直接工作。

(2) 外部顾问避开两个群体的正常工作时间安排两个群体进行一次碰面。

(3) 外部顾问和两个群体的经理一起介绍碰面的任务和目标——实现更好的相互关系、揭示彼此留给对方的感觉印象以及形成改善双方关系的计划。两个群体在各自外部顾问的帮助下都必须分开,独立、开放地讨论反馈并写下关于"对自己最好的描述、对对方最好的描述、别的群体对自己群体的看法"3个问题的答案。

(4) 两个群体被安排到不同的房间,并要求他们写出关于上述3个问题的真实感受。

(5) 在回答完上述问题后,两个群体又重新聚集到一起。每组派一个代表宣读他们写下的答案。只允许这两个代表发言,允许提问,不允许辩护、指责或者说别的话语,目的是确保准确地得出双方的印象、感觉和态度,并且避免发生争论。

(6) 两个群体都彻底理解了上述3个问题的彼此认知后,大量的错觉和矛盾都被公开化了,两个群体再一次分开。

(7) 这两个群体(几乎总会有一个顾问作为整个过程的观察者)的任务就是要分析并且评价产生这些矛盾的原因。重点在于要解决问题和减少误解。实际的或隐含的问题并不在于别的群体的感觉是正确与错误,而在于这些感觉产生的原因。

(8) 在两个群体都对矛盾有了充分认识并达成共识后,再一次重新聚集到一起交流

① Blake R, Shepard H, Mouton J. Manageing intergroup conflict in industry [M]. Houston, Tex.: Gulf, 1954.

他们发现的矛盾以及各自提出的解决这些矛盾的方法。这一阶段的共同目标是形成一个尚未解决的、可能导致摩擦和孤立的问题来源总清单。

(9) 要求这两个群体拿出关于解决具体问题和改进相互关系的详细行动计划。

(10) 在两个群体执行行动计划的工作开展到了最大的可能程度后,至少进行一次跟踪会议,以便他们汇报已经开展的工作、发现所有新出现的更深层次的问题,在需要的条件下制定并执行新的行动计划。

解决群体间冲突的方法关注从行为到态度的变革,大多数解决群体间冲突的组织变革方法都偏向于态度变革。行为变革方法似乎更适用于那些冲突群体之间的任务依赖关系相对较低、群体间的相互作用能够程序化和标准化并且群体合作是可以预测的场合;而态度变革方法更适用于冲突群体之间的任务依赖关系较大并且群体合作是不可预测的场合。与行为变革方法相比,态度变革方法通常需要更多的技能和时间。

三、组织层面的干预

以组织为目标的干预方式强调组织本身的变革或组织中的大群体变革。这类干预方式包括碰面会、质量管理、组织学习、结构再造与平行组织。

(一) 组织碰面会

碰面会(confrontation meetings)[①]是贝克哈德于 1967 年提出的一种专门用来动员整个组织资源的变革措施,以便发现问题、确定优先次序和行动目标以及着手解决所发现问题的干预方法。这种方法能够适用于所有场合,包括管理人员、专业人士、技术人员、普通职员和生产一线工人的参与。典型的组织碰面会包括以下步骤:

(1) 在一个合适的地方安排一个所有相关人员都参加的组织会议,目的是发现工作环境中存在的问题和组织的绩效。

(2) 指定能够代表组织所有部门的小组。小组规模在 5~15 人之间,其中,下属不应该与其上级分在同一个小组,高层经理应该形成自己的小组。

(3) 强调小组必须开放而且诚实,努力工作以识别他们发现的组织存在的问题。任何小组成员都不会因为提出问题而受到批评。

(4) 所有小组利用 1~2 个小时的时间来识别组织的问题。通常情况下有一个组织发展实践者在小组之间走动,鼓励小组成员要开放并且帮助他们完成任务。

(5) 所有小组再次聚集到一起利用会议形式最大程度地进行信息分享。会议期间每个小组都要报告他们所发现的问题,有时还包括自己小组提出的解决方案。

(6) 在会议上或会后,依据职能或者其他的标准将所有问题分门别类地列入目录。这项工作可以由参会人员、会议主持者、经理或者经理的智囊团队完成。

(7) 根据问题目录把参会人员分成解决问题小组。解决问题小组的组成通常与最初的问题识别小组不同,有时甚至是跨组织部门的小组。

(8) 每个小组都对问题加以归类,形成策略性的行动方案,并确定一个合适的完成本

---

① 卡明斯 T G,沃里 C G. 组织发展与变革(第 7 版)[M]. 李剑锋,等译. 北京:清华大学出版社,2003:271-272.

阶段任务的时间表。

(9) 每个小组都向管理团队或更大的小组阶段性地汇报他们的策略性行动计划及其优先次序等。

(10) 建立阶段性的跟踪会议安排表。通常情况下每月开展一次正式的跟踪会议,目的是小组领导向最高管理层或其他小组的领导或者向所有成员汇报他们小组所取得的进度以及今后的行动计划,以便对行动计划的优先次序和完成任务的时间表进行必要的修正。

(二) 目标管理

作为在整个组织范围内使用的方法,目标管理(management by objectives,MBO)涉及在员工和经理之间建立共同目标。MBO 的步骤如下(见图 11-6)[①]:

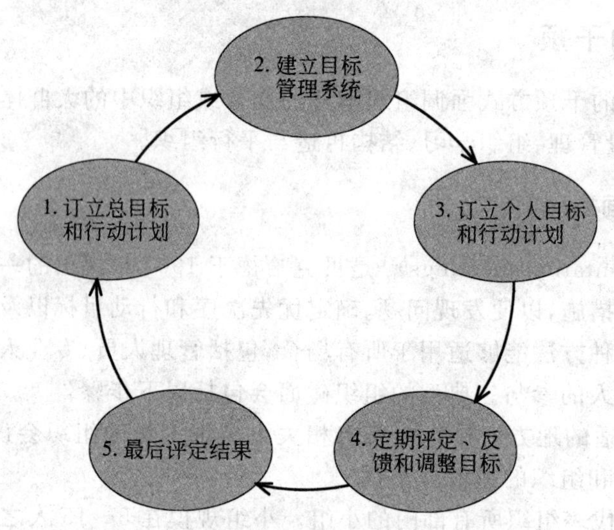

图 11-6 目标管理的过程

资料来源:卢盛忠. 管理心理学[M]. 杭州:浙江教育出版社,2002:360.

(1) 由管理部门提出总的目标,包括确定组织中关键的方面(如市场问题、产量、服务质量等),并决定绩效的客观标准或尺度以及考核办法。这些往往是从结果的方面来考虑的。

(2) 自上而下制定目标管理系统,每个部门根据总目标和本部门的情况,订立各部门目标。

(3) 订立个人目标,每个人会同管理人员拟订自己的目标及行动计划,以形成一个目标的锁链。

(4) 评价结果,定期(至少每 3 个月一次)对照目标,评定每个人的工作绩效,另外,每年再作一次总的评定。评定中可以对所订目标作必要的调整,以适应情况的变化。评定由管理部门和职工共同进行。

---

① 卢盛忠. 管理心理学[M]. 杭州:浙江教育出版社,2002:359.

从MBO的过程可以看出，MBO能否成功影响组织结果取决于是否将个人目标和组织目标联系起来。MBO一般是为组织量身定做的，因此各团队的MBO项目看起来大不相同，但是，所有这些项目都必须建立在组织共同目标基础之上。使用MBO方法时需要注意一点：过分强调达到目标会导致员工之间残酷的竞争、造假结果和不记成本地追求结果。

目标管理对于组织发展是比较有效的手段，其显著的优点体现为它能满足3种需求。首先，它明确了对员工的期望，减少了角色冲突和角色模糊。其次，MBO提供了有关结果的内容，它是有效工作绩效的关键部分。最后，MBO给经理们提供了一个指导和咨询的机会。MBO解决问题的方法鼓励进行公开的交流，讨论实现目标的障碍。

（三）组织学习

人力资源培训与开发在组织层面表现为组织学习，组织学习是组织发展的重要干预方式。

1. 组织学习的内涵

阿吉里斯和熊恩在其著作中第一次提出了"组织学习"(organizational learning)的概念。随后，组织学习的思想不断得到发展，成为这些年来西方学术界研究的热点问题，特别是圣吉于1990年推出《第五项修炼》后，有关组织学习的研究更是炙手可热，不仅在学术领域，还在实业界也掀起了组织学习研究与应用的热潮。

目前，关于什么是组织学习，学术界并未达成一致的认识，由于人们看问题的角度不同，对组织学习的定义也有多种界定。总体上可以归纳为以下3种组织学习观[①][②]：

组织学习的过程观认为，组织学习过程中涉及信息的获取和传播、知识的记忆和运用，并伴随着组织适应性和组织效率的提高。

组织学习的能力观认为，组织学习是组织的一种能力，涉及组织是否具备知识的传播、应用和创新能力、是否具备应对内外部刺激的能力等。组织学习能力上的差异导致组织学习效果的不同。

组织学习的综合观认为，组织学习既包含结果，又涵盖过程，两者不可分割。不同的学习过程、学习能力必然导致组织有所为和有所不为，从而改变组织学习的结果。李正卫和肖力维的组织学习定义更加综合。他们将组织学习定义为：组织学习是结果和能力集成的一种组织方式，是通过对组织知识的建立、补充和管理来指导组织行为，改进组织结果，包括个体学习、团队学习、全组织的学习和组织间的学习。

世界各国的企业正在按照"学习型组织"模式进行彻底改造，其中，世界排名前100家企业中，已经有40%按"学习型组织"模式进行了彻底改造。然而，现有的研究发现，在进行"学习型组织"改造的过程中，企业的命运却并不完全一样。一些著名跨国公司，如通用电气(GE)、安达信、IBM、麦肯锡和英国石油公司等，通过组织学习与知识管理取得了巨大成效。而一些曾经显赫一时的企业在进行"学习型组织"改造的过程中，却遭遇到了前

① 袁泽沛. 超竞争下组织学习与企业持久竞争优势研究[M]. 北京：科学出版社，2008：36-44.

② 阿吉里斯 C. 组织学习(第2版)[M]. 张莉，李萍，译. 北京：中国人民大学出版社，2004：203.

所未有的困境,例如,安泰(Aetna)、美国电报电话(AT&T)、英国航空(British airways)、惠普(Hewlett-Packard)、柯达(Kodak)、朗讯科技(Iucent technologies)、摩托罗拉(Motorola)等。这种因组织学习而导致的不同企业经营结果,称为"组织学习悖论"。阿吉里斯也提出,组织学习的观念有意义但并不总是有效①②③。

2. 组织学习的层次

组织学习是所有组织都应该培养的一种技能,优秀的组织总在学习如何能更好地检测并纠正组织中存在的错误。组织学习层次至少可以在3个不同层次上展开,即单环学习、双环学习与再学习④。一般认为组织学习在两种情况下发生:第一,当组织取得预期的成果时会发生学习,即在行动设计和行动结果之间有一个匹配;第二,当发现并纠正预期结果与实际结果之间的不匹配时会发生学习,即不匹配会转变为匹配。只要在不质疑和改变组织或工作根本价值观的情况下,对错误进行检测和纠正,这样的学习都是单环学习。当学习者质疑为什么时,学习就是一个双环学习。单环学习和双环学习可以通过图11-7来解释。

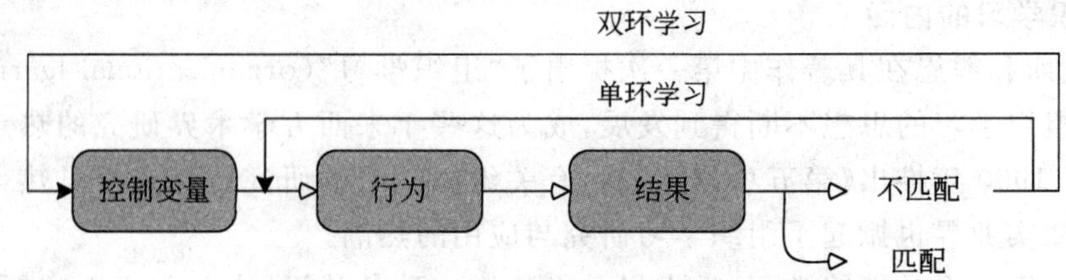

阿吉里斯运用一个简单的比喻来说明单环和双环学习的概念:当室内温度下降到华氏68度以下时,可以自动地打开热源的自动调温器就是单环学习的极好例子。如果自动调温器会问,"为什么我要将温度设定在华氏68度呢?"然后它去探究是否有其他更加节约、同时也可以达到为屋子加温的目的温度,这样它就是在进行双环学习。

图11-7 单环学习和双环学习

资料来源:阿吉里斯C. 组织学习(第2版)[M]. 张莉,李萍,译. 北京:中国人民大学出版社,2004:89.

图11-7表明,只有发生匹配或不匹配时,才会发生学习。当产生匹配,或者改变行动来纠正不匹配时所发生的学习是单环学习。当纠正不匹配时,首先检查和改变控制变量,然后才是行动的改变时所发生的学习是双环学习。当个体行动时,他们努力的首选目标是满足控制变量。这些控制变量并不是人们名义的信仰或价值观,而是通过观察作为组织代表的个体行动推断出来的驱动人们行动的变量。因此,学习并不是当某人(代理组织)发现了一个新问题或创造了一个解决问题的办法时才发生,而是当创造的办法确实发生时,学习才发生。这说明发现问题和创造解决问题的办法是必要的,但不是组织学习的全部条件。组织是为了行动并实现它预期的目标而存在的。再学习是学习的最高层次,它主要是指学会怎样学习。例如,如果培训师鼓励受训者回顾所有正在进行的组织培训

---

① 原献学. 组织学习动力研究[M]. 北京:中国社会科学出版社,2007.

② 阿吉里斯C. 组织学习(第2版)[M]. 张莉,李萍,译. 北京:中国人民大学出版社,2004:13.

③ 袁泽沛. 超竞争下组织学习与企业持久竞争优势研究[M]. 北京:科学出版社,2008:208.

④ 沃纳J M,德西蒙R L. 人力资源开发(第4版)[M]. 徐芳,董恬斐,等译. 北京:中国人民大学出版社,2009:526.

项目,并采取一种不断调整项目以满足组织逐渐变化需求的思维方式,那么,再学习就会发生。

所有的组织都需要单环学习、双环学习和再学习。单环学习的重点是获得信息以确保现有系统的稳定,重点在于发现系统中的错误和纠正错误。单环学习关注获取直接解决紧要问题或个体及组织遭遇障碍的方案。单环学习到目前为止是当今大多数组织中普遍运用的学习方法。一般情况下,单环学习适合于惯例、重复性的问题,有助于完成日常工作,但是,单环学习有时也与组织的长期生存相关。双环学习更深入一些,它涉及质疑系统本身以及为何失败或成功。双环学习深入洞悉组织的规范和结构,它根据组织、行动和结果对其有效性提出质疑。由于双环学习涉及揭露各种错误以及质疑现有的假设、规范、结构和过程,更多地与组织变革相联系,它可能会遇到阻力,大多数组织不愿进行双环学习。双环学习更多地与复杂、非程序性的问题相关,并确保组织在今后会有更大的变革[①②]。再学习是在学习过程中发生的,通过改善组织进行单环和双环的学习方式而进行学习[③]。

3. 促进有效组织学习的条件

组织本身并不会学习,是组织中的个体作为组织的代理人而产生组织学习行为的。组织会创造一些条件来显著影响个体界定问题的风格、解决方案的设计以及解决问题的行动。V.J.弗里德曼等认为,没有哪一种孤立的方法能单独促进组织学习。促进有效组织学习的条件可以由以下6种基本策略的不同组合而建立起来:学习与工具目的相结合、创造理想的不确定性、共同掌握学习过程、设计对话、建立模型以及设计图式[④]。

(1) 学习与工具目的相结合。

在组织中,学习目的总是与组织的中心任务系统紧密相关的,而组织的中心任务起着重要的工具目的。这样的结合能使组织有足够的信念将学习进行下去。将学习与工具目的相结合能够把精力集中在组织任务本身,而不是集中在个人、人际关系或组织的政治活动上。虽然这些因素在组织学习中扮演着关键的角色,但它们可能成为组织学习的阻碍。如过早地关注它们可能会造成不必要的保守和加重学习负担,并让一些潜在的学习者畏惧不前。

(2) 创造理想的不确定性。

组织运行环境的不确定性有高、低之分,那些能促进组织学习的结构和文化特性在高度不确定的环境下比在低度不确定的环境下更能自然发展并发挥作用。组织运行过程中通过引入不确定性,或者提示潜在的不确定性来促进组织学习。不确定性是必要的,因为组织学习需要对未知事物进行大胆探索。对组织学习顾问和经理们来说,重要的挑战可

---

① 阿吉里斯 C.组织学习(第2版)[M].张莉,李萍,译.北京:中国人民大学出版社,2004:88-89.

② 吉雷 J W,梅楚尼奇 A.组织学习、绩效与变革——战略性人力资源开发导论[M].康青,译.北京:中国人民大学出版社,2005:125.

③ 沃纳 J M,德西蒙 R L.人力资源开发(第4版)[M].徐芳,董恬斐,等译.北京:中国人民大学出版社,2009:527.

④ 迪尔克斯 M,安托尔 A R,蔡尔德 C,野中郁次郎 I.组织学习与知识创新[M].上海:上海人民出版社,2001:594-598.

以帮助组织成员(包括他们自己)掌握不确定性和不停地探索直到他们对事物有了新的认识。在学习过程中,遇到不确定性一方面被看作是一个极好的机会,另一方面也可能会增加那些低自我效能感个体的焦虑。因此,对于不确定情景产生的许多不确定因素和顾虑,组织应通过重申允许学习过程中的失败(即容错度)的许诺增加成员的心理安全感。组织学习过程中,并不是不确定性越高越能促进组织学习,而是要在特定的组织运行情景下找到一个不确定性的"理想"程度,组织学习顾问、教师或培训者的角色所面对的挑战是如何把不确定性限制在可容忍的范围内,这个不确定性的"理想"程度既可以极大地促使疑问的产生和调查的开展,又不至于使成员因为害怕或受到挑衅而产生抵触情绪。可以说组织学习本身是一种将不确定性限制在一定范围内的重要机制。

(3) 共同控制学习过程。

学习过程的组织内、外的参与者(如顾问等)相互之间是合作关系,而不是委托与被委托关系,这样就形成对学习过程的共同控制。共同控制是加强组织学习信念的一个重要策略,可以使组织有一些余地去根据自己的实际情况改变学习过程。通过对学习过程的共同控制,组织成员逐渐体验到自主规划、组织与控制任务的益处。

(4) 设计对话与建立模型。

舍恩把设计对话定义为"与情景的创造性对话"。在组织学习过程中,早期对学习目的、计划、任务和结构的执行可能由顾问或外来参与者操作,逐渐地组织内部就会出现一个能独立发展的学习过程。顾问或外来参与者的任务是试图向组织成员提供一种指导操作过程对话的语言和模型。通常,语言的交流对设计对话来说是不够的,还需要诸如隐喻、明喻和借鉴之类的手法来帮助设计对话。实践者在设计行为方面所尝试的这些特殊技能,对表达意念与促进组织学习十分有用。

或许为组织学习创造条件的最重要战略是由外来参与者(如顾问)与组织的领导共同建立模型。例如,在一个部队的行动之后的总结中,无论是士兵还是指挥官都能公开地承认错误,这一点对促进否定行为、责任感和平等关系是极为重要的。在现实中,这就要求管理者与员工在学习过程中认同低权力梯度的文化理念。顾问、管理者和员工之间的相互批评和不同的意见为推进批判性求索活动降低了组织的习惯性防御——一种学习和创新的阻力,并提供了有价值的机会。

(5) 设计图式。

图式是用来表明一系列因果关系的环节,目的是为了提供一系列的目标。尽管它能提供一系列的目标,但它并未特别注明从哪里开始或怎样才能达到目标。通过访谈、分析案例以及观察来对一个组织进行诊断,即把组织成员对问题原因的思考与他们对问题本质及答案的思考联系起来。诊断图式的重点是放在问题的背景、对问题的理解、组织成员的行动战略与这些战略所引起的后果之间的因果联系上。这些图式能辨别主要难点以及组织成员对这些难点的应对,图式常常表明组织成员如何共同而无意地使问题长期存在并逐步恶化。

建立图式能提高透明度,因为它能捕捉那些分散在不同个人中的模糊知识,并把这些观念综合成一个单独的、更有概括性的图式,这样,就能把重点从责怪某些人转移到整体的动态系统,有助于指明问题的方向。建立图式能够加强责任感,它能帮助人们认清自己在系统背景中的有关职责。为了确定或否定问题的某些部分，并且促进对问题的进一步求索，最重要的步骤是检验图式。

总之，组织学习将组织成员推向他们现有知识的边缘，它自然地或有意地把不确定因素强加于组织成员，使他们带着批判的眼光去检查和改变自己的实践，又促进组织变革与组织发展。因此，组织学习本质上是一个创造的过程①。

此外，组织层面的干预还包括结构再造和平行组织的干预方法。结构再造是组织在高度不确定环境下提升组织绩效的主要变革方法，它涉及组织结构及其主要子系统的再造，主要包括检测组织结构、技术与环境之间的适合度是否达到最佳②。平行组织(collateral organization)的干预方法是通过引入正式组织之外的一组成员代表参与定期的小群体问题解决的过程，它使正式组织的创造性问题解决成为可能。这种平行组织结构是暂时的，是正式组织活动的一种补充③。

上述各种组织发展的干预方法都有自己的优缺点，组织中的大规模变革要求多种干预方法相结合才能收到理想的效果。

四、人力资源开发与组织发展的关系

上述 3 个层面的干预表明，基于组织人力过程的干预对组织发展起着支持作用，人力资源开发与组织发展之间关系密切。

（一）人力资源开发专业人员在组织发展中的作用

人力资源开发是组织发展的重要干预方式，人力资源开发专业人员在组织发展中发挥着重要的职能。

1. 人力资源开发专业人员在组织发展中的角色

人力资源开发人员在组织发展中可以作为组织的变革代理人。变革代理人应该具备关于组织发展方面的理论、概念、实践以及最新研究成果的知识，以便能够在实施不同干预策略的有效性方面向变革管理者提出具体建议。要成为一名成功的组织发展代理人，人力资源开发专业人员需要扮演以下角色(见表 11-3)。

表 11-3 变革代理人所扮演的角色

角 色	定 义	何时扮演该角色
拥护者	高度指导性的角色，变革代理人试图去影响组织成员使用某一种方法	当组织成员不能肯定使用哪种方法，需要很多指导时
技术专家	在特定问题上提供特定的技术知识	当组织成员在某一特定问题上寻求指导时

① 迪尔克斯 M，安托尔 A R，蔡尔德 C，野中郁次郎 I. 组织学习与知识创新[M]. 上海：上海人民出版社，2001：598.

② Sim R R. Human resource development：Today and tomorrow[M]. Greenwrich，CT，USA：Information Age Publishing，2006：292-293.

③ Sim R R. Human resource development：Today and tomorrow[M]. Greenwrich，CT，USA：Information Age Publishing，2006：293.

续表

角　　色	定　　义	何时扮演该角色
培训者或辅导者	提供有关组织发展或不同干预策略的信息	当组织成员在组织发展的某些方面需要培训时
解决问题的合作者	在问题分析、确定解决方案和行动步骤上提供帮助	当组织成员在决策制定上需要帮助时
研究者角色	充当研究或资料搜集者的角色	当组织成员有特殊的要求时
反馈和解答者	通过对信息做出反应来帮助组织成员理解形势	当组织成员对资料不是很理解,并寻求解释时

资料来源:Burke W W. Organization development[M]. Reading,MA:Addison-Wesley. 1987:146-148.

2. 人力资源开发专业人员对组织发展的影响

人力资源开发专业人员对组织发展的影响主要体现在组织的计划变革过程之中。计划变革的观念是关于如何在组织中实施变革,卢因的三阶段变革模式为计划变革分析提供了基本的模式①②③。卢因认为,任何时候组织的一项变革都是两组力量相互作用的结果——努力维持组织原有状态的力量和积极推动变革的力量,当两组力量达到平衡时,当前的行为就得以保持。为推动变革,人们需要增强推动变革的力量,削弱维持当前状态的力量,或者是这两种方式的结合。人力资源开发专业人员首先需要进行一项现场研究(田野研究),采用力场分析法列出所有影响变革的推动力和阻力,以及各个作用力的大小,并尽可能地消除或减小变革阻力等。卢因将该变革过程分为解冻、行动和再冻结3个步骤,以此来解释组织变革是如何发起、如何管理以及如何维持的。卢因三阶段变革模式的理论内容及其各阶段中人力资源开发专业人员的影响如下:

(1) 解冻。解冻是指员工认识到变革的需要。该步骤通常涉及减弱维持组织当前状态的力量。解冻通常通过"心理驳斥"过程来完成,即将组织成员期望的行为与当前表现出来的行为之间的差异传达给他们,能够激励成员参与变革。人力资源开发专业人员与其他变革代理人一起必须明确地向员工解释变革的必要性,同时,可通过取消对原有行为的奖励来表明原有行为是无效的。在这一阶段不仅强调行为变化的必要性,还要强化态度变化的重要性,因为没有员工内在态度的转换,变革也无法实现。

(2) 行动。行动是指员工开始尝试新的行为方式。该步骤将组织、部门或个人的行为上升到一个新的水平。它涉及系统中的干预,通过组织结构和过程的改变来发展新的行为、价值观念和态度。当员工接受了变革的必要性并且接受了关于新行为模式的培训之后,他们就做好了改变行为的准备。这种转换从基本的行为开始,而不是从他们对新行为的价值评判开始。在该阶段人力资源开发专业人员与其他变革代理人应该提供有形的与无形的奖励新行为的方案,只要员工对奖励方案的态度是积极的,那么他们的价值评判则可能发生变化。

---

① Lewin K. Field theory in social science. New York:Harper & Row,1951.

② 卡明斯 T G,沃里 C G. 组织发展与变革(第7版)[M]. 李剑锋,等译. 北京:清华大学出版社,2003:26-27.

③ Sim R R. Human resource development:Today and tomorrow. Greenwrich,CT,USA:Information Age Publishing,2006:278-281.

(3) 再冻结。再冻结是指将新的行为模式固定下来,并使之成为员工持久行为的一部分。该步骤将组织固定在一个新状态的平衡位置。它通常通过支撑机制来完成,正是这些诸如组织文化、规范、政策和结构的机制巩固了组织的新状态。只有员工将新行为、新态度和新价值观整合为自己日常工作的一部分,变革过程才真正完成。在这个阶段,人力资源管理者要确保奖励系统对新工作模式的持续强化,而不是滑向对旧工作模式的奖励。

卢因的三阶段模式表明,任何变革的失败都可归因于三个阶段中的任何一个阶段,任何成功的变革都是员工放弃旧的行为模式而采取新的行为模式的转变,并且这种转换必须被奖励和制度化。

(二) 组织发展对培训与职业生涯的影响

组织发展将对雇员培训与职业生涯规划产生重要影响,组织结构发展变迁的特点和趋势等将对人力资源开发产生以下几方面的影响①:

1. 组织的分散化与虚拟化

以前组织是集中工作,每个雇员都需要签到。而现在组织的概念则是分散的甚至是虚拟的,雇员可以在家里或远离总部的办公室工作,只需偶尔向总部汇报。例如,就现在的技术水平而言,销售办公室也毫无存在的必要,一台计算机和一个调制解调器就能让销售员在家里开展工作。因此,组织在制定职业生涯规划时必须考虑这种趋势并重视这一领域,这种工作需要雇员自发向上和自律的能力。此时,雇员能在独立环境中成功地工作显得更加重要,而提供在家工作技能的培训则更会受到欢迎。

2. 组织的扁平化

组织正从等级制度转向网络工作,组织的金字塔结构正逐渐被更广、更平坦的组织形式所取代。中级水平的组织结构将趋于减少,组织的中层管理职位将减少。例如,销售经理一类的中间职位被取消,销售人员将被归为销售技术支持或业务员一类。而这些业务员(以前叫销售代理)将要承担更多的责任,分担原属于销售经理的部分责任并将完全取代这一职务。因此,在制定职业生涯规划的时候,不仅要考虑到组织中职位的高低,还必须考虑工作的改进和扩展。为了适应这种组织结构的变化和提高员工的绩效,这将要求培训工作从过去单一的培训内容转向更加整合的培训内容。

3. 组织的多元化

社会现实充满变化,组织面临的环境不确定性增加,为了更好地适应社会的迅速变化,组织正朝着多元化发展,评价标准更为复杂。在这种环境中的每一个员工都有满足组织多元化的需要,期望得到更多的技能培训。逐渐增加的雇员跳槽或流动现象应受到重视。因此,这种现实一方面要求对一个找到新工作和接受新任命的员工实时地更新职业规划并开展一系列新的职业活动来确保工作成功,另一方面要求培训部门加强培训后的管理,降低培训的风险。

---

① 杨河清. 职业生涯规划[M]. 北京:中国劳动社会保障出版社,2005:313-315.

4. 组织的全球化

欧盟的发展,北美自由贸易区的形成,东盟的发展,亚太经合组织的发展,以及中国加入世界贸易组织等,这一切都表明经济的全球化在不断扩展。在国内知名企业谋求一个长期职位是一个不错的选择,但随着各国间障碍的消除,去国外工作将变得越来越普遍。因而员工在选择此类职业时,也要适当考虑外语培训和不同的文化价值观的沟通。组织的培训也应该适应市场需要,提供相应的跨文化培训。

5. 组织的信息化

当今社会信息成为最有价值的商品。在那些已发展成熟的产业寻找工作远不如在新兴产业有利。从不同产业提供的工作比例来看,发达国家整个经济中的制造业所占份额在急剧下降,信息产业提供的就业机会在不断增加。目前,在世界范围内专门从事提供信息、解释信息的企业组织大规模出现。由于产业和组织变动正向着提供信息的方向发展,如果不考虑这种趋势,职业规划将是海市蜃楼。同时,组织的信息化将对人力资源培训与开发产生重要影响,它要求在进行培训需求分析时要更加关注产业层面及相关领域的信息,使组织所提供的培训服务具有前瞻性;在培训效果评估时要更加关注培训所带来的绩效变化,以便客观地分析人力资源培训的投入产出效果。

第三节 组织发展与人力资源开发的未来发展趋势

一、组织发展的未来发展趋势

组织发展的环境不断变化,组织发展的领域继续成长和成熟,新的理论和理念、新的方法不断发展。目前,有关组织发展未来方向的研究尽管还不成熟,但已经提出了一些推测组织发展领域的发展方向的线索①。

(一) 经济

对未来经济的可能状况有许多研究和描述,达成共识的是世界经济在20世纪已经经历工业时代的重大转变,未来经济变化的趋势和推动力是全球化、财富的加速集中、对生态系统的关注等。

1. 经济全球化

经济发展的第一个趋势是经济的快速全球化。手工制造业从高劳动成本国家向低成本国家转移,国际并购的增长以及世界范围内的服务业扩展都预示着全球化经济正处于发展成长之中。今天,几乎任何产品和服务都可以在世界的任何地方制造、购买和销售。全球化使企业组织降低成本、获取资源、扩展市场、更快地开发新产品和服务。但是,全球化可能使组织管理更为困难。由于全球经济超越国界,这使得政府难以控制和影响全球化的发展。许多发展中国家面临着西方资本模式化的压力,即使这种模式可能不适合他们的文化。

---

① 苏勇,何智美. 现代组织行为学[M]. 北京:清华大学出版社,2007:496-498.

2. 财富集中度提高

经济发展的第二个趋势是财富越来越集中于少数个人、公司和国家。在过去 20 年间，美国大公司总裁和普通职员的报酬比率从 35∶1 上升到 150∶1；世界上亿万富翁的人数翻了 14 番；世界前 500 强的大公司雇用了世界人口的 5/10 000，却带来了世界经济 25％的产出；有 50 家公司已富可敌国，即使在世界经济中也可排在前 100 个国家之列；同时，世界上的 60 亿人口中有 48 亿生活在发展中国家，其中有 30 亿人每天生活费不足 2 美元①。

财富的集中可能是市场经济的自然结果，但它也可能导致资源的不合理分配、环境恶化及短期利益的考虑。这样，人们会忽略预防性和安全性措施，重要的长期资本投资计划得不到青睐。财富的集中化还可能由于富人以牺牲穷人的利益为代价来实现自己利益而激化社会矛盾。

3. 经济成功与保护生态相联系

经济成功不能以牺牲环境为代价，故应注重生态系统的保护。例如，爱默克与皇家荷兰壳牌石油，正采取积极措施减少工业化带来的温室效应。荷兰宜家家具制造商正积极地减少辐射、废物与环境恶化的发展，并增加可持续发展、利润及客户的满意度。

（二）劳动力

劳动力正变得越来越多样化，教育程度也越来越高。各种组织无论它们是在本国还是在外国开展业务，都需发展与适合劳动力有关的民族、性别和年龄的政策和运作模式。教育程度较高的工人可能要求更高的薪资，更多地参与决策制定以及在知识技能方面的边际投资。例如，当今的信息系统人员就需要不断地更新自己的知识技能，以保持在这一工作领域内的竞争力，相应地，各机构正大幅度增加培训和管理开发的预算。一些组织更多地投资，与大学和研究机构合作，如摩托罗拉、施乐和 3M 都规定了每个员工每年必须接受技术和管理培训不得少于一定时间。另外，大量的公司重组、并购或精简机构使劳动者进行更多的就业选择，而不是忠于某一公司。

（三）技术

信息工业技术改变了内部运作，提高了生产率。制造业收益最大，运输、贸易和金融等行业也从新科技投资中得到回报。信息科技也促进了电子商务的发展，这一新的经济形式有无穷的发展空间。例如，自动存取款机存取款、网上购物与结算、B2B（商家对商家）、B2C（商家对客户）的电子商务交易为组织发展提供了新内容。可以说，是信息科技推动的商业改革。例如，戴尔公司出售为客户订制的个人计算机，今天，它有 25％的客户来自网上。改革中的戴尔公司的组织结构、劳动技能、工作方式的设计和工作过程的转变代表了许多组织要面对的问题和组织发展推行者将迎接的挑战。

---

① 卡明斯 T，沃里 C. 组织发展与变革精要［M］. 北京：清华大学出版社，2003：321-322.

(四) 组织

组织将更加网络化,网络结构依赖于战略联盟、联合企业及其他超组织关系。这些结构使单个组织能和其他组织合作发展、生产及销售产品和服务。网络适应性很强,可根据情况的需要,随不同的任务和市场的变化而变化。为了顺利实行网络化,组织将学会如何快速评价它们是否与网络中心的其他伙伴关系合适,以及联合的产品、服务是否成功;它们能否迅速地进入网络,以便取得开发产品和市场的机会,或在网络已不起作用时快速撤出。

网络结构还可以使组织在保持小规模的同时具有许多传统大公司才具有的优势。网络结构可以帮助小公司联合起来更有效地生产产品和提供服务。某一具有优势的小型公司,也可以和具有互补经验优势的组织进行合作。这样,网络就使得每个合作公司在保持小型化和灵活性的同时产生了规模经济。

(五) 知识与信息

知识正成为组织竞争力和适应性的一个重要决定因素,组织更多地将自身构建在知识的基础上,而不是构建在功能、产品或地理等因素上。这样的结构超越了内部和外部组织的界限,消除了学习的障碍,使员工获得、组织和传播知识的过程简单化。

例如:惠普咨询中心是一个由 5 000 人组成的全球性咨询组织,在各种学习社区,设施和知识图片被大量使用,以便员工在咨询时可获取所有实体组织的信息和经验。学习社区是由组织内的员工组成的非正式团体,他们在组织的不同部门工作。组织鼓励他们用各种可能的方法讨论最佳经验、问题、技术,包括面谈、电子聊天、电子邮件或电话会议①。

目前,由于科技的发展,海量数据的挖掘和利用已成为可能,被称为大数据时代。大数据是人们获得新认知、创造新价值的源泉,它带来的信息风暴正在变革着人们的思维。可以说,大数据不仅是改变市场与组织机构等的方法,它还从组织的战略制定到组织的人力资源管理、到客户管理等产生全方位的影响。大数据的特点是为人类活动创造前所未有的可量化的维度,其核心就是预测,这将使组织活动更加具有前瞻性。

二、人力资源开发的未来发展趋势

人力资源培训与开发在组织变革中常常发挥着代理人的角色职能,组织发展的未来发展趋势对人力资源培训与开发的发展方向提出了相应的要求②。

(一) 培训与开发部门将成为企业各业务部门的合作伙伴

1. 培训的企业内效益与社会效益

由于现在越来越多的企业开始关注自身的竞争优势,培训部门则应该真正能够满足

① 苏勇,何智美. 现代组织行为学[M]. 北京:清华大学出版社,2007:498.

② 徐芳. 培训与开发理论及技术[M]. 上海:复旦大学出版社,2005:396-400.

各业务部门需求。这就要求培训部门从以往把培训当作经营问题的解决措施转变为一种绩效分析的方法。为此培训部门应该承担的责任不仅是关注影响绩效改进的因素是什么,还包括为绩效改进提供相应的支持与服务。然而,在横断面上,经济发展过程中的不平衡性或财富的集中性是一个不容忽视的现实,从纵向的角度,经济发展有先有后。一个负责任的企业不仅要关注自己企业的效益,还要担起相应的社会责任,因此,对于培训效果的评估既要考虑培训的企业收益,又要从横向与纵向两个方面来考虑培训的社会效益,如果培训的企业收益较小甚至为负收益,但却能解决大量的社会就业问题,这是培训有效性在横向上的表现之一。另外,培训可以带来人们经济理念与经济行为的改变,使经济运行更加有利于环境的保护,短期内可能看不到培训的效果,但从长远来看,使经济能够实现可持续发展,这是培训有效性在纵向上的表现之一。所有这些都是培训为建立高效运行的经济系统、实现企业战略与社会发展所提供的系统支持,这必将要求培训部门成为企业的战略合作伙伴。

2. 培训的虚拟管理

为了提高组织的运作效率,有一些小公司则趋于把培训工作外包给专职的培训公司或管理顾问机构,即培训的虚拟管理。公司把培训职能进行外包的部分原因是因为这些机构不仅有足够的师资队伍、充分的信息、专业的培训技术,还可以提供更广泛的交流机会。小公司把培训工作外包出去既可以保证培训的质量,同时因为本企业不再设专职的培训师,又可以减轻本企业培训工作的负担,降低成本。但无论采取哪种形式,培训与开发部门都要成为业务部门的合作伙伴。

(二)培训的多元文化因素

随着经济全球化,员工的多元化结构和跨国跨地区间的劳动力流动将成为很常见的现象。经济全球化必然带来培训的全球化。跨国公司的人力资源管理已受到人力资源管理学者和实践者的关注,跨文化管理的理念已渗透到人力资源管理的各个模块。同时,因经济全球化的趋势和国内企业走出去的战略,在这种条件下,无论是在华的跨国公司还是开展海外业务的国内公司,公司的国际化是一种不可逆转的趋势,这一趋势对跨文化人力资源培训与开发的需求显著增加。因此,人力资源培训与开发领域不可回避地要面对跨文化因素的影响,及时发现相应的培训需求,善于提供有效供给,重视培训中的多元文化差异等已成为企业及其培训机构努力的方向。

(三)培训中新技术的应用将更加广泛

信息技术在改变企业内部运作的同时也改变着企业的培训方式。传统培训以讲授为主,培训工具十分简单,一间教室、一张黑板、一本教材。这种培训往往易受时间、地点、人员方面的限制,难以收到良好的培训效果。现代培训工具最大限度地把高科技产品应用于培训工作中,如利用网络系统打破时间、空间的限制使培训变得更加便捷。培训实践表明,近年来兴起的计算机多媒体技术被广泛地运用于企业培训工作,如运用光盘进行人机对话、自我辅导培训、利用互联网进行规模巨大的远距离培训等,都使培训和教育方式产生质的变化,既丰富了培训手段又提高了培训质量。这种技术创新,使员工获得新知识和新技术的速度大大加快,使企业可以迅速适应市场的快速变化。可以说,将来培训最突出的变化应该是M-Learning(移动学习)与E-Learning(电子学习)逐渐取替C-Learning(课堂学习)的主导地位。

例如:美国戴尔计算机公司已使员工在网上获得更多的正规培训,在戴尔公司的某一新产品投放市场之前,员工就可以从网上获得关于该产品的图文并茂的详细说明,从中可以了解如何安装使用新产品。相对而言,网上培训已充分显示其快捷性和实用性,课堂培训已处于次要地位①。

(四) 培训对象从内部员工扩展至战略合作伙伴

一方面,组织的更加网络化结构,使培训对象的范围从内部员工扩大至企业的战略合作伙伴;另一方面,互联网的出现,也使传统的企业实体发生了延伸,与上游供应链、下游客户端的关系日趋紧密。培训对象从企业内部员工到企业的供应商、下游的支持部分,甚至一些战略性伙伴都要包括在内。现在很多大企业都设有自己的专业培训机构,常见的形式有培训中心、人力资源开发中心、企业大学等。例如,摩托罗拉大学从原来的只对企业内部员工培训,扩展为对其供应商、经销商以及战略合作伙伴培训,直到现在的对企业以外的客户进行培训。

(五) 培训内容从单一的职业培训转向全方位培训

传统的培训工作主要是针对一项具体的工作中所需的技能和知识而进行的培训,如生产线上的工人的技术培训工作。而现在乃至未来的培训,不仅要求员工掌握其工作中所需的知识和技能,同时还要求员工掌握沟通技巧、团队工作技巧等诸多方面的技巧。因为未来的社会是协作性社会,只有合作才能有收益,即合作—收益。现在,许多企业已将员工培训向各个领域渗透,其内涵已远远超过培训本身,这是一个具有重要战略意义的发展趋势。

1999年摩托罗拉大学的培训课程科目是一本近300页的16开大书。其内容涉及与本企业有关的方方面面。美国戴尔公司的培训内容则包括企业文化定位、技术技能、领导艺术及挖掘员工潜能方面的课程。而IBM公司基层经理在走上新岗位的第一年要接受80小时的课堂培训,内容包括公司的历史、信念、政策、习惯做法以及如何对员工进行激励、赞扬、劝告等基本管理技能;部门经理则还要接受有效沟通、人员管理、经营思想、战略计划等方面的培训②。

(六) 培训与开发部门将推动组织的知识管理

企业都在试图通过各种方式来把雇员的知识和经验转化为公司的共享资产。知识管理是指通过设计和执行工具、流程、系统、结构和文化来改进知识的建立、分享和使用,从而提高公司绩效的过程。知识管理能够帮助公司将产品更快地投入市场,建立更好的客

① 徐芳. 培训与开发理论及技术[M]. 上海:复旦大学出版社,2005:397.
② 徐芳. 培训与开发理论及技术[M]. 上海:复旦大学出版社,2005:399.

户服务体系，革新产品和服务，并且通过提供学习和发展的机会来吸引新的雇员，保留现有的优秀员工。为了使知识管理有效，培训部门必须与信息技术部门紧密合作。培训能够帮助公司开发其文化以及培训的内容和学习策略；信息技术能够开发出获取、分享和储存知识并传递给培训的系统。

（七）培训与开发的地位和作用日益显著

各国的人力资源开发实践表明，企业对培训的投资在逐年增加。一些企业还把培训作为福利奖励给表现良好的员工，即公司根据个人发展计划安排其参加所需要的培训，以帮助员工更好地实现自身的职业生涯发展。有些企业也通过提供培训课程、在岗培训、报销学费、资助参加管理研讨会等多种形式来支持员工参加培训工作。这说明企业在物质上、精神上都支持员工参加培训。同时，各个企业的培训机构作为服务部门，也成为企业中一个不可缺少的、至关重要的部门。由此可见，企业对培训工作越来越重视。

在我国，随着全球化进程的加快，企业将面临更加激烈的竞争环境，员工培训作为人力资源开发的重要手段，不仅注重知识、新技术、新工艺、新思想、新规范的教育培训，还注重人才潜能的开发，注重培养开拓型的理念和方法，突出创造力开发和创造性思维。要发展经济，人才必须优先发展。我国目前处在从人口大国向人才大国转变、努力将人口优势转变为人才优势的战略阶段。我国的2009—2020年人才发展规划提出，2009—2010年，党政机关、企事业单位等的培训费用应占到其员工工资总额的2.5%，到2015年，组织应将这一比例提高到3%。由此可见，人力资源培训与开发工作已成为使企业有效知识资本存量迅速上升、员工实用技能储备有效增强、企业发展的关键。

思考与操作训练

思考题

1. 什么是组织变革？组织变革的成因有哪些？
2. 简述组织变革的阻力及其克服方法。
3. 掌握力场分析法。
4. 简述组织发展的含义及其过程。
5. 简述人力资源开发专业人员在组织变革中的作用。
6. 阐述组织发展的干预方式。
7. 举例说明组织学习的层次。
8. 举例说明HRD的未来趋势如何才能适应OD的未来发展趋势。

操作训练

运用力场分析法挑战自己

想出你目前面临的一个问题，例如，你正在努力增加某一门课程的学习时间。

1. 把问题尽可能详细地描述出来。

2. 在图左边的箭头上列出变革的力量。

3. 在图右边的箭头上列出阻碍变革的力量。

4. 具体说出怎样才能消除变革的障碍?

5. 怎样增加驱动变革的力量?

6. 将问题分解成驱动变革和阻碍变革的力量有什么好处?

驱动变革的力量	阻碍变革的力量
→	←
→	←
→	←
→	←

资料来源:纳尔逊 D L,奎克 J C. 组织行为学:基础、现实与挑战(第3版)[M]. 桑强,王丽娟,蒙欣,等译. 北京:中信出版社,2004:587.

中国人力资源开发实践

北京同仁堂的变革复兴

一、简介

同仁堂,由乐显扬先生于1669年(清康熙八年)创立于北京城,并于雍正元年(1723年)被钦点为供奉御药房用药,从此独办官药,历经清朝八代皇帝直到1911年。

1949年新中国成立后,乐家第十三代传人乐松生由职工代表推举为北京同仁堂经理,并于当年恢复生产。1954年由乐松生先生带头向国家递交公私合营申请书,同仁堂成为公私合营企业。1966年同仁堂成为全民所有制的国有企业。1992年中国北京同仁堂集团公司成立,公司以生产、销售中药为主导,集产供销、科工贸于一体,成为国有大型一类企业。

从1669年到2009年,同仁堂这个中华老字号已经经历了340年的风风雨雨。

二、同仁堂的变革

20世纪90年代初,中国在由计划经济体制向市场经济体制转变的时候,北京同仁堂与其他许多国有企业一样,陷入了困境:财务方面,负债累累,资金运转不畅;市场营销方面,销售主体不明确,分工混乱。为重现辉煌,这家名震华夏的老字号发动了一系列的变革,促使同仁堂实现了从传统到现代的转型。

1. 机构变革

为从根本上摆脱困境,1997年,同仁堂组建了北京同仁堂股份有限公司,上市融资募集资金3.5亿元。2000年,同仁堂顺势而上,组建了北京同仁堂科技发展股份有限公司,并于同年10月在香港上市,募集资金2.4亿港元。

2001 年年初，同仁堂集团出资 1 000 万开始筹建医药连锁店，并于同年 3 月，开始采用医药连锁管理系统。至 2005 年 6 月，北京同仁堂药店全面完成了信息化改造。信息化改造的完成使同仁堂摆脱了传统的管理方式，实现了向现代企业管理方式转变的变革，完成了同仁堂发展历史中具有重要意义的一步。

同仁堂在变革发展过程中，为了克服中药“大了不好管理”的先天性缺陷，采取了发展多个实体来做强的战略。每个实体都有经营自主权，经济上相对独立，母公司只管各子公司的效益质量。如果子公司效益不好，母公司就要干预。这种发展战略打破了平均主义的危害，有效减少了母公司对子公司的运行干预，能够充分调动各子公司的生产积极性，并且促使子公司与母公司的协调发展。更进一步，子公司在遇到适合自身发展的机遇时，在不影响集团公司整体发展战略的情况下，可以遵循自己的特色，快速发展。

但是，多实体战略会不会导致各个实体为了各自的利益，形成窝里斗的局面呢？北京同仁堂(集团)有限责任公司董事长殷顺海充满信心地说，“不会”。殷顺海认为，同仁堂实施的多实体发展战略，原则是突出各个子公司的特色。譬如，同仁堂股份公司的发展方向是延续传统的同仁堂品牌，同仁堂科技的重点是在新产品、新药剂的开发上，而药材种植基地的主要任务就是培植药材，所以同仁堂集团到现在为止并没有出现内耗的现象。同仁堂的这种发展策略避免了“窝里斗”的危害，是中国企业值得借鉴的地方。

2. 施行仁政

子曰：“不仁者不可以久处约，不可以长处乐。仁者安仁，智者利仁。”孟子说：“爱人者，人恒爱之；敬人者，人恒敬之。”孔孟的这种仁爱精神在同仁堂得到了深刻的体现。

在同仁堂看来，“仁”，是一种精神境界，是一种崇高的道德水准，不仅个人应该具备，组织也应该具备。同仁堂的人力资源政策是“同心同德，仁术仁风”，具有非常浓厚的中国文化特色。殷顺海还提出了体现仁爱精神的“四个善待”：善待社会、善待员工、善待投资者和善待经营伙伴。

在殷顺海看来，职工是任何一个组织的主体，必须善待。没有职工的主体，就像没有血肉的木乃伊一样。同仁堂善待职工主要落实在两个方面：一是考虑职工的长远利益，为他们提供安居乐业、稳定工作的环境；二是在职业生涯规划的基础上，为职工提供一个良好的个人发展平台，提供个人发展机会。唐代陆贽说：“以人为本，以财为末。人安则财赡，本固则邦宁。”但中国绝大多数组织根本就没有真正做到“以人为本”，以致这些组织在发展的道路上波折不断。中国的企业要想真正踏上世界之巅，必须实施仁政，真正做到以人为本。

同仁堂在组织变革过程中郑重向职工承诺：转岗不下岗，工资年年涨，住房逐年盖。宋代著名理学家程颐说：“行仁自孝梯始，孝梯，仁之事也。”有一份稳定的工作能够给家里带来稳定的经济收入，使“幼有所长，老有所依”，是每个孝子的心愿，这使得同仁堂凝聚力大为增强。

同仁堂深谙木桶原理，认为一家企业的发展需要各方面的人才，因而，同仁堂为企业内各类员工提供了个人发展平台，不致于因为某方面人才的缺乏或能力不足而导致企业的畸形发展。为了获得百花齐放的效果，同仁堂抛弃了并不实用的学历观念，一切凭能力、业绩说话：谁的能力强，谁的职位就高；谁的业绩好，谁的薪酬就多。同仁堂的这种做法打破了分配上的平均主义,有效地发挥了激励机制的作用。例如,在同仁堂工作了20多年的于葆墀在2004年11月中旬和其他6位同仁堂自己培养起来的、技术过硬的老职工一同被聘为同仁堂专家,并领到了税后5000元的专家级别工资,这极大地提升了同仁堂员工的士气。

在同仁堂看来,回报社会是仁政的又一表现,也就是为社会提供更加优质的产品、优质的服务,并承担相应的社会责任。为回报社会,2003年,同仁堂在中药原料大幅涨价的情况下拿出1 000万元来抑制中药价格。2008年,在四川汶川遭受特大地震的时候,素以"济世养生"为己任的同仁堂人,群情激奋,心系灾区,以集团、子公司、连锁店、管理者、员工个人等的名义纷纷伸出援手,为地震灾区人民捐款[①]。

同仁堂施行的仁政充分体现了同仁堂对中国文化的把握,显示了同仁堂深厚的中国文化内涵。以中国文化的仁政,结合西方的现代管理经验,同仁堂走出了一条真正的古为今用、洋为中用的老字号重现辉煌之路。

资料来源:杨忠等. 组织行为学:中国文化视角[M]. 南京:南京大学出版社,2006:457-459.

① 同仁堂集团上下情系灾区踊跃捐款. http://www2.ey99.com/cnma/sy_Infos.asp?id=131.

教学支持说明

▶▶ 课件申请

尊敬的老师：

您好！感谢您选用清华大学出版社的教材！为更好地服务教学，我们为采用本书作为教材的老师提供教学辅助资源。鉴于部分资源仅提供给授课教师使用，请您直接手机扫描下方二维码实时申请教学资源。

任课教师扫描二维码
可获取教学辅助资源

▶▶ 样书申请

为方便教师选用教材，我们为您提供免费赠送样书服务。授课教师扫描下方二维码即可获取清华大学出版社教材电子书目。在线填写个人信息，经审核认证后即可获取所选教材。我们会第一时间为您寄送样书。

任课教师扫描二维码
可获取教材电子书目

清华大学出版社

E-mail: tupfuwu@163.com　　网址：http://www.tup.com.cn/

电话：8610-83470158/83470142　　传真：8610-83470142

地址：北京市海淀区双清路学研大厦B座509室　　邮编：100084